Meine Rezeptebibliothek 11

von Ute-Marion Wilkesmann

Meine Rezeptebibliothek 11

Dies ist der elfte Band einer etwa 20-teiligen Reihe, in die ich meine gesamten Rezepte einarbeite. Dieser Band umfasst die Zeit Oktober 2015 bis April 2016, insgesamt sind das mehr als 1000 Rezepte.

Meine Rezeptebibliothek 11

Oktober 2015 bis April 2016

Von Ute-Marion Wilkesmann

Bibliografische Information der Deutschen Nationalbibliothek:
Die Deutsche Nationalbibliothek verzeichnet diese Publikation in der Deutschen Nationalbibliografie; detaillierte bibliografische Daten sind im Internet über dnb.dnb.de abrufbar.

Verlag:
BoD · Books on Demand GmbH, In de Tarpen 42, 22848 Norderstedt, bod@bod.de
Druck:
Libri Plureos GmbH, Friedensallee 273, 22763 Hamburg

ISBN: 978-3-7693-2540-9

Vorwort

Die Reihenfolge dieser Bände bzw. Rezepte ist rein chronologisch, statt eines Inhaltsverzeichnisses gibt es daher ein ausführliches Stichwortverzeichnis am Ende. Die meisten Bilder habe ich selbst aufgenommen. In diesem Zeitraum gab es auch einige Rezepte mit entweder gar keinen oder zu kleinen Fotografien. In diesen Fällen bat ich KIs um ein entsprechendes Foto. Alle Aufnahmen sind aus Kostengründen (Buchpreis) schwarzweiß.

Entschuldigen möchte ich mich für eventuell vorhandene Tipp- und/oder andere Fehler. Auch bei sorgfältiger Arbeit lassen sie sich nicht immer komplett vermeiden. Hier sei auch mein Dank an diejenigen gerichtet, die mir über die Jahre Fehler auf der Webseite gemeldet haben.

Beim Sachverzeichnis am Ende habe ich in diesem Band testweise die Oberbegriffe weggelassen, um den Zugriff zu beschleunigen.

Persönliche Anmerkungen habe ich kursiv vom restlichen Text abgehoben. Es sind Texte, die beim Original-rezept stehen. Wenn ich heute etwas hinzufüge, ergänze ich das Datum.

Bei manchen Zutaten verweise ich auf ein vorheriges Rezept oder einen älteren Band. Meist lässt sich diese Zutat einfach durch etwas anderes ersetzen. Wenn ich aber alles, was ich vorher aufgeschrieben habe, auch in jeden Band neu aufnehmen will, nimmt das wertvollen Platz für neue Rezepte, so meine Überlegung. Ab diesem Band schreibe ich auch nicht mehr „o. Ä." zu den Nummern. Diese Hinweise sind allgemein, und nicht sklavisch zu befolgen.

Eines kann ich garantieren: Meine Bücher enthalten ausnahmslos Alltagsrezepte, es wurden nicht nur die besten Dinge ausgesucht, denn gerade in diesem Zeitraum habe ich fast alle Mahlzeiten notiert. Was teils zu Ähnlichkeiten führt. Ich wünsche allen Lesern viel Spaß beim Durchblättern und Ausprobieren!

Januar 2025
Ute-Marion Wilkesmann

Allgemeines:

Ich verwende stets einen *Heißluftofen*. Im Laufe der Zeit bin ich dazu übergegangen, *Gewicht* nur noch in netto anzugeben, das heißt, nach Vorbereiten, Schälen, Entkernen usw. Ebenso wiege ich später Flüssigkeiten in Gramm ab.

Auch wenn ich vielleicht in zehn Rezepten *gleichartige Arbeitsvorgänge* vorgenommen habe, beschreibe ich sie jedes Mal neu. Wer will beim Kochen blättern? Eine Ausnahme sind häufig wiederkehrende Anweisungen (z. B. Einweichen von Getreide fürs Frühstück). Hier verweise ich auf ein voriges Rezept, wenn ich dadurch Platz gewinnen kann.

Kartoffeln, Möhren, Äpfel usw. schäle ich nicht.

Bei den Rezepten für diesen Band habe ich mein *Getreide* selbst gemahlen. Das geht nicht nur mit der Mühle, sondern auch z. B. mit einem Thermomix. Wer beides nicht hat, dem empfehle ich gekauftes Mehl (Vollkorn-mehl oder Typ 1050). Es verbackt sich sogar etwas leichter als Mehl aus der *eigenen Mühle*, es kann aber zu leichten Unterschieden bei der Menge der Flüssigkeit kommen, die zugegeben wird. *Nackthafer* bedeutet keim-fähiger Hafer. Wer weder auf Rohkost noch auf Vollwerternährung nach Dr. Bruker besonderen Wert legt, nimmt einfach „normalen" Hafer. Dasselbe gilt für *Nacktgerste.* Der Begriff *Frühstück* allein bedeutet „Frischkornge-richt nach Bruker".

Mengenangaben: Was für einen als Hauptspeise reicht, ist für den anderen nicht genug. Dennoch ist es ein Hin-weis. Wenn ich bei einem Rezept keine Zahl der Portionen angebe, ist es ein Gericht für 1 Person.

Abkürzungen:

EL = Esslöffel
TL = Teelöffel
LS = Löffelspitze
MS = Messerspitze
P = Prise
Min. = Min.(n); Sek. = Sekunde(n), Std. = Stunde(n)

fr. = frisch

geh. = gehäuft (vor der Einheit) bzw. gehackt (nach der Einheit)

gem. = gemahlen / ger. = gerieben / getr. = getr.

kl. = klein

FKG = Abkürzung für Frischkorngericht, Körnerfrühstück

RT = Raumtemperatur

schw. = schwarz

TK = Tiefkühl

TM = Thermomix

Evtl. unbekannte Begriffe: *Garam Masala* ist eine indische Gewürzmischung (s. auch 6/4361). *Cumin* und *Kreuzkümmel* sind Synonyme, dasselbe gilt für *Bataten* und *Süßkartoffeln*. *Tamari* ist eine spezielle Sojasoße und lässt sich einfach durch eine beliebige Sojasoße ersetzen. Da ich in dieser Zeit selten exotisch gekocht habe, erkläre ich hier nicht viele Begriffe. *Ras-el-Hanout* ist eine nordafrikanische Gewürzmischung, die aus einer Vielzahl von aromatischen Gewürzen besteht. Ersetzen durch Currypulver.

Gelegentlich beziehe ich mich auf ältere Rezepte und verweise auf Band und Nummer (3/2008 bedeutet Band 3, Nr. 2008). Was ich immer wieder mitgebe, sind der Sauerteigansatz und die Gemüsepfanne, weil sie häufig vorkommen. *Mr. Magic* und *Magic Maxx* sind Markennamen für zwei kleine, damals sehr preiswerte starke Mixer. Ich habe die Bezeichnung durch „kleinen Mixer" ersetzt, es kann aber sein, dass ich das an der einen oder anderen Stelle übersehen habe. Den Markennamen *Vitamix* verwende ich gelegentlich synonym für Hochleistungsmixer. *Peng-Schüsseln* sind Plastikschüssel, deren Deckel mit „Peng" aufspringt, wenn die Hefe ausreichend gegangen ist. *Grüne Rosinen* finde ich sehr lecker, sie färben auch in der Verarbeitung nicht alles dunkel ein. Sie sind teurer, lassen sich in Gerichten geschmacklich gleichwertig durch normale Rosinen (Sultaninen, Weinbeeren) ersetzen.

Sauerteigansatz:

- 70 g Roggen/110 g Wasser
- 70 g Roggen/110 g Wasser
- 70 g Roggen/ 70 g Wasser

Ein schmales hohes Glasgefäß suchen. Schmal im Durchmesser sollte es sein, damit die Kontaktfläche mit der Luft nicht so groß ist. Die Höhe ist erforderlich, weil der Teig enorm geht. Locker das Sechsfache des ersten Ansatzes muss es fassen. 70 g Roggen fein mahlen und in dem Glasgefäß mit 110 g Wasser verrühren. Auf ein Fensterbrett über der Heizung stellen und mit einem Geschirrtuch abdecken. Nach 24 Std. 70 g Roggen mahlen und mit weiteren 110 g Wasser zu dem Ansatz geben und verrühren. Wieder abdecken. Nach weiteren 24 Std. nochmals 70 g Roggen mahlen und mit 70 g Wasser zu dem Ansatz geben, verrühren und abdecken. Nach weiteren 24 Std. ist der Sauerteig fertig.

Das Prinzip der Gemüsepfanne

Pfanne lieber zu groß als zu klein wählen. Angegebene Flüssigkeitsmenge in die Pfanne geben. Darauf die anderen Zutaten wie klein geschnittenes Gemüse usw. Deckel auflegen und auf höchster Einstellung zum Kochen bringen, bis Dampf unter dem Deckel austritt. Auf kleinste Einstellung bringen und 15 Min. dünsten. Dies ist eine durchschnittliche Zeitangabe. Je nach Rezept kann diese Zeit anders aussehen.

8019. Rosenkokaki, Oktober 2015

2 Portionen

Als Gemüsepfanne (24 cm) 16 Min. dünsten:
* 80 g Wasser
* 350 g Kartoffeln, unter fließendem Wasser abgebürstet, Schadstellen entfernt und in Scheiben geschnitten
* 1 kleine Prise Salz
* 1 kleinere Kaki (120 g), in feine Stifte geschnitten
* 400 g Rosenkohl, schlechte Außenblätter entfernt, halbiert (netto)

Soße (mixen, unter das Gemüse rühren und aufkochen):
* 50 g Stützcreme, hier Sonnencreme mit Linsen 8012
* 50 g gekochte rote Linsen
* 20 g Sonnenblumenöl
* 10 g Cashewnussmus
* 1 TL Salz
* 1 MS gem. schw. Pfeffer
* 20 g Zitronenfleisch (wer es nicht so sauer möchte, nimmt 10 g)
* 20-25 g Wasser.

Becher mit
* 45 g Wasser

nachspülen. Dieses Wasser ebenfalls zum Gemüse geben, verrühren und aufkochen.

8020. Stuten à la Stollen 2015/34, Oktober 2015

Vortag, 9 Uhr: Ansatz 1
* 50 g Weizen, fein gemahlen, verrühren mit
* 50 g Wildhefe

Vortag, 15:45 Uhr: Ansatz 2
* 125 g Weizen, fein gemahlen, verrühren mit
* 125 g Wasser
* Ansatz 1

Vortag, 22:00 Uhr (Pengdose ist aufgesprungen): Ansatz 3
* 400 g Weizen, fein gemahlen
* 275 g Wasser und
* Ansatz 2; mit der Hand 1-2 Min. verknetet

Backtag, ca. 10:00 Uhr
* 200 g Dinkel, fein gemahlen
* 1 TL Salz
* 1 EL Lebkuchengewürz
* 1 TL Vanille
* 140-150 g Lebkuchenwasser-Variante 10/8013 (oder Wasser)
* 50 g Sonnencreme mit Linsen 10/8012
* Ansatz 3. Die Zutaten gut miteinander verkneten, einige Min. lang. Dann noch einarbeiten:
* 100 g gestiftelte Mandeln (fertig gekauft)
* 60 g grüne Rosinen
* 50 g Orangeat (selbstgemacht 9/6460)
* (20 g Butter für die Form)

30 cm-Form (Dr. Oetker Profi-Email) mit Butter einfetten. Teig hineingeben, glatt streichen. Mehrmals schräg einschneiden. Form in eine große Plastiktüte geben und auf der Fensterbank 3 Std. gehen lassen. In den kalten Ofen schieben, 60 Min. bei 175 °C (Heißluft, Klimagaren, auto) backen und 10 Min. im ausgeschalteten Ofen nachbacken lassen. Auf ein Kuchengitter stürzen und abkühlen lassen.

8021. Rosenkohlpizza, Oktober 2015

Vorläufer: 10/7986; 2 Portionen.

Teig mindestens vier Std. vor dem Servieren herstellen:

- 125 g Kamut
- 125 g Weizen
- 1/2 TL Salz
- 1/4 Würfel Bio-Hefe (10 g)
- 125-130 g Wasser
- 1 EL Stützcreme (25 g), hier Erdlinsenstütze 10/7963

Getreide mischen und fein mahlen, Salz unterrühren. Hefe in 125 g Wasser auflösen. Mit der Stützcreme zum Mehl geben, mit den Knethaken des Hand-rührgeräts zum glatten Teig verkneten. Mit den Händen mindestens 10 Min. gut durchkneten. Teig zur Kugel formen, an einem warmen Ort zugedeckt (d. h. in einer gut bemessenen Pengdose) min. 2-3 Std. ruhen lassen.

8022. Roter Pizzabelag Nr. 18

Vorläufer 10/7984

- 1 kleine Zwiebel, geschält, gewürfelt (40 g netto)
- 40 g Wasser
- 150 g passierte Tomaten
- 1/2 TL Salz
- 1 Prise schw. gem. Pfeffer
- 1/2 gestr. TL Honig
- 2 TL Apfelessig
- 1 Prise gem. Kreuzkümmel
- 1 kleine Prise Zimt

Zwiebel im Wasser wie eine Gemüsepfanne dünsten, in den letzten Min. offen köcheln, bis das Wasser ver-dampft ist. Restliche Zutaten hinzufügen. Unter Rühren aufkochen und abschmecken.

8023. Weißer Pizzabelag Nr. 27

Vorläufer: 10/7985

- 100 g gekochte rote Linsen
- 15 g Zitronenfleisch
- 18 g Sonnenblumenöl (sollten 15 g sein)
- 1/2 TL Salz
- 20 g Cashewnussmus
- Etwas Schabziegerklee gem.
- 55 g Wasser

Im kleinen Mixer gut mixen und mindestens eine Std. in den Kühlschrank stellen:

Gemüse als Gemüsepfanne (24 cm) 10 Min. dünsten:

- 40 g Wasser
- 230 g Rosenkohl, geputzt, geviertelt (netto)
- 1 Tomate (105 g)
- Nach Geschmack: Pizzakräuter

Fertigstellung: Backofen (Heißluft) auf 235 °C vorheizen. Teig zu zwei Pizzen ausrollen, roten Belag darauf streichen. Mit Rosenkohl belegen, Tomate in dünnen Scheiben darauf verteilen. Nach Belieben mit Pizzakräu-tern bestreuen. Weißen Belag zwischen die Tomaten löffeln. 15 Min. bei 235 C backen.

Fazit: *Lecker ist das, aber einfach zu viel Arbeit. Ich habe heute eigentlich ab 14 Uhr nur in der Küche gestan-den. Das kann es nun mal nicht sein. Also werde ich versuchen, die einzelnen Schritte zu vereinfachen. Also ungekochtes Gemüse nehmen, einen roten Belag, der nicht gekocht wurde.*

8024. Apfel-Kaki-Mus, Oktober 2015

2 Desserts

- 1 kleine Kaki, ohne Stiel, klein geschnitten (130 g netto)
- 1 Apfel, gewürfelt (125 g)
- 20 g Zitronenfleisch
- 1 EL Zitronenmelisse, gehackt
- 1/2-1 TL Orangeat (z. B. 9/6460)

Kaki, Apfel und Zitronenfleisch im großen Becher des kleinen Mixers mixen.

Das war recht schwierig, ich habe an einer Stelle die Hälfte wieder herausgenommen, weil die Kakistücke nicht „greifen" wollten. Ein Pürierstab wäre hier die bessere Wahl gewesen. Es blieb etwas stückig, aber das finde ich okay,

Mit Zitronenmelisse vermischen, auf zwei Schüsselchen verteilen. Mit je einem kleinen Blatt Zitronenmelisse und nach Geschmack etwas Orangeat dekorieren.

8025. Auberginen für Nudeln, Oktober 2015

2 Portionen.

Gemüse (Gemüsepfanne, 24 cm, 15 Min.):

- 100 g Wasser
- 315 g Aubergine, in 1-cm-dicken Stücken
- 20 g grüne Rosinen
- 205 g Kürbis, ohne Kerne, gewürfelt (netto)

Soße (bis auf das Basilikum) im Mixer verquirlen:

10 g Zitronenfleisch

50 g gekochte rote Linsen

1 TL Salz

1 LS Kreuzkümmel

20 g Sonnenblumenöl

7 g fein geh. Basilikum

Soße unter das Gemüse rühren, aufkochen. Auf zwei Schüsseln verteilen, mit Basilikum bestreuen. Bei mir gab es dazu Nudeln (Spirali).

Hinweis: *Die Soße war mir leider danebengegangen: Ich hatte anfangs mit 50 g Wasser nicht aufgepasst und plötzlich bemerkt, dass das Gemüse angesetzt hatte. Also schnell irgendeine Menge Wasser in eine neue Pfanne gegossen und das Gemüse umgefüllt, es schmeckte zum Glück nicht angebrannt. Aber die Soße war eben zu dünn.*

8026. Zitronenmelissenwürz-FKG, Oktober 2015

2 x Frühstück

Abends

- 6 EL Drei-Korn-Getreide glutenfrei 10/7816 fein schroten (3/9, Hawos Novum) und auf zwei Schüsseln verteilen. Mit insgesamt
- 160 g Wasser übergießen. Abgedeckt über Nacht (mindestens 4 Std.) bei Raumtemperatur stehen lassen.

Morgens

- 15 g Zitronenfleisch
- 2 kleine Bananen, geschält (170 g netto)
- 2 Äpfel (220 g)
- 1 kleine Kaki, ohne Grün (130 g netto)
- 1 EL gehackte Zitronenmelisse
- 8 Pekannusshälften

Obst in grobe Stücke teilen und im Hochleistungsmixer pürieren. Auf das Getreide gießen. Mit Zitronenmelisse bestreuen. Je 4 Nusshälften sternförmig in die Mitte legen.

8027. Flohwalzerao, Oktober 2015

Im Hochleistungsmixer, je nach Gerät, 2,5 bis 3 Min. auf höchster Stufe schlagen:

- 10 g Kakaonibs
- 1 geh. TL Flohsamenschalen (4 g)
- 4 Datteln entsteint Deglet Nour (27 g netto)
- 1 TL Hanfsamen (5 g)
- 9 g frischer Ingwer
- auf 500 ml (Markierung im Becher) mit Wasser / kochendem Wasser 1:1 auffüllen

8028. Möhrenspritzer, Oktober 2015

2 kleine Portionen

- Im Vitamix gut verquirlen:
- 125 g Möhre
- 120 g Apfel
- 10 g Zitronenfleisch
- 100 g Wasser

Auf zwei Gläser verteilen und mit Löffel servieren.

8029. 2 Orange-1 Grün-Pfanne, Oktober 2015

2 Portionen.

Gemüsepfanne (24 cm, 16 Min.)

- 75 g Wasser
- 155 g Rosenkohl, geputzt und halbiert (netto)
- 120 g Möhren, in Scheiben
- 155 g Kürbis, ohne Kerne, in Würfel (netto)

Soße (mixen, unter das Gemüse rühren und aufkochen):

- 50 g gekochte rote Linsen
- 10 g Zitronenfleisch
- 20 g Sonnenblumenöl
- 1 TL Salz
- 1 Prise geriebene Muskatnuss
- 1/4 TL gem. Kümmel
- 10 g Wasser (+ ca. 20 g Wasser zum „Nachspülen")

Becher mit den 20 g Wasser nachspülen. Dieses Wasser ebenfalls zum Gemüse geben, verrühren und aufkochen.

- 1-2 EL feingehackten Kerbel unterrühren.

Tipp: Dazu gab es bei mir roten Reis.

8030. Kaki-Chaos, Oktober 2015

2 x Frühstück

- 2 EL Leinsamen
- 4 EL Nackthafer
- 2 EL Roter Reis
- 10 g Zitronenfleisch
- 2 kleine Bananen, geschält (125 g netto)
- 3 Äpfel (295 g)
- 1 Kaki (140 g netto)
- Zitronenmelisse

Leinsamen mit dem Getreide flocken, auf zwei Schüsselchen verteilen. Bananen und Äpfel in grobe Stücke teilen und im Hochleistungsmixer pürieren, über das Getreide geben. Kaki würfeln, ungeordnet über das Obst streuen und mit ein paar Blättchen Zitronenmelisse dekorieren.

8031. Möhrenspritzer Zwo, Oktober 2015

2 kleine Portionen

Im Vitamix gut verquirlen:

- 150 g Möhre
- 80 g Apfel
- 30 g Fenchel
- 10 g Zitronenfleisch
- 100 g Wasser

Auf zwei Schüsselchen verteilen und mit

- etwas Petersilie dekorieren.

8032. Kürabipfanne, Oktober 2015

2 Portionen

Gemüsepfanne (24 cm, 16 Min.):

- 50 g Wasser
- 1 Zwiebel, geschält und gewürfelt (45 g netto)
- 1/2 Kohlrabi, geschält und in Stiften (125 g netto)
- 200 g Kürbis, ohne Kerne, in Würfel (netto)

Soße (im kleinen Mixer mixen, unter das Gemüse rühren und aufkochen):

- 35 g gekochte rote Linsen
- 10 g Zitronenfleisch
- 20 g Cashewnussmus
- 1 TL Salz
- 2 Pr schw. gem. Pfeffer
- 30 g Wasser (+ ca. 20 g Wasser zum „Nachspülen")

Becher mit den 20 g Wasser nachspülen. Dieses Wasser ebenfalls zum Gemüse geben, verrühren und aufkochen.

- 2-3 EL feingehackten Kerbel unterrühren.

Tipp: *Dazu gab es bei mir Ofenkartoffeln.*

8033. SIntegrierte Melisse, Oktober 2015

2 x Frühstück

- 2 EL Leinsamen
- 6 EL Nacktgerste
- 10 g Zitronenfleisch
- 2 Äpfel (320 g)
- 2 kleine Bananen, geschält (140 g netto)
- 4 EL Wasser
- 1 EL frische Melissenblätter
- 25 g Walnüsse

Leinsamen mit dem Getreide flocken, auf zwei Schüsselchen verteilen. Obst in grobe Stücke teilen und mit dem Wasser im Hochleistungsmixer pürieren, Melisse hinzugeben und nochmals kurz durchmixen. Über das Getreide geben. Mit Walnüssen dekorieren.

8034. Voradventlicher Kakao, Oktober 2015

Im Hochleistungsmixer, je nach Gerät, 2,5 bis 3 Min. auf höchster Stufe schlagen:

- 10 g Kakaonibs
- 10 g Hanfsamen
- 1 TL Lebkuchengewürz
- 3 Datteln Deglet Nour (21 g netto)
- 7 g frischer Ingwer
- 10 g Chiasamen
- auf 500 ml (Markierung im Becher) mit Wasser / kochendem Wasser 1:1 auffüllen

8035. Errötende Kohlrabi (Rohkostsuppe), Oktober 2015

1 reichliche oder 2 kleine Portionen.

Im Vitamix mischen:

- 1/2 geschälter Kohlrabi (95 g netto)
- 7 g Zitronenfleisch
- 40 g Möhre
- 80 g Apfel
- 125 g Wasser und dekorieren mit
- 7 Blättern Basilikum, in feine Streifen geschnitten

8036. Kohlrabilinsen, Oktober 2015

2 Portionen

Als Gemüsepfanne (24 cm, 18-20 Min.):

- 200 g rote Linsen
- 430 g Wasser
- 1,5 Kohlrabi, geschält und gestiftelt (340 g netto)
- 1 kleine Möhre (40 g), in Scheiben

Zum Würzen unterrühren:

- 1 TL Salz
- 1/4 TL Kreuzkümmel
- 1 Prise Zimt
- 2 EL in feine Streifen geschnittener Basilikum
- 1 EL Sonnenblumenöl

8037. Melissenmango-FKG, Oktober 2015

2 x Frühstück.

Abends

- 6 EL Drei-Korn-Getreide glutenfrei 10/7816 fein schroten; auf 2 Schüsseln verteilen. Mit insgesamt
- 160 g Wasser übergießen. Abgedeckt min. 4 Std. bei RT lassen.

Morgens

Mangocreme

- 40 g getr. Mango
- 30 g Cashewnüsse
- 3 cm Vanillestange
- 285 g Wasser
- 1 Handvoll Zitronenmelisse

Mango in kleinere Stücke reißen. Mit Nüssen, Vanille und Wasser im Vitamix zu einer lauwarmen Creme schlagen. Melisse kurz unterschlagen. Auf das Getreide gießen.

Obst

- 10 g Zitronenfleisch
- 2 kleine Bananen geschält (140 g netto)
- 2 Äpfel (250 g)
- 1 TL getr. Gojibeeren
- 2 Blatt Zitronenmelisse

Obst in grobe Stücke teilen und im Vitamix pürieren. Auf die Mangocreme gießen. Gojibeeren in die Mitte des Frühstücks streuen, 1 Blatt Melisse daneben stecken.

8038. Banana Cocoa, Oktober 2015

Im Vitamix 2,5 bis 3 Min. auf höchster Stufe schlagen:

- 10 g Kakaonibs
- 10 g Chiasamen
- 40 g getr. Baby-Bananen
- 8 g frischer Ingwer
- auf 500 ml mit Wasser / kochendem Wasser 1:1 auffüllen.

8039. Gewürzte Möhrensuppe, Oktober 2015

Gute Portion für eine Person oder 2 kleine Portionen

Im Vitamix mischen:

- 115 g Möhre
- 40 g rote Paprika
- 90 g Apfel
- 1 g frischer Ingwer
- 130 g Wasser und dekorieren mit
- 2 dünnen Scheiben Salatgurke, halbiert

8040. Kartoffelallerlei Exotika, Oktober 2015

2 Portionen.

Als Gemüsepfanne (24 cm; 17 Min.):

- 95 g Wasser
- 10 g Kokosöl
- 500 g Kartoffeln, in Scheiben
- 215 g Hokkaido, ohne Kerne, gewürfelt (netto)
- 85 g Mungbohnensprossen

Soße (mixen, unter das Gemüse rühren und aufkochen):

- 15 g Zitronenfleisch
- 40 g Apfel
- 10 g Kokosraspeln
- 1 gestr. TL Salz
- 1/3 TL gem. Kreuzkümmel
- 35 g gekochte Linsen
- 30 g Wasser (+ 20 g zum Nachspülen, dann ebenfalls unterrühren)
- 2-3 EL gehackten Kerbel unterziehen.

8041. Mandelcreme mit Linsen, Oktober 2015

Im Hochleistungsmixer bis zum Stocken schlagen:

- 50 g Langkorn-Naturreis
- 50 g gekochte rote Linsen
- 25 g Mandeln
- 1 Prise Salz
- 360 g Wasser (halb Zimmertemperatur, halb kochend)

8042. Lebkuchenwasser-Zwotvariante, Oktober 2015

- 75 g des Cremeanteils von 8044
- 300 g Wasser

Mit dem Vitamix zu einer homogenen Flüssigkeit mixen.

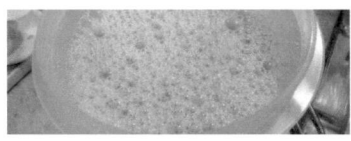

8043. Kakimelisse, Oktober 2015

2 x Frühstück

- 2 EL Leinsamen
- 6 EL Nackthafer
- 18 g Zitronenfleisch
- 1 kleine Banane, geschält (80 g)
- 1 großer Apfel (200 g)
- 1 mittelgroße Kaki (200 g netto)
- 4 g Zitronenmelisse
- 20 g Pekannüsse

Leinsamen mit dem Getreide flocken, auf zwei Schüsselchen verteilen. Das Obst in grobe Stücke teilen und im Hochleistungsmixer pürieren, dann noch einmal die Zitronenmelisse mit mixen. Über das Getreide geben, mit Pekannüssen und ggf. noch ein paar Blättchen Melisse dekorieren.

8044. Lebkuchen mit Linsen und Mandeln, Oktober 2015

Vorläufer: 10/8014, backen: 9/6471.

Cremeanteil (im Vitamix kräftig durchmixen):

- 250 g gekochte rote Linsen
- 100 g Mandelcreme mit Linsen 8041
- 1 Prise Salz
- 130 g Apfel
- 4 getr. Feigen, entstielt (90 g)
- 250 g cremiger Honig
- 6 g frischer Ingwer

Fester Anteil (mit dem Löffel mischen):

- 200 g Mandeln, gem.
- 100 g Nackthafer, fein gemahlen
- 125 g Weizen, fein gemahlen
- 25 g Chiasamen
- 16 g Lebkuchengewürz (Brecht)
- 1 P Weinstein-Backpulver
- 1 TL gem. Vanille
- 1 TL gem. getr. Ingwer
- 1 gute Prise gem. Muskatnuss

In einer Teigschüssel den Cremeanteil und den festen Anteil mit den Knethaken zu einem Teig kneten. 15-30 Min. quellen lassen. Ofen (Heißluft) auf 225 °C vorheizen. Mit Hilfe eines nicht zu großen Eisportionierers 8 bis 10 mm hohe Lebkuchen formen, leicht flachdrücken. Es gab 32 Stück, die bei mir zwei Backbleche erforderten. Lebkuchen einschieben. 10 Min. bei 160 °C backen, dann weitere 20 Min. bei 140 °C backen.

8045. Schokogussversuch Nr. 8, Oktober 2015

Reicht genau für die Lebkuchen; Vorläufer 10/8015

- 50 g Kakaobutter
- 10 g Kakaopulver (Fair Trade)
- 3 g Carobpulver
- 60 g Stützcreme, z. B. Mandelcreme mit Linsen 8041
- 60 g cremiger Honig

Kakaobutter und Honig in einer Pfanne zerlassen, am Ende mit einem kleinen Schneebesen verquirlen. Die restlichen Zutaten im kleinen Becher des Mixer mit einem Löffel verrühren, die warme Kakaobutter einrühren und dann gut mixen. Die Lebkuchen auf der Oberfläche mit der Schokolade bepinseln.

8046. Soße käsig zum Überbacken, Oktober 2015

Im Vitamix schlagen (ergibt 360 g):

- 20 g Sonnenblumenkerne
- 20 g Erdnussmus (oder weitere 20 g Sonnenblumenkerne)
- 50 g Apfelessig
- 20 g Sonnenblumenöl
- 1 TL Salz
- 100 g gekochte rote Linsen
- 20 g Honig
- 150 g Wasser
- 1-2 Prisen Bockshornkleesaat

8047. Mischsuppe (Rohkost), Oktober 2015

Im Vitamix gut mixen:

- 70 g Salatgurke
- 75 g Möhre
- 30 g Apfel
- 80 g Kohlrabi (netto) und
- 105 g Wasser. Dekorieren mit
- kleinen Streifen roter Paprika

8048. Würziger Kürbis-Brot-Auflauf, Oktober 2015

Angelehnt an https://www.daskochrezept.de/rezepte/wuerziger-kuerbis-brot-auflauf-mit-bergkaese; 2 Portionen.

Gemüsepfanne (20 cm, 16 Min.):

- 40 g Wasser
- 225 g Hokkaido-Kürbis, in Würfeln, ohne Kerne
- Etwas Salz
- Etwas schw. gem. Pfeffer
- 225 g Kürbisbrot
- 1 Tomate (90 g)
- 10 g Kürbiskerne

Soße zum Überbacken: 8046

Gemüse mit Salz und Pfeffer würzen. Aus der Pfanne in einen etwas tieferen Teller gießen. Boden der Pfanne mit 1 TL Sonnenblumenöl einpinseln. Brot in Scheiben schneiden (nicht zu dick, sonst reicht es nicht!), den Boden damit auslegen. Kürbis darauf geben, mit Brot abdecken. Die Tomate in dünne Scheiben schneiden, auf der Oberfläche verteilen. Die Soße vorsichtig über das Ganze gießen. Mit den Kernen bestreuen.

Ofen (Heißluft) auf 180 °C vorheizen. Pfanne in den Ofen schieben, Griff abmachen und offen 30 Min. backen.

8049. Zitronenkakao, Oktober 2015

Im Hochleistungsmixer, je nach Gerät, 2,5 bis 3 Min. auf höchster Stufe schlagen:

- 10 g Kakaonibs
- 10 g Hanfsamen
- 3 g Zitronenmelisse
- 10 g Chiasamen
- 3 Datteln entsteint Deglet Nour (25 g netto)
- 5 g frischer Ingwer
- 5 g Carob
- auf 500 ml (Markierung im Becher) mit Wasser / kochendem Wasser 1:1 auffüllen.
- Deko: 2 Blättchen Zitronenmelisse

8050. FKG unsaisonal, Oktober 2015

2 x Frühstück

- 2 EL Leinsamen
- 6 EL Nackthafer
- 10 g Zitronenfleisch
- 300 g geputzte Erdbeeren (netto)
- 2 Bananen geschält (140 g netto)
- 5 g Kokosraspeln
- 1 TL Orangeat

Leinsamen mit dem Getreide flocken, auf zwei Schüsselchen verteilen.

Bananen in grobe Stücke teilen und mit Erdbeeren und Zitrone im Hochleistungsmixer pürieren, über das Getreide geben. In die Mitte Kokosraspeln streuen und etwas Orangeat darauf geben.

8051. Roter Pizzabelag Nr. 19, Oktober 2015

Vorläufer: 8022; Grundlage für einen Standard.

Mixen:

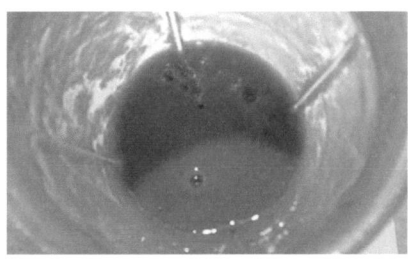

25 g Wasser	1/2 gestr. TL Honig (6 g)
100 g passierte Tomaten	2 TL Apfelessig (6 g)
1/2 TL Salz	1 Prise gem. Kreuzkümmel
1 Prise schw. gem. Pfeffer	1 kleine Prise Zimt

8052. Überlebender Kakao, Oktober 2015

Im Vitamix 2,5-3 Min. auf höchster Stufe:

- 15 g Kakaonibs
- 10 g Chiasamen
- 1/2 gestr. TL Flohsamen
- 25 g Honig
- 7 g frischer Ingwer
- 10 g Hanfsamen
- 1 TL Lebkuchengewürz Brecht (3 g)
- 60 g Wasser
- 185 g Lebkuchenwasser-Zwotvariante 8042
- auf 500 ml (Markierung im Becher) mit kochendem Wasser auffüllen.

8053. Saure Milde-Brot 2015/35, Oktober 2015

Vorläufer: 10/7975

Vorabend

Sauerteig am Vorabend ansetzen:
- 250 g Roggen fein gemahlen
- 270 g Wasser
- 150 g Sauerteig

Körner am Vorabend gut abgedeckt ansetzen:
- 150 g Sonnenblumenkerne
- 150 g Wasser

Wildhefeansatz am Vorabend herstellen:
- 150 g gem. Weizen, verrührt mit
- 150 g Wildhefe

Backtag morgens:
- Sauerteig vom Vorabend, wovon 150 g Sauerteig fürs nächste Backen abgenommen wurden
- Gequollene Körner
- Wildhefeansatz
- 275 g Weizen
- 125 g Dinkel
- 150 g Roggen
- 1 EL Salz (20 g)
- 1 EL Brotgewürz (Brecht)
- 300 g Wasser
- 20 g Butter für die Form

Weizen, Dinkel und Roggen fein mahlen. Mehl mit den restlichen trockenen Zutaten vermischen. Sämtliche Zutaten mit einem großen, festen Löffel verrühren, das Wasser über 200 g aber nur in Portionen hinzugeben, je nach Beschaffenheit des Sauerteigs und des Getreides kann das stark unterschiedlich sein.

Form (30 cm) mit Butter einfetten, Teig hineingeben. 3 Mal schräg einschneiden und in eine große Plastiktüte (z. B. aus der Reinigung) stecken und 1,5-2 Std. gehen lassen. In den kalten Ofen auf den Gitterrost geben, 55 Min. bei 190 °C backen (Klimagaren, auto) und 10 Min. im ausgeschalteten Ofen nachbacken lassen.

Hinweis: *Die Gehzeit von 1 Std. 45 Min. ist erstaunlich, denn Sauerteig braucht 3 Std., Ursache Wildhefe?*

8054. Weißer Pizzabelag Nr. 28 (mit Öl), Oktober 2015

Vorläufer: 8023; für 1 große Pizza.

Gut mixen und eine Weile stehen lassen:
- 100 g gekochte rote Linsen
- 45 g Helles Knoblauchdressing 8056
- 10 g Sonnenblumenöl
- 1/2 TL Salz
- 20 g Cashewnüsse
- Etwas Bockshornkleesaat gem.
- 60 g Wasser

8055. Pizza Funghi, Oktober 2015

Vorläufer: 8021; 2 Portionen.

Etwa 2,5 bis 3 Std. vor dem Servieren den *Teig* herstellen:

- 100 g Kamut
- 100 g Dinkel
- 1/2 TL Salz
- 1 P. Trockenhefe (9 g)
- 1 EL (22 g) Mandelcreme mit Linsen 8041
- 105 g Wasser

Getreide mischen und fein mahlen, Salz und Hefe unterrühren. Stütz-creme und 80 g Wasser hinzugeben, mit einem Löffel verrühren. Mit den Händen mindestens 10 Min. gut durchkneten, dabei so viel Wasser hinzufügen, dass sich ein geschmeidiger Teig ergibt. (Ich habe unendlich viel Wasser gebraucht, liegt das an der Trockenhefe?) Teig zur Kugel formen, an einem warmen Ort zugedeckt (d. h. in einer gut bemessenen Pengdose) min. 2-3 Std. ruhen lassen.

Roter Belag: 8051

Weißer Belag: 8054

Gemüse:

- 200 g braune Champignons
- Nach Geschmack: Pizzakräuter

Champignons in Scheiben schneiden.

Fertigstellung: Backofen (Heißluft) auf 235 °C vorheizen. Teig zu einer runden Pizza ausrollen, roten Belag darauf streichen. Mit Champignonscheiben belegen. Nach Belieben mit Pizzakräutern bestreuen. Weißen Belag darüber löffeln. 15 Min. bei 235 °C backen.

8056. Helles Knoblauchdressing, Oktober 2015

Vorläufer: 10/7998

Im Vitamix schlagen:

- 125 g Sonnenblumenkerne
- 125 g Apfelessig
- 20 g Salz
- 1 kleine Knoblauchknolle, nur äußere Schalen grob entfernt (15 g)
- 10 g Sonnenblumenöl
- 55 g Honig
- 200 g Wasser

8057. Möhrensuppe süß (Rohkost), Oktober 2015

Im Vitamix gut mixen:

- 125 g Möhre
- 80 g Apfel
- 30 g rote Paprika
- 80 g Honigwasser (aus einem leeren Honigglas)
- 45 g Wasser
- Als Dekoration: 6 Basilikumblättern, in feine Streifen geschnitten

8058. Gekerbelte Möhrensuppe (Rohkost), Oktober 2015

Im Vitamix gut mixen:

- 85 g Möhre
- 70 g Apfel
- 75 g Kohlrabi
- 45 g Honigwasser (aus einem leeren Honigglas)
- 85 g Wasser
- Dekorieren mit 1 EL Kerbel, fein gerupft

8059. Spitzkohlallerdrei, Oktober 2015

2 Portionen

Als Gemüsepfanne (20 cm) 17 Min. dünsten:

- 270 g Wasser
- 130 g rote Linsen
- 180 g Spitzkohl (Außenblätter), gewaschen, in Streifen geschnitten
- 150 g Kartoffeln, unter fließendem Wasser abgebürstet, Schadstellen entfernt und in Scheiben geschnitten

Würzen mit:

- 1 TL Salz
- Etwas schw. gem. Pfeffer
- 1 EL Sonnenblumenöl

8060. Sellerie-Orangella-Suppe, Oktober 2015

Im Vitamix gut mixen:

- 50 g Möhre
- 1 Orange (135 g geschält)
- 80 g Sellerie (ungeschält)
- 125 g Wasser
- Dekorieren mit einigen Linsensprossen

8061. Margarine-anstatt-2, Oktober 2015

Vorläufer: 10/8011, ohne vorhandene Stützcreme.

Im Vitamix gut durchmixen:

- 30 g Sonnenblumenöl
- 20 g Erdnussmus
- 35 g gekochte weiße Bohnen
- 2 EL Bohnenkochwasser
- 1-2 g Apfelessig
- 1 Prise Salz
- 40 g Kokosöl

In einen kleinen Behälter geben und im Kühlschrank aufbewahren.

8062. Grünkohl mit Hokkaido, Oktober 2015

2 Portionen.

Gemüsepfanne (24 cm) 17 Min.:

- 75 g Wasser
- 165 g Grünkohl, geschaffen, abgetropft und klein geschnitten
- 160 g Hokkaido, entkernt, gewürfelt (netto)

Soße (im Vitamix mixen, unter das Gemüse rühren und aufkochen):

- 30 g Margarine-anstatt-2
- 65 g (+45 g zum Nachspülen) Wasser
- 1/4 TL Honig
- 1 TL Salz
- 1 gute Prise Muskat
- 50 g Apfel

Tipp: Gut dazu passt schwarzer Reis.

8063. Gerste auf dem Optimierungsweg, Oktober 2015

- 200 g Nacktgerste
- 350 g Wasser

Gerste 8-10 Std. im Wasser einweichen. Mit 175 g vom Einweichwasser in einen kleinen Schnellkochtopf (Mindestwassermenge: 150 g) geben. 11 Min. auf Stufe II, dann 10 Min. auf Stufe I und danach dort abdampfen lassen (ca. 6-8 Min.)

8064. Lecker-Langweil-FKG, Oktober 2015

2 x Frühstück

- 2 EL Leinsamen
- 4 EL Nackthafer
- 2 EL Nacktgerste
- 1 Orange geschält (150 g netto)
- 1 großer Apfel (250 g)
- 2 Bananen geschält (160 g netto)
- 20 g Walnüsse

Leinsamen mit dem Getreide flocken, auf zwei Schüsselchen verteilen.

Das Obst in grobe Stücke teilen und im Hochleistungsmixer pürieren, über das Getreide geben. Mit Walnüssen dekorieren.

8065. Violetter Kakao, Oktober 2015

Der schwarze Reis verleiht dem Kakao eine violette Farbe!

Im Hochleistungsmixer, je nach Gerät, 2,5 bis 3 Min. auf höchster Stufe schlagen:

- 10 g Kakaonibs
- 2 TL Hanfsamen (8 g)
- 20 g schwarzer Reis
- 3 Datteln entsteint Deglet Nour (25 g netto)
- 8 g frischer Ingwer
- auf 500 ml (Markierung im Becher) mit Wasser / kochendem Wasser 1:1 auffüllen.

8066. Spitzakkaido-Senfte, Oktober 2015

2 Portionen.

Als Gemüsepfanne (24 cm) 14 Min.:

- 50 g Wasser
- 225 g Spitzkohl in Streifen
- 125 g Hokkaido, ungeschält, Kerne entfernt, in Scheiben (netto)

Senfsoße (mixen, unter das Gemüse rühren und aufkochen):

- 15 g Zitronenfleisch
- 15 g Senf mittelscharf
- 1 TL Salz
- 1 Prise schw. gem. Pfeffer
- 50 g gekochte rote Linsen
- 5 g Honig
- 10 g Mandeln
- 10 g Sonnenblumenöl
- 40 g (+ 45 g zum Nachspülen) Wasser

Tipp: *Sehr gut passt dazu gekochte Gerste.*

8067. Grünkohlexperiment (Rohkost), Oktober 2015

Im Vitamix gründlich mixen:

- 1 Orange geschält (115 g netto)
- 100 g Möhre
- 13 g Grünkohl
- 130 g Wasser
- Als Deko: 1 TL Kokosraspel

8068. Herbstglupsch, Oktober 2015

2 x Frühstück.

Abends:

- 6 EL Nackthafer grob schroten (5/9, Hawos Novum), mit
- 2 EL Chiasamen mischen und auf zwei Schüsseln verteilen. Mit insgesamt
- 200 g Wasser übergießen. Abgedeckt über Nacht (mindestens 4 Std.) bei RT stehen lassen.

Morgens:

- 1 Orange, geschält (180 g netto)
- 1 kleine Banane, geschält (75 g netto)
- 1 große Birne (315 g)
- 20 g Pekannüsse (= 8 Hälften)
- 1-2 TL getr. Gojibeeren

Obst in grobe Stücke teilen und im Hochleistungsmixer pürieren. Auf das Getreide gießen. Mit Nusshälften am Rand und Gojibeeren in der Mitte dekorieren.

8069. Violetter Kakao II, Oktober 2015

Im Hochleistungsmixer, je nach Gerät, 2,5 bis 3 Min. auf höchster Stufe schlagen:

- 10 g Kakaonibs
- 15 g Erdmandeln
- 1 TL Carob (4 g)
- 25 g schwarzer Reis
- 4 Datteln entsteint Deglet Nour (30 g netto)
- auf 500 ml (Markierung im Becher) mit Wasser / kochendem Wasser 1:1 auffüllen. Erst am Ende
- 1 TL gem. Ingwer hinzufügen und einmal durchschlagen.

Hinweis: *Ich hatte den Ingwer schlichtweg vergessen. Aber so war das eine durchaus auch schmackhafte Variante.*

8070. Waldorf-Suppi (Rohkost), Oktober 2015

- 85 g Sellerie, ohne Wurzel
- 50 g Möhre
- 90 g Apfel
- 125 g Wasser
- Deko: 1 Blatt Basilikum, in Streifen geschnitten und
- Deko: 4 g Walnussstücken dekorieren

Im Vitamix gründlich mixen, so dass wirklich alles „glatt" ist. In einer Schüssel dekorieren.

8071. Nibspluspulverkakao, Oktober 2015

Im Vitamix 2,5-3 Min. auf höchster Stufe:

- 10 g Kakaonibs
- 1 TL Kakaopulver (4 g)
- 13 g Erdmandeln
- 25 g schwarzer Reis
- 3 Datteln entsteint Deglet Nour (25 g netto)
- 10 g frischer Ingwer
- auf 500 ml (Markierung im Becher) mit Wasser / kochendem Wasser 1:1 auffüllen.

8072. Rosinierter Grünkohl, Oktober 2015

2 Portionen

Gemüsepfanne:

- 50 g Wasser
- 10 g Sonnenblumenöl
- 1 Zwiebel, abgezogen und gewürfelt (60 g netto)
- 310 g Grünkohl, gewaschen, abgetropft und in feine Streifen geschnitten (Blattrippen waren vor dem Kauf schon entfernt)
- 40 g grüne Rosinen

Soße:

- 1 TL Salz
- 1/2 gestr. gem. TL Kreuzkümmel
- 5 g Essigpeperoni 7/4573 (oder etwas Chilipulver)
- 40 g gekochte Augenbohnen (oder Linsen)
- 20 g Erdnussmus (oder geröstete Erdnüsse)
- 2 TL Apfelessig (8 g)
- 10 g Honig
- 40 g Wasser
- (60 g Wasser zum Nachspülen)

Gemüsezutaten in der angegebenen Reihenfolge in eine 24-cm-Pfanne geben und als Gemüsepfanne 25 Min. dünsten. Soßenzutaten mixen, unter das Gemüse rühren und aufkochen. Becher mit 60 g Wasser nachspülen. Dieses Wasser ebenfalls zum Gemüse geben, verrühren und aufkochen.

Tipps: Bei mir gab es dazu Ofenkartoffeln. – Grünkohl nimmt viel Platz weg, eine 26-cm-Pfanne wäre für diese Menge besser gewesen.

8073. Nachttrunk Violetta, Oktober 2015

Im Vitamix 2,5-3 Min. auf höchster Stufe:

- 25 g Erdnussmus
- 3 Datteln entsteint Deglet Nour (28 g netto)
- 20 g schwarzer Reis
- auf 500 ml (Markierung im Becher) mit Wasser / kochendem Wasser 1:1 auffüllen.

8074. Manreitag, Oktober 2015

2 x Frühstück

Abends:

- 4 EL Drei-Korn-Getreide glutenfrei 10/7816 und
- 2 EL Weizen grob schroten & auf zwei Schüsseln verteilen. Mit insgesamt
- 160 g Wasser übergießen. Abgedeckt über Nacht (mind. 4 Std.) bei Raumtemperatur stehen lassen.

Morgens:

- 40 g getr. Mango
- 20 g Cashewnüsse
- 20 g Pekannüsse
- 280 g Wasser

Mango in kleinere Stücke reißen. Mit Nüssen, Vanille und Wasser im Vitamix zu einer lauwarmen Creme schlagen. Auf das Getreide gießen.

- 1 Orange geschält (130 g)
- 1 Banane geschält (130 g)
- 1 Apfel (160 g)

Obst in grobe Stücke teilen und im Hochleistungsmixer pürieren. Auf das Getreide gießen.

- 1 Clementine, geschält (70 g) in Stücke teilen und damit dekorieren.

8075. Augenbohnensalat, Oktober 2015

- 1 geh. EL Dressing,
  hier: Helles Knoblauchdressing 8056, mit
- 3-4 EL Wasser vermischen. Klein schneiden und hinzufügen:
- 50 g Babyspinat
- 1/2 gelbe Paprika, ohne Kerne oder Innenwände (80 g);
- 225 g gekochte Augenbohnen.

Miteinander mischen.

8076. Haferbrei mit Apfel für den Arzt, Oktober 2015

1 Abendessen

- 100 g Nackthafer, geflockt
- 200 g Wasser
- 1 Apfel (130 g)

Nackthafer und Wasser aufkochen. Köcheln, bis das Wasser fast ganz verbraucht ist. Apfel im Zerkleinerer raffeln und und unterrühren. Auf einen Teller geben.

Fazit: *Schmeckt auch ohne Gewürze oder Salz, erstaunlich!*

8077. Schwarz-Reis-FKG, Oktober 2015

- 2 EL Nackthafer
- 1 EL schwarzer Reis
- 1 Apfel (150 g)
- 1 Banane, geschält (130 g netto)
- 80 g grüne kernlose Trauben
- 10 g Walnüsse

Getreide flocken, in eine Schüssel geben. Apfel würfeln, Bananen in Scheiben schneiden und auf das Getreide geben. Oben mit Trauben belegen, darüber ein paar Walnussstücke streuen.

8078. Schau mir in die Augen, Kakao, Oktober 2015

Im Hochleistungsmixer, je nach Gerät, 2,5 bis 3 Min. auf höchster Stufe schlagen:

- 15 g Kakaonibs
- 1 TL Carobpulver
- 2 TL = 8 g Chiasamen
- 4 Datteln entsteint Deglet Nour (30 g netto)
- 10 g frischer Ingwer
- 50 g gekochte Augenbohnen
- auf 500 ml (Markierung im Becher) mit Wasser / kochendem Wasser 1:1 auffüllen.

8079. Apfel-Hafer-Frühstück superschlicht, Oktober 2015

- 85 g Nackthafer
- 1 Apfel (190 g)
- 120 g Wasser
- 2-3 Blättchen Zitronenmelisse

Hafer flocken und auf einen Suppenteller geben. Etwa 2/3 des Apfels (bei mir 130 g) mit dem Wasser im Vitamix pürieren, den restlichen Apfel vierteln und kurz unterrühren, sodass er noch etwas stückig bleibt. Über den Hafer gießen. Mit Zitronenmelisse dekorieren.

8080. Apfel-Hafer-Suppe Rohkost, Oktober 2015

Mittagessen für 1 Person

- 90 g Nackthafer
- 1 Apfel (170 g)
- Einige wenige Körnchen Salz
- 150 g Wasser
- Eine Prise gem. Zimt

Hafer in der Mühle schroten (Stufe 4-5/9, Hawos Novum). In den Vitamix umfüllen. Apfel vorschneiden, hinzufügen. Ebenso Salz und Wasser und auf der Höchststufe laufen lassen, bis eine ganz glatte Masse entstanden ist. In eine passende Schüssel umfüllen und mit Zimt bestreuen.

8081. Haferbrei steif mit Apfel für den Arzt, Oktober 2015

1 Abendessen

- 100 g Nackthafer, geschrotet (5/9, Hawos Novum)
- 200 g Wasser
- 1 Prise Salz
- 1 Apfel (140 g)

Nackthafer und Wasser mit Salz unter Rühren mit dem Schneebesen aufkochen. Köcheln, bis das Wasser fast ganz verbraucht ist. Auf einen Teller füllen. Apfel im Zerkleinerer raffeln und darauf verteilen.

8082. Hokkaido-Tomatensoße, Oktober 2015

Gemüsepfanne (20 cm, 15 Min.):

- 50 g Wasser
- 1 Zwiebel, geschält und gewürfelt (65 g netto)
- 260 g Kürbis, ohne Kerne, gewürfelt (netto)

Soße (mixen, unter das Gemüse rühren und aufkochen):

- 1 TL Salz
- 1 MS schw. gem. Pfeffer
- 1/4 TL original ungarisches mildes Paprikapulver
- 10 g Apfelessig
- 10 g Honig
- 5 g Sonnenblumenöl. Becher mit
- ca. 30 g Wasser zum Nachspülen. Dieses Wasser ebenfalls zum Gemüse geben, verrühren und aufkochen
- Deko: 6 kleingeschnittenen Basilikumblättern dekorieren

8083. SNachttrunk „Augen auf", Oktober 2015

Im Vitamix 2,5 bis 3 Min. auf höchster Stufe schlagen:

- 20 g Erdnussmus
- 3 Datteln entsteint Deglet Nour (27 g netto)
- 1 Prise Zimt
- 50 g gekochte Augenbohnen
- auf 500 ml (Markierung im Becher) mit Wasser/kochendem Wasser 1:1 auffüllen.

8084. Haferfrühstück mit Erdbeer, November 2015

- 95 g Tiefkühlerdbeeren
- 75 g Nackthafer
- 150 g Wasser

Am Abend die Erdbeeren aus dem Tiefkühlfach in eine kleine Schüssel geben und in den Kühlschrank setzen. Hafer flocken, mit Wasser übergießen und abgedeckt über Nacht stehen lassen. Morgens die Erdbeeren dekorativ auf den Hafer setzen.

8085. Schwarzer-Reis-Eis, November 2015

Abends
- 1 EL Drei-Korn-Getreide glutenfrei 10/7816 ,
- 1 EL Weizen und
- 1 EL schwarzen Reis grob schroten und in eine Schüssel geben. Mit
- 75 g Wasser übergießen. Abgedeckt über Nacht (mindestens 4 Std.) bei Raumtemperatur stehen lassen.
- 1 Apfel (160 g) in Stücke schneiden und über Nacht einfrieren.

Morgens außerdem
- 1 Banane geschält und in Stücken (110 g netto)
- 10 g Honig (die Banane war noch nicht reif)
- 55 g tiefgekühlte Erdbeeren
- 1/2 TL Kokosraspeln

Eingeweichtes Getreide, Banane und Honig in den Vitamix geben. Gut pürieren. Das gefrorene Obst hinzugeben und mit dem Stößel verarbeiten, bis sich die typische Raute an der Oberfläche bildet. In eine Schüssel umfüllen und mit Kokosraspeln bestreuen.

8086. Mousse au chocolat, November 2015

Vegane Rohkost
- 100 g Kakaonibs
- 55 g Paranüsse
- 10 g Sonnenblumenöl
- 350 g Bananen netto (süße Bananen auch weniger)
- 50 g Kokosöl
- 50 g Kakaobutter

Eine große Lasagneform (ca. 24 x 13 cm) mit Haushaltsfolie auslegen. Kakaonibs mit den Nüssen im Vitamix (1,4 L-Becher) mahlen, bis die Masse sich vom Rand löst und gut aus dem Becher nehmen lässt. Zwischendurch mit dem Spatel lösen. In eine Schüssel umfüllen. Sonnenblumenöl und Bananen in den Becher geben, pürieren. Kakaomasse dazugeben, darauf das Kokosöl. Kakaobutter fein abraspeln und obenauf geben. Mit dem Stopfer mit langsam steigender Geschwindigkeit verarbeiten. Immer wieder neu auf Höchststufe laufen lassen, bis die Schokolade flüssig und gleichmäßig braun und warm, aber noch nicht heiß ist.

Schokoladenmasse in die Lasagneformen gießen und gleichmäßig verteilen. Nach ca. 2 Std. (Zeit hängt von der Kühlschranktemperatur ab) mit einem Messer vorsichtig Stücke anschneiden. Dann mehrere Std. kalt werden lassen.

Tipp: Statt der Paranüsse eignen sich auch alle anderen Nusssorten.

8087. Cashewnusscreme ohne Öl, 400 g, November 2015

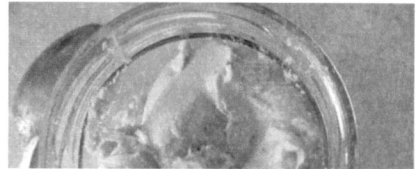

- 400 g Cashewnüsse

In den Trockenbecher des Vitamix schütten. Auf das Gerät setzen und „pulsen" (an- und ausschalten), bis das Messer frei durchläuft. Mit dem Stößel weitermachen. Es wird heiß, aber nie richtig flüssig.

8088. Helles Dressing knoblauchreich, November 2015

Vorläufer: 8054, hier: kein Öl; wird im Kühlschrank fester.
Im Vitamix schlagen:
- 125 g Cashewnusscreme ohne Öl, 400 g; 8087
- 125 g Apfelessig
- 20 g Salz
- 1 Prise gem. schw. Pfeffer
- 2 kleine Knoblauchknollen, nur äußere Schalen grob entfernt (34 g)
- 55 g Honig
- 200 g Wasser

8089. Haferbrei mit Petersilie, November 2015

- 75 g Nackthafer, geflockt
- 300 g Wasser
- Eine Prise Salz
- 1 Apfel (140 g)
- 1 gestr. EL Petersilie

Nackthafer und Wasser mit Salz unter Rühren aufkochen. Einige Min. köcheln, dann abgedeckt noch etwa 5-6 Min. quellen lassen. Auf einen Teller füllen. Petersilie zerkleinern und darauf verteilen.

8090. Mittagskakao, November 2015

Ich war spät dran heute, daher kein Nachfrühstück ...

Im Hochleistungsmixer, je nach Gerät, 2,5 bis 3 Min. auf höchster Stufe schlagen:

- 15 g Kakaonibs
- 15 g Chiasamen
- 1 TL Carobpulver (4 g)
- 4 Datteln entsteint Deglet Nour (30 g netto)
- 9 g frischer Ingwer
- 20 g Erdmandeln
- 25 g gekochte rote Linsen
- auf 500 ml (Markierung im Becher) mit Wasser / kochendem Wasser 1:1 auffüllen.

8091. Abendhafer süß, November 2015

- 80 g Nackthafer
- 1/3 TL Vanille gem.
- 375 g Wasser
- 55 g gefrorene Erdbeeren

Hafer flocken, mit Wasser und Vanille unter Rühren zum Kochen bringen. Köcheln, bis der Hafer eine porridge-ähnliche Konsistenz hat. Sind die Erdbeeren noch gefroren, unterziehen und noch 4-5 Min. nachquellen lassen. Sonst alleine quellen lassen und die Erdbeeren vorsichtig unterziehen. In eine passende Schüssel umfüllen.

8092. Rosenweizen mit Buchkohl, November 2015

- 100 g Buchweizen
- 225 g Wasser
- 25 g grüne Rosinen,
- 225 g Rosenkohl, äußere schadhafte Blätter entfernt und halbiert (netto)
- 1/2 TL Salz
- 1 EL Sonnenblumenöl

Buchweizen, Wasser, Rosinen und Rosenkohl in eine 20-cm-Pfanne geben. Als Gemüsepfanne 17 Min. dünsten. Salz und Öl unterziehen.

8093. Hokkentine FKG, November 2015

Abends:

- 1 EL Drei-Korn-Getreide glutenfrei 10/7816 mit
- 2 EL Weizen grob schroten und in eine Schüssel geben. Mit
- 80 g Wasser übergießen. Abgedeckt über Nacht (mindestens 4 Std.) bei RT stehen lassen.

Morgens:

- 75 g Hokkaidokürbis
- 1 Clementine geschält (70 g netto)
- 1 große Birne (270 g)
- 1 TL Kakaonibs

Obst in grobe Stücke teilen, im Vitamix pürieren. Auf das Getreide gießen. Mit Kakaonibs bestreuen.

8094. Cucumber Smoothie (Raw), November 2015

Im Vitamix pürieren:

- 60 g Sellerie
- 1 Clementine geschält (60 g)
- 80 g Schlangengurke
- 200 g Wasser; mit
- 1-2 Blättchen Basilikum dekorieren

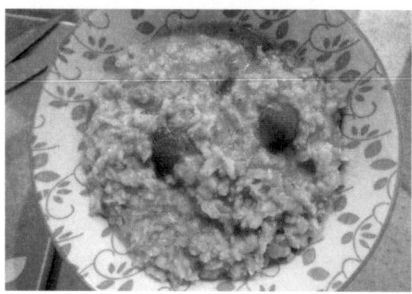

8095. Himbeerhafer, November 2015

- 90 g Nackthafer geflockt
- 340 g Wasser
- 1 Prise Salz
- 1/4 TL gem. Vanille
- 40 g gefrorene Himbeeren

Alle Zutaten außer den Himbeeren in einem kleinen Topf aufkochen. Ab und zu umrühren und 5 Min. köcheln lassen. Himbeeren unterziehen, kurz alles durchziehen lassen und in eine kleine Schüssel umfüllen.

8096. Sine Chili Sine Carne Con Aubergini, Nov. 2015

- 30 g Wasser
- 10 g Apfelessig
- 1 Zwiebel, geschält, gewürfelt (40 g netto)
- 200 g gehackte Tomaten in Soße (Dose)
- 1 Prise Salz
- 1 mittelgroße Aubergine in Scheiben/Halbscheiben (250 g netto)

Als Gemüsepfanne (20 cm) 13 Min. dünsten. Die folgenden Zutaten unterrühren:

- 1 gestr. TL Salz
- 1/2 gestr. TL Kreuzkümmel
- 1 Messerspitze Zimt
- 1 TL Honig (5 g)
- 250 g gekochte Kidneybohnen
- Deko: 3-4 Blättchen Basilikum in Streifen

Aufkochen und dekorieren.

Eine absolute Empfehlung!

8097. Haferfrühstück mit Himbeeren, November 2015

- 50 g Tiefkühlerdbeeren
- 75 g Nackthafer
- 200 g Wasser
- 1/2 Apfel (60 g)

Am Abend die Himbeeren aus dem Tiefkühlfach in eine kleine Schüssel geben und in den Kühlschrank setzen. Hafer flocken, mit Wasser übergießen und abgedeckt über Nacht stehen lassen.

Morgens eine Himbeere beiseitelegen, die anderen Himbeeren mit dem vorgeschnittenen Apfel mixen (Magic) und auf den Hafer geben. In die Mitte die restliche Himbeere setzen.

8098. Rote Bete Smoothie (roh), November 2015

- 1 mittelgroße Rote Bete, Enden abgeschnitten (150 g)
- 2 Clementinen, geschält (120 g netto)
- 1 gute Prise Kreuzkümmel und
- 100 g Wasser im Vitamix mixen; mit
- 1 EL Linsensprossen dekorieren

8099. Hafer mit mehr, November 2015

Abends:

- 3 EL Drei-Korn-Getreide glutenfrei 10/7816 grob schroten. Mit
- 80 g Wasser übergießen. Abgedeckt über Nacht (mindestens 4 Std.) bei RT stehen lassen.

Morgens:

- 1/2 Apfel (70 g)
- 1 Banane geschält (netto 100 g)
- 1 Orange geschält (netto 135 g)
- 7 g Kokosnussmus Bounty 10/7571 (oder Kokoraspeln)

Obst in grobe Stücke teilen und im Hochleistungsmixer pürieren. Auf das Getreide gießen. Kokosnussmus krümeln und darüber streuen.

8100. Schwarzer Erdreiskakao, November 2015

Im Vitamix 2,5 bis 3 Min. auf höchster Stufe schlagen:

- 10 g Kakaonibs
- 20 g Erdnussmus
- 20 g schwarzer Reis
- 4 Datteln entsteint Deglet Nour (27 g netto)
- 5 g frischer Ingwer
- auf 500 ml (Markierung im Becher) mit Wasser / kochendem Wasser 1:1 auffüllen.

8101. Möhren-Himbeer-Hafer, November 2015

- 80 g Nackthafer geschrotet (5/9, Hawos)
- 400 g Wasser
- 1 Prise Salz
- 1 gute Prise Zimt
- 45 g Möhre
- 40 g gefrorene Himbeeren

Alle Zutaten außer Möhre und Beeren in einem kleinen Topf aufkochen. Unter umrühren 5 Min. köcheln lassen. In eine Schüssel umfüllen. Himbeeren und Möhre zerkleinern, spiralförmig unterziehen.

8102. Cucumber Smoothie with Ginger (Raw), November 2015

Im Vitamix pürieren:

- 55 g Sellerie
- 100 g Schlangengurke
- 40 g Fenchel
- 1 g Ingwer
- 1 Clementine, geschält (70 g netto)
- 100 g Wasser; mit
- 1/2 EL Linsensprossen dekorieren

8103. Apfel-Zitronen-Haferbrei, November 2015

- 85 g Nackthafer, geschrotet (5/9, Hawos)
- 450 g Wasser
- 1 Prise Salz
- 1/4 TL gem. Vanille
- 1 Apfel (135 g netto)
- ca. 1 EL frische Zitronenmelisse

Alle Zutaten außer Apfel und Melisse in einem kleinen Topf aufkochen. Ab und zu umrühren und 5 Min. köcheln lassen. Apfel und Melisse im Zerkleinerer zerkleinern, bis auf 1 geh. EL alles unterziehen und in eine Schüssel umfüllen. Den Rest Apfel-Melisse in die Mitte geben.

8104. Sine Chili Sine Carne Con Rosenkohli, November 2015

Als Gemüsepfanne (20 cm) 17 Min. dünsten:

- 30 g Wasser
- 1 Zwiebel, geschält, gewürfelt (40 g netto)
- 195 g gehackte Tomaten in Soße (Dose)
- 250 g Rosenkohl, geputzt, halbiert (netto)

Folgende Zutaten unterrühren:

- 1 gestr. TL Salz
- 1/2 gestr. TL Kreuzkümmel
- 1 Messerspitze Zimt
- 1 TL Honig (15 g)
- 125 g gekochte Kidneybohnen
- 125 g gekochte Kichererbsen

8105. Hafer-FKG, November 2015

- 35 g Nackthafer
- 75 g tiefgekühlte Himbeeren
- 1 Apfel (175 g)
- 10 g Cashewnüsse
- 125 g Wasser
- 1 Banane, geschält (105 g)

Hafer fein mahlen. Mit Himbeeren, Apfel, Nüssen und Wasser im Vitamix gründlich mixen und in eine Schüssel umfüllen. Banane in Scheiben schneiden, die Scheiben auf die rosa Masse legen.

8106. Schwarzer Adventskakao, November 2015

Im Hochleistungsmixer, je nach Gerät, 2,5 bis 3 Min. auf höchster Stufe schlagen:

- 10 g Kakaonibs
- 20 g schwarzer Reis
- 1/2 TL Lebkuchengewürz (Brecht)
- 4 Datteln entsteint Deglet Nour (27 g netto)
- 20 g Hanfsamen
- 9 g frischer Ingwer
- auf 500 ml (Markierung im Becher) mit Wasser/kochendem Wasser 1:1 auffüllen.

8107. Hafer mit Himentine, November 2015

- 90 g Nackthafer
- 1 Prise Salz
- 2 gute Prisen gem. Vanille
- 500 g Wasser
- 50 g tiefgekühlte Himbeeren
- 1 Clementine, geschält (55 g)

Hafer flocken. Mit Salz und Vanille in das Wasser einrühren, zum Kochen bringen und 4-5 Min. köcheln lassen. Obst pürieren, in größere Schüssel umfüllen. Haferbrei darüber gießen, mit Löffel „anrühren".

8108. Hafer-FKG für unterwegs, November 2015

- 3 EL Nackthafer, geflockt
- 90 g Wasser
- 50 g tiefgekühlte Himbeeren
- 1 Clementine, geschält und in Stücken (netto 45 g)

Zutaten in eine gut schließende Plastikdose geben. Nach wenigen Std. ist alles gut durchgezogen.

8109. Hafer mit Schokobanane, November 2015

- 90 g Nackthafer
- 1 Prise Salz
- 2 gute Prisen gem. Vanille
- 500 g Wasser
- 1 Banane, geschält (95 g>)
- 15 g Sonnenblumenkerne
- 10 g Kakaonibs

Hafer flocken. Mit Salz und Vanille in das Wasser einrühren, zum Kochen bringen und 4-5 Min. köcheln lassen. Banane mit Sonnenblumenkernen und Kakaonibs pürieren. Haferbrei in eine größere Schüssel umfüllen. Schokomasse in die Mitte geben.

8110. Hananen-FKG, November 2015

- 3 EL Nackthafer
- 2 Bananen, geschält und in Stücken (210 g netto)
- 1/2 EL Kakaonibs (5 g)

Hafer flocken. Bananen bis auf 60-80 g im kleinen Mixer pürieren, darüber gießen. Restliche Banane in Scheiben auf die Schaumcreme geben. Mit Kakaonibs bestreuen.

Tipp: *Weil die Bananen sich relativ rasch verfärben, sollte man es möglichst umgehend verzehren. So richtig was für Bananenfans.*

8111. Schwarzer Kicherkakao, November 2015

Im Hochleistungsmixer, je nach Gerät, 2,5 bis 3 Min. auf höchster Stufe schlagen:

- 10 g Kakaonibs
- 1 TL Carobpulver (5 g)
- 20 g schwarzer Reis
- 4 Datteln entsteint Deglet Nour (27 g netto)
- 7 g frischer Ingwer
- 30 g gekochte Kichererbsen
- auf 500 ml (Markierung im Becher) mit Wasser / kochendem Wasser 1:1 auffüllen.

8112. Margarine-anstatt vertan, November 2015

Vorläufer 10/8011

- 40 g Sonnenblumenöl
- 40 g Nusscreme, hier Cashewnusscreme ohne Öl, 400 g; 8087
- 130 g Stützcreme (mit Linsen), z. B. 8041
- 60 g gekochte rote Linsen
- 1 TL Apfelessig
- 1 Prise Salz
- 90 g Kokosöl

Im Vitamix gut durchmixen. In einen kleinen Behälter geben und im Kühlschrank aufbewahren. 10 Tage ging gut. Ich habe diesmal eine kleine Probe eingefroren.

Tipp: *Zwei Fehler: erstens habe ich die Zutaten teils heiß verarbeitet, das mag das Kokosöl nicht und „grisselt". Außerdem habe ich zweimal Stützcreme zugegeben. Statt 80 g also 130 g, dafür habe ich die Pflanzenmilch weggelassen.*

8113. Margarinewasser, November 2015

- 95 g Rest einer Pseudomargarine im Vitamix, hier Margarine-anstatt vertan 8112
- 260 g Wasser

Im Vitamix 1-2 Min. mixen.

8114. Möllerie-Smoothie (roh), November 2015

Im Vitamix mixen:

- 1 Scheibe Sellerie (45 g)
- 1 Möhre (90 g)
- 3 Mandeln
- 1/2 Apfel (70 g)
- 140 g Wasser; dekorieren mit
- 45 g Linsensprossen und
- 2 Blättchen Basilikum

8115. Hafer mit O, November 2015

- 75 g Nackthafer, geflockt
- 310 g Wasser
- 1 Prise Salz
- 1 mittelgroße Orange geschält und gewürfelt (120 g netto)

Hafer mit Salz im Wasser zum Kochen bringen, 6 Min. köcheln. 1 Min. nachquellen lassen. In eine Schüssel umfüllen, die Orangenwürfel darauf streuen.

8116. Pesto für heiße Nudeln, November 2015

Für 1 Portion Nudeln:

- 10 g Mandeln
- 50 g Stützcreme (mit Linsen) 10/7987
- 50 g gekochte rote Linsen
- 1/2 TL Salz
- 2 g frischer Kerbel
- 2 g frischer Basilikum
- 1 TL Apfelessig
- 1 TL Wasser
- 40 g Möhre

Alle Zutaten im kleinen Mixer mixen. Da mein Gerät so merkwürdig durchdreht mit diesem (hochstehenden) Messer, konnte ich nicht wirklich lange mixen. Dadurch blieben Mandeln und Möhrenstücke leider recht groß.
Tipp: Bei mir gab es dazu einen großen Teller Spirali. – Dieses Essen geht fix!

8117. Birnen-Hafer-FKG, November 2015

2 x Frühstück

- 6 EL Nackthafer
- 10 g Zitronenfleisch
- 1 große Birne (335 g)
- 1 Clementine, geschält (50 g netto)
- 2 g Ingwer
- 6 Mandeln

Getreide flocken, auf zwei Schüsselchen verteilen. Das Obst in grobe Stücke teilen und im Hochleistungsmixer pürieren, über das Getreide geben. Mit je 3 Mandeln dekorieren.

8118. Likörkakao, November 2015

Im Hochleistungsmixer, je nach Gerät, 2,5 bis 3 Min. auf höchster Stufe schlagen:

- 10 g Kakaonibs
- 1 TL Kakaopulver (5 g)
- 10 g Chiasamen
- 10 g Hanfsamen
- 3 Datteln entsteint Deglet Nour (20 g netto)
- 7 g frischer Ingwer
- 10 g Erdmandeln
- 10 g schwarzer Reis
- 1 EL Haselnusslikör
- auf 500 ml (Markierung im Becher) mit Wasser / kochendem Wasser 1:1 auffüllen.

8119. Bananenhafer, November 2015

- 85 g Nackthafer, geflockt
- 250 g Wasser
- 1 Prise Salz
- 1 Prise gem. Zimt
- 1/2 Banane, geschält (80 g)

Hafer mit Salz im Wasser zum Kochen bringen, 6 Min. köcheln. 1 Min. nachquellen lassen. In einen tiefen Teller umfüllen, die Banane in Scheiben darauf streuen, verrühren, 2 halbe Bananenscheiben oben einstecken.

8120. Gelleriesurken-Suppe, November 2015

Im Vitamix mixen:

- 1 Scheibe Sellerie (90 g)
- 170 g Salatgurke
- 165 g Wasser; dekorieren mit
- Ca. 45 g Linsensprossen

8121. Birne im Hafer, November 2015

Hauptmahlzeit für eine Person, mit etwas Rohkost davor

- 80 g Nackthafer
- 1 Prise Salz
- 2 gute Prisen gem. Vanille
- 460 g Wasser
- 1 Birne (120 g)
- 1 Walnusshälfte

Hafer schroten (5/9, Hawos). Mit Salz und Vanille in das Wasser einrühren, zum Kochen bringen und 6 Min. köcheln lassen. Birne im Zerkleinerer raffeln. Haferbrei in eine größere Schüssel umfüllen. Birnenstückchen darauf verteilen und eine Walnusshälfte in die Mitte legen.

8122. Bisserl Rosenkohl mit viel Kartoffeln, November 2015

Gemüsepfanne 24 cm, 15 Min.:

- 90 g Wasser
- 280 g Kartoffeln, unter fließendem Wasser abgebürstet, Schadstellen entfernt und in Scheiben geschnitten
- 175 g Rosenkohl, äußere Blätter entfernt, geviertelt (war recht groß)

Soße (im Magic mixen, unter das Gemüse rühren und aufkochen):

- 8 g Zitronenfleisch
- 1 TL Salz
- 60 g Linsenstützcreme 10/7901
- 65 g Margarinewasser 8113
- (20 g Wasser)

Becher mit 20 g Wasser nachspülen. Dieses Wasser ebenfalls zum Gemüse geben, verrühren und aufkochen.

8123. Himbeerpudding fix für Puddingfixer, November 2015

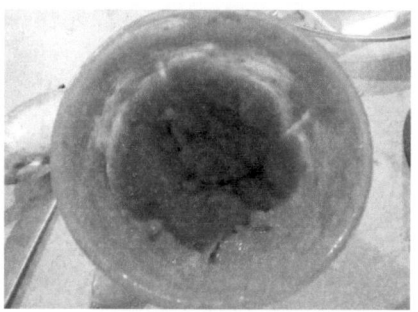

- 55 g tiefgekühlte Himbeeren (wenn sie an- oder aufgetaut sind, geht's sicher mit einem kleinen Mixer einfacher)
- 90 g Linsenstützcreme 10/7901
- 20 g Honig
- 30 g Wasser

Im kleinen Mixer, hochstehendes Messer, gut mixen. Der Mixer quietschte etwas, daher habe ich insgesamt 3- oder 4 Mal angesetzt. Für den Vitamix war die Menge zu klein.

8124. Violetter Nachtgesang, November 2015

Im Hochleistungsmixer, je nach Gerät, 2,5 bis 3 Min. auf höchster Stufe schlagen:

- 25 g schwarzer Reis
- 25 g Cashewnüsse
- 25 g gekochte Kichererbsen
- 1/4 TL gem. Vanille
- 15 g Ahornsirup
- auf 500 ml (Markierung im Becher) mit Wasser / kochendem Wasser 1:1 auffüllen.

8125. Nusssparsam-FKG, November 2015

2 x Frühstück

- 6 EL Nackthafer
- 15 g Zitronenfleisch
- 1/2 Birne (120 g)
- 1 Orange, geschält (135 g netto)
- 1 Banane, geschält (115 g netto)
- 1 Apfel (170 g)
- 6 Mandeln
- 2 Paranüsse

Getreide flocken, auf zwei Schüsselchen verteilen. Das Obst in grobe Stücke teilen und im Hochleistungsmixer pürieren, über das Getreide geben. Mit Mandeln und Paranüssen dekorieren.

8126. Ahorn-Kakao, November 2015

Im Hochleistungsmixer, je nach Gerät, 2,5 bis 3 Min. auf höchster Stufe schlagen:

- 10 g Kakaonibs
- 10 g Hanfsamen
- 1 TL Kakaopulver (3 g)
- 15 g Chiasamen
- 25 g Ahornsirup
- 10 g frischer Ingwer
- 20 g gekochte Kichererbsen
- auf 500 ml (Markierung im Becher) mit Wasser / kochendem Wasser 1:1 auffüllen.

8127. Brokkoli-Plus-Suppe, November 2015

Im Vitamix mixen:

- 70 g Kohlrabi, geschält (netto)
- 90 g Brokkoli (auch Strunk)
- 30 g Sellerie
- 1 Prise Salz
- 165 g Wasser; dekorieren mit
- 1 EL Linsensprossen

8128. Topinambur-Rosenkohl für Nudeln, November 2015

Als Gemüsepfanne (20 cm) 17 Min.:

- 45 g Wasser
- 145 g Rosenkohl, geputzt, geviertelt (netto)
- 155 g Topinambur, gewaschen, in Scheiben

Soße (mixen, unter das Gemüse rühren und aufkochen):

- 15 g Zitronenfleisch
- 75 g Margarinewasser 8113
- 1 TL Salz
- 5 g Essigpeperoni
- 55 g gekochte rote Linsen
- 1 g Ahornsirup

8129. Himbeersofteis für Erwachsene, November 2015

- 1 Banane geschält (135 g),
- 1 EL Haselnusslikör und
- 10 g Cashewnüsse im Vitamix pürieren.
- 95 g gefrorene Himbeeren hinzufügen und gut durchmixen.

8130. Haselnussfrühstück à la Schnitzer, November 2015

2 x Frühstück

- 50 g Haselnüsse und Wasser zum Einweichen (Haselnüsse sollen bedeckt sein)
- 220 g Wasser
- 120 g Sechskorngetreide
- 2 Apfelsinen (260 g netto)
- 10 g Zitronenfleisch (ohne Kerne, ohne Schale)
- 1 Apfel (210 g)
- 1 Banane (110 g netto)

Am Abend vorher Haselnüsse in etwas Wasser einweichen. Wasser auf zwei kleine Schüsseln verteilen, Sechskorngetreide mittelfein schroten und jeweils in das Wasser laufen lassen und wenn nötig mit einer Gabel herunterdrücken. Abgedeckt über Nacht stehen lassen. Am Morgen Apfelsinen schälen und halbieren, von einer Hälfte sechs dünne Halbscheiben abschneiden. Die andere Hälfte mit Zitronenfleisch und Apfel im Thermomix pürieren (8/10 Sek.). Sechs Haselnüsse beiseitelegen. Restliches Obst in den Mixer geben (4/5 Sek.), danach die Haselnüsse (4/5 Sek. rückwärts). Masse auf die Schüsselchen verteilen. Oberfläche glätten. Die Apfelsinenscheiben leicht überlappend in die Mitte des Gerichts legen, jeweils 3 Haselnüsse darauf setzen.

8131. Mus-Kakao, November 2015

Im Vitamix 2,5 bis 3 Min. auf höchster Stufe schlagen:

- 10 g Kakaonibs
- 10 g Hanfsamen
- 6 g frischer Ingwer
- 20 g Kokosnussmus Bounty 10/7571 oder Kokosraspeln
- 40 g gekochte Augenbohnen
- 65 g Bohnenkochflüssigkeit
- 25 g Honig
- auf 500 ml mit Wasser / kochendem Wasser 1:1 auffüllen.

8132. Rohkostsuppe MöFeSe, November 2015

Im Vitamix mixen:

- 120 g Möhre
- 60 g Fenchel
- 45 g Sellerie
- 150 g Wasser; dekorieren mit
- 3 Blättchen Basilikum

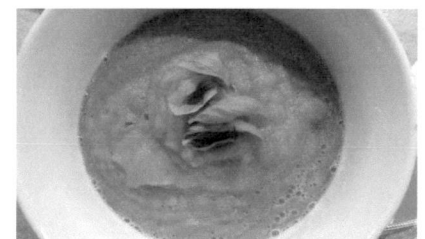

8133. Kleiner Haferbrei mit Kaki, November 2015

- 40 g + 1 EL Nackthafer
- 125 g Wasser
- Eine Prise Salz
- 80 g Kaki

40 g Hafer flocken, mit Wasser und Salz aufkochen und auf kleiner Einstellung 5 Min. köcheln lassen. Bei geschlossenem Topf 5 Min. quellen lassen. In eine Schüssel umfüllen, Kaki würfeln und auf den Brei geben. 1 EL Hafer flocken und über die Kakistücke streuen.

8134. SFlammkuchenbelag Nr. 1, November 2015

Im Vitamix mixen:

- 10 g Apfelessig
- 10 g Wasser
- 200 g Tomaten aus der Dose mit Saft (= Inhalt einer halben Dose)
- 1/2 TL Salz
- 1 Prise schw. gem. Pfeffer
- 1/4 TL Kreuzkümmel
- 60 g gekochte rote Linsen
- 70 g gekochte Augenbohnen
- 1/2 TL Honig

8135. Brokkoli-Flammkuchen, November 2015

2 Portionen

Teig:

- 200 g Nackthafer, gem. (Stufe 5/9, Hawos)
- 1/2 TL Salz
- 1 Prise schw. gem. Pfeffer
- Eine Prise geriebene Muskatnuss
- 5 g Honig
- 10 g Chiasamen
- 125 g Wasser

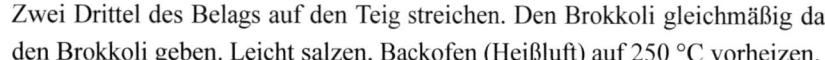

Hafer, Salz, Muskatnuss und Pfeffer verrühren. Honig und Wasser zum Mehl geben und mit einem Kochlöffel verrühren. Teig in einer verschlossenen Pengdose etwa 1 Std. ruhen lassen. Teig mit Hilfe von Streumehl in einer 28-cm-Pizzaform auseinanderdrücken oder ausrollen mit einem Pizzaroller. Der Teig ist recht fest, es ist nicht ganz so einfach.

Gemüsepfanne (16 cm, 10 Min.):

- 60 g Wasser
- 195 g Brokkoli

Im Vitamix mixen:

- Flammkuchenbelag Nr. 1

Zwei Drittel des Belags auf den Teig streichen. Den Brokkoli gleichmäßig darauf verteilen, den Rest Soße über den Brokkoli geben. Leicht salzen. Backofen (Heißluft) auf 250 °C vorheizen. 12 Min. im heißen Ofen backen.

8136. Schneller Kokoszauber

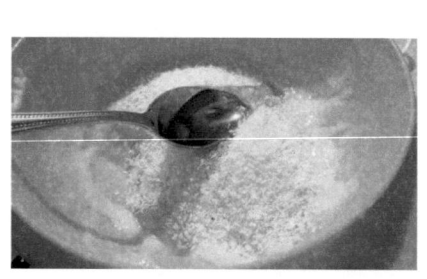

Dessert

- 130 g Linsenstützcreme aus dem Thermomix 8139
- 10 g Kokosraspeln
- 1 gestr. TL flüssiger Honig

Alle Zutaten mit einem Löffel verrühren.

8137. Mal wieder Brukern-FKG, November 2015

2 x Frühstück

- 6 EL Sechskorngetreide
- 160 g Wasser
- 20 g Zitronenfleisch
- 20 g Mandeln
- 1 großer Apfel (210 g)
- 2 Bananen (250 g netto)
- Dekoration: 1/2 Kaki, in Scheiben geschnitten, oder anderes Obst der Saison

Getreide z. B. im TM mittelfein schroten (15 Sek./Stufe 8). Abgedeckt über Nacht stehen lassen, aber nicht in den Kühlschrank stellen.

Zitronenfleisch, Mandeln und vorgeschnittenen Apfel im Thermomix raffeln (30 Sek./Stufe 4). Bananen schälen, in Stücke brechen und hinzufügen, noch einmal mixen (10 Sek./Stufe 4). Getreideschrot unter das Obstpüree ziehen 10. Sek./Stufe 3/rückwärts). Auf zwei Schüsselchen verteilen. Mit Kaki-Scheiben dekorieren.

8138. November-Kakao, November 2015

Im Hochleistungsmixer, je nach Gerät, 2,5 bis 3 Min. auf höchster Stufe schlagen:

- 10 g Kakaonibs
- 10 g frischer Ingwer
- 10 g Hanfsamen
- 10 g Chiasamen
- 1 gestr. TL Flohsamenschalen
- 30 g Honig
- auf 500 ml (Markierung im Becher) mit Wasser / kochendem Wasser 1:1 auffüllen.

8139. Linsenstützcreme aus dem Thermomix, November 2015

- 50 g Langkorn-Naturreis
- 25 g Cashewnüsse
- 50 g gekochte rote Linsen
- 350 g Wasser

Reis im Thermomix mahlen (30 Sek./Stufe 10). Die restlichen Zutaten hinzufügen und kochen (6 Min./100 °C/ Stufe 3). Glatt mixen (10 Sek./Stufe 10).

Hinweis: Es wird nicht so fest wie aus dem Vitamix (oder muss ich noch warten) und vor allem nicht so glatt. Hat ein bisschen die Konsistenz von feinem Griesbrei. Ob es eine Stützfunktion hat, weiß ich nicht.

8140. Beetroot-Soup Raw, November 2015

Im Vitamix mixen:

- 135 g Möhre
- 85 g Rote Bete
- 45 g Apfel
- 230 g Wasser; dekorieren mit
- 1-2 TL abgezupfte kleine Blättchen von Zitronenmelisse

8141. Mandelpaste im Thermomix, November 2015

- 400 g Mandeln (oder andere Nüsse)

Nüsse in den TM geben und in zwei Stufen mixen (5 Min./Stufe 4; 3 Min./Stufe 6). Die leicht krümelige Masse lässt sich wie Knetmasse zusammendrücken und in Schraubgläsern aufbewahren. Es werden 60 °C erreicht.

8142. Hirse-Noppen, November 2015

- 100 g Hirse
- 300 g Wasser

Herstellung beschrieben im Thermomix.

Hirse und Wasser im Thermomix kochen (15 Min./Stufe 2-3/100 °C; wer die Struktur halten will, nimmt den Rückwärtslauf). Falls es zu stark schäumt, kurz den Deckel entfernen. 3 Min. auf Stufe „Kochlöffel" und einige Min. im ausgestellten Gerät nachquellen lassen. Die Masse ist nun fest und formbar.

8143. Brokkoli in Tomatensoße, November 2015

Als Gemüsepfanne (24 cm, 15 Min.):
- 55 g Wasser
- 205 g Brokkoli, klein geschnitten

Soße (mixen, unter das Gemüse rühren und aufkochen):
- 195 g Tomaten aus der Dose (mit Saft)
- 25 g Margarinewasser 8113 (oder weglassen)
- 1 TL Salz
- 1/4 TL Kreuzkümmel gem.
- 10 g Dinkelmehl; Becher mit
- Ca. 20 g Wasser nachspülen. Dieses Wasser ebenfalls zum Gemüse geben, verrühren und aufkochen.

Hinweis: Bei mir gab es dazu Hirsenocken.

8144. Frozen Raspberry-FKG, November 2015

2 x Frühstück
- 6 EL Nackthafer
- 15 g Zitronenfleisch
- 1 Apfel (175 g)
- 1 Banane, geschält (140 g netto)
- 100 g gefrorene Himbeeren
- 8 Mandeln
- 2 Cashewnusskerne

Getreide flocken, auf zwei Schüsselchen verteilen. Das Obst ggf. in grobe Stücke teilen und im Hochleistungsmixer pürieren, über das Getreide geben. Mit den Nüssen dekorieren.

8145. Flohaugen-Kakao, November 2015

Im Hochleistungsmixer, je nach Gerät, 2,5 bis 3 Min. auf höchster Stufe schlagen:
- 10 g Kakaonibs
- 10 g Hanfsamen
- 10 g schwarzer Reis
- 30 g gekochte Augenbohnen
- 10 g frischer Ingwer
- 25 g Honig
- 1 geh. TL Flohsamenschalen (3 g)
- auf 500 ml (Markierung im Becher) mit Wasser / kochendem Wasser 1:1 auffüllen.

8146. Getönte Selleriesuppe (roh), November 2015

Im Vitamix mixen:
- 100 g Sellerie
- 60 g Möhre
- 50 g Fenchel
- 75 g Apfel
- 220 g Wasser; dekorieren mit
- 2 Blättchen Basilikum

8147. Dip für Kartoffeln, November 2015

Reicht für 2 Personen.

Im kleinen Mixer mit dem flachen Messer zu einer glatten Creme schlagen:

- 50 g gekochte rote Linsen
- Max. 1 gestr. TL Salz
- 1 LS gem. Kreuzkümmel
- 1 Stück Essigpeperoni (5 g)
- 1 LS Paprikapulver edelsüß
- 50 g gekochte Augenbohnen
- 50 g Linsenstützcreme aus dem Thermomix 8138
- 2 Blättchen Basilikum zur Dekoration

Tipp: Bei mir gab es Ofenkartoffeln dazu.

8148. Mandelpasten-FKG, November 2015

2 x Frühstück

- 6 EL Nackthafer
- 20 g Zitronenfleisch
- 1 Birne (265 g)
- 1 Banane geschält (140 g netto)
- 1 Apfel (95 g)
- 20 g Mandelpaste im Thermomix 8141
- 1 TL getr. Gojibeeren

Getreide flocken, auf zwei Schüsselchen verteilen. Das Obst in grobe Stücke teilen und mit der Mandelpaste im Hochleistungsmixer pürieren, über das Getreide geben. Mit Gojibeeren dekorieren.

8149. Hafer-Kakao, November 2015

Im Hochleistungsmixer, je nach Gerät, 2,5 bis 3 Min. auf höchster Stufe schlagen:

- 10 g Kakaonibs
- 10 g Hanfsamen
- 20 g Nackthafer
- 35 g Honig
- 7 g frischer Ingwer
- 1 geh. TL Flohsamenschalen (3 g)
- auf 500 ml mit Wasser / kochendem Wasser 1:1 auffüllen.

Hinweis: Sehr schön dickflüssig – wenn man das mag.

8150. Haferstattbrot, November 2015

Für 2 Personen; statt Brot nach einem großen Salat.

- 100 g Nackthafer
- 1 Prise Salz
- 1/4 TL Vanillepulver
- 320 g Wasser
- 1 kleiner Apfel (95 g)
- 1 TL Kokosflocken

Hafer flocken. Mit Salz und Vanille trocken mischen. Wasser hinzufügen. Zum Kochen bringen und offen 5-6 Min. köcheln lassen, es bleibt nur sehr wenig Wasser übrig. Apfel fein stifteln, unterziehen. Auf zwei Schüsselchen verteilen, mit Kokosflocken in der Mitte bestreuen und lauwarm essen.

8151. Cashewnussmus aus dem Thermomix, November 2015

- 400 g Cashewnüsse oder Cashewnussbruch

Nüsse in die Maschine geben. Während der Rührzeiten die Masse immer wieder mit dem beiliegenden Spatel herunterdrücken. Wer keinen passenden Spatel hat, muss das Gerät anhalten und die Masse anders von der Wand herunterdrücken.

Mixen wie folgt:

- 3 Min./Stufe 4 (2 x herunterschieben)
- 2 Min./Stufe 5
- je 1 Min. Stufen 6, 7 und 8

Da ich den passenden Spatel verlegt habe, war es etwas umständlicher als nötig. Das Gerät zeigte noch immer nur 37 °C an!

8152. Haselnuss-Schoko-Creme, November 2015

- 150 g Haselnüsse
- 40 g Kakao
- 100-200 g Agavendicksaft (je nach Süßebedarf; mir reichen 100 g) oder Honig
- 80 g gekochte rote Linsen
- 1 TL gem. Vanille

Alle Zutaten zusammen im Thermomix verarbeiten (je 1 Min./Stufen 4-6, 1 Min./Stufe 3). Die Menge reicht für ein Honigglas.

Wer mehr ansetzt, hat es beim Verarbeiten einfacher, weil das Messer besser greifen kann. Die Masse bleibt leicht körnig. Mahlt man die Nüsse erst und fährt dann mit den anderen Zutaten fort, vor allem bei größerer Süßungsmittelmenge, wird die Creme glatter.

Glatter wird das Ergebnis sicher auch, wenn man die 1,5-fache Menge nimmt. Muss im Kühlschrank aufbewahrt werden und hält mindestens eine Woche. Lässt sich auch einfrieren.

8153. Dünnkakaowasser, November 2015

- 50 g Haselnuss-Schoko-Creme 8152
- 500 g Wasser

War ursprünglich eine Reinigung des Topfs, aber zu schade, zum Wegwerfen. Im Thermomix zum Kochen bringen (100 °C/Stufe 6/6.5-7 Min.)

Hinweis: Zum Trinken eher nicht geeignet, aber eine schöne Grundlage für Cremes und Süßspeisen.

8154. Wurzelsuppe roh, November 2015

Im Vitamix mixen:

- 45 g Wurzelpetersilie
- 50 g Möhre
- 45 g Topinambur
- 50 g Sellerie
- 50 g Apfel
- 220 g Wasser, dekorieren mit
- 1 Prise Kreuzkümmel

Hinweis: Die Unterscheidung zwischen dem, was ein „Smoothie" und was eine „Rohkostsuppe" bzw. „Suppe kalt" ist, fällt häufig schwer. Es lohnt sich daher, in beiden Rubriken nachzuschauen. Grob habe ich mich an die Unterscheidung gehalten „mit Deko = Suppe, ohne Deko = Smoothie".

8155. Hafer mit Plümmel, November 2015

Hauptmahlzeit für 2 Personen

- 160 g Nackthafer
- 1000 g Wasser
- 1 Prise Salz
- 1 TL gem. Vanille
- 1 Orange geschält, fein gewürfelt (115 g netto)
- 1 Banane geschält, mit der Gabel zerdrückt (135 g netto)
- 15 g Haselnuss-Schoko-Creme

Hafer schroten (5/9, Hawos Novum) und trocken mit Salz und Vanille verrühren. Wasser mit einem Kochlöffel einrühren und zum Kochen bringen. Auf kleinerer Einstellung 5 Min. köcheln lassen. Obst auf zwei ausreichend große Schüsseln verteilen, Hafer darauf gießen und verrühren. Aus der Creme zwei Kügelchen formen und in die Mitte setzen.

8156. Kakikatur-FKG, November 2015

2 x Frühstück

- 6 EL Nackthafer
- 10 g Zitronenfleisch
- 1 Orange, geschält (110 g netto)
- 1 Apfel (145 g)
- 20 g Mandelpaste im Thermomix 8141
- 1 kleine Kaki (175 g)

Getreide flocken, auf zwei Schüsselchen verteilen. 1/4 Kaki beiseitelegen. Obst in grobe Stücke teilen und mit der Mandelpaste im Hochleistungsmixer pürieren, über das Getreide geben. Den Rest Kaki in Scheiben und Stückchen schneiden und als Dekoration auflegen.

8157. Haselnuss-Kakao, November 2015

Im Hochleistungsmixer, je nach Gerät, 2,5 bis 3 Min. auf höchster Stufe schlagen:

- 10 g Kakaonibs
- 12 g Hanfsamen
- 20 g Haselnuss-Schoko-Creme 8152
- 6 g frischer Ingwer
- 150 g Dünnkakao
- 30 g Honig
- 1 geh. TL Flohsamen (4 g)
- auf 500 ml mit Wasser / kochendem Wasser 1:1 auffüllen.

8158. Hafer mit Himbeernibs, November 2015

- 85 g Nackthafer
- 300 g Wasser
- 1 gute Prise Salz
- 1 gute Prise Vanillepulver
- 1 Prise gem. Zimt
- 60 g tiefgekühlte Himbeeren
- 1/2 TL Kakaonibs

Hafer flocken. Trocken mit Salz und Gewürzen mischen. Wasser zugießen. Unter Rühren aufkochen, 5 Min. köcheln lassen. Abdecken und 5 Min. quellen lassen. 60 g Himbeeren in eine Pengdose geben, eine beiseitelegen. Haferbrei darüber geben, in die Mitte die restliche Himbeere stecken. Mit Kakaonibs bestreuen.

8159. Leinsamenfiesbrot 2015/36, November 2015

Sauerteig am *Vorabend* ansetzen:

- 300 g Roggen fein gemahlen
- 320 g Wasser
- 150 g Sauerteig

Körner am Vorabend gut abgedeckt ansetzen:

- 100 g Sonnenblumenkerne
- 50 g Leinsamen
- 150 g Wasser

Wildhefeansatz am Vorabend herstellen:

- 250 g gemahlener Dinkel, verrührt mit
- 250 g Wildhefe

Mehlmischung:

- 100 g Dinkel
- 100 g Roggen
- 1 EL Salz (20 g)
- 1 EL Brotgewürz (Brecht)

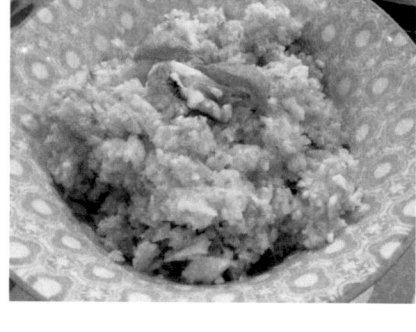

Dinkel und Roggen fein mahlen. Mehl mit den restlichen trockenen Zutaten vermischen. In einer gut schließenden Dose verwahren.

Backtag *morgens*:

- Sauerteig vom Vorabend, wovon 150 g Sauerteig fürs nächste Backen abgenommen wurden
- Gequollene Körner
- Wildhefeansatz
- Mehlmischung
- (20 Butter für die Form)

Sämtliche Zutaten mit einem großen, festen Löffel verrühren. Eine Wasserzugabe war nicht erforderlich.

Form (30 cm) mit Butter einfetten, Teig hineingeben. 3 Mal schräg in zwei Richtungen einschneiden und in eine große Plastiktüte stecken. und 3 1/4 Std. gehen lassen. In den kalten Ofen auf den Gitterrost geben, 55 Min. bei *190 °C backen (Klimagaren, auto) und 10 Min. im ausgeschalteten Ofen nachbacken lassen.*

Hinweise: Der eingeweichte Leinsamen macht es leider unangenehm im Geschmack.

8160. Rohkost statt Rohsuppe, November 2015

- 65 g Sellerie
- 1 kleiner Apfel (80 g)
- 45 g Topinam
- 60 g Möhre
- 2 Walnussviertel
- 2 Blättchen Basilikum

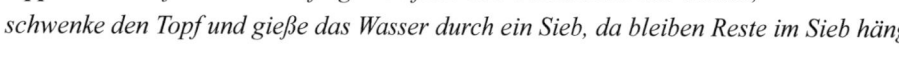

Gemüse und Apfel im Thermomix raffeln (3 Sek./Stufe 6). In eine Schüssel geben. Mit Walnussviertel und Basilikum dekorieren.

Tipp: Reste entferne ich wie folgt: Ich fülle den Thermomix mit Wasser, schwenke den Topf und gieße das Wasser durch ein Sieb, da bleiben Reste im Sieb hängen.

8161. Flockenfrühstück, November 2015

2 x Frühstück

- 6 EL Nackthafer
- 10 g Zitronenfleisch
- 1 kleine Orange, geschält (95 g netto)
- 1 Birne (205 g)
- 1 Apfel (185 g)
- 6 Mandeln

Getreide flocken, auf zwei Schüsselchen verteilen. Das Obst in grobe Stücke teilen und im Thermomix raffeln (12 Sek./Stufe 4; 8 Sek./Stufe 2), über das Getreide geben. Mit den Mandeln dekorieren.

8162. Erdmandelschwärzekakao, November 2015

Im Hochleistungsmixer, je nach Gerät, 2,5 bis 3 Min. auf höchster Stufe schlagen:

- 10 g Kakaonibs
- 30 g Erdmandeln
- 20 g schwarzer Reis
- 25 g Honig
- 6 g frischer Ingwer
- 150 g Dünnkakaowasser 8153
- auf 500 ml (Markierung im Becher) mit Wasser / kochendem Wasser 1:1 auffüllen.

8163. Gedillte Möhrensuppe, November 2015

Im Vitamix mixen:

- 115 g Möhre
- 40 g Sellerie
- 80 g orangefarbene Paprika (eine Hälfte, ohne Kerne etc.; netto)
- 10 g Dillstängel
- 220 g Wasser, dekorieren mit
- Drei Dillspitzen

8164. Brot-Quiche, November 2015

2 Portionen.

- etwa 225 g Brot (nicht ganz frisch, aber auch noch nicht trocken)
- 2-3 Zwiebeln (165 g netto)
- 20 g Zitronenfleisch (d. h. ohne Kerne, ohne Schale)
- 300 g Wasser
- 100 g gekochte rote Linsen
- 30 g Cashewnussmus
- 1 TL Gemüsesalz
- 1/2 TL Kreuzkümmel (Cumin) gem.
- 20 g weiße Chiasamen (oder weißer Mohn)
- 1 TL gem. Schwarzkümmel

Brot in 3-4 mm dicke Scheiben schneiden, am besten geht das mit einer Brotschneidemaschine. Eine Pizzaform (28 cm) damit auslegen. Zwiebeln schälen, in dünne Scheiben schneiden und auf dem Brot verteilen. Zutaten bis auf den Schwarzkümmel zu einer dicklichen Soße schlagen (10 Sek./Stufe 10). Gleichmäßig über die Zwiebeln und das Brot geben, mit dem Schwarzkümmel bestreuen.

In den kalten Ofen schieben und 25-30 Min. bei 230 °C (Heißluft) backen. 5 Min. im abgestellten Ofen nachbacken.

Hinweis: *Ich habe die Pizzaform nicht einfetten müssen, weil ich eine PerfectClean-Form besitze. Die müssen nicht eingefettet werden. Sonst empfiehlt es sich, die Form dünn mit Öl einzupinseln.*

8165. Veganer Kaltkakao I, November 2015

- 25 g Datteln (das sind z. B. 3 Datteln der Sorte Deglet Nour entsteint)
- 300 g Wasser
- 10 g Kakaopulver
- 1 geh. TL Flohsamenschalen (3-4 g)
- 1 MS Vanillepulver
- 10 g Nussmus, z. B. Cashewnussmus oder Mandelpaste

Datteln im Wasser 4-8 Std. einweichen (z. B. über Nacht). Zusammen mit den anderen Zutaten in den Thermomix geben und gut durchmischen (10 Sek./Stufe 10).

8166. Schokikaki-FKG, November 2015

2 x Frühstück

- 6 EL Nackthafer
- Ca. 320 g veganer Kaltkakao I 8165
- 2 Bananen, geschält (200 g)
- 1 große Birne (280 g)
- 1 kleinere Kaki (140 g)
- 2 Paranüsse

Getreide flocken, auf zwei Schüsselchen verteilen. Kakao hinzugeben und verrühren. Banane und Birne in grobe Stücke teilen und im Hochleistungsmixer pürieren, über das Getreide geben. Kaki halbieren, jeweils in dünnere Scheiben schneiden und die Oberfläche des Frühstücks damit abdecken. In die Mitte je eine Nuss legen.

8167. Linsenpüree Thermomix, November 2015

- 100 g rote Linsen
- 250 g Wasser

Im Thermomix 20 Min./100 °C/Stufe 2 köcheln. Man erhält zwar zum Schluss ein feines Püree, aber aufgepasst: Die Linsen schäumen. Bei größeren Mengen muss man dabeistehen.

8168. Kichererbsen aus dem Thermomix, November 2015

- 150 g Kichererbsen, über Nacht in Wasser eingeweicht
- 1/2 Thermomix voll Wasser

Kichererbsen in den Garkorb geben, Korb einhängen. 45 Min. bei 100 °C, Stufe 2 kochen. Mir waren sie dann nicht weich genug, ich habe weitere 15 Min. gekocht; da hatte sich nichts mehr geändert.

Hinweis: Ich dachte, das sei vielleicht eine besonders bequeme Methode, wenn Zeit keine Rolle spielt. Der Thermomix kann ja unbeobachtet laufen. Mir werden die Kichererbsen aber nicht weich genug. Wer Freund knackiger (durchaus nicht harter) Kichererbsen ist, kann es ja mal versuchen.

8169. Linsenaufstrich Rote Bete, November 2015

- 190 g gekochte rote Linsen
- 165 g Wasser
- 35 g Mandelpaste im Thermomix 8141
- 90 g Rote Bete, gewürfelt
- 1 gestr. TL Salz
- 1/4 TL gem. schwarzer Pfeffer
- 1 EL Apfelessig (10 g)
- 1/4-1/2 TL gem. Koriander
- Ggf. 2 geh. TL Flohsamenschalen

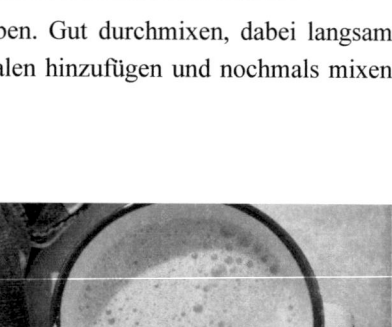

Alle Zutaten, jedoch ohne die Flohsamenschalen, in den Thermomix geben. Gut durchmixen, dabei langsam anlaufen lassen (30 Sek./Stufe 4, danach 10 Sek./Stufe 7). Flohsamenschalen hinzufügen und nochmals mixen (10 Sek./Stufe 6).

Hinweis: Ohne Flohsamenschalen Wasser nehmen.

8170. Weißer Kakao, November 2015

- 1 EL Agavennektar
- 1 EL weiße Chiasamen
- 1 geh. EL Kokosraspeln
- 1 Prise Vanillepulver
- 300 g Wasser

Alle Zutaten im TM mixen (2 Min./Stufe 10). Der Kakao ist dann leicht lauwarm.

8171. Kicherbsendip TM, November 2015

Für 1 Person z. B. zu Kartoffeln.

- 200 g gekochte Kichererbsen
- 15-20 g Zitronensaft
- 1 gute Prise Salz
- 1/2 TL Kreuzkümmel
- 1 TL Oliven- oder Sonnenblumenöl
- 6 EL Wasser (z. B. Kochwasser von den Kichererbsen)

Kichererbsen, Zitronensaft, Salz, Kreuzkümmel, Öl und 6 EL Wasser zu einem Püree mixen (mit dem Spatel arbeiten, 1 Min./Stufe 4, Deckel abnehmen, herunterdrücken, 5 Min./Stufe 3). Es geht umso einfacher, je weicher die Kichererbsen sind. Aber es schmeckt auch etwas „stückig".

8172. TM-Dressing, November 2015

Vorläufer: 8088, enthält kein Öl.

Im Thermomix 1 Min./Stufe 10 schlagen:

- 125 g Sonnenblumenkerne
- 130 g Apfelessig
- 20 g Salz
- 1 g gem. schw. Pfeffer
- 50 g Agavendicksaft
- 5 g Essigpeperoni 7/4573
- 200 g Wasser; unterziehen auf 5 Sek./Stufe 5
- 1 EL Kräutermischung „Gute Laune" (Sonnentor)

Wird im Kühlschrank fester.

8173. Muttis gebirnter Nusskuchen, November 2015

- 250 g Dinkel
- 285 g Haselnüsse
- 15 g Paranüsse (oder insgesamt 300 g Haselnüsse)
- 2 bittere Mandeln (oder Bittermandelaroma)
- 1/4 TL gem. Vanille
- 1 Prise Salz
- 1 Päckchen Weinstein-Backpulver
- 100 g gekochte rote Linsen
- 1 kleiner Apfel (80 g)
- 1 Banane (110 g netto)
- 200 g Agavendicksaft
- 100 g Wasser
- 1 größere Birne (210 g)

Dinkel fein mahlen. In eine Schüssel füllen. Nüsse im TM fein mahlen (10 Sek./Stufe 10). Zum Mehl geben. Salz, Vanille und Backpulver (ggf. sieben) hinzufügen und mit einem Löffel mischen. Die restlichen Zutaten, bis auf die Birne, im TM zu einer glatten Flüssigkeit rühren (1 Min./Stufe 10). Mehlgemisch hinzufügen und kneten lassen (3 Min./Knetstufe).

Den Boden einer Springform mit Backpapier überziehen, Rand aufsetzen und festziehen. Teig in der Form verteilen. Birne halbieren, jede Hälfte in drei Längsstreifen und diese in schmale Scheiben schneiden. Blütenansatz entfernen. Die Birnenstücke mit der Schale nach oben gleichmäßig verteilt in den Teig stecken.

Form in den kalten Ofen (Heißluft) schieben und 45 Min. bei 175 °C backen. Noch warm oben mit Schokoguss bestreichen, hier Schokogussversuch Nr. 9, 8175.

8174. Nachmittagskakao, November 2015

Im Hochleistungsmixer, je nach Gerät, 2,5 bis 3 Min. auf höchster Stufe schlagen:

- 10 g Kakaonibs
- 20 g Erdmandeln
- 10 g schwarzer Reis
- 4 Datteln entsteint Deglet Nour (30 g netto)
- 75 g Dünnkakaowasser 8153
- 7 g frischer Ingwer
- auf 500 ml (Markierung im Becher) mit Wasser / kochendem Wasser 1:1 auffüllen.

8175. Schokogussversuch Nr. 9 (Thermomix), November 2015

- 50 g Kakaobutter
- 30 g gekochte rote Linsen
- 20 g Kakaopulver
- 60 g Ahornsirup
- 1/2 TL gem. Vanille

Kakaobutter und Linsen in den Mixtopf geben und schmelzen (5 Min, Stufe 1/50 °C). Die anderen Zutaten hinzufügen und gut durchmischen (5 Sek./Stufe 5).

Hinweis: Der Thermomix hat den Vorteil, dass ich mixen und schlagen zusammen kann, ohne dass es gleich zu fix geht und die Kakaobutter sich abtrennt. Linsen kamen mir heut so in den Sinn - eine sehr gute Kombination.

8176. Naturreis im Thermomix, November 2015

2 Portionen
- 160 g Vollkornreis (hier: Jasminreis)
- 500 g Wasser

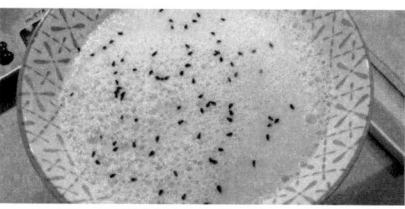

Wasser in den Mixtopf geben, Reis in den Garkorb. Korb einhängen und Reis garen (45 Min./Stufe 2).

Hinweis: Hat gegenüber dem Schnellkochtopf nur den Vorteil, dass die ganze Küche voller Wasserschwaden ist ;-) Ich muss es gar nicht beaufsichtigen, dass ist der Vorteil.

8177. Stangenselleriesmoothie, November 2015

Im Vitamix mixen:

- 200 g Stangensellerie
- 1/2 kleiner Kohlrabi (80 g netto)
- 240 g Wasser (etwas zu viel); mit
- 1/2 TL Schwarzkümmel bestreuen.

8178. Haferschrot-FKG, November 2015

2 x Frühstück
- 6 EL Nackthafer
- 10 g Zitronenfleisch
- 2 Orangen, geschält (240 g netto)
- 1 Apfel (100 g)
- 2 Bananen, geschält (205 g)
- 20 g Haselnuss-Schoko-Creme 8152

Hafer schroten (Stufe 3/9, Hawos Novum) auf zwei Schüsselchen verteilen. Die größere Apfelsine, Apfel und Bananen in grobe Stücke teilen und im Hochleistungsmixer pürieren, über das Getreide geben. Die kleinere Orange halbieren, jede Hälfte in 8 Scheiben schneiden. Je 8 Scheiben mit der Wölbung nach oben am Rand der Schüsseln entlang legen. Auf der Haselnusscreme zwei Kugeln formen und in die Mitte legen.

8179. Pilzreispfanne bequem, November 2015

2 Portionen

- 160 g Vollkorn-Jasminreis
- Wasser für den Mixtopf (ca. 500 g)
- 50 g Wasser
- 1 TL Curry
- 1 Knoblauchzehe (10 g netto)
- 400 g weiße Champignons
- 20 g grüne Rosinen (oder Sultaninen)
- 1 gestr. TL Salz
- 2 EL Zitronensaft

Reis: Wasser in den Mixtopf des TM geben, Reis in den Garkorb füllen. Korb in den Topf einhängen und Reis garen (45 Min./Stufe 2). Er wird sehr schön körnig, das ist besser als im Schnellkochtopf.

Gemüse: 50 g Wasser und Curry in einer Pfanne (24 cm) verrühren. Knoblauchzehe abziehen und in dünne Scheiben schneiden. Große Pilze halbieren oder vierteln. Beides mit den Rosinen ebenfalls in die Pfanne geben. Als Gemüsepfanne 13 Min. dünsten. Salz, gegarten Reis und Zitronensaft unterrühren.

8180. Fünf-Min.-Brot TM, November 2015

Für 1 Brot-Kastenform von 30 cm

- 500 g Weizen
- 50 g Sonnenblumenkerne
- 50 g Sesamsaat, vorzugsweise ungeschält
- 2 knappe TL Salz (oder wer mag auch Kräutersalz)
- 2 EL Obstessig
- 1 TL Ahornsirup (für Vollwertler: Honig)
- 1 Würfel frische Bio-Hefe (42 g)
- 450 g handwarmes Wasser
- Kokosöl und 1–2 EL Sesamsaat für die Form

250 g Weizen im TM fein mahlen (1 Min./Stufe 10). In eine Schüssel füllen. Die restlichen 250 g Weizen ebenso mahlen, aber im Mixtopf lassen. Mehl aus der Schüssel wieder in den Mixtopf geben. Sonnenblumenkerne, Sesamsaat, Salz, Obstessig und Ahornsirup hinzufügen. Die Hefe auf die Oberfläche bröseln, das Wasser hinzugeben. Teig in der Maschine kneten (2 Min./30 Sek./Knetstufe).

Brotform mit Kokosöl einfetten und mit Sesam ausstreuen. Teig hineingeben und die Form auf dem Gitterrost in den kalten Backofen schieben, gleichzeitig auf den Boden eine feuerfeste Form mit Wasser stellen. Den Ofen auf 200 °C (Umluft) aufheizen und das Brot darin 1 Std. backen. Das fertige Brot aus der Form stürzen, mit Wasser einsprühen (z. B. mit einer Blumenspritze) und auf einem Kuchengitter auskühlen lassen.

8181. Kühler TM-Kakao, November 2015

- 10 g Kakaonibs
- 10 g Chiasamen
- 10 g Mandeln oder Mandelpaste, hier Mandelpaste im Thermomix 8141
- 20 g Datteln, netto (z. B. 1 große der Sorte Medjool oder 2,5 kleine der Sorte Deglet Nour)
- 5-10 g frischer Ingwer, ungeschält
- 350 g Wasser

Alle Zutaten im TM mixen (2 Min./Stufe 10).

Hinweis: *Der Kakao ist durch die Reibungswärme lauwarm, aber noch deutlich unter 42 °C, der Rohkostgrenze. Die 37,5 °C-Angabe war noch keinesfalls erreicht.*

8182. Nussknäcke, November 2015

- 50 g Cashewnüsse
- 50 g Mandeln
- 50 g Walnusskerne
- 50 g Paranüsse
- 60 g Roggen
- 1/2 TL gem. Koriander
- 1 TL Paprikapulver edelsüß
- 50 g Buchweizen
- 1/2–1 gestr. TL Salz
- 70 g Wasser

Nüsse im TM mahlen (10 Sek./Stufe 8). Roggen flocken und mit den anderen Zutaten zu den gemahlenen Nüssen geben und kneten lassen (2 Min./Knetstufe).

Auf einem Brettchen einen kleinen Leib formen, oben schräg drei- bis viermal einschneiden. In Pergamentpapier (oder Folie) einwickeln und mindestens 1 Std. im Kühlschrank kalt stehen lassen (Rohkostbrot). Dünn aufgeschnitten backen: 30 Min. bei 175 °C, Heißluft.

8183. Guacamole à la Sellerie, November 2015

- 60 g Stangensellerie
- 15 g Zwiebel, abgezogen (evtl. weglassen)
- 5 g Essigpeperoni 7/4573
- 1 Knoblauchzehe, abzogen
- 1/2 Tomate (40-45 g)
- 150 g Avocadofleisch reif
- 1 EL Zitronensaft
- 1 TL Salz

Sellerie im TM zerkleinern (1-2 Sek./Stufe 8). Zwiebel, Essigpeperoni, Knoblauch und Tomate hinzugeben und zusammen zerkleinern (3 Sek./Stufe 5). Den Inhalt des Mixtopfs umfüllen.

Avocadofleisch, Zitronensaft und Salz iim TM zerkleinern (5 Sek./Stufe 4). Das Selleriegemisch wieder hinzufügen und mischen (5 Sek./Stufe 3). Eventuell mit Salz abschmecken und in ein Schälchen umfüllen. Soll die Guacamole erst später gegessen werden, den Avocadokern in die Mitte der Creme legen, mit Haushaltsfolie abdecken und im Kühlschrank aufbewahren.

Tipp: Wer empfindlich ist, lässt die Zwiebel weg, weil diese je nach Sorte bitter werden kann.

8184. Selleriewürze, November 2015

- 130 g frische Kräuter
  aufgestockt mit den Blättern von Stangensellerie; hier:
  - 25 g Dill
  - 1 g Basilikum
  - 24 g Zitronenmelisse
  - 100 g Stangensellerie
- 125 g Apfelessig
- 100 g Mandeln
- 20 g Salz

Alle Zutaten im TM zerkleinern (1 Min./Stufe 4; 1 Min./Stufe 5; mit dem Spatel herunterdrücken). In ein leeres Honigglas füllen und im Kühlschrank aufbewahren. So eignet es sich auch als Pesto, weil die Mandeln noch ein wenig stückig sind.

Tipp: Wer es glatt möchte, mahlt Mandeln, Öl und Salz zuerst (30 Sek./Stufe 7) und fährt dann fort wie beschrieben.

8185. Linsenstützcreme aus dem Thermomix V2, November 2015

Vorläufer: 8139

- 50 g Langkorn-Naturreis
- 25 g rote Linsen
- 405 g Wasser
- 10 g Mandeln oder Mandelpaste im Thermomix 8141

Reis und Linsen 12-24 Std. in 150 g Wasser einweichen. Mit dem restlichen Wasser und der Mandelpaste im Thermomix kochen (30 Min./Stufe 3/100 °C); Deckel erst auflegen, wenn es nicht mehr schäumt. 10 Sek. auf Stufe 10 mixen.

Hinweis: *Das Ergebnis ist noch unbefriedigender und die Reinigung des Thermomix sehr aufwändig, weil sich eine feste Puddingschicht auf den Boden gesetzt hat.*

8186. Schokoladen-Chia-Pudding im TM, November 2015

3-4 Portionen; Vorläufer: 10/7299

- 75 g entsteinte Datteln (Deglet Nour)
- 300 g Wasser (175+125 g)
- 10 g Cashewnussmus
- 30 g Chiasamen
- 15 g Kakaopulver
- 1 Prise Salz
- 1/2 TL gem. Vanille
- 1 TL Kokosraspeln
- 8 getr. Gojibeeren

Datteln 2-4 Std. in 175 g Wasser einweichen.

Datteln mit dem Einweichwasser und den restlichen 125 g Wasser in den Mixtopf geben, darüber die trockenen Zutaten schütten. Alles mixen, bis die Chiasamen nicht mehr einzeln zu schmecken sind (1,30 Min./Stufe 2 langsam hochdrehen bis 10). Abschmecken, wenn es noch keine glatte Creme ist, weiter mixen. Gegebenenfalls nachsüßen. Auf drei bis vier kleine Schüsseln verteilen und abkühlen lassen. Gut 2–3 Std. kalt stellen. Mit Kokosraspeln und Gojibeeren dekorieren.

Tipp: *Wer die Dattelsorte Medjool hat, nimmt 90 g Datteln, weicht sie nicht ein und reduziert die Wassermenge auf 250 g.*

8187. Milde Selleriesuppe, November 2015

Im Vitamix mixen:

- 160 g Stangensellerie
- 50 g Wurzelpetersilie
- 1 kleiner Apfel (90 g)
- 220 g Wasser; mit
- einigen getr. Gojibeeren bestreuen

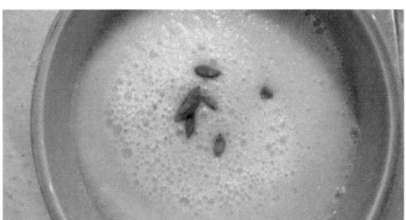

8188. Cannelloni-Soße orange, November 2015

- 20 g Cashewnussmus oder Cashewnüsse
- 20 g Zitronenfleisch
- 1/2 TL Salz
- 50 g gekochte rote Linsen
- 1/2 TL Currypulver
- 1 gestr. TL Paprika edelsüß
- 350 g Wasser

Die Soßenzutaten gut schlagen (TM: 1 Min./Stufe 8; 10 Sek./Stufe 10).

8189. Cannelloni mit Linsenfüllung, November 2015

2 Portionen

Für den *Teig*:

- 60 g Weizen
- 60 g Kamut (oder Emmer)
- 10 g Leinsamen
- 1 Prise Salz
- 65 g Wasser

Für die *Füllung*:

- 125 g Linsensprossen (Keimzeit ca. 48 Std.)
- 50 g Roggen
- 1/2 TL Salz
- 1 Prise gem. schwarzer Pfeffer
- ca. 100 g Wasser

Für die *Soße*: Cannelloni-Soße orange 8188

Getreide mit Leinsamen mischen und im TM fein mahlen (10 Sek./Stufe 10). Mit den anderen Teigzutaten verkneten, es ergeben sich klebrige Streusel (30 Sek./Stufe 3 und 1 Min. Knetstufe). Aus dem Mixtopf nehmen, mit der Hand glatt kneten und zu einer Kugel formen. In Haushaltsfolie wickeln und bis zur Fertigstellung ruhen lassen (der Teig kann 2-4 Std. vor der anderen Zubereitung vorbereitet werden).

Roggen flocken. Für die Füllung Linsensprossen und Roggenflocken in 2 EL kochendem Wasser sautieren, salzen, pfeffern und immer wieder Wasser dazugeben, bis die Linsen fast gar sind (etwa 10 Min.).

Den Teig halbieren. Jede Hälfte in zwei Teile teilen (bei mir jeweils 48-49 g), in Breite der Auflaufform dünn ausrollen. Das ergibt 4 Teigrollen. Je 2 EL Füllung in die Mitte legen, Rolle schließen, festdrücken und je zwei Stück in eine Lasagne- oder ähnliche geeignete Auflaufform legen.

Die Soßenzutaten gut schlagen (1 Min./Stufe 8; 10 Sek./Stufe 10). Soße über den Cannelloni verteilen. Ofen auf 200 °C (Heißluft) vorheizen und die Cannelloni 30 Min. bei 200 °C backen.

8190. Orangenessig, November 2015

- 1 mittelgroße Bio-Orange
- 400-500 g Apfelessig

Orange waschen und gut trocknen. Die Orange wie zum Essen schälen und die Schale in Stück von ca. 1,5 x 3 cm Größe schneiden. In ein leeres Honig- oder Marmeladenglas legen und mit Apfelessig aufgießen. Fest zuschrauben und 2-3 Tage auf den Kopf stellen, danach wieder umdrehen. Im Kühlschrank aufbewahrt, ist der Essig nach ca. 2 Wochen aromatisiert. Haltbarkeit in meiner Erfahrung mindestens ein Jahr.

8191. Kakigestärktes FKG, November 2015

2 x Frühstück

- 4 EL Nackthafer
- 2 EL Nacktgerste
- 1 Orange geschält (130 g netto)
- 15 g Zitronenfleisch
- 2 Bananen geschält (205 g netto)
- 1 Kaki (155 g)
- 2 TL Kokosraspeln
- 2 Paranüsse

Getreide flocken, auf zwei Schüsselchen verteilen. Das Obst in grobe Stücke teilen und im Hochleistungsmixer pürieren, über das Getreide geben. Mit Kokosraspeln und Paranüssen dekorieren.

8192. Versagerauffangkakao, November 2015

Im Hochleistungsmixer, je nach Gerät, 2,5 bis 3 Min. auf höchster Stufe schlagen:

- 10 g Kakaonibs
- 60 g Linsenstützcreme aus dem Thermomix V2; 8185
- 10 g schwarzer Reis
- 3 Datteln entsteint Deglet Nour (20 g netto)
- 10 g frischer Ingwer
- auf 500 ml (Markierung im Becher) mit Wasser / kochendem Wasser 1:1 auffüllen.

8193. Varoma-Gnocchi aus Kichererbsen, November 2015

2 Personen

- 150 g Kichererbsen
- 10 g Sonnenblumenkerne
- 1 Prise Salz
- 1/2 TL Kreuzkümmel gem.
- 75 g Wasser

Kichererbsen in den Mixtopf geben. Ein Blatt Haushaltspapier auf den Mixtopf legen. Deckel festmachen und fein mahlen (10 Sek./Stufe 10). Salz, Kreuzkümmel und Wasser hinzugeben und mischen (30 Sek./Stufe 2), anschließend kneten (1,5 Min./Knetstufe oder Stufe 3). Aus dem Mixtopf kratzen, zu einer Kugel formen und in einer fest verschließbaren Plastikdose 30-60 Min. ruhen lassen.

Aus dem Teig drei Rollen formen, etwa 8-9 mm dicke Stücke mit einem scharfen Teigschaber oder Messer abschneiden, der/das immer wieder in Wasser getaucht wird. Die Stücke mit einer ebenfalls benetzten Gabel flach drücken und nebeneinander auf den Varoma-Einsatz legen und garen (Varoma/20 Min.).

Fazit: Das ist eine sehr bequeme Art Gnocchi zu machen, kein Herumfingern mit glitschigen Teigstücken. Und sie werden sehr schön. Gerade Kichererbsenmehl neigt zum Austrocknen. Sie waren auch trocken - aber gut trocken. Schwierig zu beschreiben.

8194. Muskatkürbis in Rote-Bete-Soße, November 2015

2 Personen

Als Gemüsepfanne (20 cm, 14 Min.):

- 55 g Wasser
- 1/2 geschälte Zwiebel, gewürfelt (20 g)
- 1 Knoblauchzehe, abgezogen & in Scheiben
- 280 g Muskatkürbis

Soße (mixen, unter das Gemüse rühren und aufkochen):

- 100 g Linsenaufstrich Rote Bete 8169
- 5 g Apfelessig
- 1 gestr. TL Salz
- 1/2 TL Paprika edelsüß
- 15 g Cashewnussmus
- 75 g Wasser; Becher mit
- Ca. 20 g Wasser nachspülen. Dieses Wasser ebenfalls zum Gemüse geben, verrühren und aufkochen.

Tipp: Bei uns gab es dazu Varoma-Gnocchi aus Kichererbsen.

8195. Kichererbsenwasser, November 2015

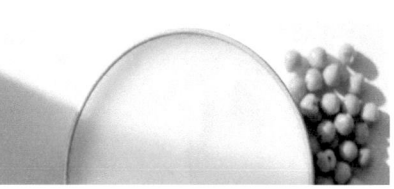

- 10-15 g Gnocchi-Teig aus Kichererbsen, hier: Varoma-Gnocchi aus Kichererbsen 8193
- 300 g Wasser

Im Mixtopf aufkochen (6 Min./100 °C/Stufe 3, am Ende 10 Sek./Stufe 10).

8196. RB-Suppe (Rohkost), November 2015

Im Vitamix gut durchmischen zu einer sämigen Flüssigkeit:

- 1/2 geschälte Orange (85 g netto)
- 80 g Möhre
- 10 g Zitronenfleisch
- 80 g Rote Bete
- 220 g Wasser; in eine Schüssel füllen und dekorieren mit:
- 1/2 TL Kokosraspeln

8197. Cashew-Apfeldrink, November 2015

- 1 kleiner Apfel (90 g)
- 350 g Wasser
- 1 TL Ahornsirup
- 15 g Cashewnussmus
- 10 g gekochte rote Linsen
- 1 MS gem. Zimt
- 1 MS gem. Vanille

Apfel in Stücke schneiden. Alle Zutaten im Thermomix mischen (1,5 Min./Stufe 10). Vor dem Servieren nicht zu lange verwahren, weil sich sonst unten eine klare Flüssigkeit absetzt.

8198. Apfelcreme-Dach-FKG, November 2015

2 x Frühstück

Abends

- 3 EL Drei-Korn-Getreide glutenfrei 10/7816 und
- 3 EL Weizen grob schroten & auf zwei Schüsseln verteilen. Mit insgesamt
- 160 g Wasser übergießen. Abgedeckt über Nacht (mindestens 4 Std.) bei RT stehen lassen.

Morgens

- 200 g Apfel
- 25 g Zitronenfleisch (geschält, ohne Kerne)
- 25 g Mandelmus
- 25 g Wasser
- 1 Birne, Blütenansatz und Stiel entfernt (240 g)
- 2 Bananen, geschält (240 g netto)
- 2 Paranüsse

Die Zutaten für die Apfelcreme (Apfel, Zitronenfleisch, Mandelmus und Wasser) im Thermomix mixen (60 Sek., ansteigend Stufe 3-6). Umfüllen. Birne und Banane grob vorschneiden, pürieren (20 Sek./Stufe 6). Auf dem Getreide verteilen; Apfelcreme in die Mitte geben und mit je einer Paranuss dekorieren.

8199. Restaufarbeitungskakao, November 2015

Im Hochleistungsmixer, je nach Gerät, 2,5 bis 3 Min. auf höchster Stufe schlagen:

- 10 g Kakaonibs
- 20 g Haselnuss-Schoko-Creme 8152
- 3 Datteln entsteint Deglet Nour (20 g netto)
- 7 g frischer Ingwer
- 50 g Linsenstützcreme aus dem Thermomix V2, 8185
- auf 500 ml (Markierung im Becher) mit Wasser / kochendem Wasser 1:1 auffüllen.

8200. Himbeershake, November 2015

- 100 g tiefgekühlte oder frische Himbeeren
- 15 g Cashewnussmus
- 5 g Zitrone (geschält, ohne Kerne)
- 250 g Wasser
- 2 TL Ahornsirup oder Honig

Tiefgekühlte Himbeeren antauen lassen. Alle Zutaten im TM zu einem Shake mixen (40 Sek./Stufe 8; 20 Sek./Stufe 10). Zwei Gläser füllen, eventuell noch mit einer Himbeere dekorieren.

8201. Selleriecreme, November 2015

- 10 g Knoblauch (netto)
- 200 g Sellerie
- 1 Apfel (140 g)
- 30 g frischer Ingwer, ungeschält
- 30 g Cashewnussmus
- 25 g Apfelessig
- 15 g Salz
- 10 g Essigpeperoni 7/4573
- 25 Zitronenfleisch

Sellerie und Apfel grob vorschneiden. Alle Zutaten in den Thermomix geben und schlagen (1 Min./Stufe 4; 10 Sek./Stufe 6), dabei die Masse mit dem Spatel nach unten schieben. In die Gläser füllen, Gläser zuschrauben und im Kühlschrank aufbewahren (hält ca. 2 Wochen).

8202. Gewürzte Stangenselleriesuppe (roh), November 2015

Im Vitamix gründlich mixen:

- 40 g Apfel
- 150 g Stangensellerie
- 65 g Möhre
- 15 g Selleriecreme 8201
- 220 g Wasser; in eine Schüssel füllen und mit
- 1/2 TL Kokosraspeln bestreuen

8203. Hirse im TM, November 2015

2 Personen

- 160 g Hirse
- 500 g Wasser

Hirse in den Gartopf füllen, 500 g Wasser in den Mixtopf gießen. Gartopf einhängen und Hirse garen (20 Min./100 °C/Stufe 1). Am Anfang, wenn es kocht, muss man aufpassen, dass es nicht zu stark überläuft: Kurz den kleinen Deckel entfernen, einige Min. warten. Dann gart die Hirse ohne weitere Schaumbildung und wird sehr schön locker.

8204. Apfelcreme, November 2015

2 Personen

- 200 g Apfel
- 25 g Zitronenfleisch (geschält, ohne Kerne)
- 25 g Mandelmus
- 25 g Wasser
- 1 Birne, Blütenansatz und Stiel entfernt (240 g)
- 2 Bananen, geschält (240 g netto)

Die Zutaten für die Apfelcreme (Apfel, Zitronenfleisch, Mandelmus und Wasser) im Thermomix mixen (60 Sek., ansteigend Stufe 3-6). Auf zwei Schüsselchen verteilen. Nach Wunsch dekorieren.

8205. Spitzkohl sellerie-gewürzt, November 2015

2 Personen

Gemüse:

- 50 g Wasser
- 200 g Spitzkohl
- 1/2 rote Paprika, ohne Kerne und Innenwände (netto)

Wasser in eine kleine Keramik-Pfanne (20 cm) geben. Spitzkohl in feine Streifen schneiden, Paprika würfeln und in die Pfanne geben. Als Gemüsepfanne 15 Min.

Soße:

- 25 g Selleriewürze 8184 oder 1 TL getr. Kräuter
- 1/4 TL gem. Kreuzkümmel
- 1 gestr. TL Salz
- 65 g gekochte rote Linsen
- 55 g Wasser

Soßenzutaten im kleinen Mixer verquirlen, unter das Gemüse rühren und aufkochen.

Tipp: *Bei mir gab es dazu Hirse.*

8206. Hafer zum Mitnehmen, November 2015

- 85 g Nackthafer
- 1 Prise Salz
- 1 Prise gem. Vanille
- 15 g grüne Rosinen
- 15 g Sonnenblumenkerne

Zusammen in einem Topf aufkochen, auf kleiner Einstellung 6 Min. köcheln lassen. In eine gut schließende Plastikdose geben.

8207. Mango-FKG, November 2015

2 x Frühstück

- 6 EL Nackthafer
- 1 Orange, geschält (160 g netto)
- 2 Banane, geschält (130 g netto)
- 1 Mango, geschält, Stücke abgeschnitten (260 g netto)
- 2-4 Walnussstückchen.

Getreide flocken, auf zwei Schüsselchen verteilen. Etwas Mango bei-seitelegen. Das Obst in grobe Stücke teilen und im Hochleistungsmixer pürieren, über das Getreide geben. Mit Walnuss und Mango dekorieren.

8208. Nudeln im TM, November 2015

- 100 g Spiral-Vollkornnudeln
- 500 g Wasser
- 1/2 TL Salz

Salz und Wasser in den Mixtopf geben, Nudeln in den Garkorb. Garkorb einhängen und garen (15 Min./100 °C/Stufe 1).

Auf der Tüte stand: 10 Min. Kochzeit, also 5 Min. sollte man verlängern. Sie werden sehr schön, noch bissfest, aber ohne harten Kern innen. Eine echte Entdeckung!

8209. Aubernanengemüse, November 2015

Gemüsepfanne (20 cm, 13 Min.):

- 100 Wasser
- 275 g Aubergine, gewürfelt (netto)
- 1 Banane, geschält & in Scheiben (120 g netto)

Soße (mixen, unter das Gemüse rühren und aufkochen):

- 20 g Zitronenfleisch
- 1 gestr. TL Salz
- 1 Stück Essigpeperoni (ca. 5 g) 7/4573
- 15 g Cashewnussmus
- 40 g Wasser

Tipp: *Bei mir gab es dazu Vollkorn-Spiralnudeln.*

8210. Himbeereis TM, November 2015

- 1 Banane mittelgroß, geschält (85 g netto)
- 90 g tiefgekühlte Himbeeren

Banane grob zerkleinern, mit den Himbeeren in den Thermomix geben. Zu einem weichen Eis verarbeiten (20 Sek./Stufe 4; 10 Sek./Stufe 6), zwischendurch mit dem Spatel nach unten drücken.

8211. Cashewmilch aus dem TM, November 2015

- 20 g Cashewnussmus
- Einige Salzkörnchen
- 1 Prise gem. Vanille
- 325 g Wasser

Fein mixen (2 Min./Stufe 10). Im Kühlschrank aufbewahren.

8212. Muskatteller, November 2015

Im Vitamix 2,5 bis 3 Min. auf höchster Stufe schlagen:

- 4 Datteln Deglet Nour (30 g)
- 10 g frischer Ingwer
- 25 g gekochte Augenbohnen
- 1 Prise gem. Vanille
- 1 Sternanis
- 20 g Muskatkürbis
- auf 500 ml (Markierung im Becher) mit Wasser / kochendem Wasser 1:1 auffüllen.

8213. Bisserl-Intensiver-Kakao, November 2015

Im Hochleistungsmixer, je nach Gerät, 2,5 bis 3 Min. auf höchster Stufe schlagen:

- 10 g Kakaonibs
- 1 gestr. TL Kakaopulver
- 50 g Linsenstützcreme aus dem Thermomix V2 8185
- 1 TL Flohsamenschalen
- 4 Datteln entsteint Deglet Nour (30 g netto)
- 7 g frischer Ingwer
- auf 500 ml mit Wasser / kochendem Wasser 1:1 auffüllen.

8214. Nusssahne, November 2015

- 50 g Rundkorn-Naturreis
- 50 g Sonnenblumenkerne
- Einige Salzkörnchen
- 300 g Wasser (besser 325-350)

Im TM aufkochen und mixen (6 Min./100 °C/Stufe 1, sobald es kocht, nach ca. 4 Min./30 Sek./Stufe 10).

8215. Muskatfrühstück, November 2015

2 x Frühstück

- 1 EL Leinsamen
- 2 EL Nackthafer
- 1 EL Nacktgerste
- 12 g Zitronenfleisch
- 1 Banane geschält (85 g netto)
- 1 Kaki (170 g)
- 40 g Muskatkürbis
- 1 Apfel

Leinsamen mit dem Getreide flocken, in ein Schüsselchen geben. Zitrone, Kaki und Kürbis im Hochleistungs-mixer pürieren, über das Getreide geben. Apfel halbieren, jede Hälfte „in Form" würfeln und als Ganzes auf die Oberfläche setzen.

8216. Soja-und-Milch-Kakao, November 2015

Im Hochleistungsmixer, je nach Gerät, 2,5 bis 3 Min. auf höchster Stufe schlagen:

- 10 g Kakaonibs
- 40 g Linsenstützcreme aus dem Thermomix V2 8185
- 40 g gekochte Sojabohnen
- 4 Datteln entsteint Deglet Nour (30 g netto)
- 10 g frischer Ingwer
- 125 g Pflanzenmilch, hier Cashewmilch aus dem TM 8211
- auf 500 ml (Markierung im Becher) mit Wasser / kochendem Wasser 1:1 auffüllen.

8217. TM-Rosinenreis, November 2015

- 500 g Wasser
- 1 Prise Salz
- 105 g Vollkorn-Naturreis
- 20 g grüne Rosinen

Wasser und Salz in den Mixtopf geben, Reis und Rosinen in den Gar-korb. Garkorb einhängen und Reis garen (Varoma/45 Min.). Das Wasser war fast aufgebraucht, der Reis auch nicht besser als bei 100 °C. Nach Wunsch mit frischem Obst oder Gemüse dekorieren.

8218. Kräuterseitling mit Kaki, November 2015

Gemüsepfanne (20 cm, 15 Min.):

- 5 g Kokosöl
- 30 g Wasser
- 1 Zwiebel, geschält und gewürfelt (55 g netto)
- 1 Knoblauchzehe, geschält und in feine Scheiben geschnitten (5 g)
- 195 g Kräuterseitlinge, in Scheiben geschnitten
- 1/2 Kaki, gewürfelt (90 g)

Soße (mixen, unter das Gemüse rühren und aufkochen):

- 50 g gekochte Hülsenfrüchte, hier: Sojabohnen
- 1 gestr. TL Salz
- 1 Prise Pfeffer
- 1 Prise Zimt
- 5 g Zitronenfleisch
- 55 g Kichererbsenwasser
- 10-15 g Selleriecreme 8201 (optional)

Becher mit 20 g Wasser nachspülen. Dieses Wasser ebenfalls zum Gemüse geben, verrühren und aufkochen.

Tipp: Bei mir gab es dazu Rosinen-Reis.

8219. Goji-Hafer, November 2015

1 Person (Abendessen)

- 85 g Nackthafer
- 1 Prise Salz
- 1 Prise gem. Vanille
- 1 Prise Zimt
- 20 g grüne Rosinen
- 20 g Cashewnüsse
- 5 g getr. Goji-Beeren

Zusammen in einem Topf aufkochen, auf kleiner Einstellung 6 Min. köcheln lassen. In eine gut schließende Plastikdose geben.

8220. Sahnig-cremige Flocken, November 2015

2 x Frühstück

- 6 EL Nackthafer
- 2 reife Bananen, geschält (220 g netto)
- 1/2 TL gem. Vanille
- 50 g Cashewnusssahne kalt Floh 8230
- 1 Orange geschält (133 g)
- 120 g Tiefkühl-Beerenmischung
- 1 Clementine, geschält (55 g netto)
- 2 Paranüsse
- 8 Mandeln

Hafer flocken, auf zwei Schüsselchen verteilen. Das Obst in grobe Stücke teilen und mit der „Sahne" im Hochleistungsmixer pürieren, über das Getreide geben. Mit Clementinenstücken, Mandeln und Paranüssen dekorieren.

8221. Chiasahne-Kakao, November 2015

Im Hochleistungsmixer, je nach Gerät, 2,5 bis 3 Min. auf höchster Stufe schlagen:

- 10 g Kakaonibs
- 50 g Cashewnusssahne kalt Floh 8230
- 4 Datteln entsteint Deglet Nour (30 g netto)
- 7 g frischer Ingwer
- 20 g schwarzer Reis
- 110 g Wasser
- auf 500 ml (Markierung im Becher) mit kochendem Wasser 1:1 auffüllen.

8222. Knoblauch-Ingwer-Paste fix, November 2015

- 100 g Ingwer
- 100 g Knoblauch, geschält
- 55 g Apfelessig
- 35 g Sonnenblumenöl
- 15 g Salz

Ingwer nicht schälen und grob vorschneiden. Knoblauch abziehen, größere Zehen vierteln. Alle Zutaten in den TM geben und zu einer glatten Masse verarbeiten (1 Min./Stufe 4; 15 Sek./Stufe 8).

8223. Knoblauch-Wasser, November 2015

- 30 g Knoblauch-Ingwer-Paste fix 8222
- 300 g Wasser

Im Thermomix mischen (1 Min./Stufe 10) und in einem Schraubglas im Kühlschrank aufbewahren.

8224. Apfelquiche, November 2015

Für 1 Springform von 24 cm Durchmesser.

Für den Teig:
- 80 g Dinkel
- 70 g Kamut
- 3 x 3 cm getr. Orangenschale (2 g)
- 100 g Kochcreme im TM 8239
- 1 Prise Salz
- 2 TL Agavendicksaft (oder Honig)

Für den Belag:
- 200 g Kochcreme im TM 8239
- 15 g Chiasamen weiß
- 60 g Ahornsirup
- 460 g Äpfel
- 2 EL Zitronensaft (20 g)
- 60 g Ahornsirup oder Honig

Getreide mit der Orangenschale im TM fein mahlen (10 Sek./Stufe 10). Dafür ein passendes Stück Haushaltsfolie über den Topf spannen, erst dann den Deckel schließen (staubt weniger). Mit Kochcreme, Salz und Agavendicksaft kneten (2 Min./Knetstufe bzw. Stufe 3).

Springform mit Backpapier überspannen, Teig in die Form geben und mit der Hand und einem kleinen Pizzaroller so auseinander drücken, dass sich ein kleiner Rand (ca. 1 cm) hochdrücken lässt. Form mit dem Teig in eine Plastiktüte geben und mindestens 90 Min. in den Kühlschrank stellen.

Für den Belag Kochcreme, Chiasamen und Ahornsirup verrühren (10 Sek./Stufe 5). Auf den Teig gießen, einen Rest von ca. 70 g im Mixtopf lassen. Äpfel vierteln, mit Zitronensaft und Ahornsirup – nicht zu fein – raffeln (10 Sek./Stufe 4). Auf der Creme verteilen.

Ofen (Heißluft) auf 175 °C vorheizen. Kuchen einschieben und 35 Min. bei 175 °C backen. Im ausgeschalteten Ofen 5 Min. nachbacken. Auf einem Kuchengitter auskühlen lassen. Dazu schmeckt eine der hier vorgestellten Sahnevariationen. Wer die Apfelmasse nicht so weich möchte, nimmt für den Belag 100 g Kochcreme.

8225. Trockenzitronat, November 2015

- Getrocknete Schale von Zitrusfrüchten (bei mir: 1 Orange, 1 Pampelmuse, 2 Zitronen)
- 3/4 Glas Honig

Schale in Stücke brechen, in ein leeres Honigglas geben. Honig drüber gießen und gut zuschrauben. Eine Weile auf den Kopf stellen und alle paar Std. drehen.

8226. Spargelsuppe roh, November 2015

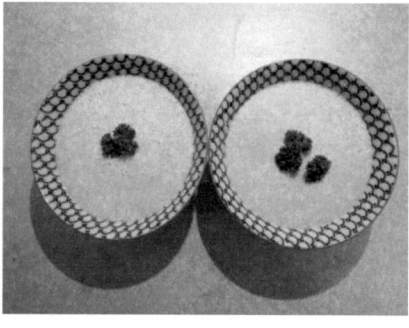

- 30 g weiße Chiasamen
- 20 g Cashewnüsse
- 15 g Zitronenfleisch (geschält, ohne Kerne)
- 200 g geschälter Spargel
- 400 g Wasser
- 1/2 TL Salz
- Etwas Petersilie

Zutaten im Thermomix gut mixen (1 Min./Stufe 4; 2 Min./Stufe 10). Die Suppe wird schön cremig, schmeckt nicht ganz so intensiv nach Spargel wie aus dem Hochleistungsmixer mit Hirse z. B., weil die Chiasamen Eigengeschmack mitbringen. Hier ließe sich noch mit 1-2 TL Flohsamenschalen experimentieren. – Mit Petersilie dekorieren.

8227. Kräutercreme, November 2015

- 100 g Cashewnusskernsahne Sauerrahm 8232
- 1 gute Prise Salz
- 1 Prise schw. gem. Pfeffer
- 5 g Petersilie, fein gehackt
- 20 g Cashewnusssahne kalt Floh 8230

Zutaten mit einem Teelöffel gut verrühren.

8228. Gemüsepfanne mit Hirse, November 2015

- 200 g Wasser
- 75 g Spargel (netto)
- 120 g Muskatkürbis (netto)
- 85 g Stangensellerie
- 60 g Hirse
- 1 Prise Salz

Wasser in eine etwas höhere Pfanne (24 cm) geben. Gemüse, wenn nötig, waschen und putzen: Spargel schälen und in Stücke schneiden; vom Kürbis die Kerne entfernen und ungeschält würfeln; Stangensellerie in breitere Streifen schneiden. Gemüse nebeneinander in die Pfanne legen. Es verrutscht auf dem Wasser, aber das macht nichts, einfach wieder zurückschieben. Die Hirse in die Mitte geben und so herunterdrücken, dass sie ganz vom Wasser benetzt ist. Als Gemüsepfanne 20 Min. dünsten. Nach 20 Min. ist alles „butterweich". Salz darüber geben.

Tipp: Dazu passt gut Kräutercreme 8227.

8229. Kokoskartoffeln, November 2015

- 200 g Kartoffeln
- 10 g Kokosöl
- 30 g Wasser
- 1 TL Selleriecreme 8201
- 1 TL Knoblauch-Ingwer-Paste fix 8222
- 1 EL Kokosraspeln (20 g)
- 20 g Cashewnüsse
- 1 Stück Essigpeperoni (5 g) 7/4573
- 50 g Wasser
- 2 TL Zitronensaft
- 1/2 TL Curry
- 1/4 TL gem. Kreuzkümmel
- 1 gestr. TL Salz

Kartoffeln unter fließendem Wasser abbürsten und in Scheiben schneiden. Mit Kokosöl, 30 g Wasser und Selleriecreme in eine Pfanne (20 cm) geben. Zum Kochen bringen, der Deckel liegt auf. Als Gemüsepfanne 18 Min. dünsten. Knoblauch-Ingwer-Paste, Kokosraspeln, Nüsse, 50 g Wasser, Zitronensaft und Gewürze in einem kleinen Mixer verquirlen. Unter die Kartoffelscheiben rühren, kurz aufkochen.

Tipp: Bei mir gab es dazu die Gemüsepfanne mit Hirse 8228 und Kräutercreme 8227.

8230. Cashewnusssahne kalt Floh, November 2015

- 50 g Cashewnüsse
- 200 g Wasser
- Einige Salzkörnchen
- 1 TL Flohsamenschalen (2 g)

Cashewnüsse in einem geschlossenen Behälter ca. 12 Std. einweichen. Mit Einweichwasser, Salz und Flohsamenschalen im TM mixen (2 Min./Stufe 10).

8231. Cashewnusssahne kalt Chia, November 2015

- 50 g Cashewnüsse
- 200 g Wasser
- einige Salzkörnchen
- 1 EL (13 g) weiße Chiasamen

Cashewnüsse in einem geschlossenen Behälter ca. 12 Std. einweichen. Mit Einweichwasser, Salz und Chiasamen im TM mixen (2 Min./Stufe 10). *Etwas stärkerer Eigengeschmack.*

8232. Cashewnusskernsahne „Sauerrahm" TM gekocht, Nov. 2015

- 50 g Cashewnüsse
- 50 g Rundkorn-Naturreis
- 300-325 g Wasser
- einige Salzkörnchen
- 2 EL Zitronensaft (20 g)

Erst gut mixen und zerkleinern (10 Sek./Stufe 10); aufkochen und am Ende nochmals durchmixen (5 Min./Stufe 5/100 °C; 10 Sek./Stufe 10).

8233. Kampelmuse, November 2015

- 3 EL Nackthafer
- 60 g Cashewnusssahne kalt Floh 8230
- 1 Pampelmuse geschält (225 g netto)
- 1 Kaki (100 g)
- 1 TL getr. Gojibeeren

Hafer flocken und in eine Schüssel geben. Die restlichen Zutaten im TM raffeln (20 Sek./Stufe 4), auf den Hafer gießen. Mit Gojibeeren dekorieren.

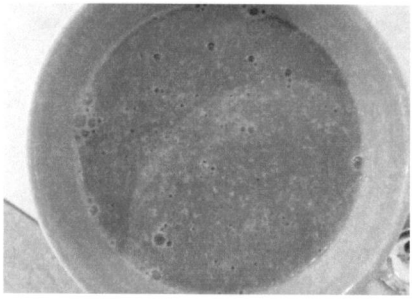

8234. Sahnekakao, November 2015

- 75 g Cashewnusssahne kalt Chia 8231
- 30 g gekochte Sojabohnen
- 10 g frischer Ingwer
- 4 Datteln Deglet Nour (28 g)
- 1 TL Carob (5 g)
- 36 g Wasser

Zutaten in den TM geben, mixen (10 Sek./Stufe 10), anschließend erhitzen (5 Min./80 °C/Stufe 5).

8235. Ton-in-Ton-Smoothie (Rohkost), November 2015

Im Vitamix gründlich mixen:

- 70 g Möhre
- 75 g Pastinake
- 100 g Knollensellerie (netto)
- 225 g Wasser; zur Dekoration
- 1 EL gekeimte rote Linsen

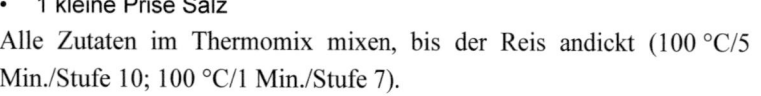

8236. Kochcreme im TM, November 2015

- 40 g Naturreis
- 40 g Mandeln
- 400 g Wasser
- 1 EL Zitronensaft (10 g)
- 1 kleine Prise Salz

Alle Zutaten im Thermomix mixen, bis der Reis andickt (100 °C/5 Min./Stufe 10; 100 °C/1 Min./Stufe 7).

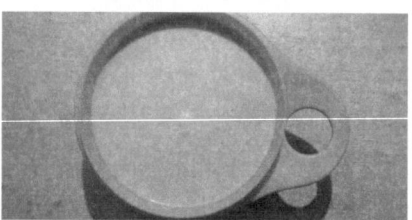

Kommt der gewünschten Kochcreme schon recht nahe, nur ist es diesmal zu viel Flüssigkeit.

8237. Kokosbrot, November 2015

- 80 g Dinkel
- 2 EL Kokosraspeln (15 g)
- 40 g Wasser
- 1 gestr. TL Salz
- 1 TL Sonnenblumenöl

Dinkel mit Kokosraspeln im Thermomix fein mahlen (1 Min./Stufe 10), mit den anderen Teigzutaten verkneten (1,5 Min./Knetstufe bzw. Stufe 3). Das ergibt Krümel, die sich mit der Hand leicht in einen glatten Teig kneten lassen. Teigkugel in Haushaltsfolie wickeln und 15-20 Min. ruhen lassen. Teig in vier Teile teilen, als Fladen ausrollen, Durchmesser ca. 13-14 cm. Eine Keramikpfanne erhitzen, Fladen hineingeben. Hitze etwas herunterstellen. Rand des Fladens mit Öl bestreichen, drehen. Auch auf der anderen Seite Rand mit Öl bestreichen. Mehrmals umdrehen, bis der Fladen ein bisschen blasig wird und dunkle Flecken auf beiden Seiten hat.

8238. Spätsommersuppe im TM, November 2015

2 Personen

- 1 Tomate (130 g)
- 1 Stück Aubergine (65 g)
- 1 Zwiebel (40 g netto)
- 1 Knoblauchzehe (10 g netto)
- 125 g Muskatkürbis
- 1 Lorbeerblatt
- 1 TL Salz
- 450 g Wasser
- 2 EL Zitronensaft
- 1 TL Salz

Tomate, Aubergine und ungeschälten Kürbis in Würfel schneiden. Zwiebel und Knoblauch schälen, in Scheiben schneiden und in den Garkorb füllen. Lorbeerblatt, Salz und Wasser in den Mixtopf geben, Korb einhängen und Gemüse dünsten (100 °C/20 Min./Stufe 1). Gemüse auf zwei ausreichend große Teller o. Ä. verteilen, Brühe darüber gießen.

Tipp: *Bei mir gab es dazu Kokosbrot.*

8239. Beereneis aus dem TM, November 2015

2 Personen; Eric: hervorragend!

- 205 g Bananen in Scheiben (205 g), 24 Std. eingefroren
- 125 g gefrorene Beerenmischung (gekauft)
- 1/2 TL gem. Vanille
- 100 g Pflanzenmilch, hier: Cashewmilch aus dem TM 8211
- 2 TL Kakaonibs

Gefrorenes Obst mit Vanille in Mixtopf geben. Laufen lassen (40 Sek./Stufe 4, ab und zu etwas höher drehen), bis die Masse cremig ist, dabei nach und nach esslöffelweise die Pflanzenmilch hinzugeben. Mit Kakaonibs dekorieren.

8240. Sonntagskakao, November 2015

- 15 g Kakaonibs
- 10 g frischer ungeschälter Ingwer (nach Geschmack)
- 20 g Chiasamen
- 4 Datteln entsteint Deglet Nour (30 g netto)
- 50 g Cashewnusssahne kalt Chia
- 1 Prise Kokosraspeln (für die Dekoration)

Zutaten im Mixtopf des TM aufkochen, dabei zerkleinern (80 °C/2 Min./Stufe 10; 80 °C/2 Min./Stufe 5). In eine Tasse gießen und mit Kokosraspeln bestreuen.

8241. Einfachste Brötchen der Welt TM, November 2015

Für ca. 8-9 Brötchen

- 350 g Dinkel
- 100 g Kamut (oder Dinkel)
- 50 g Nackthafer
- 1 P Trockenhefe (9 g)
- 2 gestr. TL Vollmeersalz
- 30 g Apfelessig (etwa 3 EL)
- 280 g Wasser

Getreide im Thermomix fein mahlen (1 Min./10 Sek.); dafür den Mixtopf mit Haushaltsfolie überspannen, damit es nicht zu sehr staubt. 100 g Dinkel in einer luftdichten Dose bis zum nächsten Morgen aufbewahren. Restliche Zutaten hinzufügen und gründlich verkneten (2.5 Min./Knetstufe). Maschine geschlossen bei Raumtemperatur über Nacht stehen lassen. Am nächsten Morgen die restlichen 100 g Dinkel unterkneten (1-2 Min./Knetstufe). Mit einem nassen Esslöffel passend große Stücke abnehmen. Mit nassen Händen zu Brötchen formen und auf ein mit Dauerbackfolie ausgelegtes Blech setzen. Das Rezept ergibt etwa 9 Stück. Den Ofen auf 250 °C (Heißluft) vorheizen, die Brötchen können währenddessen noch gehen. Die Brötchen zuerst 10 Min. bei 225 °C, dann noch 15 Min. bei 200 °C backen. Sie sind erst richtig lecker, wenn sie mittelbraun sind. Mit Wasser einsprühen (z. B. mit einer Blumenspritze). Je nach Ofen kann die zweite Backzeit etwas kürzer sein.

8242. Sonntagsfrühstück, November 2015

2 x Frühstück

Abends

- 6 EL Sechskorngetreide grob schroten & auf zwei Schüsseln verteilen. Mit insgesamt
- 160 g Wasser übergießen. Abgedeckt über Nacht (mindestens 4 Std.) bei Raumtemperatur stehen lassen.

Morgens

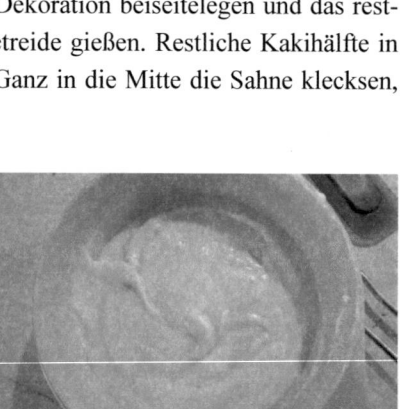

- 2 Bananen (205 g netto)
- 5 g Zitronenfleisch
- Fruchtfleisch von 1/2 Avocado (50 g netto)
- 230 g Kaki
- 1 kleiner Apfel (100 g)
- 2 TL Cashewnusssahne kalt Floh 8230
- 2 Mandeln

Obst wenn nötig schälen, in grobe Stücke teilen. Eine Kakihälfte für die Dekoration beiseitelegen und das restliche Obst im TM pürieren (20 Sek./Stufe 4; 2 Sek./Stufe 8). Auf das Getreide gießen. Restliche Kakihälfte in Scheiben schneiden und damit die Mitte des pürierten Obstes abdecken. Ganz in die Mitte die Sahne klecksen, jeweils eine Mandel hineinstecken.

8243. Maisstütze TM, November 2015

- 50 g Maiskörner
- 10 g Rundkorn-Naturreis
- 20 g Cashewnüsse (oder Sonnenblumenkerne)
- Einige Salzkörnchen
- 350 g Wasser

Getreide mahlen (1 Min./Stufe 10). Restliche Zutaten hinzufügen und TM auf 100 °C/4 Min stellen. Geschwindigkeit langsam hochdrehen und eine Weile schlagen (1 Min./Stufe 10), für die restlichen 3 Min. etwas „langsamer" arbeiten (3 Min./Stufe 5).

8244. Mayonnaise TM, November 2015

- 220 g Maisstütze TM 8243
- 5 / 10 g Salz
- 1 gute Prise schw. gem. Pfeffer
- 20 / 30 g Senf mittelscharf
- 15 / 30 g Zitronensaft
- 80 g Wasser

Zutaten im TM mixen (20 Sek./Stufe 4, 5 Sek./Stufe 6).

Tipp: *Wer diese Mayonnaise für Kartoffelsalat verwenden möchte, sollte jeweils die größere angegebene Menge von Salz, Senf und Zitronensaft nehmen, die Kartoffeln „saugen" die Würze. Wer eher eine Remoulade möchte, nimmt nur 10 g Senf und 10 g Zitronensaft und fügt ein paar Tropfen Ahornsirup hinzu.*

8245. Roter Pizzabelag Nr. 20, November 2015

Im kleinen Mixer mixen:

- 30 g Wasser
- 1/2 TL Salz
- 1 Prise schw. gem. Pfeffer
- 1 TL Agavendicksaft (5 g)
- 2 TL Apfelessig (6 g)
- 1 Prise gem. Kreuzkümmel
- 1 kleine Prise Zimt
- 60 g Linsenaufstrich Rote Bete 8169

8246. Weißer Pizzabelag Nr. 29, November 2015

Gut mixen und eine Weile stehen lassen:

- 50 g gekochte rote Linsen
- 90 g Maisstütze TM 8243
- 50 g Mayonnaise TM 8244
- 50 g Knoblauch-Wasser 8223
- 1/2 TL Salz
- etwas Schabziegerkleesaat gem.

8247. Muskatpizza, November 2015

Vorläufer: 8053; 2 Portionen

Etwa 2 Std. vor dem Servieren den Teig herstellen:

- 100 g Kamut
- 100 g Dinkel
- 1/2 TL Salz
- 10 g frische Hefe
- 1 EL Stützcreme (20 g), hier Maisstütze TM 8243
- 105 g Wasser

Getreide mischen und fein mahlen (1 Min./Stufe 10), Salz, Stützcreme und Wasser hinzugeben, Hefe darauf bröseln. Kneten (2,5 Min./Stufe 3 bzw. Knetstufe). Mit den Händen zu einer Kugel formen und an einem warmen Ort zugedeckt mindestens 2-3 Std. ruhen lassen.

Roter Pizzabelag: 8245

Weißer Pizzabelag: 8246

Gemüse:

- 215 g Muskatkürbis
- 1 Tomate
- Nach Geschmack: Pizzakräuter

Muskatkürbis raffeln (30 Sek./Stufe 4; 5 Sek./Stufe 5). Tomate in dünne Scheiben schneiden.

Fertigstellen: Backofen (Heißluft) auf 235 °C vorheizen. Teig in eine 28-cm-Pizzaform ausrollen, roten Belag darauf streichen. Mit Muskatkürbis und Tomatenscheiben belegen. Nach Belieben mit Pizzakräutern bestreuen. Weißen Belag darüber löffeln. 15 Min. bei 235 °C backen.

8248. Sellerie-Pastinaken-Suppe (roh), November 2015

- 1 Clementine (55 g netto), geschält
- 120 g Sellerie, ungeschält
- 65 g Pastinake, ungeschält
- 210 g Wasser
- 1/2 EL Linsensprossen
- 1/2 EL gezupfte Petersilie

Sellerie und Pastinake grob vorschneiden. Mit Clementine und Wasser im TM pürieren (15 Sek./Stufe 4; 2 Min./Stufe 10). In eine Schüssel geben und mit Petersilie und Linsen dekorieren.

8249. Schokoladeneis aus dem TM, November 2015

2 Personen

- 3 kleine Bananen, geschält und in Scheiben (245 g), 48 Std. eingefroren
- 100 g Stützcreme, z. B. Kochcreme im TM 8236
- 10 g Cashewnusssahne kalt Chia
- 15 g Kakaopulver
- 2 weiche Datteln, entsteint (netto 40 g)
- Einige Walnusskernstücke

Kochcreme, Sahne, Kakao und Datteln im TM mischen (langsam steigend über 10 Sek. bis Stufe 5). Bananenstücke hinzugeben und zu einer cremigen Mischung schlagen (30 Sek./Stufe 4; 5 Sek./Stufe 6). Auf zwei Schüsselchen verteilen und mit Walnussstücken dekorieren.

8250. Cremiger Herbstmix, November 2015

2 x Frühstück

- 6 EL Nackthafer
- 1 Banane, geschält (115 g)
- 1 Orange, geschält (160 g)
- 40 g Cashewnusssahne kalt Chia 8230
- 30 g Cashewnusssahne kalt Floh 8231
- 1 Birne (190 g)
- 1 Apfel (90 g)
- 2 Clementinen, geschält (110 g netto)

Getreide flocken, auf zwei Schüsselchen verteilen. Das Obst außer den Clementinen in grobe Stücke teilen und mit der Sahne im Hochleistungsmixer pürieren, über das Getreide geben. Clementinenstücke in die Mitte legen.

8251. Sonnenkerncemekakao, November 2015

Im Hochleistungsmixer, je nach Gerät, 2,5 bis 3 Min. auf höchster Stufe schlagen:

- 10 g Kakaonibs
- 3 Datteln entsteint Deglet Nour (25 g netto)
- 10 g frischer Ingwer
- 1 TL Carob (3 g)
- 100 g Nusssahne 8214
- auf 500 ml mit Wasser / kochendem Wasser 1:1 auffüllen.

8252. Apfelkraftdrink, November 2015

- 20 g Haselnüsse
- 10 g Buchweizen
- 7 g Zitronenfleisch
- 4 g frischer Ingwer, ungeschält
- 1 kleiner Apfel (90 g)
- 400 g Wasser

Alle Zutaten im TM pürieren (2 Min./Stufe 10).

8253. Orangendip, November 2015

2-3 Portionen

- 1 Orange (155 g nettso)
- 100 g Mayonnaise, hier: Mayonnaise TM 8244
- 35 g Nusssahne, hier: Nusssahne 8214
- 1/2 gestr. TL Salz
- 1/2 gestr. TL Paprika edelsüß
- 1 Prise schw. gem. Pfeffer

Orange schälen, in Stücke teilen. Zusammen mit den anderen Zutaten gut mit einem Gerät mixen. Bei größeren Mengen würde ich den Vitamix nehmen.

8254. Sellerie-Pastinaken-Suppe mit Muskat (roh), November 2015

- 1 Apfel (85 g)
- 60 g Sellerie, ungeschält
- 80 g Pastinake, ungeschält
- 45 g Muskatkürbis
- 230 g Wasser
- 1/2 EL gezupfte Petersilie
- 1 TL Sonnenblumenkerne

Apfel und Gemüse grob vorschneiden. Mit dem Wasser im Vitamix gründlich pürieren. Darauf achten, dass sich nicht unten ein Selleriestück am Messer festsetzt! In eine Schüssel geben und mit Petersilie und Sonnenblumenkernen dekorieren.

8255. Dämpfgemüse mit Kartoffeln, November 2015

2 Portionen.

- 500 g Wasser
- 290 g Kartoffeln
- 130 g Spargel (netto)
- 135 g Möhren
- 135 g Kürbis (z. B. Muskatkürbis)

Wasser in den Mixtopf des TM geben. Kartoffeln waschen und in handliche Stücke schneiden, nicht schälen, und in den Garkorb schichten. Den Korb in den TM einhängen. Deckel schließen und Varomaaufsatz aufsetzen. Spargel schälen und quer halbieren, so dass die Stücke kürzer sind, und in den unteren Teil des Varoma legen. Möhren längs vierteln, den Kürbis in Scheiben schneiden und beides auf die flache Schale legen. Auf das Gerät setzen, Deckel auflegen und garen (Varoma/25 Min./Stufe 1). Das Gemüse war dann zart-weich.

Tipp: *Bei mir gab es dazu einen Orangendip. 8252.*

8256. Windrad-FKG, November 2015

2 x Frühstück

- 6 EL Nackthafer
- 25 g Cashewnüsse
- 3 cm Vanillestange
- 40 g getr. Mango
- 280 g Wasser
- 1 Birne (190 g)
- 1 Banane, geschält (130 g)
- 1 Kaki (230 g; eine Hälfte als Deko zur Seite legen)
- 1 Apfel (100 g)
- 5 g Zitronenfleisch
- 1 gestr. TL Kakaonibs

Getreide flocken, auf zwei Schüsselchen verteilen. Mango in kleinere Stücke reißen. Mit Nüssen, Vanille und Wasser im Vitamix zu einer lauwarmen Creme schlagen. Auf das Getreide gießen. Das Obst in grobe Stücke teilen und im Hochleistungsmixer pürieren, über das Getreide geben. Die Kakihälfte in sehr dünne Scheiben schneiden, wie in Windrad jeweils in die Mitte legen. In die Mitte einige Kakaonibs streuen.

8257. Admissions-Kakao, November 2015

Im Hochleistungsmixer, je nach Gerät, 2,5 bis 3 Min. auf höchster Stufe schlagen:

- 10 g Kakaonibs
- Kochcreme im TM 8236
- 45 g Nusssahne 8214
- 4 Datteln entsteint Deglet Nour (25 g netto)
- 10 g frischer Ingwer
- 10 g weiße Chiasamen
- auf 500 ml (Markierung im Becher) mit Wasser / kochendem Wasser 1:1 auffüllen.

8258. Pampelmanen-FKG, November 2015

- 3 EL Nackthafer
- 1 Pampelmuse, geschält (230 g netto)
- 1 Banane, geschält (135 g netto)
- 1 Clementine geschält (70 g netto)
- 2-3 Walnussstückchen

Getreide flocken, in ein Schüsselchen geben. Pampelmuse und Banane in grobe Stücke teilen und im Hochleistungsmixer pürieren, über das Getreide geben. Mit Clementinen- und Walnussstückchen dekorieren.

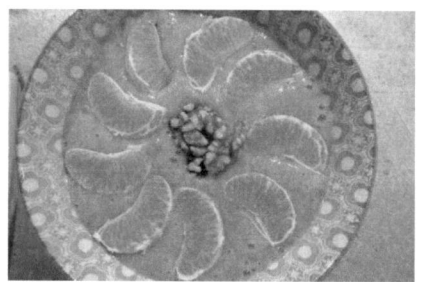

8259. OP-Kakao, November 2015

Im Hochleistungsmixer, je nach Gerät, 2,5 bis 3 Min. auf höchster Stufe schlagen:

- 10 g Kakaonibs
- 1 TL Kakaopulver (3 g)
- 5 Datteln entsteint Deglet Nour (37 g netto)
- 10 g frischer Ingwer
- 30 g Nusssahne 8214
- 35 g gekochte rote Linsen
- 1 TL Flohsamenschalen (2 g)
- auf 500 ml (Markierung im Becher) mit Wasser / kochendem Wasser 1:1 auffüllen.

8260. Gefüllte Avocado, November 2015

Für 1 Person als Hauptspeise mit etwas Brot, Vorspeise für 2 Personen

- 65 g Sellerie (Knolle)
- 45 g Möhre
- 1 EL Dressing, hier TM-Dressing 8172
- 1 Clementine (55 g netto)
- 1 Prise Salz
- etwas getr. Rosmarin (optional)
- 1 EL Zitronensaft
- 1 Avocado (100 g netto)
- etwas Petersilie

Sellerie und Möhre grob vorschneiden. Mit Salatcreme und Clementine in den Mixtopf geben, den Gartopf einsetzen und Gemüse zerkleinern (5 Sek./Stufe 5; 3 Sek./Stufe 7). Salz und Rosmarin (zwischen den Händen zerreiben) hinzufügen. Garkorb entfernen. Avocado halbieren, Kern herausnehmen und das Fleisch auslöffeln, zum Gemüse geben. Alles mischen (2 Sek./Stufe 4). Die leeren Avocado-Hälften mit dem Gemüsegemisch füllen und mit etwas Petersilie dekorieren.

Tipp: Wenn kleine Mengen zerkleinert werden sollen, hilft es gelegentlich, den Garkorb einzuhängen, er verhindert, dass alles nur grob zerkleinert bis nach oben springt und das Messer nicht mehr greifen kann.

8261. Sellerieknäcke leicht scharf, November 2015

- 75 g Hirse
- 20 g Zitronenfleisch
- 150 g Steckrübe netto
- 240 g Sellerie netto
- 1/2 gestr. TL gem. Kreuzkümmel
- 1 Knoblauchzehe (9 g netto)
- 1 kleiner Apfel (95 g)
- 70 g Mandelpaste 8141 oder andere Nusspaste
- 50 g Selleriecreme 8201
- 40 g frische Petersilie, mit Stängeln
- 1 TL Salz
- 6 g Essigpeperoni (wer es schärfer mag, nimmt mehr!)

Hirse im T; fein mahlen (1 Min./Stufe 10). Gemüse grob vorschneiden, Apfel vierteln. Alle Zutaten in den Topf geben und Mixtopf mit Haushaltsfolie überspannen, Decke schließen, und gut mixen (1 Min./Stufe 4; 1 Min./Stufe 8; 10 Sek./Stufe 10).

Mit einem Spatel dünn auf Folien (Spezialfolie für Dörrgeräte) auftragen, mit dem nassen Spatel Stücke quasi vorschneiden und 24 Std. bei 40 °C trocknen. Brot umdrehen, nochmals 6 Std. trocknen. Damit habe ich 2 Einschübe des Dörrgeräts „Excalibur" füllen können.

Tipps: Wahlweise kann man das Knäckebrot im Ofen backen, Temperatur und Zeit richten sich stark nach dem Ofen. Auch muss man darauf achten, dass die Masse sehr, sehr gleichmäßig ausgestrichen ist, weil flache Stücke sonst schon dunkelbraun sind, während andere nicht einmal trocken sind. Ich würde vom Ofen eher abraten. Dauerbackfolie ist ganz wichtig, auch bei PerfektClean-Blechen!

Wer weder Hochleistungsmixer noch Thermomix hat, bekommt eine etwas gröbere Struktur. Das aber ist nicht unbedingt ein Nachteil – es ergibt einfach ein anderes Knäckebrot. Auch hier lohnt es sich, zu variieren. Ohne die Selleriecreme wird es nicht so scharf.

8262. Gefüllte Paprika, November 2015

1-2 Portionen, je nach Beilage
Für die Paprika:

- 100 g Brot (je älter das Brot, umso länger die Einweichzeit)
- 100 g warmes Wasser
- 100 g Blumenkohl
- 35 g Zwiebel (netto)
- 1 TL Salz
- 1/2 TL Paprika edelsüß
- 1 große rote Paprika (ca. 210 g netto)
- 100 g Wasser

Für die Soße:

- 25 g Cashewnussmus
- 100 g Cashewnusskernsahne Sauerrahm 8232
- 7 g Zitronenfleisch
- 75 g gekochte rote Linsen

Brot in Stücke teilen und mit dem warmen Wasser übergießen, 30-120 Min. stehen lassen. Zwiebel in feine Würfel schneiden. Blumenkohl, Salz und Paprika hinzufügen. Zerkleinern (20 Min./Stufe 4) und miteinander verkneten (1 Min./Knetstufe).

Paprika halbieren, Kerne und Zwischenwände entfernen, mit der Öffnung nach oben legen in eine Keramikpfanne (24 cm). Die Füllung auf die beiden Paprikahälften verteilen, die Füllung sollte etwas höher als die Paprika sein. 100 g Wasser in die Pfanne geben, den Deckel auflegen. Als Gemüsepfanne 20 Min. dünsten, ohne den Deckel abzuheben. Ofen (Heißluft) auf 200 °C vorheizen.

Inzwischen für die Soße alle Zutaten im TM pürieren (40 Sek./Stufe 7) und über Paprika gießen. In den heißen Ofen setzen und 15 Min. bei 200 °C backen. Die Paprika aus der Form heben, auf einen Teller geben und mit der Soße auf dem Teller servieren.

8263. Orangenroggenpracht, November 2015

- 1 EL Leinsamen
- 3 EL Roggen
- 20 g Zitronenfleisch
- 1 Banane, geschält, in Stücken (140 g netto)
- 1 Orange, geschält (285 brutto, 190 g netto)
- 10 g Haselnüsse

Leinsamen mit dem Getreide flocken, in ein Schüsselchen geben. Banane und Zitronenfleisch im kleinen Mixer (hoch stehendes Messer) schaumig schlagen und über die Flocken gießen. Orange würfeln, obenauf legen, die Haselnüsse darüber schütten.

8264. Chiaflohkakao, November 2015

Im Hochleistungsmixer, je nach Gerät, 2,5 bis 3 Min. auf höchster Stufe schlagen:

- 10 g Kakaonibs
- 15 g Chiasamen
- 1 TL Flohsamenschalen
- 3 Datteln entsteint Deglet Nour (20 g netto)
- 5 g frischer Ingwer
- auf 500 ml (Markierung im Becher) mit Wasser / kochendem Wasser 1:1 auffüllen.

8265. Brokkoli mit lieblicher Soße, November 2015

Gemüse:

- 10 g Kokosöl
- 40 g Wasser
- 1 große Tomate (130 g)
- 200 g Brokkoli-Röschen
- 1 Knoblauchzehe
- 15 g gesalzene, geröstete Erdnüsse

Soße:

- 10 g Zitronenfleisch
- 1 getr. Feige (20 g)
- 3 g Ingwer, ungeschält
- 1 TL Salz
- 25 g Kokosraspeln
- 1/2 TL Curry
- 125 g Wasser
- Kokosstreifen als Dekoration

Öl und 40 g Wasser in eine Pfanne (24 cm) geben. Tomate in die Mitte setzen, oben kreuzweise einschneiden. Brokkoli in handliche Röschen teilen und um die Tomate legen, Erdnüsse darüber streuen. Als Gemüsepfanne 12-14 Min. (je nachdem, wie bissfest das Gemüse sein soll) dünsten.

Die Soßenzutaten in einem kleinen Mixer oder dem T; (1 Min./Stufe 5; 25 Sek./Stufe 10) gut verschlagen, in die Pfanne geben, verrühren, ohne dass der Brokkoli aufgelöst wird, und aufkochen. Mit einigen Kokosstreifen dekoriert servieren.

8266. Cashew-Eisshake, November 2015

- 30 g Cashewnüsse
- 10 g Rundkorn-Naturreis
- 10 g Buchweizen
- 1 TL Flohsamenschalen (2 g)
- 1/2 TL gem. Vanille
- 250 g Wasser
- 165 g Eiswürfel

Alle Zutaten bis auf die Eiswürfel IM TM gründlich mixen (2 Sek./Stufe 10). Eiswürfel hinzugeben und solange schlagen, bis nur noch eine Schaum-Eismasse obenauf sitzt (20 Sek./Stufe 10). Das Eis hat sich bis dann gelöst.

8267. Kamutorangen-FKG, November 2015

- 1 EL Leinsamen
- 3 EL Kamut
- 1 Orange, geschält (210 g netto)
- 2 Bananen, geschält (240 g netto)
- 10 g Kokosstreifen
- 4-6 getr. Gojibeeren

Leinsamen mit dem Getreide flocken, in ein Schüsselchen geben. Das Obst in grobe Stücke teilen und im Hochleistungsmixer pürieren, über das Getreide geben. Mit Kokosstreifen und Gojibeeren dekorieren.

8268. Erdnuss-Chiakao, November 2015

Im Hochleistungsmixer, je nach Gerät, 2,5 bis 3 Min. auf höchster Stufe schlagen:

- 10 g Kakaonibs
- 20 g weiße Chiasamen
- 5 Datteln entsteint Deglet Nour (35 g netto)
- 7 g frischer Ingwer
- 20 g geröstete, gesalzene Erdnüsse
- 1 TL Carobpulver (5 g)
- auf 500 ml (Markierung im Becher) mit Wasser / kochendem Wasser 1:1 auffüllen.

8269. Pflanzenmilch TM, November 2015

- 10 g Rundkorn-Naturreis
- 15 g Cashewnüsse
- 500 g Wasser

Im Thermomix zum Sieden bringen und gleichzeitig schlagen (6 Min./90 °C/Stufe 10).

8270. Süßkartoffelbrot, November 2015

Kleine Kastenform (25 cm)

- 250 g Dinkel
- 100 g Walnüsse
- 1 Prise Salz
- 1 TL Zimt
- 1 TL gem. Ingwer
- 1 TL gem. Vanille
- 1 P Backpulver
- 300 g Süßkartoffel, gewürfelt
- 100 g gekochte rote Linsen
- 200 g Ahornsirup
- 1 kleiner Apfel (95 g)
- 80 g Pflanzenmilch, hier Pflanzenmilch TM 8269
- 2 EL Kochwasser
- Kokosöl für die Form

Dinkel im TM fein mahlen (1 Min./Stufe 10). Umfüllen. Walnüsse hacken (5 Sek./Stufe 4), zum Mehl geben. Die trockenen Zutaten miteinander vermischen. Thermomix mit 500 g Wasser füllen, Süßkartoffelwürfel in den Garkorb geben. Korb einhängen und Süßkartoffel garen (20 Min./Varoma/Stufe 1). Kochwasser auffangen. Süßkartoffelwürfel in den Mixtopf geben, Linsen, Sirup, Apfel, Pflanzenmilch und Kochwasser hinzufügen, gut mixen (10 Sek./Stufe 4; 10 Sek./Stufe 8). Mehlgemisch hinzufügen und kneten lassen (2 Min./Knetstufe). Eine kleine Kastenform mit Öl gut einfetten. Teig hineingeben. Form in den kalten Ofen schieben und 60 Min. bei 160 °C backen, 5 Min. im kalten Ofen nachbacken.

Tipp: *Optisch nicht der Brüller, aber schmeckt definitiv nach mehr!*

8271. Lasagnesoße rot Nr. 3, November 2015

- 1/2 rote Zwiebel (30 g netto)
- 1 Knoblauchzehe (7 g netto)
- 120 g Blumenkohl
- 1 Tomate (115 g)
- 1 EL gekochte rote Linsen (25 g)
- 1 TL Paprikapulver, edelsüß
- 90 g Wasser
- 1/2 EL Tomatenmark (15 g)
- 1 gestr. TL Salz
- 1 Prise Muskatnuss
- 1/2 TL gem. Kümmel
- 30 g Roggen

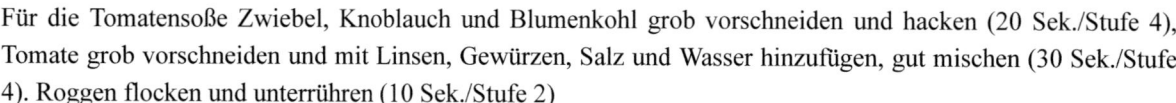

Für die Tomatensoße Zwiebel, Knoblauch und Blumenkohl grob vorschneiden und hacken (20 Sek./Stufe 4), Tomate grob vorschneiden und mit Linsen, Gewürzen, Salz und Wasser hinzufügen, gut mischen (30 Sek./Stufe 4). Roggen flocken und unterrühren (10 Sek./Stufe 2)

8272. Lasagnesoße weiß Nr. 5, November 2015

- 20 g Cashewnüsse
- 20 g Nackthafer
- 40 g gekochte rote Linsen
- 150 g Wasser
- 1 gestr. TL Salz
- 1/2 TL Schabziegerklee
- 1 Prise Muskatnuss

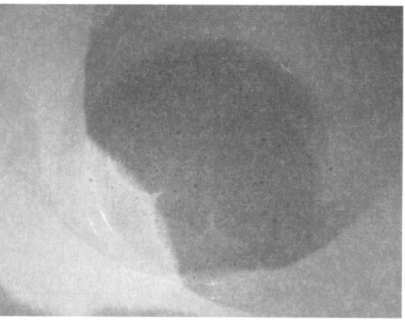

Für die weiße Soße alle Zutaten im TM gut verquirlen (30 Sek./Stufe 4 und 1 Min./Stufe 10).

8273. Lasagne, November 2015

2 kleine oder 1 sehr große Portion

Für die Nudeln:

- 40 g Kamut
- 40 g Dinkel
- 1/2 TL Salz
- 40 g Pflanzenmilch, hier Pflanzenmilch TM 8269

Soßen:

- Lasagnesoße rot 8271
- Lasagnesoße weiß 8272

Für die Nudeln das Getreide fein mahlen, dazu den TM-Mixtopf mit Haushalsfolie überspannen (1 Min./Stufe 10). Mit Salz mischen und mit der Pflanzenmilch zu einem Teig kneten (2 Min./Knetstufe bzw. Stufe 2-3). Es ergeben sich Krümel wegen der geringen Menge, mit der Hand kurz nachkneten. Zu einer Kugel formen, in eine Plastiktüte wickeln und 1-2 Std. ruhen lassen.

Den Teig vierteln (wiegen; jedes Teigstück wog bei mir 29 g) und die Teigportionen auf einer glatten Fläche jeweils in Größe der Lasagneform ausrollen. Den Teig ab und zu umdrehen, immer wieder anheben, um zu kontrollieren, dass er nicht an der Unterlage klebt.

Fertigstellung: Eine Lasagne- oder andere geeignete Form nehmen. Bei Keramikformen geht es ohne Einfetten. Je zwei Esslöffel der roten Soße auf dem Boden ausstreichen. Jeweils eine Nudelplatte darauf legen. Je 3 EL der weißen Soße darüber gießen, den Rest der roten Soße gefolgt von der zweiten Nudelplatte darauf legen und mit weißer Soße abschließen.

Die Form mit der Lasagne auf dem Gitterrost in den kalten Ofen schieben und bei 225 °C (Heißluft) 30 Min. backen, zum Schluss noch 5 Min. grillen.

8274. TM-Drink mit Kokos, November 2015

- 1 EL Rundkorn-Naturreis
- 1 TL Nacktgerste
- 1/2 TL gem. Vanille
- 1 EL Kokosraspeln
- 1 getr. Feige
- 350 g Wasser

Alle Zutaten in den Thermomix geben. 30 Sek./Stufe 2 und 2 Min./Stufe 10. Da ist der Vitamix besser.

8275. Einfachste Wildhefe-Brötchen der Welt, November 2015

Vorlage 8240 – für ca. 10 Brötchen

Vortag, ca. 14 Uhr

- 150 g Dinkel, fein gemahlen, verrühren mit
- 150 g Wildhefe

Vorabend, ca. 21 Uhr

- 200 g Dinkel
- 100 g Kamut (oder Dinkel)
- 50 g Nackthafer
- 2 gestr. TL Vollmeersalz
- 30 g Apfelessig (etwa 3 EL)
- 110 g Wasser
- Ansatz vom Mittag

Getreide fein mahlen. 100 g der gemahlenen Mischung in einer luftdichten Dose bis zum nächsten Morgen aufbewahren. Restliche Zutaten hinzufügen und gründlich im Thermomix verkneten (2.5 Min./Knetstufe). Maschine geschlossen bei Raumtemperatur über Nacht stehen lassen.

Backmorgen, ca. 7 Uhr: Restliches Getreide im TM unterkneten (1-2 Min./Knetstufe). Mit einem nassen Esslöffel passend große Stücke abnehmen. Mit nassen Händen zu Brötchen formen und auf ein Blech (PerfectClean, oder mit Dauerbackfolie / Backpapier) setzen. Das Rezept ergibt etwa 10 Stück. Den Ofen (Heißluft) auf 240 °C (Heißluft, Klimagaren, 1 manueller Dampfstoß) vorheizen, die Brötchen können währenddessen noch gehen. Die Brötchen zuerst 10 Min. bei 225 °C, dann noch 10 Min. bei 200 °C backen. Mit Wasser einsprühen (z. B. mit einer Blumenspritze). Klopfprobe machen.

8276. Südfrüchtemix, November 2015

- 3 EL Dinkel
- 8 g Zitronenfleisch
- 1 Banane, geschält (115 g netto)
- 1/2 Orange, geschält (55 g netto)
- 1/2 Kaki (85 g)
- 90 g Ananas, geschält (netto)
- 15 g Walnüsse

Getreide flocken, in ein Schüsselchen geben. Das Obst in grobe Stücke teilen und im Hochleistungsmixer pürieren, über das Getreide geben. Mit Walnüssen bestreuen.

8277. Luxusdrink TM, November 2015

- 3 EL Kokosraspeln (30 g)
- 1 TL Flohsamenschalen (2 g)
- 1/2 TL Vanillepulver
- 35 g grüne Rosinen (oder getr. Aprikosen)
- 325 g Wasser

Alle Zutaten im TM mischen (3 Min./Stufe 10). Das Getränk ist dann lauwarm, eventuell vor dem Trinken erst kalt stellen.

8278. Süßes Geschlabber, November 2015

Kaltschale für 2 Personen

- 275 g Wasser
- 1 TL Cashewnussmus (15 g)
- 30 g Rundkorn-Naturreis
- 1/2 TL Vanillepulver
- 20 g Ahornsirup
- Einige Salzkörnchen

Im Thermomix erhitzen (4 Min./Stufe 10/80 °C), in zwei Schälchen gießen.

8279. Linsenstützcreme aus dem Thermomix V3, November 2015

Vorläufer 8185; diesmal ist die Creme immerhin glatt. Sie ist aber flüssiger als die Masse aus dem Vitamix.

- 50 g Rundkorn-Naturreis
- 15 g Cashewnüsse
- 50 g gekochte rote Linsen
- 350 g Wasser
- einige wenige Körnchen Salz

Alle Zutaten in den Thermomix geben und unter Schlagen kochen (100 °C; 4 Min./Stufe 10; 1 Min./Stufe 5).

8280. Blumenkohl-dominierte Gemüsepfanne mit Nudeln, Nov. 2015

Nudeln:
- 500 g Wasser
- 1 TL Salz
- 100 g Vollkorn-Nudeln

Gemüse:
- 50 g Wasser
- 25 g rote Zwiebel (netto), gewürfelt
- 60 g Muskatkürbis, in kleinen Stücken
- 95 g Süßkartoffel, gewürfelt
- 65 g Brokkolistrunk, in feinen Scheiben
- 150 g Blumenkohlröschen

Soße:
- 100 g Mayonnaise TM 8244
- 20 g Erdnüsse, geröstet und gesalzen
- 1 TL Ahornsirup oder Honig
- 1/2 TL Salz
- 50 g gekochte rote Linsen
- 1 Prise gem. Zimt
- 20 g Wasser

Nudeln: Wasser und Salz in den TM geben. Nudeln in den Garkorb schütten, Korb in das Gerät einhängen und garen (20-25 Min./100 °C/Stufe 1). Ab und an mit dem Ende eines Kochlöffels die Nudeln durchrühren. *Gemüse:* Zutaten in der angegebenen Reihenfolge in eine 24-cm-Pfanne geben. Deckel auflegen, auf höchster Einstellung zum Kochen bringen, bis Dampf unter dem Deckel austritt. Auf kleinste Einstellung drehen und 15 Min. dünsten, ohne den Deckel abzuheben. *Soße:* Zutaten ohne das Wasser mit einem kleinen Mixer zu einer glatten Creme schlagen. Unter das Gemüse rühren, Becher mit 20 g Wasser nachspülen. Dieses Wasser ebenfalls zum Gemüse geben, verrühren und aufkochen.

Nudeln in eine große Schüssel oder auf einen Pastateller geben, Gemüse in die Mitte platzieren.

8281. Obstsalat Natur, November 2015

- 1 Orange, geschält (netto 135 g)
- 1 kleiner Apfel (80 g)
- 90 g Ananas (netto)
- 1 Banane, geschält (90 g netto)
- 10 g Zitronenfleisch
- 10 g Cashewnussmus
- 30 g Wasser
- 2 Walnusshälften

Orange, Apfel und Ananas würfeln. Die Banane in Scheiben schneiden und etwa die Hälfte zu dem anderen Obst geben. Die andere Hälfte mit Zitronenfleisch, Cashewnussmus und Wasser im kleinen Mixer verquirlen, über das Obstgemisch geben. Mit Walnüssen dekorieren.

8282. TM-Creme-Kakao, November 2015

Im Hochleistungsmixer, je nach Gerät, 2,5 bis 3 Min. auf höchster Stufe schlagen:

- 10 g Kakaonibs
- 20 g weiße Chiasamen
- 4 Datteln entsteint Deglet Nour (25 g netto)
- 7 g frischer Ingwer
- 60 g Linsenstützcreme aus dem Thermomix V3 8279
- auf 500 ml (Markierung im Becher) mit Wasser / kochendem Wasser 1:1 auffüllen.

8283. Kleine rohe Pizzen, November 2015

Für 2 Personen

Für den Teig:

- 30 g Haselnüsse
- 70 g Sechskorngetreide
- 80 g Wasser
- 95 g Pastinake
- 15 g Petersilie
- 1 TL Sonnenblumenöl (oder Nussöl Rohkostqualität)
- 1 Prise Salz

Belag 1:

- 2 Tomaten (200 g)
- Etwas Salz
- 2 Prisen Pizzagewürz

Belag 2:

- 10 g Zitronenfleisch
- 60 g rote Paprika
- 1/2 TL Salz
- 15 g Möhren
- 1 Knoblauchzehe, geschält (5 g netto)
- 25 g Cashewnüsse
- 2 TL Flohsamenschalen (4-5 g)
- 125 g Wasser
- einige Petersilienbüschel

Haselnüsse 4–6 Std. in Wasser (bedeckt) einweichen. Sechskorngetreide schroten (TM 15 Sek./Stufe 8), mit 80 g Wasser verrühren 4–6 Std. lang quellen lassen.

Pastinake mit Petersilie, Sonnenblumenöl, 20 g der abgetropften Haselnüsse und 1 Prise Salz im Thermomix fein raffeln (1 Min./Stufe 4; 2 Sek./Stufe 5). Mit dem eingeweichten und gequollenen Getreide verkneten (10 Sek./Stufe 3; 2 Sek./Stufe 6). Die Masse auf zwei kleine Quicheformen (20 cm) verteilen, mit Hilfe der nassen Hand oder einem Spatel flach drücken.

Belag 1: Tomaten in dünne Scheiben schneiden, auf den „Teig" legen, mit etwas Salz und Pizzagewürz (zwischen den Fingern verrieben) bestreuen.

Belag 2: Die restlichen, abgetropften Haselnüsse mit Zitronenfleisch, Paprika, Salz, Möhren, Knoblauchzehe, Öl, Cashewnüssen, Flohsamenschalen und 125 g Wasser 1 Min. lang mixen (ansteigend bis Stufe 10). Ein paar Min. stehen lassen, damit die Masse nachdickt.

Dann beide Beläge auf den Pizzen verteilen. In die Mitte etwas Petersilie legen.

8284. Mini-Hörnchen, November 2015

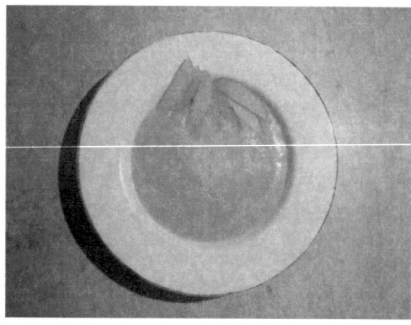

24 Hörnchen

- 175 g Dinkel
- 75 g Kamut
- 1 TL Salz
- 1 TL gem. Kreuzkümmel
- 1/2 TL Paprika edelsüß
- 25 g Mandelmus oder -paste 8141
- 120 g Pflanzenmilch, hier Pflanzenmilch TM 8269
- 21 g frische Hefe (1/2 Würfel)
- Je 1–2 TL Sesam, weiße Chiasamen; 5-8 Mandeln

Getreide mischen und im TM fein mahlen (1 Min./Stufe 10). In eine Schüssel umfüllen. Salz, Gewürze, Mandelpaste und Milch miteinander mixen (10 Sek./Stufe 4; 10 Sek./Stufe 10). Mehl hinzufügen, Hefe darüber bröseln und verkneten (2 Min./Knetstufe bzw. Stufe 3).

Den Teig auf einer glatten Fläche kurz mit der Hand durchkneten und eine Kugel unter Spannung formen. In eine fest schließende Plastikschüssel geben und gehen lassen, bis der Deckel abspringt (30 Min.). Erneut gut durchkneten. 3 Portionen zu je 135 g nehmen. Jede Portion zu einer Kugel rollen und nebeneinander in gutem Abstand auf einen Teller setzen, in eine Plastiktüte stecken und 40 Min. gehen lassen.

Jede Kugel zu einem Kreis von etwa 25 cm Durchmesser ausrollen. Jeden Kreis vier Mal wie einen Kuchen durchschneiden, sodass sich 8 Dreiecke ergeben. Einen Kreis mit Sesam, einen mit Chiasamen bestreuen. Jedes Dreieck von der breiten Seite nach innen zu einem Hörnchen rollen. Die Dreiecke des letzten Kreises vor dem Aufrollen mit einer je Mandel belegen. Die Hörnchen in drei Reihen nebeneinander auf ein mit Dauerbackfolie ausgelegtes Backblech legen und 20 Min. gehen lassen. Die Hörnchen gut mit Wasser einsprühen, das Blech in den kalten Ofen schieben und die Hörnchen 20 Min. bei 175 °C hellbraun backen. Auf ein Kuchengitter legen und noch heiß mit Wasser besprühen. Auskühlen lassen.

8285. Wurzelcremesuppe, November 2015

Für 2-3 Teller

- 55 g Möhre
- 65 g Pastinake
- 110 g Steckrübe
- 1 große Knoblauchzehe (7 g netto)
- 420 g Wasser
- 10 g Cashewnussmus 8151
- 15 g Zitronenfleisch
- 1–1 1/2 TL Salz
- 1 MS Chilipulver (nach Geschmack auch mehr)
- 2 MS g em. Muskatnuss
- 25 g Kaki
- 1 TL Kokosraspeln

Gemüse grob vorschneiden. Mit der abgezogenen Knoblauchzehe und Wasser im TM raffeln (2 Sek./Stufe 7). Die Suppe garen (100 °C/16 Min./Stufe 1). Nussmus und Zitronenfleisch auf einem kleinen Teller abwiegen, Salz und Gewürze hinzufügen und von dem Teller durch die Deckelöffnung in den Mixtopf schieben. Zu einer glatten, sämigen Suppe pürieren (30 Sek./Stufe 7-10; jeweils einige Sek.). Einen Teller mit Suppe füllen und mit feinen Kakistreifen und etwas Kokosraspeln dekorieren.

8286. Orangensauce, November 2015

- 1 Orange, geschält (160 g netto)
- 10 g Zitronenfleisch
- 10 g Ahornsirup oder Honig
- 1-2 TL Flohsamenschalen (2-4 g), je nachdem, wie steif die Sauce werden soll

Orange in Stücke schneiden, mit den anderen Zutaten im TM zu einer Creme schlagen (10 Sek./Stufe 4; 15 Sek./Stufe 7).

8287. Fruchteis aus dem TM, November 2015

3-4 Portionen

- 1 kleiner Apfel (95 g)
- 1 Banane (100 g netto)
- 180 g Kaki
- 1 EL Pflanzenmilch, hier Pflanzenmilch TM 8269
- 40 g Ananas (netto)
- 15 g Haselnüsse
- 1 Kardamomkapsel
- 1 dünne Scheibe Ingwer, ungeschält (3 g)
- 7 g Zitronenfleisch
- 1 TL Ahornsirup (oder Honig)
- 130 g Eiswürfel
- Lebkuchengewürz und/oder Kakaonibs als Dekoration

Apfel würfeln, Banane schälen und in Scheiben schneiden. Zusammen mindestens 24 Std. einfrieren.

Frisches Obst vorschneiden, mit Nüssen, den Samen aus der Kardamomkapsel, Ingwer und Zitronenfleisch im Thermomix pürieren (10 Sek./Stufe 4,;5 Sek./Stufe 5; 5 Sek./Stufe 6). Umfüllen. Ahornsirup in den Mixtopf geben, Eiswürfel hinzufügen. Die Eiswürfel zu grobem Schnee zerschlagen (10 Sek./Stufe 5). Obstpüree und gefrorene Obststücke hinzufügen und zu einer Eiscreme verarbeiten (20 Sek./Stufe 5). Auf 3-4 Schüsselchen verteilen und mit Lebkuchengewürz oder Kakaonibs bestreuen.

8288. Orange-Banane-Flocken, November 2015

- 1 EL Leinsamen
- 3 EL Nackthafer
- 20 g Zitronenfleisch
- 1 Orange, geschält (150 g netto)
- 1 kleiner Apfel (90 g)
- 1 Banane, geschält (110 g netto)
- 10 g Pekannüsse

Leinsamen mit dem Getreide flocken, in ein Schüsselchen umfüllen. Das Obst in grobe Stücke teilen und im Hochleistungsmixer pürieren, über das Getreide geben. Mit 4 Pekannüssen dekorieren.

8289. Adventskalendervorschaukakao, November 2015

Im Hochleistungsmixer, je nach Gerät, 2,5 bis 3 Min. auf höchster Stufe schlagen:

- 10 g Kakaonibs
- 20 g weiße Chiasamen
- 1/2 TL Lebkuchengewürz (Brecht)
- 2 Kardamomkapseln grün
- 4 Datteln entsteint Deglet Nour (25 g netto)
- 8 g frischer Ingwer
- 50 g Linsenstützcreme aus dem Thermomix V3 8279
- auf 500 ml (Markierung im Becher) mit Wasser / kochendem Wasser 1:1 auffüllen.

8290. Krankenhaussuppe RB-P, November 2015

Im Vitamix pürieren:

- 1 kleiner Apfel (80 g)
- 70 g Pastinake
- 70 g Rote Bete
- 150 g Wasser

In ein leeres Honigglas gießen, sehr gut zuschrauben und für den Transport noch in einer Plastiktüte „versiegeln".

8291. Hafer-Nuss-Waffeln, November 2015

Für den Teig:

- 50 g Dinkel (oder Weizen)
- 40 g Nackthafer
- 10 g Leinsamen
- 20 g Haselnüsse
- 1 Prise Salz
- 1/2 gestr. TL Weinstein-Backpulver
- 40 g gekochte rote Linsen
- 105 g Wasser
- 30 g Ahornsirup
- Öl für das Waffeleisen (wenn erforderlich)

Dinkel, Hafer und Leinsamen mischen und im TM fein mahlen (1 Min./Stufe 10). Die Nüsse getrennt mahlen, alle trockenen Zutaten miteinander vermischen. Linsen, Wasser und Süßungsmittel dazugeben und den Teig gut verrühren (je 5 Sek./Stufe 5-6, 15 Sek./Stufe 7), 20–50 Min. zum Quellen stehen lassen.

Waffeleisen heiß werden lassen, je nach Gerät die heißen Platten mit Öl einpinseln. 3–4 EL Teig gleichmäßig auf der heißen Fläche verteilen und 7–8 Min. backen.

Tipp: Bei mir gab es dazu die Orangensauce 8286.

8292. Steckrübenbrot, November 2015

Vorläufer: 8270; kleine Kastenform (25 cm)

- 250 g Dinkel
- 100 g Pekannüsse
- 1 Prise Salz
- 1 TL Zimt
- 1 TL gem. Ingwer
- 1 TL gem. Vanille
- 1 P Backpulver, gesiebt
- 250 g Steckrüben, gewürfelt
- 100 g gekochte rote Linsen
- 205 g Ahornsirup
- 1 kleiner Apfel (75 g)
- Kokosöl für die Form

Dinkel im T; fein mahlen (1 Min./Stufe 10). Umfüllen. Nüsse hacken (5 Sek./Stufe 4), zum Mehl geben. Die trockenen Zutaten miteinander vermischen. Thermomix mit 500 g Wasser füllen, Steckrübenwürfel in den Garkorb geben. Korb einhängen und Gemüse garen (25 Min./Varoma/ Stufe 1). Steckrübenwürfel in den Mixtopf geben, Linsen, Sirup und Apfel hinzufügen, gut mixen (10 Sek./Stufe 4; 10 Sek./Stufe 8). Trockenes Mehlgemisch hinzufügen und kneten lassen (2 Min./Knetstufe).

Eine kleine Kastenform mit Öl gut einfetten. Teig hineingeben. Form in den kalten Ofen schieben und 60 Min. bei 175 °C backen (hätten 160 °C sein sollen!!), 5 Min. im kalten Ofen nachbacken.

Fzit: Gegangen ist es wieder nicht besonders.

8293. Schwakokakao, Dezember 2015

Im Vitamix 2,5 bis 3 Min. auf höchster Stufe schlagen:

- 10 g Kakaonibs
- 15 g Kokosnussmus Bounty 10/7571 oder Kokosraspeln
- 10 g schwarzer Reis
- 10 g weiße Chiasamen
- 4 Datteln entsteint Deglet Nour (32 g netto)
- 7 g frischer Ingwer
- auf 500 ml (Markierung im Becher) mit Wasser / kochendem Wasser 1:1 auffüllen.

8294. Clementinenflocken Dezember 2015

- 1 EL Leinsamen
- 3 EL Nackthafer
- 5 g Zitronenfleisch
- 1/2 Kaki (90 g)
- 4 Clementinen, geschält (200 g netto)
- 1 Banane, geschält (115 g netto)
- 10 g Kokosstreifen

Leinsamen mit dem Getreide flocken, in eine Schüssel geben. Das Obst in grobe Stücke teilen und im Hochleistungsmixer pürieren, über das Getreide geben. Mit Kokosstreifen dekorieren.

8295. Krankenhaussuppe, Dezember 2015

Besseres Mitbringsel als Blümchen :-).

Im Vitamix pürieren:

- 35 g Steckrübe
- 45 g gelbe Paprika (netto)
- 75 g Möhre
- 60 g Clementine (netto)
- 200 g Wasser

In ein leeres Honigglas gießen, sehr gut zuschrauben und für den Transport noch in einer Plastiktüte „versiegeln". Was nicht ins Glas passt ... selbst essen.

8296. Teestreifen, Dezember 2015

- 250 g Dinkel
- 25 g Mandeln, ungeschält
- 90 g gekochte rote Linsen
- 35 g Cashewnussmus
- 90 g Agavendicksaft (oder Honig)
- 1 EL Wasser
- 1 Prise Salz

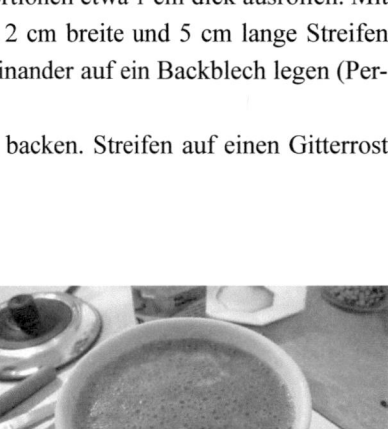

Dinkel mit den Mandeln im TM fein mahlen (1 Min./Stufe 10). In eine Rührschüssel füllen. Die restlichen Zutaten in den Mixtopf geben und mit langsam steigender Geschwindigkeit pürieren (30 Sek./Stufe 3, je 10 Sek. Stufe 4, 5, 6 und 7). In die Rührschüssel überführen und mit den Knethaken zu gröberen Streuseln verkneten.

Mit der Hand zu einer festen Kugel zusammenpressen. In zwei oder drei Portionen etwa 1 cm dick ausrollen. Mit der Gabel einstechen. Ein Rechteck ausschneiden, dies wiederum in etwa 2 cm breite und 5 cm lange Streifen schneiden. Abgeschnittene Teigreste wieder ausrollen usw. Streifen nebeneinander auf ein Backblech legen (PerfectClean, oder mit Dauerbackfolie / Backpapier).

Ofen (Heißluft) auf 130 °C vorheizen. Blech einschieben und 35-40 Min. backen. Streifen auf einen Gitterrost geben und abkühlen lassen. In einer gut schließenden Dose aufbewahren.

Tipps: *Die Kekse sind hart und lassen sich gut dippen.*

8297. Pflaumenkakao, Dezember 2015

Im Hochleistungsmixer, je nach Gerät, 2,5 bis 3 Min. auf höchster Stufe schlagen:

- 10 g Kakaonibs
- 10 g Pflaumenmus (nur Pflaumen, Tarpa)
- 15 g weiße Chiasamen
- 4 Datteln entsteint Deglet Nour (30 g netto)
- 10 g frischer Ingwer
- 55 g Linsenstützcreme aus dem Thermomix V3 8279
- Auf 500 ml (Markierung im Becher) mit Wasser / kochendem Wasser 1:1 auffüllen.

8298. Augenbohnensuppe, Dezember 2015

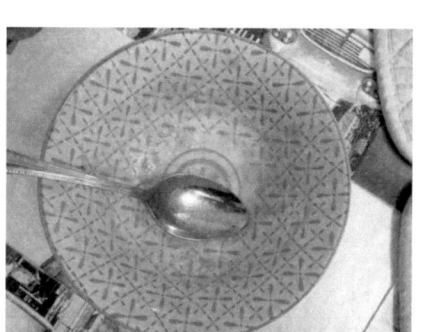

- 50 g Augenbohnen, 48 Std. gekeimt (= 115 g)
- 450 g Wasser
- 300 g Gemüse, kleingeschnitten und geputzt, hier:
  - 55 g Spitzkohl
  - 75 g grüne Paprika (netto)
  - 1/2 rote Zwiebel (40 g netto)
  - 80 g Möhre
  - 50 g Pastinake
  - 1 Knoblauchzehe, abgezogen und in feine Scheiben geschnitten
- 1 gestr. TL Salz
- 1 MS schw. gem. Pfeffer
- 1 TL bis 1 EL Orangenessig 8190 oder Apfelessig, Menge nach Geschmack

Augenbohnen und Wasser in den Mixtopf geben. Kochen (100 °C/25 Min./Stufe 1). Danach das kleingeschnittene Gemüse hinzufügen und weiter kochen (100 °C/20 Min./Stufe 1). Würzen und, wenn die Suppe noch zu dick erscheint, 50 g Wasser hinzufügen und rühren (20 Sek./Stufe 1).

8299. Clementine im Rausch, Dezember 2015

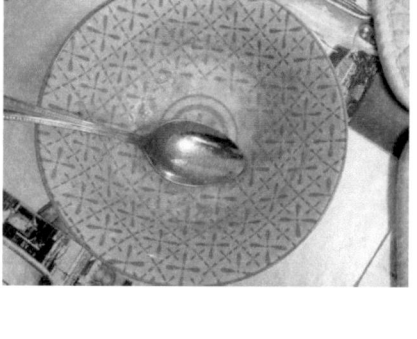

Eine Clementine war so berauscht, dass sie das Foto viel zu spät gemacht hat.

Abends
- 3 EL Sechskorngetreide grob schroten & in eine Schüssel geben. Mit
- 80 g Wasser übergießen. Abgedeckt über Nacht (mindestens 4 Std.) bei Raumtemperatur stehen lassen.

Morgens
- 10 g Zitronenfleisch
- 120 g fermentierte Rosinen (aus Wildhefe) oder eingeweicht
- 1 Banane, geschält (130 g)
- 3 Clementinen, geschält (185 g netto)
- 1 Apfel (80 g)
- 15 g Cashewnüsse

Obst in grobe Stücke teilen und im Hochleistungsmixer pürieren. Auf das Getreide gießen. Mit Cashews bestreuen (war ein Rest, daher teils krümelig.)

8300. Dreiganggetriebbrot 2015/38, Dezember 2015

Vorläufer: 8158

Sauerteig am Vorabend ansetzen:
- 400 g Roggen fein gemahlen
- 420 g Wasser
- 150 g Sauerteig

Wildhefeansatz am Vorabend herstellen:
- 70 g gemahlener Nackthafer, verrührt mit
- 70 g Wildhefe

Hefeansatz morgens:
- 10 g Hefe (1/4 Würfel)
- 100 g Wasser

Restzutaten morgens:
- 70 g Nackthafer
- 150 g Roggen
- 130 g Dinkel
- 1 EL Salz (20 g)
- 1 EL Brotgewürz (Brecht)
- 50 g Wasser
- 20 g Butter für die Form

Hafer, Dinkel und Roggen fein mahlen. Mehl mit den restlichen trockenen Zutaten vermischen. Sämtliche Zutaten mit einem großen, festen Löffel verrühren, dabei weitere 50 g Wasser mit einarbeiten.

Form (30 cm) mit Butter einfetten, Teig hineingeben. In Rauten einschneiden und Gärfolie darüber geben. 1,5 Std. bei 35 °C Ober-/Unterhitze gehen lassen. 60 Min. bei 190 °C backen (Klimagaren, auto) und 5 Min. im ausgeschalteten Ofen nachbacken lassen.

8301. Lebkuchen mit Linsen und Haselnüssen, Dezember 2015

Vorläufer: 8042

Fester Anteil:

- 225 g Weizen
- 200 g Haselnüsse
- 2 Bittermandeln
- 25 g weiße Chiasamen
- 16 g Lebkuchengewürz (Brecht)
- 1 P Weinstein-Backpulver, gesiebt
- 1 TL gem. Vanille
- 1 TL gem. getr. Ingwer
- 1 gute Prise gem. Muskatnuss

Cremeanteil:

- 250 g gekochte rote Linsen
- 1 reife Banane, geschält (125 g)
- 1 Prise Salz
- 140 g Apfel
- 4 getr. Feigen, entstielt (85 g)
- 250 g Agavensirup
- 10 g frischer Ingwer

Weizen fein mahlen, dafür den TM-Mixtopf mit Haushaltsfolie überspannen (30 Sek./Stufe 10), in eine Rührschüssel umfüllen. Haselnüsse mahlen (15 Sek./Stufe 8). Mit den anderen Zutaten des festen Anteils zum Weizen geben und gut mit einem Löffel mischen.

Cremezutaten zu einem glatten Püree mixen (1 Min./Stufe 4; 10 Sek./Stufe 8 und 10 Sek./Stufe 10). In die Rührschüssel überführen.

Mit dem Handrührgerät (Knethaken) zu einem weichen Teig kneten. 15-30 Min. quellen lassen. Ofen (Heißluft) auf 160 °C vorheizen. Mit Hilfe eines Esslöffels (immer wieder in Wasser tauchen) 8 bis 10 mm hohe Lebkuchen formen, leicht flachdrücken. Es gab 26 Stück, die bei mir zwei Backbleche erforderten. Mit nassen Händen ggf. runden. Lebkuchen einschieben. 10 Min. bei 160 °C backen, dann weitere 20 Min. bei 140 °C backen. Auf einem Gitterrost abkühlen lassen.

8302. Schokogussversuch Nr. 9 Variante (TM), Dezember 2015

Reicht genau für die Lebkuchen.

- 50 g Kakaobutter
- 30 g gekochte rote Linsen
- 20 g Kakaopulver
- 60 g Agavensirup
- 1/2 TL gem. Ingwer
- 1/2 TL gem. Vanille

Kakaobutter und Linsen in den Mixtopf geben und schmelzen (5 Min./Stufe 1/ 0 °C). Die anderen Zutaten hinzufügen und gut durchmischen (5 Sek./Stufe 5). Die abgekühlten Lebkuchen auf der Oberseite mit Schokolade einpinseln. Im Kühlschrank fest werden lassen. Ich bewahre sie auch immer im Kühlschrank auf.

Hinweise: Vorteil: Es ist keine Stützcreme erforderlich. Mein Bruder (Normalesser) kam zu Besuch und aß (nach 2 Scheiben Brot) FÜNF Stück. ;-)

8303. Reisduett (Varoma), Dezember 2015

- 50 g schwarzer Vollkornreis
- 50 g Langkorn-Naturreis
- 650 g Wasser

Wasser in den Mixtopf des TM gießen. Beide Reissorten in den Garkorb füllen, Korb einhängen und Reis garen (Varoma/45 Min./Stufe 1). Ich habe es mit 500 g Wasser gemacht (und mir dabei beinahe den Topf ruiniert).

8304. Blumenkohl in gelber Soße, Dezember 2015

- 50 g Wasser
- 250 g Blumenkohlröschen
- 2 Clementinen (120 g netto)
- 1 gestr. TL Salz
- 1 TL Senf (7 g) (optional)
- 1 MS Chilipulver
- 1 MS schw. gem. Pfeffer
- 1 Prise gem. Muskat
- 1 Prise gem. Koriander
- 1 TL Cashewnussmus
- 30 g gekochte rote Linsen

Wasser in eine Keramikpfanne (24 cm) gießen, Blumenkohlröschen hinzufügen. Als Gemüsepfanne 13 Min. dünsten. Clementinen und Salz mit dem kleinen Mixer, hoch stehendes Messer, zu einer glatten Creme schlagen. Die restlichen Gewürze, Cashewnussmus und Linsen hinzufügen, mit dem flachen Messer gut mixen. Soße zum Gemüse geben, vorsichtig unterrühren und kurz aufkochen.

Tipp: Bei mir gab es dazu Reisduett.

8305. Rohkost-Snickers, Dezember 2015

Erdnussschicht:	Schokolade:
• 100 g wilde Erdnüsse	• 50 g Kakaobohnen
• 50 g Honig	• 50 g wilde Erdnüsse
• 25 g Kakaobutter	• 20 g Walnussöl
• 1-2 Prisen Salz	• 30 g Honig
	• 25 g Kakaobutter
	• 25 g Kokosöl

Erdnussschicht: Mit dem kleinen Mixer herstellen. Erdnüsse grob so mahlen, dass Stücke bleiben. Honig mit einem Löffel unterrühren. Kakaobutter auf kleinster Wärme flüssig werden lassen und unterrühren.

Kakaonibs und Erdnüsse im Vitamix (0,9 L-Nassbecher) mahlen, bis die Masse sich vom Rand löst und gut aus dem Becher nehmen lässt. In eine Schüssel umfüllen. Öl und Honig in den Vitamix abwiegen. Kakaomasse hinzufügen, darauf das Kokosöl geben. Kakaobutter fein abraspeln und obenauf geben. Mit dem Stopfer mit langsam steigender Geschwindigkeit verarbeiten. Zwischendurch mit einem Spatel die Ecken „ausheben" und Reste vom Rand herunterdrücken. Immer wieder neu auf Höchststufe laufen lassen, bis die Schokolade flüssig und gleichmäßig braun und warm, aber noch nicht heiß ist.

Zwei Lasagneformen (eine ca. 8 x 13 cm) mit Haushaltsfolie auslegen. Die Hälfte der Schokoladenmasse in die Lasagneformen gießen und gleichmäßig fließen lassen. 10 Min. in den Tiefkühlschrank geben. Dann die Nussmasse darauf verteilen, die restliche Schokolade darüber gießen. 1 Std. in den Kühlschrank stellen. Mit Hilfe der Folie aus der Form heben, Folie entfernen und mit einem Messer vorsichtig in Rechtecke schneiden. Eventuell einzeln verpacken. Im Kühlschrank aufbewahren.

Tipp: Für die doppelte Menge empfehle ich die Herstellung der Erdnussschicht in einem Zerkleinerer und die Verwendung des 1,4-Literbechers für die Schokolade. Unbedingt auch drauf achten, dass die Schokolade vor dem Herausnehmen aus der Form nicht zu lange im Kühlschrank steht, sonst wird das sehr schwierig!

8306. Kichererbsendip mit Gemüsesticks, Dezember 2015

Rohkost

Dip:
- 50 g Kichererbsen, Keimzeit 48 Std. = 125 g Sprossen
- 30 g Sonnenblumenöl
- 1 Tomate (110 g)
- 75 g Aprikosen (oder anderes süß-säuerliches Obst)
- 1/2 kleine Zitrone (20 g netto)
- 1-2 Knoblauchzehen (4-6 g netto)
- 1 TL Salz

Gemüse:
- 250 g Salatgurke
- 50 g gelbe Paprika
- 35 g Möhre

Kichererbsen in einem Keimglas 1,5 Tage keimen lassen, der Keimansatz ist dann 1-1,5 mm lang. Die Zutaten in der angegebenen Reihenfolge, allerdings die Kichererbsen zuletzt, in den 1,4-Nassbecher des Vitamix geben. Mit steigender Geschwindigkeit schlagen, bis ein glatter Dip erreicht ist. In eine kleine Schüssel füllen.

Das Gemüse in Pommes-frites-große Streifen oder in Quadrate schneiden (sehr einfach mit einem entsprechenden Gerät) und auf einen Teller geben. Gemeinsam servieren.

8307. Spitze Wirsing-Chips, Dezember 2015

Rohkost

- 1 Kopf Wirsing (verwertet: 450 g netto)
- 1 Kopf Spitzkohl (verwertet: 400 g)
- 8 g Essig-Peperoni (6/4403)
- 2 große Knoblauchzehen (16 g netto)
- 7 g Ingwer ungeschält
- 150 g Sonnenblumenöl
- 90 g Apfelessig
- 120 g Wasser
- 1 gestr. TL Kümmel (2 g)
- 1 TL Gemüsesalz (8 g) (3/1557)
- 100 g Sonnenblumenkerne
- 60 g Leinsamen

Wirsing waschen, abtropfen und evtl. trocknen lassen, vor allem die äußeren Blätter. Mit dem Spitzkohl dasselbe machen. Etwas „müde" Außenblätter eignen sich genauso gut. Die Blattrippen in der Mitte ausschneiden und sammeln (z. B. für die Cracker, auch Pesto geht damit oder Gemüsesalz). Blätter in grob gerechnet 4 x 4 cm große Stücke schneiden oder reißen und in eine große Schüssel geben. Leinsamen darüber streuen.

Die restlichen Zutaten in einem Hochleistungsmixer zu einer glatten Masse schlagen. Mit Leinsamen und Gemüse in einer großen Schüssel gut vermengen, dabei die Blätter auch schon mal feste drücken, damit sie die Soße aufnehmen. Darauf achten, dass alle Blätter von der Mayonnaise umhüllt sind.

Auf drei bis vier Excalibur-Einschübe verteilen und bei 41 °C (bzw. 38 °C Einstellung) trocknen, bis die Chips knackig sind, das dauert etwa 24 Std.. In einer wirklich gut schließenden Metalldose aufbewahren. Falls sie weich werden, nochmals kurz in das Dörrgerät schieben.

8308. Tante Clementine im Bild-FKG, Dezember 2015

- 3 EL Nackthafer
- 1 EL Leinsamen
- 4 Clementinen, geschält (265 g netto)
- 1 Banane, geschält (140 g netto)
- 1/2 Orangen, geschält (90 g netto)
- 4 Walnusshälften (10 g)

Hafer und Leinsamen flocken, in eine Schüssel geben. Obst im Hochleistungsmixer pürieren, über das Getreide geben. Mit Walnüssen dekorieren.

8309. Wirsing-Chia-Cracker, 2012-06

Nach einem Rezept von James Russell („Raw Chef").

450 g Wirsing- und Spitzkohlgerüst, d. h. die Rippen und Strunkteile

- 1 kleiner Apfel (85 g)
- 1 kleine Salatgurke (150 g)
- 35 g Apfelessig
- 2 Knoblauchzehen (6 g brutto)
- 1 geh. TL Gemüsesalz (3/1557)
- 50 g Chiasamen
- 50 g Leinsamen
- 50 g Mayonnaise von den Wirsing-Spitzkohl-Chips (7/5050; ein Pesto, Namari oder 20 g Öl/Essig geht ebenfalls; kann auch ganz wegbleiben)

Gemüse, Apfel und Gurke grob vorschneiden, in einen Hochleistungsmixer geben und mit den Knoblauchzehen (ungeschält) und dem Salz ganz fein pürieren. In einer Schüssel mit Chiasamen und Leinsamen 30-60 Min. quellen lassen. Dünn auf 3 Paraflexx-Folien ausstreichen, in Stücke vorschneiden und im Dörrgerät 8 Std. bei 40 °C trocknen lassen. Die Stücke umdrehen und weitere 14 Std. trocknen. *Und Eric greift wieder gerade zu ...*

8310. Rohkost-Bounties, Dezember 2015

Schokolade:	Kokosschicht:
• 35 g Kakaobohnen	• 50 g Rundkorn-Naturreis
• 15 g Kakaonibs	• 1 Prise Salz
• 50 g Kokosraspel	• 100 g + 50 g Kokosraspel
• 30 g Honig	• 50 g Honig
• 30 g Kokosöl	• 50 g Kokosöl
• 35 g Kakaobutter	
• 2 cm Vanillestange	

Herstellung im Vitamix, 0,9-Liter-Becher

Kokosschicht: Reis in der Mühle fein mahlen. Mit Salz, 100 g Kokosraspeln, Honig und Kokosöl möglichst fein mahlen (Temperatur kontrollieren!). In eine Schüssel geben und mit 50 g Kokosraspeln verkneten.

Schokolade: Kakaobohnen, Kakaonibs und Kokosraspeln im Vitamix mahlen, bis die Masse sich vom Rand löst und gut aus dem Becher nehmen lässt. Mehrmals vom Rand lösen. In eine Schüssel umfüllen. Honig und Öl in den Vitamix abwiegen. Kakaomasse dazugeben. Kakaobutter fein abraspeln und obenauf geben. Mit dem Stopfer mit langsam steigender Geschwindigkeit verarbeiten. Zwischendurch mit einem Spatel die Ecken „ausheben" und Reste vom Rand herunterdrücken. Immer wieder neu auf Höchststufe laufen lassen, bis die Schokolade flüssig und gleichmäßig braun und warm, aber noch nicht heiß ist. Eine größere Lasagneform (ca. 15 x 25 cm) mit Haushaltsfolie auslegen. Die Hälfte der Schokoladenmasse in die Lasagneformen löffeln und gleichmäßig verteilen. 10 Min. in den Tiefkühlschrank geben. Die Kokosmasse darauf verteilen, die restliche Schokolade darüber geben und vorsichtig mit einem Löffel verstreichen. Darauf achten, dass sich die Raspeln nicht abheben! 1 Std. in den Kühlschrank stellen. Mit Hilfe der Folie aus der Form heben, Folie entfernen und die Masse mit einem Messer vorsichtig in rechteckige Stücke schneiden. Eventuell auch erst in Streifen schneiden und dann herausheben. Im Kühlschrank in einer geschlossenen Dose aufbewahren.

8311. Pastinakensmoothie, Dezember 2015

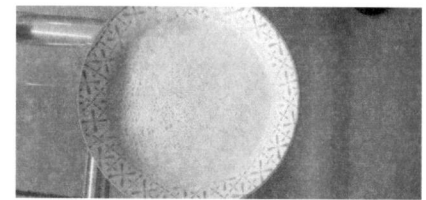

Im Vitamix pürieren:

- 85 g Pastinake
- 1 Clementine, geschält (65 g netto)
- 40 g grüne Paprika (netto)
- 200 g Wasser

8312. Muhammara, Dezember 2015

Rohkost

- 50 g Nacktgerste (3 EL)
- 45 g Olivenöl
- 35 g Zitronensaft
- 1 TL Kreuzkümmel
- 1 TL Granatapfelkörner getr.
- 100 g Pekannüsse
- 1 rote Paprika (205 g netto)
- 1 Tomate (90 g)
- 2 größere Knoblauchzehen (9 g)

- 1 TL Salz
- 1 TL Honig (oder 1 Dattel)
- 6 g Essig-Peperoni (6/4403) oder Chilipulver
- 1 TL Paprika edelsüß
- Frische oder getrocknete Minze
- Evtl. 1-2 EL Mungbohnen-sprossen

Gerste flocken, mit Olivenöl und Zitronensaft verrühren und quellen lassen, bis die anderen Arbeitsschritte vollzogen sind. Kreuzkümmel und Granatapfelkörner im kleinen möglichst fein mahlen. Pekannüsse in einer Küchenmaschine mit Hackmesser hacken, nicht zu fein. Nüsse in eine Schüssel umfüllen. Paprika entkernen, in Stücke schneiden, Tomate vierteln. Knoblauchzehen abziehen, in Scheiben schneiden. Das Gemüse mit Salz, Honig, Peperoni und Paprikapulver gründlich mit dem Hackmesser zerkleinern. Dann die Paprikamasse in einer Schüssel mit Gerste und Nüssen verrühren.

Jede Portion mit etwas Minze bestreuen und am Rand nach Wunsch mit Mungbohnensprossen belegen. Mit Crackern servieren. Oder auch, wenn man nicht Rohkost macht, zu Fladen servieren, das schmeckt auch sehr gut.

Anmerkungen: In den Originalrezepten werden Brotstückchen verwendet, die ersetze ich durch Gerstenflocken. Granatapfelsirup nehme ich natürlich nicht, daher habe ich die Granatapfelkörner gemahlen und etwas Honig hinzugegeben. Wer keine Granatapfelkörner im Haus hat, lässt sie weg.

8313. Johannesriegel roh, Dezember 2015

- 3 EL Nacktgerste
- 1 EL Leinsamen (gold und braun gemischt)
- 75 g Erdmandeln
- 125 g schwarze Johannisbeeren netto
- 15 g Honig
- 25 g Kokosöl

Gerste und Leinsamen flocken. Erdmandel im Vitamix möglichst fein mahlen, mit einem Löffel die kompaktierten Teil vom Rand lösen. Johannisbeeren, Honig und Kokosöl hinzugeben, gut durchmixen. In einer Schüssel mit einem Löffel die Flocken unterrühren. Ein Frühstücksbrettchen mit Haushaltsfolie überziehen, Masse darauf ausstreichen und in Streifen schneiden. Im Kühlschrank erkalten lassen.

8314. Linsenkakao Nr. 1, Dezember 2015

Im Hochleistungsmixer, je nach Gerät, 2,5 bis 3 Min. auf höchster Stufe schlagen:

- 10 g Kakaonibs
- 10 g weiße Chiasamen
- 4 Datteln entsteint Deglet Nour (32 g netto)
- 5 g frischer Ingwer
- 30 g gekochte rote Linsen
- 55 g Linsenstützcreme aus dem Thermomix V3; 8279
- Auf 500 ml (Markierung im Becher) mit Wasser / kochendem Wasser 1:1 auffüllen.

8315. Erdmandel-Creme, Dezember 2015

Rohkost

- 50 g Erdmandeln
- 50 g Banane
- 50 g Wasser
- 5 g Carob
- 2 Walnusshälften

Erdmandeln, Banane in Stücken, Wasser und Carob im Becher eines kleinen Mixers mit dem hochstehenden Messer cremig schlagen. Gut festhalten, denn die harten Erdmandeln können sonst durch die Vibration die Messerhalterung und damit das Messer beschädigen! In eine kleine Schüssel umfüllen und mit 2 Walnusshälften dekorieren.

8316. Nudeln à la Provence, Dezember 2015

- 800 g Wasser
- 100 g Spirali-Vollkornnudeln
- 1 TL Kräuter der Provence
- 1/2 TL Salz

Wasser in den Thermomix füllen. Nudeln, Kräuter und Salz in den Garkorb geben, in das Gerät einhängen und 20 Min. garen (Varoma, Stufe 1). Wer gerne bissfest mag, sollte etwas kürzer kochen. Falls es überschäumt, Deckel abnehmen.

8317. Spitzkohl mit Batatenstreifen, Dezember 2015

Gemüsepfanne (24 cm, 15 Min.):

- 50 g Wasser
- 200 g Spitzkohl, klein geschnitten
- 75 g Süßkartoffeln (= Bataten) in feinen Streifen

Soße (mixen, unter das Gemüse rühren und aufkochen):

- 2 Clementinen, geschält & in Stücken (145 g netto)
- 1 gestr. TL Salz
- 15 g Cashewnussmus; Becher mit
- Ca. 30-40 g Wasser nachspülen. Dieses Wasser ebenfalls zum Gemüse geben, verrühren und aufkochen.

Tipp: *Bei mir gab es dazu Nudeln à la Provence.*

8318. KH-Belieferungs-FKG, Dezember 2015

2 x Frühstück

- 2 EL Leinsamen
- 6 EL Nackthafer
- 1 Kaki (210 g)
- 15 g Zitronenfleisch
- 120 g Orange, geschält
- 1 Clementine, geschält (60 g)
- 60 g Ananas, geschält
- 1 Paranuss
- einige getr. Gojibeeren

Leinsamen mit dem Getreide flocken, auf zwei Schüsselchen (eines davon eine Pengdose 600 ml) verteilen. Kaki halbieren, aus den Hälften 8 etwa gleichgroße Scheiben herausschneiden. Den Kakirest und das andere Obst in grobe Stücke teilen und im Hochleistungsmixer pürieren, über das Getreide geben. Die Scheiben auf das Obst legen, die Pengdose erhält 1 Paranuss, auf beide Frühstücke ein paar Gojibeeren.

8319. Ungarischer Kakao, Dezember 2015

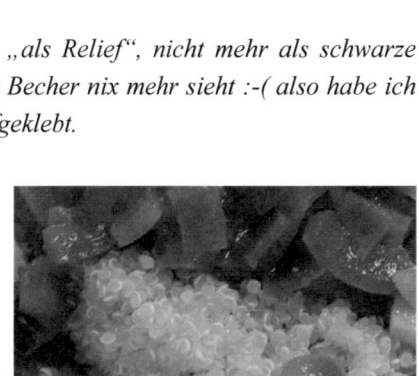

Im Hochleistungsmixer, je nach Gerät, 2,5 bis 3 Min. auf höchster Stufe schlagen:

- 10 g Kakaonibs
- 20 g weiße Chiasamen
- 4 Datteln entsteint Deglet Nour (30 g netto)
- 7 g frischer Ingwer
- 1 TL ungarischer Paprika edelsüß (aus privater Produktion)
- 10 g schwarzer Reis
- auf 500 ml (Markierung im Becher) mit Wasser / kochendem Wasser 1:1 auffüllen.

Hinweis: Die blöden neuen Becher haben die Maßangaben nur noch „als Relief", nicht mehr als schwarze Zahlen aufgedruckt. Mit der Folge, dass man in einem einmal benutzten Becher nix mehr sieht :-(also habe ich zur Markierung von 500 ml (wichtig für meinen Kakao) Krepppapier aufgeklebt.

8320. Quinoa im TM, Dezember 2015

- 825 g Wasser
- 1 gestr. TL Salz
- 100 g Quinoa

Wasser und Salz in den Mixtopf geben. Quinoa vorsichtig in den Garkorb gießen. Die Körner sind so klein, dass sie durchrutschen, wenn man zu heftig einfüllt. Garen (Varoma/20 Min./Stufe 1).

Garkorb aus dem Mixtopf nehmen. Wasser im Mixtopf durch ein feines Sieb gießen, nochmals mit Wasser ausspülen, auch durch das Sieb gießen. So lässt sich noch Quinoa „retten"! Was sich in die Seitenschlitze des Korbs gesetzt hat, kann man nicht zum Essen entfernen, es ist aber an Menge nicht so viel.

8321. Butternut und Zwiebelsoße um Quinoa, Dezember 2015

Quinoa und Butternut:

- 825 g Wasser
- 1 gestr. TL Salz
- 100 g Quinoa
- 210 g Butternutkürbis, ohne Kerne gewogen

Wasser und Salz in den Mixtopf geben. Quinoa vorsichtig in den Garkorb gießen. Die Körner sind so klein, dass sie durchrutschen, wenn man zu heftig einfüllt. Kürbis in Streifen schneiden, in den Varoma-Teil geben und aufsetzen, garen (Varoma/20 Min./Stufe 1). Quinoa und Kürbis sind dann sehr weich. Während der Garzeit die Soße herstellen:

- 55 g Wasser
- 2 rote Zwiebeln (135 g netto)
- 1 große Knoblauchzehe (9 g netto)
- 1 Tomate (95 g)
- 1 gestr. TL Salz
- 1/2 gestr. TL Kurkuma gemahlen
- 1 TL Paprika edelsüß
- 1 EL Sonnenblumenöl

Wasser in eine kleine Keramikpfanne (20 cm) geben. Zwiebel und Knoblauch abziehen, klein schneiden. Tomate würfeln. Gemüse in die Pfanne geben. Als Gemüsepfanne 14 Min. dünsten. Salz, Gewürze und Öl verrühren, zu dem Gemüse geben und erhitzen.

Varoma herunterheben, Garkorb aus dem Mixtopf nehmen. Wasser im Mixtopf durch ein feines Sieb gießen, nochmals mit Wasser ausspülen, auch durch das Sieb gießen. So lässt sich noch Quinoa „retten"! Was sich in die Seitenschlitze des Korbs gesetzt hat, kann man nicht zum Essen entfernen, es ist aber an Menge nicht so viel. Quinoa in die Mitte eines flachen Tellers setzen, Kürbisstücke um den Quinoa legen. Soße in die Mitte gießen.

8322. Entstress-Kakao, Dezember 2015

Im Hochleistungsmixer 1 Min. auf höchster Stufe schlagen:

- 10 g Kakaonibs
- 20 g weiße Chiasamen
- 2 Datteln entsteint Deglet Nour (15 g netto)
- 1 Banane, geschält (130 g netto)
- auf 500 ml (Markierung im Becher) mit Wasser auffüllen.

8323. Drei Clementinen für zwei, Dezember 2015

2 x Frühstück

- 2 EL Leinsamen
- 6 EL Nackthafer
- 3 Clementinen, geschält (210 g netto)
- 1 Orange, geschält (195 g netto)
- 1 kleiner Apfel (95 g)
- 50 g gefrorene Himbeeren
- Für eine Schüssel: 1 Paranuss, 4 Mandeln

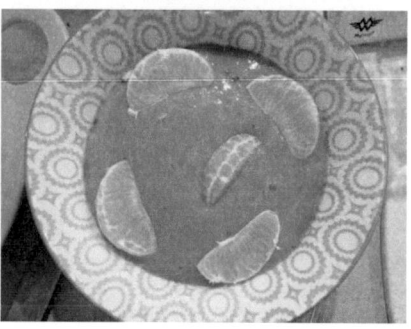

Leinsamen mit dem Getreide flocken, auf zwei Schüsselchen verteilen.

Eine Clementine beiseitelegen. Das restliche Obst in grobe Stücke teilen und im Hochleistungsmixer pürieren, über das Getreide geben. Die dritte Clementine in Stücke teilen und als Dekoration auflegen. Auf die Mitnehm-Schüssel noch 4 Mandeln und die Paranuss legen.

8324. Ungarische Gulaschkakaone, Dezember 2015

Im Hochleistungsmixer, je nach Gerät, 2,5 bis 3 Min. auf höchster Stufe schlagen:

- 11 g Kakaonibs
- 11 g frischer Ingwer
- 22 g weiße Chiasamen
- 3 Datteln entsteint Deglet Nour (25 g netto)
- 1 geh. TL Carobpulver (4 g)
- 1 TL Paprika edelsüß (aus privater Original ungarisch), 3 g
- auf 500 ml mit Wasser / kochendem Wasser 1:1 auffüllen.

8325. Teestreifen Nr. 2, Dezember 2015

Vorläufer 8296

- 100 g Dinkel
- 100 g Rundkorn-Naturreis
- 50 g Nackthafer
- 1 Prise Salz
- 1 gestr. TL Vanillepulver
- 40 g Mandelpaste 8141
- 90 g gekochte rote Linsen
- 90 g Agavendicksaft (oder Honig)
- 1 EL Wasser

Dinkel mit Reis und Hafer im TM fein mahlen (40 Sek./Stufe 10). In eine Rührschüssel füllen, mit Salz und Vanillepulver mischen. Die restlichen Zutaten in den Mixtopf geben und mit langsam steigender Geschwindigkeit pürieren (30 Sek./Stufe 3, je 10 Sek. Stufe 4, 5, 6 und 7). Mehlgemisch hinzugeben und kneten (2 Min./Knetstufe oder Stufe 2).

Mit der Hand zu einer festen Kugel zusammenpressen, in Folie wickeln und ca. 1 Std. ruhen lassen. In zwei oder drei Portionen etwa 1 cm dick ausrollen. Mit der Gabel einstechen. Ein Rechteck ausschneiden, dies wiederum in etwa 2 cm breite und 5 cm lange Streifen schneiden. Abgeschnittene Teigreste wieder ausrollen usw. Streifen nebeneinander auf ein Backblech legen (PerfectClean, oder mit Dauerbackfolie / Backpapier).

Ofen (Heißluft) auf 130 °C vorheizen. Blech einschieben und 30 Min. backen. Streifen auf einen Gitterrost geben und abkühlen lassen. In einer gut schließenden Dose aufbewahren. Die Kekse sind mürbe.

8326. Pastinaken-Butternut-Püree, Dezember 2015

2 Personen

- 175 g Wasser
- 1 Prise Salz
- 150 g Pastinake (netto)
- 190 g Butternut-Kürbis (oder Hokkaido) (netto)
- 50 g gekochte Linsen
- 10 g Orangenessig 8190 oder Apfelessig
- 1 gestr. TL Salz
- 1/2 TL Paprikapulver edelsüß
- 1 MS gem. Kurkuma
- 15 g Mandelpaste 8141
- 1/2 TL Kräuter de Provence oder 1-2 EL frische Kräuter

Wasser und Salz in den Mixtopf des TM geben. Gemüse grob vorschneiden, zum Wasser hinzufügen und garen (100 °C/17 Min./Stufe 1). Die restlichen Zutaten, bis auf die Kräuter, hinzufügen und pürieren (20 Sek./Stufe 4; 10 Sek./Stufe 5). Auf zwei Teller verteilen, mit zerriebenen (trockenen) oder gehackten (frischen) Kräutern bestreuen.

Tipp: *Bei mir gab es dazu Ofenkartoffeln.*

8327. Entstress-Kakao TM, Dezember 2015

Im Thermomix 2 Min. auf höchster Stufe schlagen, dabei langsam hochdrehen:

- 10 g Kakaonibs
- 20 g weiße Chiasamen
- 2 Datteln entsteint Deglet Nour (15 g netto)
- 1 Banane, geschält (130 g netto)
- 320 g Wasser

Hinweis: *Ist auch lecker geworden, keine Frage. Hätte ich nicht quasi den direkten Vergleich, würde ich sagen, beide sind ebenbürtig. Aber irgendwie hat der Vitamix hier seine Nase vorne, allerdings bleibt's im TM kühler.*

8328. Posthospitalis-FKG, Dezember 2015

2 x Frühstück

- 2 EL Leinsamen
- 4 EL Nackthafer
- 1 Birne (200 g netto); ausnahmsweise Kerngehäuse herausgeschnitten, weil hart
- 1 Apfel (90 g)
- 1 Orange, geschält (185 g netto)
- 1 Clementine, geschält (50 g netto)
- 1 Kiwi, geschält (90 g netto)
- 20 g Kokosstreifen

Leinsamen mit dem Getreide flocken, auf zwei Schüsselchen verteilen. Das Obst ohne die Kiwi in grobe Stücke teilen und im Hochleistungsmixer pürieren, über das Getreide geben. Kiwi in Stückchen teilen, auf dem Obst verteilen, dazwischen die Kokosstreifen streuen.

8329. Linsenkakao Nr. 2, Dezember 2015

Im Vitamix 2,5 bis 3 Min. auf höchster Stufe schlagen:

- 10 g Kakaonibs
- 4 g Flohsamenschalen
- 4 Datteln entsteint Deglet Nour (35 g netto)
- 5 g frischer Ingwer
- 30 g gekochte rote Linsen
- 4 g Carobpulver
- auf 500 ml (Markierung im Becher) mit Wasser / kochendem Wasser 1:1 auffüllen.

8330. Gefüllte Tomaten, Dezember 2015

Vorspeise für 2 Personen oder Hauptspeise für 1 Person

- 2 Tomaten (je 100 g)
- 85 g Möhre
- 30 g Süßkartoffel (oder Pastinake)
- 1 gestr. TL Salz
- 1 MS gem. schw. Pfeffer
- 5 g Orangenessig 8190 oder Apfelessig
- 65 g Salatgurke
- 10 g Cashewnüsse (6 Stück)

Von den Tomaten einen Deckel oder s zwei schräge Deckel abschneiden. Inhalt aushöhlen mit einem Löffel, bei festen Tomaten vorsichtig mit einem spitzen Messer nachhelfen. Möhre und Süßkartoffeln vorteilen und mit dem Inneren der Tomaten (hier 40 g) Salz, Pfeffer und Essig raffeln (mit dem Thermomix: 15 Sek./Stufe 4; sonst mit dem Zerkleinerer).

Tomaten mit der Möhrenmasse füllen, sodass sich ein kleiner Hügel ergibt. Auch auf die Deckel die Möhrenmasse häufeln. Es kann gut sein, dass etwas übrig bleibt, das man dann auch als Deko einsetzen kann. Auf zwei Teller stellen. Gurke in 12 Scheiben schneiden, je 3 um die Tomaten legen. In die Tomaten je drei Cashewnüsse stecken.

Fazit: Diese Vorspeise ist superschnell gemacht und gibt trotzdem optisch etwas her. Wer etwas mehr Zeit hat, kann noch mit frischen Kräutern dekorieren.

8331. Karamellisierte Pekannüsse, Dezember 2015

- 50 g Pekannüsse
- 20 g Ahornsirup

Pekannüsse grob hacken (TM: 5 Sek./Stufe 4). In einer kleinen Keramikpfanne den Sirup erhitzen, gehackte Nüsse hinzufügen und unter Rühren erhitzen, bis sich dunklere Ahornsirup-Streifen zeigen (schwierig zu beschreiben). Auf Backpapier auskühlen lassen.

8332. Flammkuchenbelag Nr. 2, Dezember 2015

- 4 g Ahornsirup
- 4 g Orangenessig 8190 oder Apfelessig
- 150 g Tomaten stückig (aus der Dose)
- 1 Prise gem. Zimt
- 100 g gekochte rote Linsen
- 10 g Mandelpaste 8141

Belagzutaten im TM mixen (20 Sek./Stufe 4; 5 Sek./Stufe 5).

8333. Chinakohlsuppe, Dezember 2015

Im Vitamix sorgfältig pürieren:

- 150 g Chinakohl
- 35 g gelbe Paprika (netto)
- 1 Clementine, geschält (75 g netto); dekorieren mit
- 2 Streifchen grüner Paprika

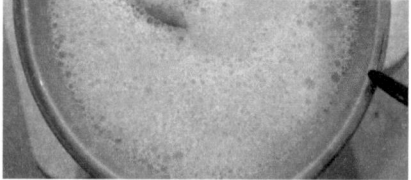

8334. Flammkuchen mit Pastinake, Dezember 2015

2 Portionen

Teig:

- 200 g Weizen
- 1/2 TL Salz
- 1 Prise schw. gem. Pfeffer
- 1 Prise geriebene Muskatnuss
- 4 g Ahornsirup
- 115 g Wasser (105 g wären besser gewesen zum Ausrollen, war aber lecker)

Weizen fein mahlen, dafür den Mixtopf des TM vor Aufsetzen des Deckels mit Haushaltsfolie überziehen (40 Sek./Stufe 10). Die restlichen Zutaten hinzufügen und verkneten (2 Min./Knetstufe bzw. Stufe 2-3). Teig zur Kugel formen, in das Stück Haushaltsfolie gewickelt an einem warmen Ort (Heizkörper) mindestens 2-3 Std. ruhen lassen. Teig halbieren (bei mir jede Hälfte 200 g) und passend zu einem Backblech mit Hilfe von Streumehl zu zwei dünnen Teigzungen ausrollen und auf das Backblech legen.

- Karamellisierte Pekannüsse 8331
- Flammkuchenbelag Nr. 2 8332

Gemüsebelag:

- Salz
- Pfeffer
- 220 g Pastinaken
- 35 g rote Zwiebel (netto)
- 25 g grüne Paprika (netto)
- 1 EL Sonnenblumenöl

Alles mit der Hand schneiden: Pastinaken in dünne Scheiben, Zwiebel in Würfel und Paprika in feine Streifen.

Fertigstellung: Backofen (Ober- und Unterhitze) auf 250 °C vorheizen. Belag auf die Teigzungen streichen. Zungen mit Salz und Pfeffer bestreuen. Zwiebelwürfel und Paprikastreifen darauf verteilen, Pastinakenscheiben dachziegelartig darauf legen. Die Pastinakenscheiben mit Öl bepinseln. 12 Min. im heißen Ofen backen und noch heiß mit den Pekannüssen bestreuen.

8335. Mango light, Dezember 2015

2 x Frühstück

- 6 EL Nackthafer
- 30 g getr. Mango
- 3 cm Vanillestange
- 20 g Cashewnüsse
- 210 g Wasser
- 1 Orange, geschält (180 g netto)
- 2 Clementinen, geschält (105 g netto)
- 1 Apfel (80 g)
- 1 TL Kokosraspeln
- 1 TL getr. Gojibeeren

Getreide flocken, auf zwei Schüsselchen verteilen. Mango in kleinere Stücke reißen. Mit Nüssen, Vanille und Wasser im Vitamix zu einer lauwarmen Creme schlagen. Das frische Obst in grobe Stücke teilen, zu der Mangocreme geben und pürieren, über das Getreide geben. Mit Raspeln und Beeren dekorieren.

8336. Schwarz-Weiß-Kakao, Dezember 2015

Im Vitamix 2,5 bis 3 Min. auf höchster Stufe schlagen:

- 15 g Kakaonibs
- 10 g weiße Chiasamen
- 20 g schwarzer Reis
- 4 Datteln entsteint Deglet Nour (25 g netto)
- 7 g frischer Ingwer
- auf 500 ml mit Wasser / kochendem Wasser 1:1 auffüllen.

8337. Rote-Bataten-Suppe, Dezember 2015

Im Vitamix sorgfältig pürieren:

- 130 g Rote Bete
- 65 g Batate
- 1 Clementine, geschält (55 g netto); dekorieren mit
- einem dünnen Abschnitt Süßkartoffel

8338. Cashew-Vanille-Creme, Dezember 2015

- 35 g Cashewnüsse
- 1 Tasse Wasser
- 1 EL Ahornsirup
- 1 gute Prise Vanillepulver

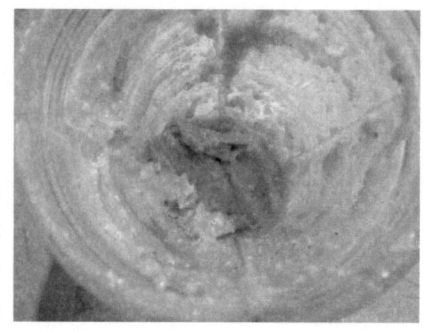

Cashewnüsse 1-2 Std. in Wasser einweichen. Cashewnüsse abtropfen lassen, mit Ahornsirup und Vanille in einem kleinen Mixer möglichst glatt schlagen. Es bleibt selbst bei diesen kleinen Geräten ein wenig stückig, was aber dem Geschmack keinen Abbruch tut! Bei der doppelten Menge sollte es komplett cremig werden. Eignet sich gut als Sahneersatz.

8339. Süßkartoffel-Parfait mit Creme, Dezember 2015

2-3 Desserts
Bataten-Pudding

- 60 g Datteln (Deglet Nour)
- 70 g + 40 g Wasser
- 220 g Süßkartoffel
- 1/2 TL Zimt
- 1/4 TL Ingwerpulver
- 1 Prise Muskatnuss

Datteln in 70 g Wasser 2-3 Std. einweichen und pürieren (1 Min./Stufe 4, 10 Sek./Stufe 10; zwischendurch mit dem Spatel herunterschieben).

40 g Wasser in eine Keramikpfanne (20 cm) geben, Süßkartoffel würfeln und in das Wasser geben. Als Gemüsepfanne 15 Min. dünsten. Kochwasser, wenn noch vorhanden abgießen (anderweitig verwenden) und Süßkartoffeln zum Dattelpüree geben. Gewürze hinzufügen und pürieren (1 Min./Stufe 3; 20 Sek./Stufe 5).
Fertigstellung

- Cashew-Vanille-Creme 8338
- 2 halbe Pekannüsse

Bataten-Pudding auf zwei Schüsselchen verteilen. Mit Cashewcreme bestreichen, in die Mitte je eine halbe Pekannuss stecken. Ich habe das Parfait direkt in das Tiefkühlfach gestellt, da ich knapp mit der Zeit war. Eine gute Std. später war es perfekt!

8340. Butternut in Tomatensoße, Dezember 2015

2 Personen
Als Gemüsepfanne (24 cm, 15 Min.):

- 60 g Wasser
- 350 g Butternut-Kürbis, gewürfelt (netto)

Soße (mixen, unter das Gemüse rühren und aufkochen):

- 100 g Tomaten stückig aus der Dose
- 1 TL Salz
- 1 gestr. TL Paprika edelsüß (aus privatem Anbau)
- 70 g gekochte rote Linsen
- 10 g Sellerieknäcke leicht scharf 8261 (oder Chili etc.)
- 25 g Wasser

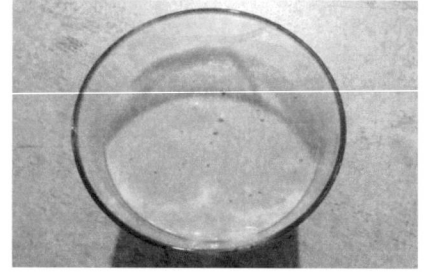

Tipp: Bei mir gab es dazu Ofenkartoffeln.

8341. Glupsch, Dezember 2015

- 2 EL Kokosraspeln
- 3 Soft-Aprikosen (30 g)
- 3 g Flohsamenschalen
- 15 g Cashewnussmus
- 1/4 TL gem. Vanille
- 325 g Wasser

Thermomix 3 Min./Stufe 10.

8342. Geschmeidiges Orangen-FKG, Dezember 2015

2 Personen

- 6 EL Nackthafer
- 15 g Zitronenfleisch
- 1 Orange, geschält (210 g netto)
- 2 Bananen, geschält (190 g netto)
- 1 Apfel (100 g)
- 20 g Cashewnüsse
- 15 g weiße Chiasamen
- 1 Kiwi
- 4 Kokosstreifen

Hafer mahlen (Stufe 3/9, Hawos Novum). Das Obst - außer der Kiwi - in grobe Stücke teilen und in den Hochleistungsmixer geben, Hafermehl und Chiasamen hinzufügen. Pürieren, auf zwei Schüsselchen verteilen und mit ausgelöffelter Kiwi und den Kokosstreifen dekorieren.

8343. Butternut-Cocoa, Dezember 2015

Im Vitamix 2,5 bis 3 Min. auf höchster Stufe schlagen:

- 10 g Kakaonibs
- 18 g schwarzer Reis (endlich aufgebraucht!)
- 4 g Chiasamen
- 4 Datteln entsteint Deglet Nour (30 g netto)
- 5 g frischer Ingwer
- 25 g Butternutkürbis
- auf 500 ml mit Wasser / kochendem Wasser 1:1 auffüllen.

8344. Schnelle Linsenterrine, Dezember 2015

- 175 g gekochte rote Linsen
- 15 g Mandelpaste oder -mus 8141
- 10 g Selleriecreme
- 1 gestr. TL Salz
- 330 g Wasser
- 45 g Roggen
- 2 Prisen Kräuter der Provence o. Ä.

Linsen, Mandelpaste, Selleriecreme, Salz und Wasser in den TM-Mixtopf geben. Zum Kochen bringen (100 °C/Stufe 2/5 Min.) und pürieren (10 Sek./Stufe 4; 10. Sek./Stufe 10). Roggen flocken, hinzugeben und unterziehen (10 Sek./Stufe 1). In eine Suppenterrine füllen und mit Kräutern der Provence bestreuen.

8345. Gerstengrape-FKG, Dezember 2015

- 1 EL Leinsamen
- 2 EL Nacktgerste
- 1 Grapefruit, geschält (225 g netto)
- 1 Banane, geschält (105 g netto)
- 10 g Cashewnüsse

Leinsamen mit dem Getreide in ein Schüsselchen flocken. Das Obst in grobe Stücke teilen und im Hochleistungsmixer pürieren, über das Getreide geben. Mit Cashewnüssen dekorieren.

8346. Patatenbommes, Dezember 2015

- 200 g Süßkartoffel

Süßkartoffel (Batate) in 1 cm dicke Scheiben, die Scheiben in Streifen schneiden. Auf ein Backblech legen (PerfectClean, oder mit Dauerbackfolie / Backpapier) und in den kalten Backofen (Heißluft) schieben. Temperatur auf 225 °C stellen und 20 Min. backen.

8347. Linsenkakao Nr. 3, Dezember 2015

Im Hochleistungsmixer, je nach Gerät, 2,5 bis 3 Min. auf höchster Stufe schlagen:

- 10 g Kakaonibs
- 10 g weiße Chiasamen
- 4 Datteln entsteint Deglet Nour (30 g netto)
- 8 g frischer Ingwer
- 45 g gekochte rote Linsen
- 10 g Kokosnussmus Bounty 10/7571 oder Kokosraspeln
- Auf 500 ml (Markierung im Becher) mit Wasser / kochendem Wasser 1:1 auffüllen.

8348. Gefüllte Zucchini (roh), Dezember 2015

- 30 g Roggen
- 60 g Wasser
- 1/2 Zucchini (115 g, längs halbiert)
- 60 g Linsensprossen, gemischt rote und schwarze Linsen (36-48 Std. Keimzeit)
- 5 g Zitronenfleisch (geschält, ohne Kerne)
- 1 TL Sonnenblumenöl
- 1 gute Prise Salz
- Etwas gem. schwarzer Pfeffer
- 30 g dünne Möhrenscheiben

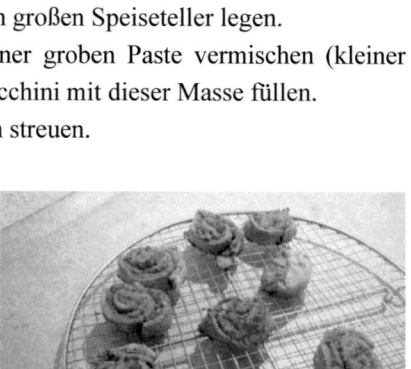

Roggen flocken, mit 60 g Wasser verrühren und mindestens 2 Std. einweichen. Zucchinihälfte gut auslöffeln, die herausgenommene Füllung wiegt etwa 50 g. Leere Zucchinihülle auf einen großen Speiseteller legen.

Das Zucchini-Innere mit Sprossen, Zitrone, Öl, Salz und Pfeffer zu einer groben Paste vermischen (kleiner Mixer oder TM: 30 Sek./Stufe 3; 20 Sek./Stufe 4 und 10 Sek./Stufe 5). Zucchini mit dieser Masse füllen.

Möhrenscheiben in die Füllung stecken, um die Zucchini weitere Sprossen streuen.

8349. Pizzaschnecken, Dezember 2015

Gibt 15 Stück.

Teig:

- 125 g Kamut
- 125 g Dinkel
- 1/2 TL Koriandersamen
- 1/2 TL Salz
- 1/4 Würfel Bio-Hefe (10 g)
- 20 g gekochte rote Linsen
- 120 g Wasser

Etwa 3-4 Std. vor dem Backen: Getreide mit den Koriandersamen mischen und fein mahlen (TM 1 Min./Stufe 10), dafür den Mixtopf mit Haushaltsfolie überspannen, bevor der Deckel aufgesetzt wird. Salz hinzufügen. Linsen und Wasser in einem kleinen Mixer verquirlen. Zum Getreide gießen, Hefe darüber bröckeln und kneten (2 Min./Stufe 3 bzw. Knetstufe). Zu einer Kugel formen und gut abgedeckt mindestens zwei Std. gehen lassen.

Tomatensugo:

- 125 g Tomaten, stückig, aus der Dose
- 1/2 TL Ahornsirup oder Honig (2-3 g)
- 1 TL Paprika edelsüß
- 1 gestr. TL Salz
- 15 g gekochte rote Linsen

In eine kleinen Mixer zu einer glatten Soße schlagen.

Gemüsemasse:

- 110 g Zucchini
- 65 g Butternut-Kürbis
- 85 g Süßkartoffel
- 50 g gekochte rote Linsen

- 1 gute Prise Salz
- 1/2 TL Kräuter der Provence

Erst das Gemüse fein raffeln (1 Min./Stufe 4; 10 Sek./Stufe 5). Kräuter, Salz und Linsen hinzufügen und zu einer glatten Masse verarbeiten (1 Min./Stufe 3). Pizzateig noch einmal kurz mit der Hand durchkneten. Mit Hilfe von Streumehl auf einer glatten Fläche zu einem Rechteck von etwa 40 x 30 cm ausrollen, dabei immer wieder drehen, um zu prüfen, dass der Teig sich von der Unterlage löst. Sonst nochmals etwas Mehl auf die Unterlage streuen. Mit dem Tomatensugo leicht bestreichen, die Gemüsemasse darauf verteilen. Über die lange Seite zu einer Rolle zusammendrehen und anschließend mit einem scharfen Messer in daumendicke Scheiben aufschneiden.

Die Schnecken mit einer Schnittfläche nach unten auf einem Backblech (PerfectClean, oder mit Dauerbackfolie / Backpapier) verteilen. Ofen vorheizen auf 185 °C (Heißluft), solange geht der Teig noch. Im vorgeheizten Ofen 20-25 Min. backen und im ausgestellten Ofen 5 Min. nachbacken.

8350. Sanfter Abendausklang, Dezember 2015

- 1 MS gem. Vanille
- 2 EL Kokosraspeln (20 g)
- 1 EL Cashewnüsse (15 g)
- 1 TL getr, Gojibeeren (2 g)
- 4 getr. Aprikosen, entsteint (40 g)
- 350 g Wasser
- Dekoration: ein paar Kokosstreifen

Alle Zutaten im TM zu einem glatten, süffigen Drink mixen (2,5 Min./Stufe 10). Ein Glas füllen und mit Kokosstreifen dekorieren.

8351. Luxusmorgen, Dezember 2015

- 20 g getr. Mango
- 10 g Cashewnüsse
- 135 g Wasser
- 3 EL Haferflocken (frisch geflockt)
- 1 EL Leinsamen (frisch geflockt.
- 1 Banane, geschält (85 g netto)
- 1 Orange, geschält (160 g netto)
- 1 kleiner Apfel (80 g)
- 1 Clementine, geschält (55 g netto)

Am Vorabend Mango in Stücke reißen und mit den Cashewnüssen in dem Wasser einweichen. Mit dem Einweichwasser morgens im TM pürieren (je 10 Sek./Stufe 4-9) und über die Flocken gießen. Banane, Orange und Apfel grob vorschneiden und in dem ungereinigten Mixtopf raffeln (20 Sek./Stufe 4). Über das Mangopüree gießen, mit Clementinenstücken dekorieren.

8352. Flohlinser, Dezember 2015

Im Hochleistungsmixer, je nach Gerät, 2,5 bis 3 Min. auf höchster Stufe schlagen:

- 10 g Kakaonibs
- 1 TL Kakaopulver (2 g)
- 1 TL Flohsamenschalen (3 g)
- 20 g gekochte rote Linsen
- 4 Datteln entsteint Deglet Nour (32 g netto)
- 7 g frischer Ingwer
- auf 500 ml (Markierung im Becher) mit Wasser / kochendem Wasser 1:1 auffüllen.

8353. Helles Dressing knoblauchreichst, Dezember 2015

Vorläufer: 8088, enthält kein Öl.

Im Vitamix schlagen, die Kräuter jedoch nur kurz am Ende unterziehen:

- 130 g Sonnenblumenkerne
- 125 g Apfelessig
- 20 g Salz
- 1 g gem. schw. Pfeffer
- 3 kleine Knoblauchknollen, nur die äußeren Schalen grob entfernt (48 g)
- 50 g Honig
- 15 g Essigpeperoni 7/4573
- 200 g Wasser
- 1 EL Gute Laune Kräuter o. Ä.

Wird im Kühlschrank fester.

8354. Teestreifen Nr. 3 „Orange", Dezember 2015

Vorläufer 8324

- 100 g Dinkel
- 100 g Rundkorn-Naturreis
- 50 g Nacktgerste
- 1 Prise Salz
- 1 gestr. TL Vanillepulver
- 20 g Mandelpaste 8141
- 20 g Cashewnussmus
- 100 g gekochte rote Linsen
- 95 g Agavendicksaft (oder Honig)
- 5 g frisch abgeriebene Orangenschale
- 1 EL frischer Orangensaft (15 g)

Dinkel mit Reis und Gerste nacheinander in der Mühle fein mahlen, mit Salz und Vanillepulver mischen. Die restlichen Zutaten in den Thermomix geben und mit langsam steigender Geschwindigkeit pürieren (30 Sek./Stufe 3, je 10 Sek. Stufe 4, 5, 6 und 7). Mehlgemisch hinzugeben und kneten (2 Min./Knetstufe)

Mit der Hand zu einer festen Kugel zusammenpressen, in Folie wickeln und ca. 1 Std. ruhen lassen. In zwei oder drei Portionen etwa 1 cm dick ausrollen. Ein Rechteck ausschneiden, dies wiederum in etwa 2 cm breite und 5 cm lange Streifen schneiden. Abgeschnittene Teigreste wieder ausrollen usw. Streifen nebeneinander auf ein Backblech legen (PerfectClean, oder mit Dauerbackfolie / Backpapier).

Ofen (Heißluft) auf 130 °C vorheizen. Blech einschieben und 30 Min. backen. Streifen auf einen Gitterrost geben und abkühlen lassen. In einer gut schließenden Dose aufbewahren.

Die Kekse sind ganz frisch innen noch ganz wenig „feucht" und sehr aromatisch!

8355. Apple Crumble roh, Dezember 2015

2 Desserts

Streusel:
- 30 g Walnüsse
- 4 Datteln Deglet Nour

Apfelfüllung:
- 1 kleiner Apfel, 90 g
- 1 EL Zitronensaft

Soße:
- 1 Apfel, gewürfelt, 80 g
- 1 EL Zitronensaft
- 5 Datteln Deglet Nour, gehackt (37 g)
- 45 g Heidelbeeren, auch tiefgekühlt
- 1/4 TL gem. Zimt
- 1 Prise Muskatnuss

Streusel: Datteln vorschneiden und mit den Walnüssen im Thermomix zu kleinen Streuseln schlagen (30 Min./Stufe 5; 10 Sek. Stufe 6) und umfüllen. *Füllung:* Apfel würfeln und mit Zitronensaft verrühren. *Soße:* Soßenzutaten pürieren, sie bleiben körnig (30 Sek./Stufe 4; 10 Sek./Stufe 5; 10 Sek./Stufe 6). Soße mit der Füllung verrühren und auf zwei Schüsselchen verteilen. Mit den Streuseln bedecken. (Die Streusel sind reichlich, ein Teil kann auch anderweitig verwertet werden.)

8356. Rosenkohlpüree, Dezember 2015

- 225 g Rosenkohl (netto)
- 125 g Wasser
- 1 Prise Salz
- 15 g Cashewnüsse
- 1/2 TL Salz
- 55 g gekochte rote Linsen
- 50 g Wasser
- 1/2 TL Basilikum, getrocknet und gerebbelt; oder frisch

Die äußeren Blätter vom Rosenkohl entfernen, die Röschen vierteln. Mit 175 g Wasser und 1 Prise Salz garen, z. B. im Thermomix (100 °C/19 Min./Stufe 1). Cashewnüsse, 1/2 TL Salz, Linsen und 50 g Wasser hinzufügen, aufkochen (1,5 Min./Stufe 1). Pürieren (20 Sek./Stufe 5; 5 Sek./Stufe 6).

Tipp: Zusammen mit Süßkartoffelpommes 8346 servieren, die Süßkartoffeln harmonieren gut mit dem etwas herben Rosenkohlpüree.

8357. Unerklärlich lecker, Dezember 2015

Abends
- 3 EL Drei-Korn-Getreide glutenfrei 10/7816 grob schroten. Mit
- 80 g Wasser übergießen. Abgedeckt über Nacht (mindestens 4 Std.) bei Raumtemperatur stehen lassen.

Morgens
- 10 g Zitronenfleisch
- 1/2 Orange, geschält (105 g netto)
- 1 Banane, geschält (110 g netto)
- 1 kleiner Apfel (80 g)
- 15 g Pekannüsse

Obst in grobe Stücke teilen und im Hochleistungsmixer pürieren. Auf das Getreide gießen. Pekannüsse in die Mitte streuen.

Hinweis: Keine Ahnung warum, aber es war superlecker. Vermutlich liegt das einfach an der Qualität des Obstes.

8358. Ungesüßter Kicherkakao, Dezember 2015

Im Hochleistungsmixer, je nach Gerät, 2,5 bis 3 Min. auf höchster Stufe schlagen:
- 10 g Kakaonibs
- 10 g weiße Chiasamen
- 10 g Cashewnüsse
- 30 g gekochte Kichererbsen
- 6 g frischer Ingwer
- auf 500 ml (Markierung im Becher) mit Wasser / kochendem Wasser 1:1 auffüllen.

Hinweis: Ich habe die Datteln schlichtweg vergessen und keine Lust, noch ein Süßungsmittel einzurühren. Es war erstaunlich lecker!

8359. Paprikadressing, Dezember 2015

2 gute Portionen
- 70 g gelbe Paprika
- 15 g Zitronenfleisch (ohne Schale oder Kerne)
- 1 gute Prise Salz
- 15 g Sonnenblumenkerne
- 1 TL Flohsamenschalen (2 g)
- 130 g Wasser

Paprika, Zitronenfleisch, Salz, Sonnenblumenkerne, Flohsamenschalen und Wasser im TM pürieren (20 Sek./Stufe 5; 30 Sek./Stufe 10), die Masse ist dann glatt und ein bisschen viskös.

8360. Blumenkohl-Lunch, Dezember 2015

- 220 g Blumenkohl (netto)
- 1/2 Tomate (50 g)
- 4 schwarze Oliven
- Paprikadressing 8359

Blumenkohl in kleine Röschen teilen oder schneiden, in die Mitte eines großen Tellers häufeln. Die Tomatenhälfte in 8 Spalten schneiden, die Spalten - immer mit der Rundung in dieselbe Richtung - gleichmäßig am Rand verteilen. Die Hälfte des Dressings über den Blumenkohl gießen, die Oliven in die Mitte setzen.

8361. Rote Bete in Marinade, Dezember 2015

- 175 g Apfelessig
- 1-2 Zehen Knoblauch (12 g netto)
- 1 Lorbeerblatt
- 3 cm Vanillestange
- 1 gestr. TL getr. Majoran
- 1 gestr. TL Salz
- 100 g Rote Bete (1/2 mittelgroße Knolle, netto)
- 1 TL Sesamsamen

Alle Zutaten bis auf die Rote Bete in einen Kunststoffbehälter mit Deckel geben, kurz Umrühren. Rote Bete in 3-5 mm dicke Scheiben schneiden, in die Marinade legen. Deckel auflegen und 48 Std. stehen lassen (nach 6 Std. in den Kühlschrank stellen). Abtropfen lassen und mit Sesamsamen bestreuen.

8362. Erdnussmus im TM, Dezember 2015

- 400 g Erdnüsse, geröstet und gesalzen

Erdnüsse in den Mixtopf geben und wie folgt mischen:
1 Min./Stufe 3; 2 Min./Stufe 4; 4 Min./Stufe 5; 1 Min./Stufe 6.
Der Deckel wird auf diese Weise nicht völlig zugeklatscht und das Mus ist flüssig, wenn auch noch mit winzigen Körnchen. Länger auf Stufe 6 hätte da vielleicht geholfen, aber ich hatte keine Lust mehr.

8363. Erdnusssoße TM, Dezember 2015

Im Thermomix 40 Sek. auf Stufe 10:

- 30 g Erdnussmus
- 10 g Peperoniessig
- 5 g Essigpeperoni 7/4573
- 10 g Agavendicksaft (oder Honig)
- 1 TL Paprika edelsüß
- 1 gestr. TL Salz
- 35 g gekochte rote Linsen
- 100 g Wasser

Tipp: Im kleinen Mixer hätte ich nur 50 g Wasser genommen. Dann hätte sie Saté-Qualität.

8364. Süßkartoffel in Begleitung à la Thai, Dezember 2015

Gemüsepfanne (24 cm, 15 Min.):

- 80 g Wasser
- 150 g Kartoffeln, unter fließendem Wasser abgebürstet, Schadstellen entfernt und in Streifen geschnitten
- 130 g Sellerie, in Streifen geschnitten
- 165 g Süßkartoffeln, in Streifen geschnitten

Soße 8363 unter das Gemüse rühren und einmal aufkochen.

8365. Dunkelgericht, Dezember 2015

- 1 EL Leinsamen
- 3 EL Nackthafer
- 1 Banane, geschält (105 g)
- 1 Orange, geschält (190 g)
- 1 Clementine, geschält (75 g netto)
- 10 g Carob (Rohkostqualität)
- 1 Prise Kakaonibs
- 4 Cashewnüsse

Leinsamen mit dem Getreide flocken. Das Obst in grobe Stücke teilen und mit dem Carob im Hochleistungsmixer pürieren, über das Getreide geben. Mit Kakaonibs und Nüssen dekorieren.

8366. Flohbohnenkakao, Dezember 2015

Im Hochleistungsmixer, je nach Gerät, 2,5 bis 3 Min. auf höchster Stufe schlagen:

- 10 g Kakaonibs
- 1 geh. TL Flohsamenschalen (4 g)
- 3 Datteln entsteint Deglet Nour (15 g netto)
- 6 g frischer Ingwer
- 20 g gekochte weiße Bohnen
- 10 g Cashewnüsse
- auf 500 ml (Markierung im Becher) mit Wasser / kochendem Wasser 1:1 auffüllen.

8367. Sellerietopf mit Bohnen, Dezember 2015

Geht schnell & einfach, wenn die weißen Bohnen bereits gekocht sind.

- 185 g Sellerie, gewürfelt
- 55 g Zwiebel, gewürfelt (netto)
- 145 g Kartoffeln, unter fließendem Wasser abgebürstet, Schadstellen entfernt und in Scheiben geschnitten
- 40 g getr. Aprikosen, in Streifen geschnitten
- 90 g Wasser
- 1 gestr. TL Salz
- 150 g gekochte weiße Bohnen
- 1 Prise schw. gem. Pfeffer
- 1 gestr. TL getr. Majoran

Gemüse, Aprikosen und Wasser in einen Topf geben. Als Gemüsepfanne 15 Min. dünsten, ohne den Deckel abzuheben. Restliche Zutaten unterrühren und servieren.

8368. Aprikose heiß, Dezember 2015

Im Vitamix 2,5 bis 3 Min. auf höchster Stufe schlagen:

- 4 g Flohsamenschalen
- 35 g getr. Aprikosen
- 7 g Ingwer
- 10 g Cashewnüsse
- auf 500 ml mit Wasser / kochendem Wasser 1:1 auffüllen.

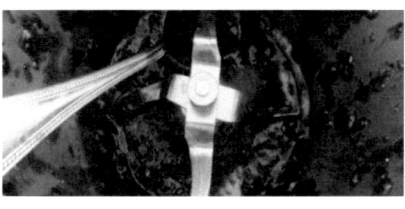

8369. Blaubeerfüllung, Dezember 2015

- 50 g tiefgekühlte oder frische Blaubeeren
- 1 kleine Banane (95 g netto)
- 1 TL Ahornsirup

Blaubeeren, Banane und Ahornsirup (Honig) in den Thermomix geben und pürieren (20 Sek./Stufe 4).

8370. Flohgestärktes Pampel-FKG, Dezember 2015

- 3 EL Nackthafer
- 1 Pampelmuse, geschält (230 g netto)
- 1 Orange, geschält (180 g netto)
- 1 Banane, geschält (90 g netto)
- 1 TL Flohsamenschalen 2-3 g
- 10 g Kokosstreifen

Die Flohsamenschalen (Rohkost) habe ich hinzugegeben, weil ich nicht so ein ganz flüssiges Frühstück wollte.

Getreide flocken. Das Obst in grobe Stücke teilen und mit den Flohsamenschalen im Hochleistungsmixer pürieren, über das Getreide geben. Mit Kokosstreifen dekorieren.

8371. Satter Restekakao, Dezember 2015

Im Hochleistungsmixer, je nach Gerät, 2,5 bis 3 Min. auf höchster Stufe schlagen:

- 30 g Cashewnussmus (Rest von der Herstellung)
- 10 g Kakaonibs
- 5 g Flohsamenschalen (3-4 g hätten auch gereicht)
- 3 Datteln entsteint Deglet Nour (22 g netto)
- 9 g frischer Ingwer
- auf 500 ml (Markierung im Becher) mit Wasser / kochendem Wasser 1:1 auffüllen.

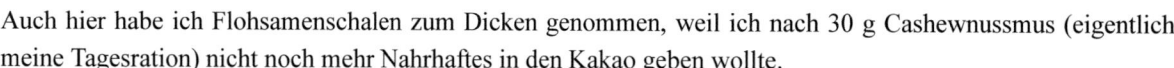

Auch hier habe ich Flohsamenschalen zum Dicken genommen, weil ich nach 30 g Cashewnussmus (eigentlich meine Tagesration) nicht noch mehr Nahrhaftes in den Kakao geben wollte.

8372. Blau gefüllte Pfannkuchen, Dezember 2015

Teig:

- 50 g Hafer
- 10 g Dinkel
- 1 Prise Salz
- 1 getr. Aprikose ohne Stein (7 g)
- 1 MS Weinstein-Backpulver
- 115 g Wasser

Füllung: Blaubeerfüllung 8369

Dekoration: Kokosraspeln

Hafer und Dinkel im Thermomix mahlen (40 Sek./Stufe 10). Salz, Aprikose, Backpulver und Wasser hinzugeben und zu einem glatten Teig verarbeiten (20 Sek./Stufe 7; 1 Min./Stufe 10), der auch eine Weile ruhen kann, aber nicht muss. Umfüllen und die Füllung vorbereiten:

Füllung zubereiten.

Pfanne erhitzen (9 von 14). 2-3 EL Teig in die Pfanne geben und schnell dünn ausstreichen. Die Hitze etwas herunterdrehen und den Crêpe backen, bis sich der Teig einfach mit einem Schaber auf dem Boden verschieben lässt. Crêpe umdrehen und auch die andere Seite backen.

Crêpe auf einen flachen Teller geben, mit Blaubeercreme bestreichen und aufrollen bzw. zuklappen. Einige Kokosraspeln darüber streuen.

8373. Apfel-Raffel, Dezember 2015

- 15 g Pekannüsse
- 130 g Apfel
- 10 g Zitronensaft
- 1 TL Ahornsirup

Nüsse, Apfel (in Stücken), Zitronensaft und Ahornsirup im Mixer fein schlagen (z. B. TM 20 Sek./Stufe 5; einmal mit dem Spatel herunterschieben). Alleine essen oder Waffeln dazu reichen.

8374. Kartoffelwaffeln, Dezember 2015

- 50 g Nacktgerste
- 1 mittelgroße Kartoffel (100 g)
- 100 g Wasser
- 1 Prise Salz
- 1 TL Ahornsirup
- 1 MS Weinstein-Backpulver
- 40 g gekochte Linsen

Gerste fein mahlen (1 Min./Stufe 10). Kartoffel unter fließendem Wasser gut abbürsten, in Stücke schneiden und mit Wasser, Salz, Sirup und Backpulver zu dem Getreide geben. Mixen (10 Sek./Stufe 5; 10 Sek./Stufe 7). Dann die Linsen einarbeiten (1 Min./Stufe 5).

Ein Waffeleisen heiß werden lassen, mit Öl einpinseln. Bei einem Waffeleisen mit Keramikbeschichtung ist kein Öl erforderlich! Teig hineingeben und – je nach Waffeleisen – etwa 8 Min. backen.

Tipp: *Passt zu süßen und herzhaften Speisen.*

8375. Brussels Sprouts plus Sprouts, Dezember 2015

- 225 g Rosenkohl, netto (= Brussels Sprouts)
- 50 g gekeimte Sonnenblumenkerne, Keimzeit ca. 48 Std. (= Sprouts)
- 75 + 30 g Wasser
- 15 g Selleriecreme 8201
- 40 g gekochte rote Linsen
- 6 g Zitronensaft
- 1 gestr. TL Salz
- 10 g Cashewnussmus

Rosenkohl putzen (schadhafte und verfärbte äußere Blätter entfernen) und längs halbieren. Mit Sonnenblumenkernen und 75 g Wasser in eine Keramikpfanne (20 cm) geben. Als Gemüsepfanne 15 Min. dünsten.

Die restlichen Zutaten mit 30 g Wasser mit einem kleinen Mixer verquirlen. Unter das Gemüse rühren und einmal kurz aufkochen lassen.

8376. Waffeln mit Äpfeln, Dezember 2015

2-3 Desserts

- Waffeln: Kartoffelwaffeln 8374
- Apfelmasse: Geraffelte Äpfel 8373

Ein Keramik-Waffeleisen heiß werden lassen, Teig hineingeben und – je nach Waffeleisen – etwa 8 Min. backen.

Apfelmasse mit auf den Teller geben und nett dekorieren, z. B. mit tiefgekühlten Blaubeeren.

8377. Roggenfrühstück, Dezember 2015

- 1 EL Leinsamen
- 3 EL Roggen
- 1 Orange, geschält (185 g netto)
- 1/2 kl. Apfel (48 g)
- 1 Kiwi, geschält, ohne hartes Mittelstück (85 g netto)
- 1 Banane, geschält (110 g netto)
- 4 Mandeln
- 2 Paranüsse

Leinsamen mit dem Getreide flocken. Das Obst in grobe Stücke teilen und im Hochleistungsmixer pürieren, über das Getreide geben. Mit den Nüssen dekorieren.

8378. Reisbrei für eilige TM-Besitzer, Dezember 2015

- 30 g Rundkorn-Naturreis
- 1 TL = 10 g Cashewnussmus
- 1 Streifen frische Zitronenschale
- 1/3 Stange Vanille
- 1 EL Ahornsirup
- einige Salzkörnchen
- 260 g Wasser
- 100 g frische Mango (netto)
- Einige getr. Gojibeeren

Reis im TM fein mahlen (1 Min./Stufe 10). Die restlichen Zutaten außer dem Obst in den Mixtopf geben und kochen (100 °C/4 Min./Stufe 1), dann nachquellen lassen (60 °C/3 Min./Stufe 1). Den Reisbrei in zwei kleine Glasschälchen füllen, abkühlen lassen. Dann noch in den Kühlschrank stellen. Vor dem Servieren stürzen und mit Mangostücken dekorieren und Gojibeeren in die Mitte legen.

8379. Gewürzter Kakao, Dezember 2015

Im Hochleistungsmixer, je nach Gerät, 2,5 bis 3 Min. auf höchster Stufe schlagen:

- 10 g Kakaonibs
- 15 g weiße Chiasamen
- 4 Datteln entsteint Deglet Nour (28 g netto)
- 9 g frischer Ingwer
- 2 grüne Kardamomschoten
- 1 Sternanis
- auf 500 ml (Markierung im Becher) mit Wasser / kochendem Wasser 1:1 auffüllen.

8380. Polenta-Pie, Dezember 2015

- 15 g getr. Tomaten
- 3 EL Marinade von „Rote Bete in Marinade" 8361 oder Apfelessig
- 85 g Speisemais (Lex)
- 300 g Wasser
- 1/2 TL Salz
- 1 gute Prise gem. Muskat
- 10 g Cashewnussmus
- 20 g schwarze kernlose Oliven
- 1/2 Tomate (65 g)
- 30 g tiefgekühlte Maiskörner
- 1/2 TL getr. gerebbelter Basilikum
- 60 g gekochte weiße Bohnen
- 30 g Wasser
- 1 Prise Schabziegerklee
- 1/2 TL Paprika edelsüß

Getrocknete Tomaten in Streifen schneiden, mit der Marinade übergießen und ca. 2 Std. quellen lassen.

Speisemais grob mahlen (30 Sek./Stufe 8), er fühlt sich noch körnig an. Wasser mit Salz, Muskat und Cashewnussmus in einem kleinen Topf aufkochen, den Mais unter Rühren mit einem Schneebesen einrieseln lassen. Sollten sich Klumpen bilden, muss man fester schlagen. Unter Rühren 2-3 Min. auf mittlerer Einstellung kochen. Ofen vorheizen auf 180 °C (Heißluft). Mais in eine 22,5-cm-große runde Keramik-Pieform gießen und gleichmäßig ausstreichen. Mit längs halbierten Oliven, den abgetropften getrockneten Tomaten, der in Scheibe geschnittenen Tomate und den Maiskörnern belegen. Mit Basilikum bestreuen. Die restlichen Zutaten in einem kleinen Mixer verquirlen und mit einem Esslöffel über die Gemüse verteilen.

In den heißen Ofen schieben und 20 Min. backen.

8381. Vier-Korn-Getreide BuHiRoWei, Dezember 2015

1000 g insgesamt
- 250 g Buchweizen
- 250 g Hirse
- 250 g Roggen
- 250 g Weizen

In einer großen Schüssel mit den Händen vermischen und in ein passendes Glas abfüllen.

8382. Lieblingsobst-FKG, Dezember 2015

Hätte ich komplett mein Lieblingsobst reingetan, hätten noch Banane und Apfel hinzukommen müssen. Aber dann wäre ich geplatzt. :-)

Abends
- 3 EL Vier-Korn-Getreide nackig 10/7967 grob schroten. Mit

80 g Wasser übergießen. Abgedeckt über Nacht (mindestens 4 Std.) bei RT stehen lassen.

Morgens
- 1 Grapefruit, geschält (240 g netto)
- 160 g Mangofleisch (netto)
- 5 g Kokostreifen.

Obst in grobe Stücke teilen und im Hochleistungsmixer pürieren. Auf das Getreide gießen. Mit Kokosstreifen dekorieren.

8383. Zimtkakao, Dezember 2015

Im Hochleistungsmixer, je nach Gerät, 2,5 bis 3 Min. auf höchster Stufe schlagen:
- 10 g Kakaonibs
- 15 g weiße Chiasamen
- 4 Datteln entsteint Deglet Nour (27 g netto)
- 8 g frischer Ingwer
- 30 g gekochte weiße Bohnen
- 1/2 TL gem. Zimt
- auf 500 ml (Markierung im Becher) mit Wasser / kochendem Wasser 1:1 auffüllen.

8384. Süßkartoffelgulasch, Dezember 2015

- 80 g Wasser
- 145 g Zwiebel, gewürfelt (netto)
- 10 g Knoblauch, in Scheiben (netto)
- 200 g Süßkartoffel, ungeschält und in Würfeln
- 200 g Tomaten in Stücken aus der Dose (inklusive Saft)
- 1 EL Haselnusslikör oder Rum
- 1 TL Salz
- 1/2 TL gem. Kümmel
- 1 TL Paprika edelsüß
- 10 g Ahornsirup
- 1 kleine Prise Chilipulver

Die ersten drei Zutaten als Gemüsepfanne 10 Min. dünsten. In einer kleinen Schale sammeln: Inhalt der Schüssel zu den Zwiebeln geben. Nochmals als Gemüsepfanne dünsten, diesmal 20 Min. Abschmecken mit Salz und Chili.

Tipp: Bei mir gab es dazu Reis aus dem Thermomix 8176.

8385. Tomaten-Mandel-Baguettes, Dezember 2015

Vorteig:
- 250 g Weizen
- 250 g Wasser
- 1-2 g frische Bio-Hefe

Hauptteig:
- 35 g getr. Tomaten
- 250 g Weizen
- 35 g Mandeln
- 18-19 g frische Bio-Hefe (mit der Hefe vom Vorabend = 1/2 Würfel)
- 50 g Wasser
- 1 TL Salz
- 2 TL getr. Basilikum

12-14 Std. vor dem Backen (abends): Weizen fein schroten (40. Sek./Stufe 10), mit Wasser und Hefe gut verrühren.

Backtag morgens: Tomaten mit einem Messer in feine Streifen schneiden. Weizen fein mahlen (1 Min./Stufe 10), umfüllen. Mandeln hacken (5 Sek./Stufe 5). Weizen wieder in den Mixtopf geben. Wasser, Salz und Basilikum zum Mehl geben. Den Ansatz vom Vortag in den Mixtopf übertragen, die Hefe darauf zerbröseln und kneten (2 Min./Knetstufe oder Stufe 2-3). Teigschüssel in eine Plastiktüte geben, mit einem Tuch abdecken. 1 Std. gehen lassen.

Teig mit der Hand gründlich kneten und in 3 Portionen zu etwa je 290 g teilen (wiegen). Wenn nötig, Streumehl zu Hilfe nehmen. Wenn vorhanden, Baguetteform dünn mit Öl einpinseln und mit Mehl bestreuen, sonst einfach Dauerbackfolie nehmen. Jede Portion in drei Schritten zu einem Baguette in Länge der Form rollen (abwechselnd, damit der Teig entspannen kann). Mit Wasser einsprühen, das Blech in eine große Plastiktüte stecken und nochmals 20 Min. gehen lassen. In dieser Zeit den Ofen 20 Min. auf 190 °C (Heißluft) vorheizen. Auf dem Boden steht eine ofenfeste Form mit Wasser. Baguettes nochmals mit Wasser besprühen, mit einem heißen Messer 3-4 Mal schräg einschneiden und in den heißen Ofen schieben.

Insgesamt 25 Min. bei 175 °C backen. Ofen ausstellen und die Baguettes 5 Min. nachbacken. (Garprobe machen, beim Klopfen gegen die Unterseite müssen die Baguettes hohl klingen.) Heiß nochmals einsprühen und auf einem Kuchengitter auskühlen lassen.

Tipp: Gehackte Oliven in den Teig geknetet schmecken hierzu auch sehr gut.

8386. Wilde Mini-Hörnchen 2015/39, Dezember 2015

24 Hörnchen

Vorabend:
- 100 g Dinkel, fein gemahlen, verrühren mit
- 100 g Wildhefe und in einer gut schließenden Dose bis zum nächsten Morgen aufbewahren.

Backtag:
- 150 g Weizen
- 1 TL Salz
- 1/2 TL Paprika edelsüß
- 20 g Cashewnussmus
- 7 g Öl
- 20 g Wasser
- Ansatz vom Morgen

Weizen fein mahlen und mit Salz und Paprika mischen. Im TM Nussmus, Öl und Wasser mixen (5 Sek./Stufe 5). Mehl und Ansatz vom Vorabend hinzufügen, verkneten (2 Min./Knetstufe).

Den Teig auf einer glatten Fläche kurz mit der Hand durchkneten und eine Kugel unter Spannung formen. In eine fest schließende Plastikschüssel geben und 3 Std. gehen lassen, der Teig war nicht sichtbar gegangen. Erneut gut durchkneten. 3 Portionen zu je 130 g nehmen. Jede Portion zu einer Kugel rollen und nebeneinander in gutem Abstand auf einen Teller setzen, in eine Plastiktüte stecken und 1 Std. bei 35 °C, Ober-/Unterhitze, im Backofen gehen lassen.

Jede Kugel zu einem Kreis von etwa 25 cm Durchmesser ausrollen. Jeden Kreis vier Mal wie einen Kuchen durchschneiden, sodass sich 8 Dreiecke ergeben. Jedes Dreieck von der breiten Seite nach innen zu einem Hörnchen rollen. Die Hörnchen in drei Reihen nebeneinander auf ein mit Dauerbackfolie ausgelegtes Backblech legen und 30 Min. bei 40 °C (Ober-/Unterhitze) gehen lassen.

Die Hörnchen gut mit Wasser einsprühen, die Hörnchen 20 Min. bei 175 °C hellbraun backen. Auf ein Kuchengitter legen und noch heiß mit Wasser besprühen. Auskühlen lassen.

8387. Yellow Brick Road-FKG, Dezember 2015

Abends
- 3 EL Vier-Korn-Getreide nackig 10/7967 grob schroten. Mit
- 80 g Wasser übergießen. Abgedeckt über Nacht (mindestens 4 Std.) bei Raumtemperatur stehen lassen.

Morgens
- 1 Banane, geschält (100 g netto)
- 1 Orange, geschält (150 g netto)
- 100 g Ananas (netto)

Banane und Orange in grobe Stücke teilen und im Hochleistungsmixer pürieren. Auf das Getreide gießen. Ananas würfeln oder in kleine Rechtecke schneiden und auf der Oberfläche verteilen.

8388. Ingwerböhnchen-Tönchen-Kakao, Dezember 2015

Im Hochleistungsmixer, je nach Gerät, 2,5 bis 3 Min. auf höchster Stufe schlagen:
- 10 g Kakaonibs
- 1 TL Kakaopulver (4 g)
- 1 TL Lebkuchengewürz
- 60 g gekochte weiße Bohnen
- 5 Datteln entsteint Deglet Nour (32 g netto)
- 12 g frischer Ingwer
- auf 500 ml (Markierung im Becher) mit Wasser / kochendem Wasser 1:1 auffüllen.

8389. Schokolinsen TM, Dezember 2015

- 100 g Kakaobutter
- 65 g gekochte rote Linsen
- 30 g Kakaopulver
- 10 g Carob
- 120 g Honig
- 1 TL gem. Ingwer
- 1 TL gem. Vanille

Kakaobutter und Linsen in den Mixtopf geben und schmelzen (8 Min, Stufe 1; 50 °C; 1 Min., Stufe 1; 60 °C; evtl. kürzer, wenn Kakaobutter kleiner geschnitten). Die anderen Zutaten hinzufügen und gut durchmischen (5 Sek./Stufe 5).

8390. Roter Pizzabelag Nr. 21 (Pfannenpizza), Dezember 2015

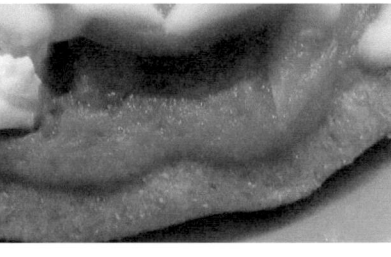

- 65 g Tomate in Stücken (Dose)
- 10 g Apfelessig
- 1 TL Ahornsirup
- 20 g gekochte rote Linsen
- 5 g Cashewnussmus

Mit einem kleinen Mixer, flaches Messer zu einer glatten Masse schlagen. Stehen lassen, es geliert.

Tipp: *Nimmt man statt Essig die Marinade von Rote Bete in Marinade 8361, gibt das eine schöne Farbe.*

8391. Lebkuchen nach Agnes in Fladenform, Dezember 2015

Agnes hat Lebkuchen vorgestellt, die kein Mehl enthalten, nur schwarze Bohnen. Das lockte mich: Geht das nicht auch mit Linsen? Leider habe ich nicht bedacht, dass meine weichgekochten Linsen deutlich mehr Wasser enthalten als die schwarzen Bohnen. Lecker sind sie, aber doch nicht dick genug. Der nächste Versuch folgt in Kürze! – ca. 18 Stück

- 30 g Chiasamen
- 50 g Wasser
- 2 kleine Äpfel (160 g)
- 30 g Cashewnussmus
- 165 g fester Blütenhonig
- 325 g gekochte rote Linsen
- 1 Prise Salz
- 15 g Kakaopulver
- 5 g Carobpulver
- 10 g Lebkuchengewürz
- 70 g Haselnüsse, in einem kleinen Mixer grob gemahlen
- 3 TL Backpulver (15 g)

Chiasamen, Wasser, vorgeschnittenen Apfel, Cashewnussmus, Blütenhonig, Linsen und Salz im Thermomix pürieren (10 Sek./Stufe 4; 20 Sek./Stufe 10). Die trockenen Zutaten miteinander vermischen und einarbeiten (1 Min./Knetstufe). 30 Min. quellen lassen. Mit Hilfe eines Esslöffels Teighäufchen auf ein Backblech nebeneinandersetzen und im vorgeheizten Ofen 25 Min. bei 175 °C und 10 Min. bei 160 °C (Heißluft) backen. Auf einem Gitterrost auskühlen lassen.

Glasur:

- 100 g Kakaobutter
- 65 g gekochte rote Linsen
- 30 g Kakaopulver
- 10 g Carob
- 120 g Honig
- 1 TL gem. Ingwer
- 1 TL gem. Vanille

Kakaobutter und Linsen in den Mixtopf geben und schmelzen (8 Min, Stufe 1; 50 °C; 1 Min., Stufe 1; 60 °C; evtl. kürzer, wenn Kakaobutter kleiner geschnitten). Die anderen Zutaten hinzufügen und gut durchmischen (5 Sek./Stufe 5).

Lebkuchen zu 4 Stück auf Frühstücksbrettchen setzen. Die Glasur mit einem Pinsel auf die Lebkuchen streichen und im Kühlschrank hart werden lassen. In einer Dose kühl aufbewahren. Es bleibt reichlich Schokolade übrig.

8392. Weißer Pizzabelag Nr. 30 (Pfannenpizza), Dezember 2015

- 50 g gekochte rote Linsen
- 3-4 g Zitronenfleisch
- 1 Prise Salz
- 20 g Wasser
- 5 g Cashewnussmus

Mit dem kleinen Mixer, hoch stehendes Messer, glatt schlagen.

8393. Pfannenpizza mit Blumenkohl, Dezember 2015

Teig:

- 20 g Dinkel
- 50 g Weizen
- 20 g Kamut
- 1 gute Prise Salz
- 10 g frische Bio-Hefe (1/4 Würfel)
- 55 g Wasser
- 1 knapper TL Apfelessig

Getreide fein mahlen. Alle Zutaten in den TM geben und kneten (2 Min./Knetstufe bzw. Stufe 2-3). Der Teig ist sehr weich. Zu einer Kugel formen und in einer Pengdose 30 Min. gehen lassen, der Deckel ist dann abgesprungen. In dieser Zeit die Beläge vorbereiten.

Gemüse:
- 35 g Wasser
- 1 Zwiebel (35 g netto)
- 1 Knoblauchzehe (10 g netto)
- 150 g Blumenkohl

Wasser in eine Pfanne (20 cm) geben. Zwiebel und Knoblauch abziehen und würfeln. Blumenkohl klein schneiden. Das Gemüse in die Pfanne geben, als Gemüsepfanne 10 Min. Eventuell überstehendes Wasser abgießen.

- Tomatenbelag 8390
- Weißer Belag 8392

Fertigstellung:
- 1/2 TL Öl
- 1/2 Tomate (70 g)
- 1/2 TL Pizzagewürz

Den Teig mit reichlich Streumehl in Größe des Pfannenbodens auseinander drücken. Mehrmals mit der Gabel einstechen. Eine Keramik-Pfanne (24 cm) mit Öl einreiben. Pfanne erhitzen (Stufe 11 von 14). Teig hineingeben, Hitze auf 8 von 14 stellen und 30 Sekunden braten. Mit der Hand verrutschen, um sicherzustellen, dass der Teig nicht am Boden festhängt. Deckel auflegen. 7 Min. braten, nach 3 Min. die Herdplatte auf 6 von 14 stellen. Die Teigplatte umdrehen, mit Tomatenbelag bestreichen. Das Gemüse darüber verteilen, die Tomate in Scheiben schneiden und obenauf legen. Mit Pizzagewürz bestreuen und den Deckbelag darauf klecksen. Deckel wieder auflegen und weitere 7 Min. erst auf Stufe 8, nach 3 Min. auf Stufe 6 braten. Auf einen großen Teller rutschen lassen.

8394. Pekanknöpfe, Dezember 2015
- 1 EL Leinsamen
- 3 EL Nackthafer
- 13 g Zitronenfleisch
- 1 Birne (195 g)
- 1 Kiwi, geschält (95 g netto)
- 1 Banane, geschält (110 g netto)
- 10 g Pekannüsse = 4 Stück

Leinsamen mit dem Getreide flocken, das Obst in grobe Stücke teilen und im Hochleistungsmixer pürieren, über das Getreide geben. Die Nüsse in einer senkrechten Linie untereinander legen.

8395. Deglet-Jool-Kakao, Dezember 2015

Dies waren die letzten Deglet-Nour-Demeter-Datteln. Zum Glück, ich bin froh, dass sie endlich weg sind. Nicht etwa, weil sie schlecht sind, oh nein. ABER: Sie sind recht trocken, dabei extrem lecker. Das heißt, da kann ich in die Tüte greifen, ohne mir die Finger schmutzig zu machen, oh oh.

Im Hochleistungsmixer, je nach Gerät, 2,5 bis 3 Min. auf höchster Stufe schlagen:
- 10 g Kakaonibs
- 32 g Datteln, gemischt Deglet Nour und Medjool
- 20 g weiße Chiasamen
- 6 g frischer Ingwer
- 10 g Cashewnüsse
- auf 500 ml (Markierung im Becher) mit Wasser / kochendem Wasser 1:1 auffüllen.

8396. Rosenkohl-Exotika-Kost, Dezember 2015

- 50 g Wasser
- 100 g Mangofleisch
- 10 g Zitronenfleisch
- 1/2 TL Salz
- 150 g Rosenkohl (netto)
- 60 g Ananas (netto)
- 15 g Linsensprossen (48 Std. Keimzeit)

Wasser, Mango- und Zitronenfleisch mit Salz mit dem kleinen Mixer pürieren. Rosenkohl putzen (äußere beschädigte Blätter entfernen) und halbieren, von der Ananas die Schale abschneiden und in Stücke teilen (wenn das Mittelstück nicht braun ist, kann es mitverwendet werden).

Rosenkohl im Thermomix zerkleinern (20 Sek./Stufe 4), Ananas hinzufügen und zusammen raffeln (5 Sek./Stufe 4). In eine Salatschüssel füllen. Mangodressing am Rand entlang gießen und mit Linsensprossen dekorieren.

8397. Teestreifen Nr. 4 „Erdnuss-Schoko", Dezember 2015

Vorläufer 8353

- 100 g Weizen
- 100 g Rundkorn-Naturreis
- 50 g Nackthafer
- 1 Prise Salz
- 1 gestr. TL Vanillepulver
- 40 g Erdnussmus 8362
- 100 g gekochte rote Linsen
- 95 g Honig
- 30 g Kakaonibs
- 1 EL Wasser

Weizen mit Reis und Hafer im TM mahlen (40 Sek./Stufe 10). Restliche Zutaten hinzufügen und kneten (2,5 Min./Knetstufe).

Mit der Hand zu einer festen Kugel zusammenpressen, in Folie wickeln und ca. 30 Min. ruhen lassen. In zwei oder drei Portionen etwa 1 cm dick auseinander drücken. Ein Rechteck ausschneiden, dies wiederum in etwa 2 cm breite und 5 cm lange Streifen schneiden. Abgeschnittene Teigreste wieder zusammenkneten und wie beschrieben fortfahren usw. Streifen nebeneinander auf ein Backblech legen (PerfectClean, oder mit Dauerbackfolie / Backpapier).

Ofen (Heißluft) auf 130 °C vorheizen. Blech einschieben und 30 Min. backen. Streifen auf einen Gitterrost geben und abkühlen lassen. In einer gut schließenden Dose aufbewahren.

Hinweis: Die Kekse sind ganz frisch innen noch ganz wenig „feucht" und sehr aromatisch!

8398. Austernpilze in scharfer Cremesoße mit Nudeln, Dez. 2015

- 65 g Wasser
- 1 Zwiebel (65 g netto)
- 1 Knoblauchzehe (10 g netto)
- 190 g Austernpilze
- 100 g Süßkartoffel
- 85 g Vollkornspiralnudeln
- 65 g gekochte Kichererbsen
- 1 gestr. TL Salz
- 1 Stück Essigpeperoni 7/4573
- 1/4 TL Kreuzkümmel gem.
- 2 TL Peperoni-Essig
- 40 g Wasser
- 1/2 TL Agavendicksaft
- 20 g Walnüsse
- 85 g Vollkorn-Spiralnudeln

Wasser in eine Keramik-Pfanne (24 cm) gießen. Zwiebel und Knoblauch abziehen, klein schneiden und in die Pfanne geben. Austernpilze auseinanderzupfen und in Stücke schneiden, Süßkartoffel in ca. 8 x 8 mm dicke Würfel schneiden. Gemüse zu den Zwiebeln geben. Als Gemüsepfanne 15 Min. dünsten, ohne den Deckel abzuheben.

TM zur Hälfte mit Wasser füllen, Nudeln in den Garkorb geben und den Korb einhängen. Garen (Stufe 1/100-120 °C/15-20 Min.) und auf einen Teller geben. Kichererbsen, Gewürze, Wasser und Agavendicksaft mit einem kleinen Mixer zu einer sämigen Soße schlagen. Unter das Gemüse rühren und aufkochen. In die Mitte der Nudeln schütten, Walnüsse hacken und darüber streuen.

8399. Doppelglupsch, Dezember 2015

Abends

- 2 EL Vier-Korn-Getreide nackig 10/7967 grob schroten.
- 1 EL weiße Chiasamen unterrühren und mit
- 100 g Wasser übergießen. Abgedeckt über Nacht (mindestens 4 Std.) bei Raumtemperatur stehen lassen.

Morgens

- 15 g Zitronenfleisch
- 1 Apfel (90 g)
- 235 g Mangofleisch (netto)
- 1 Banane (120 g)
- 10 g Walnüsse

Obst in grobe Stücke teilen und im Hochleistungsmixer pürieren. Auf das Getreide gießen. Die Walnüsse in die Mitte häufeln.

8400. Sämig-ohne-Nuss-Kakao, Dezember 2015

Im Hochleistungsmixer, je nach Gerät, 2,5 bis 3 Min. auf höchster Stufe schlagen:

- 10 g Kakaonibs
- 15 g Chiasamen
- 40 g gekochte Kichererbsen
- 1 Prise Kurkuma
- 2 Datteln entsteint Medjool (40 g netto)
- 8 g frischer Ingwer
- auf 500 ml (Markierung im Becher) mit Wasser / kochendem Wasser 1:1 auffüllen.

8401. Crème fraîche-anstatt 4, Dezember 2015

In einem kleinen Mixer pürieren:

- 60 g gekochte rote Linsen
- 15 g Cashewnussmus
- 1 TL Apfelessig
- 4 TL Wasser

Tipp: Wenn z. B. Teig zum Aufrollen mit Crème fraîche bestrichen wird. Konsistenz ist wie gerührte Crème fraîche; Nr. 1-3 sind in Bd. 10.

8402. Käse zum Überbacken-anstatt, Dezember 2015

Ist eine kleine Portion.

In einem kleinen Mixer pürieren:

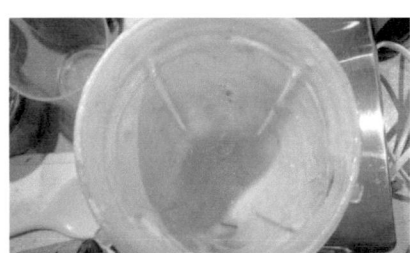

- 30 g gekochte rote Linsen
- 10 g Sonnenblumenöl
- 1 Prise Salz
- 1 Prise Schabziegerklee
- 10 g Wasser

8403. Lebkuchen nach Agnes, 2. Versuch, Dezember 2015

Vorläufer: 8390; ca. 25 Stück.

- 100 g Mandeln
- 50 g Chiasamen
- 160 g Apfel
- 30 g Cashewnussmus
- 165 g fester Blütenhonig
- 330 g gekochte rote Linsen
- 1 Prise Salz
- 5 g Kakaopulver
- 10 g Carobpulver
- 10 g Lebkuchengewürz
- 1 P Weinstein-Backpulver (17 g)

Mandeln im TM mahlen (10 Sek./Stufe 8) und umfüllen. Mit den anderen trockenen Zutaten verrühren. Chiasamen, vorgeschnittenen Apfel, Cashewnussmus, Blütenhonig, Linsen und Salz im Thermomix pürieren (10 Sek./Stufe 4; 20 Sek./Stufe 8). Die trockenen Zutaten miteinander vermischen und einarbeiten (1 Min./Knetstufe). 30 Min. quellen lassen. Mit Hilfe eines Esslöffels Teighäufchen auf ein Backblech nebeneinandersetzen und im vorgeheizten Ofen 20 Min. bei 175 °C und 10 Min. bei 160 °C (Heißluft) backen. Auf einem Gitterrost auskühlen lassen.

8404. Schokogussversuch Nr. 11

- 75 g Kakaobutter
- 50 g gekochte Kichererbsen
- 25 g Kakaopulver
- 5 g Carob
- 90 g Honig
- 1 TL gem. Vanille

Kakaobutter und Kichererbsen in den Mixtopf geben und schmelzen (4 Min./Stufe 1/50 °C; hochdrehen bis auf Stufe 7, sonst werden die Kichererbsen nicht ordentlich püriert). Die anderen Zutaten hinzufügen und gut durchmischen (5 Sek./Stufe 5).

Lebkuchen zu 8-9 Stück auf Frühstücksbrettchen setzen. Die Glasur mit einem Pinsel auf die Lebkuchen streichen und im Kühlschrank hart werden lassen. In einer Dose kühl aufbewahren. Es bleibt genug Schokolade übrig, um 2/3 der Teestreifen von gestern an einem Ende zu überziehen.

8405. Rote-Bete-Bolognese, Dezember 2015

- 1 große Knoblauchzehe (10 g netto)
- 150 g Rote Bete
- 1 EL Rum
- 1 Lorbeerblatt
- 1/2 TL getr. Thymian oder frische Kräuter
- 2 EL Apfelessig
- 150 g Tomaten, stückig, aus der Dose
- 70 g Wasser
- 1 TL Salz
- 1 gute Prise schw. gem. Pfeffer
- 1 gestr. TL Cashewnussmus
- 1 TL Agavendicksaft

Knoblauch abziehen, würfeln. Rote Bete waschen, Enden abtrennen und grob vorschneiden. Im Thermomix mit dem Knoblauch raffeln (5 Sek./Stufe 5). Rum, Lorbeerblatt, Kräuter, Essig, Tomaten und Wasser hinzufügen und garen (100 °C/25 Min./Stufe 1). Salz, Pfeffer, Nussmus und Agavendicksaft hinzufügen, noch 1 Min. kochen. Mit Salz abschmecken. *Dazu passen Kichererbsenschnecken.*

8406. Kichererbsen-Schnecken, Dezember 2015

Hauptspeise für 1 Person oder Beilage für 2 Personen.

Gemüsefüllung (als Gemüsepfanne 20 cm, 10 Min.; mit Salz abschmecken):

* 40 g Wasser
* 65-70 g Gemüse; hier. 40 g gelbe Paprika (netto) und 25 g Süßkartoffel (netto)
* 30 g Zwiebel (netto)
* etwas Salz

Crème fraîche-anstatt 4; 8401

Käse-zum-Überbacken-anstatt 8402

Kichererbsenteig:

* 250 g (weich) gekochte Kichererbsen
* 1/2 TL Salz
* 100 g Weizen
* 10 g Chiasamen

Weizen im TM mahlen, dabei ein Stück Haushaltsfolie über den Mixtopf spannen, Deckel aufsetzen (1 Min./Stufe 10). Umfüllen. Kichererbsen im TM pürieren (1 Min./Stufe 3; 10 Sek./Stufe 4). Salz, Mehl und Chiasamen hinzugeben, gut kneten (1 Min./Knetstufe bzw. Stufe 2-3). Beim Mehl erst nur einen Teil zugeben, die Menge richtet sich nach dem Wassergehalt der Kichererbsen. Aus dem Mixtopf nehmen, zu einer Kugel formen und liegen lassen, bis die beiden „Anstatt-Zutaten" zubereitet sind.

Fertigstellung: Teig auf eine Fläche von ca. 21 x 21 cm ausrollen. Das geht gut, evtl. etwas Streumehl nehmen. Mit *Crème fraîche-anstatt 4* bestreichen. Das Gemüse (Wasser auffangen und anderweitig verwerten) abtropfen lassen und auf der Creme verteilen. Teig vorsichtig aufrollen und mit einem scharfen Messer in 8 Stück teilen.

Mit einer Schnittfläche nach unten nebeneinander in eine passende Form setzen (hier: eine Keramik-Pie-Form, 22,5 cm). Käse-zum-Überbacken-anstatt auf die Schnecken streichen.

In den kalten Ofen setzen und 30 Min. bei 175 °C (Heißluft) backen. Wer es gerne knusprig und oben gebräunt möchte, backt einige Min. länger.

Tipp: *Schmecken warm und kalt.*

8407. Überraschungssuppe, Dezember 2015

Hauptspeise für 1 oder Vorspeise für 2 Personen; überraschend an dieser Suppe ist, dass die reine Arbeitszeit minimal und die Garzeit sehr kurz ist, außerdem ist sie sehr lecker. :-)

* 95 g Rosenkohl (netto)
* 110 g Süßkartoffel
* 380 g Wasser
* 1 gestr. TL Salz
* 100 g gekochte rote Linsen
* 10 g Cashewnüsse
* 2-3 EL Granatapfelkerne (optional)
* 1 EL Linsensprossen (Keimzeit 48 Std.)

Äußere Blätter und Schadstellen vom Rosenkohl entfernen, halbieren. Süßkartoffel vorschneiden. Mit dem Wasser in den Thermomix geben und garen (100 °C/16 Min./Stufe 2). Salz, Linsen und Nüsse hinzufügen und pürieren (20 Sek./Stufe 8). Auf dem Teller mit Granatapfel und Sprossen garnieren.

Tipp: *Die Suppe ist relativ dickflüssig. Wer sie dünner möchte, gibt zum Schluss Wasser in nicht zu großen Schritten zu und kocht noch einmal auf.*

8408. AABFKG, Dezember 2015

- 1 EL Leinsamen
- 3 EL Nackthafer
- 15 g Zitronenfleisch
- 1 kleiner Apfel (95 g)
- 100 g Ananas (netto)
- 1 Banane, geschält (115 g)
- 4 Mandeln
- 1 Paranuss

Leinsamen mit dem Getreide flocken. Das Obst in grobe Stücke teilen und im Hochleistungsmixer pürieren, über das Getreide geben. Mit den Nüssen dekorieren.

8409. Dessertkakao, Dezember 2015

Im Hochleistungsmixer, je nach Gerät, 2,5 bis 3 Min. auf höchster Stufe schlagen:

- 12 g Kakaonibs
- 15 g Chiasamen
- 2 Datteln entsteint Medjool (35 g netto)
- 6 g frischer Ingwer
- 30 g gekochte rote Linsen
- auf 500 ml (Markierung im Becher) mit Wasser / kochendem Wasser 1:1 auffüllen.

Hinweis: Da ich heute Morgen keine Zeit für einen Kakao hatte, fühle ich mich irgendwie nicht komplett. Also gab es heute einen zum Nachtisch.

8410. FKG-Granate, Dezember 2015

Abends

- 3 EL Nacktgerste grob schroten und mit
- ca. 80 g Wasser übergießen. Abgedeckt mind. 4 Std.) bei RT lassen.

Morgens

- 45 g Granatapfelkerne
- 1 Banane, geschält (115 g netto)
- 1 Orange, geschält (180 g netto)
- 1 sehr dünne Scheibe Ananas, geschält (30 g netto)

Banane und Orange in grobe Stücke teilen und mit den Granatapfelkernen im Hochleistungsmixer pürieren. Auf das Getreide gießen. Ananasscheibe vierteln, an den Rand stecken.

8411. Linferkakao, Dezember 2015

Im Vitamix 2,5 bis 3 Min. auf höchster Stufe schlagen:

- 15 g Kakaonibs
- 15 g Nackthafer
- 2 Medjool-Datteln entsteint (30 g netto)
- 10 g frischer Ingwer
- 10 g Kokosnussmus Bounty 10/7571 oder Kokosraspeln
- auf 500 ml mit Wasser / kochendem Wasser 1:1 auffüllen.

8412. Zweigangbrot mit Röstgerste 2015/40

Vorläufer: 8229

Sauerteig am Vorabend ansetzen:

- 300 g Roggen fein gemahlen
- 320 g Wasser
- 150 g Sauerteig

Wildhefeansatz am Vorabend herstellen:

- 150 g gemahlener Weizen, verrührt mit
- 150 g Wildhefe

Restzutaten morgens:

- 100 g Nacktgerste
- 100 g Roggen
- 200 g Dinkel
- 1 EL Salz (20 g)
- 275 g Wasser
- Sauerteigansatz vom Vorabend, abzüglich 150 g, die fürs nächste Backen verwahrt werden
- Wildhefeansatz vom Vorabend
- 20 g Butter für die Form

Gerste in einer Pfanne rösten, bis die Körner leicht verfärbt sind; abkühlen lassen. Fein mahlen, danach Weizen und Roggen fein mahlen (das reinigt die Mühle vom Röstgeruch). Sämtliche Zutaten mit einem großen, festen Löffel verrühren. *Ich fand die Wassermenge sehr groß, kommt das durch die geröstete Gerste?*

Form (30 cm) mit Butter einfetten, Teig hineingeben. Drei- bis viermal schräg einschneiden und in eine Plastikfolie stecken. 3 Std. gehen lassen. 60 Min. bei 190 °C backen (Klimagaren, auto) und 5 Min. im ausgeschalteten Ofen nachbacken lassen.

8413. Christstollen 2015, Dezember 2015

- 200 g grüne Rosinen
- 100 g Orangeat
- 75 g Rum
- 150 g Kamut
- 350 g Weizen
- 4 Gewürznelken
- 1 TL Zimtpulver
- 1 geh. TL Lebkuchengewürz Brecht
- 1 gestr. TL getr. Ingwer
- 1 TL Vanillepulver
- 1/2 TL gem. Kardamom
- 1 Prise Salz
- 2 P Trockenhefe
- 225 g gekochte rote Linsen
- 1 kleiner Apfel (100 g)
- 30 g Cashewnussmus
- 100 g Wasser
- 100 g gestiftelte Mandeln (fertig gekauft)
- 200 g Honigmarzipan

Rosinen, Orangeat und Rum in eine kleine Pfanne geben. Zum Kochen bringen und 10 Min. auf kleinster Einstellung dünsten. Das ist ein Kurzzeitverfahren, statt die Rosinen über Nacht einzuweichen. Getreide mit den Gewürznelken fein mahlen. Mit den anderen trockenen Zutaten mischen. Linsen, Apfel, Cashewnussmus und Wasser im TM pürieren (15. Sek./Stufe 10). Getreidemischung hinzufügen und 2,5 Min. auf der Knetstufe kneten. Auf die Arbeitsfläche kippen, kurz mit der Hand durchkneten und zu einer Kugel unter Spannung formen. In eine Pengdose legen und 30 Min. gehen lassen (dann ploppte der Deckel bei mir).

Teig in Stücken in den TM geben, Rosinenansatz und Mandeln hinzufügen. 2 Min. auf der Knetstufe kneten (ich hatte so meine Zweifel, ob die Maschine das packt, sah nämlich erst nicht so gut aus), wieder auf die Arbeitsfläche kippen und per Hand noch einmal durchkneten. Zurück in die Pengdose legen und Deckel schließen.

Teig erneut durchkneten und zu einem Laib formen. In die Mitte eine Mulde längs in den Laib drücken. Honigmarzipan zu einem Strang in Länge des Stollens formen, in die Mulde legen. Die eine Teighälfte so über die andere legen, dass diese nicht ganz überdeckt wird und sich eine Stollenform ergibt. Ich habe dies auf dem Backblech gemacht, um mir den Transport zu ersparen. Mit Gärfolie abdecken und 10 Min. gehen lassen.

Ofen auf 250 °C (Heißluft) vorheizen. Stollen einschieben und 40-50 Min. bei 160 °C backen. Noch heiß mit

- 1-2 EL Agavendicksaft oder flüssigen Honig bestreichen.

Fazit: Ist recht trocken (Anbruch nach 4 Tagen Lagerung gut eingepackt im Kühlschrank), aber lecker!

8414. Deutsches Gemüse mit Mittelamerika-Flair, Dezember 2015

Gemüsepfanne (24 cm, 15 Min.):

- 100 g Wasser
- 195 g Kartoffeln, unter fließendem Wasser abgebürstet, Schadstellen entfernt und in Scheiben geschnitten
- 110 g Rosenkohl, geputzt, halbiert
- 110 g Sellerie, schlechte und schmutzige Stellen entfernt, gewürfelt
- 85 g Süßkartoffel in Streifen

Soße (mixen, unter das Gemüse rühren und aufkochen):

- 20 g Cashewnüsse
- 10 g Zitronenfleisch
- 1 gestr. TL Salz
- 1 gestr. TL Paprika *(privat von ungarischem Anbauer, kein Vergleich!)*
- 15 g Sonnenblumenöl
- 30 g gekochte rote Linsen
- 50 g + 45 g Wasser

Becher mit 45 g Wasser nachspülen. Dieses Wasser ebenfalls zum Gemüse geben, verrühren und aufkochen.

8415. Kleine Snickers-Sauerei, Dezember 2015

Nachdem ich schon das Hauptessen in einer „fettigen" Soße ertränkt hatte, hatte ich immer noch nicht genug. Klein, fein, lecker, böse ;-)

Mit einem Löffel verrühren:

30 g Erdnussmus

3 g Kakaopulver

25 g dünnflüssiger Honig

8416. Ananas-Rest-FKG, Dezember 2015

- 1 EL Leinsamen
- 3 EL Nackthafer
- 125 g Ananas (netto)
- 1 Banane, geschält (110 g netto)
- 2 kleine Äpfel (155 g)
- 1/2 TL Kakaonibs
- 1 TL Kokosraspeln

Leinsamen mit dem Getreide flocken, das Obst in grobe Stücke teilen und im Hochleistungsmixer pürieren, über das Getreide geben. Mit Kakaonibs und Kokosraspeln bestreuen.

8417. Süßkartoffelkakao Nr. 2, Dezember 2015

Im Vitamix 2,5 bis 3 Min. auf höchster Stufe schlagen:

- 10 g Kakaonibs
- 50 g Süßkartoffel
- 2 Medjool-Datteln entsteint (35 g netto)
- 10 g frischer Ingwer
- 30 g gekochte rote Linsen
- auf 500 ml mit Wasser / kochendem Wasser 1:1 auffüllen.

8418. Erdnuss-Knusper-Cookies, Dezember 2015

Nach einem genialen Rezept von Agnes :-)

- 250 g gekochte rote Linsen
- 130 g Erdnussmus
- 200 g entsteinte Datteln (Medjool)
- 1 gestr. TL Vanillepulver
- 1 geh. TL Weinstein-Backpulver
- 1/4 TL gem. Kardamom
- 50 g Kakaonibs

Alle Zutaten außer den Kakaonibs in den TM geben und pürieren (30 Sek./Stufe 3; 20 Sek./Stufe 5 und 10 Sek./Stufe 8). Kakaonibs unterrühren (10 Sek./Rückwärtslauf/Stufe 3 oder 10 Sek./Stufe 2). Auf ein gefettetes, ausgelegtes oder PerfectClean-Pizzablech (28 cm) ausstreichen und grob in Stücke vorschneiden. Im vorgeheizten Backofen 15 Min. bei 175 °C (Heißluft) und 10 Min. bei 160 °C backen. Vorschnitte mit einem Pfannenwender nachschneiden, auf einem Gitterrost auskühlen lassen und in einer gut schließenden Dose aufbewahren.

8419. Kartoffelsuppe mit Maronen, Dezember 2015

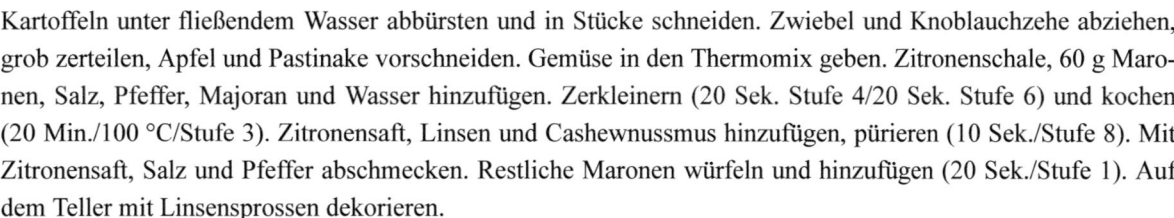

- 200 g Kartoffeln
- 1 Zwiebel (65 g netto)
- 1 große Knoblauchzehe (10 g netto)
- 1 kleiner Apfel (75 g netto)
- 75 g Pastinake
- Abgeriebene Zitronenschale (1 Streifen)
- 100 g Maronen, vorgekocht
- 1 gestr. TL Salz
- 1 MS schw. gem. Pfeffer
- 1/2 TL getr. Majoran
- 500 g Wasser
- Saft von 1/2 Zitrone (15 g)
- 40 g gekochte rote Linsen
- 15 g Cashewnussmus
- 1 EL Linsensprossen (48 Std. Keimzeit)

Kartoffeln unter fließendem Wasser abbürsten und in Stücke schneiden. Zwiebel und Knoblauchzehe abziehen, grob zerteilen, Apfel und Pastinake vorschneiden. Gemüse in den Thermomix geben. Zitronenschale, 60 g Maronen, Salz, Pfeffer, Majoran und Wasser hinzufügen. Zerkleinern (20 Sek. Stufe 4/20 Sek. Stufe 6) und kochen (20 Min./100 °C/Stufe 3). Zitronensaft, Linsen und Cashewnussmus hinzufügen, pürieren (10 Sek./Stufe 8). Mit Zitronensaft, Salz und Pfeffer abschmecken. Restliche Maronen würfeln und hinzufügen (20 Sek./Stufe 1). Auf dem Teller mit Linsensprossen dekorieren.

Fazit: Vom Rezept her wären es 400 g Wasser gewesen; viel zu wenig. Der Geschmack war okay, aber nicht gut genug, um die gräuliche Farbe wettzumachen. Gut, dass ich die nicht für Silvester verwahrt habe, Eric hätte Magenverstimmung vorgeschoben.

8420. Matschbananen-FKG, Dezember 2015

Abends

- 3 EL Vier-Korn-Getreide nackig 10/7967 grob schroten. Mit
- 70 g Wasser übergießen. Abgedeckt über Nacht (mindestens 4 Std.) bei Raumtemperatur stehen lassen.

Morgens

- 10 g Zitronenfleisch
- 1 Orange, geschält (150 g netto)
- 1 Banane, überreif und geschält (105 g netto)
- 1 kleiner Apfel (95 g)
- 10 g = 10 Stück Mandeln.

Obst in grobe Stücke teilen und im Hochleistungsmixer pürieren. Auf das Getreide gießen. Mit Mandeln dekorieren.

8421. Gehaltloser Kakao, Dezember 2015

Im Vitamix 2,5 bis 3 Min. auf höchster Stufe schlagen:

- 15 g Kakaonibs
- 30 g gekochte rote Linsen
- 2 Medjool-Datteln entsteint (35 g netto)
- 10 g frischer Ingwer
- 1 geh. TL Flohsamenschalen (4 g)
- auf 500 ml mit Wasser / kochendem Wasser 1:1 auffüllen.

8422. Laugenstangen wild (2015/41), Dezember 2015

Vorläufer: von 6/3857

Vortag, 14 Uhr:

- 100 g Weizen, fein gemahlen, mit
- 100 g Hefewasser verrühren. In einer Peng-Dose gehen lassen bis ca. 21 Uhr.

Vorabend, 21 Uhr:

- Ansatz vom Mittag mit
- 300 g Weizen, fein gemahlen
- 1 TL Salz
- 1 TL dünnflüssiger Honig und

- 200 g Wasser verrühren. In einer passenden Peng-Dose bis zum nächsten Morgen (ca. 7.30 Uhr) gehen lassen, der Deckel ist gewölbt, aber nicht abgesprungen

Backtag;

- Ansatz vom Vorabend
- 100 g Kamut, fein gemahlen
- 20 g Wasser
- 1-2 EL Hagelsalz

Ansatz vom Vorabend in den TM überführen. Kamut und Wasser darüber geben. Auf der Knetstufe 2,5 Min. kneten lassen. Großteil aus dem Mixtopf rutschen lassen, TM kurz ein paar Mal auf Turbo (2 Min) schlagen lassen, Rest von den Wänden kratzen. Teig insgesamt durchkneten. Versuchsweise zu einer Kugel unter Spannung formen, was bei Wildhefeteigen sowieso schwierig ist, weil die gerne „wegrutschen" und weil dieser Teig auch sehr weich ist (viel Wasser). In eine Pengdose passender Größe füllen und 2-3 Std. gehen lassen (bis der Deckel sich gut nach oben wölbt). Teig von Hand nochmals durchkneten und Portionen von je 80 g abwiegen (= 10 Stück); aus den Teigstücken Stangen von ca. 10 cm Länge rollen; auf Dauerbackfolie ablegen. Rollen abgedeckt mit Gärfolie nochmals 20 Min. gehen lassen.

Natron im Wasser auflösen und aufkochen. Jeweils 3 Gebäckstücke ca. 30 Sekunden in die Lauge eintauchen, zwischendurch wenden. Mit einer Schöpfkelle vorsichtig herausnehmen (sie brechen gerne über die Länge), abtropfen lassen und auf das Backblech (PerfectClean) geben. Mit der Schere jeweils 3 x einschneiden und sofort mit dem groben Salz bestreuen. Abkühlen lassen. In dieser Zeit den Backofen auf 250 °C vorheizen. Das Blech einschieben, auf 195 °C herunterdrehen und 20 Min. backen. Auf einem Gitterrost auskühlen lassen.

8423. Linsenklößchen, Dezember 2015

- 35 g Weizen
- 1 gute Prise Salz
- 1/2 TL Paprika edelsüß
- 125 g gekochte rote Linsen
- 875 g Wasser zum Kochen

Weizen in der Getreidemühle fein mahlen. Mit Salz, Paprika und Linsen zu einem glatten Teig verarbeiten (2 Min./Knetstufe oder Stufe 2-3). Etwa 10-15 Min. quellen lassen. Klößchenteig wiegen und 6 gleiche Teile abnehmen. Jedes Teigstück zu einer Kugel drehen und in den Varoma legen. Varoma aufsetzen und garen (25 Min./100-120 °C/Stufe 3).

8424. Roter Rotkohl, Dezember 2015

- 100 g Wasser
- 25 g Marinade von Rote Bete in Marinade 8361 oder Apfelessig
- 220 g Rotkohl
- 75 g Rote Bete
- 1 Lorbeerblatt
- 1 gestr. TL Salz
- 1/4 TL gem. schw. Pfeffer
- 1 TL Ahornsirup

Flüssigkeiten in einen kleinen Schnellkochtopf geben. Rotkohl und Rote Bete raffeln (15 Sek./Stufe 3; 5 Sek./Stufe 5). Gemüse mit dem Lorbeerblatt in den Schnellkochtopf schütten. Schnellkochtopf schließen und Gemüse 10 Min. auf Stufe II garen.

Mit Salz, Pfeffer und Ahornsirup (oder Honig) abschmecken. Wer mehr Wasser nehmen musste wegen der Mindestmenge seines Schnellkochtopfs, kann mit etwas Reismehl dicken.

Tipp: Bei mir gab es dazu Linsenklößchen.

8425. Orange mit Cashewkrönchen, Dezember 2015

- 1 EL Leinsamen
- 3 EL Nackthafer
- 10 g Zitronenfleisch
- 1 Orange, geschält (165 g netto)
- 1 Banane, geschält (105 g netto)
- 1 kleiner Apfel (90 g)
- 10 g Cashewnüsse

Leinsamen mit dem Getreide flocken, das Obst in grobe Stücke teilen und im Hochleistungsmixer pürieren, über das Getreide geben. In die Mitte Cashewkerne streuen.

8426. Maronadao, Dezember 2015

Im Vitamix 2,5 bis 3 Min. auf höchster Stufe schlagen:

- 10 g Kakaonibs
- 10 g Chiasamen
- 45 g Maronen, gekocht
- 2 Medjool-Datteln entsteint (40 g netto)
- 6 g frischer Ingwer
- auf 500 ml mit Wasser / kochendem Wasser 1:1 auffüllen.

8427. Wenig Bete, viel Farbe, Dezember 2015

- 25 g Rote Bete
- 95 g Möhre
- 100 g Apfel
- 230 g Wasser
- 5 g dünne Porreeringe

Rote Bete, Möhre und Apfel vorschneiden und im Hochleistungsmixer 1–1,5 Min. mixen. In einer Schüssel mit Porreeringen bestreuen.

8428. Selleriecremesuppe mit Einlage, Dezember 2015

- 135 g Sellerieknolle
- 85 g Porree (vom grünen Ende der Stange)
- 1 gestr. TL Salz
- 400 g Wasser
- 40 g Cocktailtomaten
- 50 g Vollkornnudeln
- 35 g gekochte rote Linsen
- 100 g Wasser

Von Sellerie und Porree einen kleinen Teil (je ca. 20 g) fein schneiden und zur Seite legen. Den Rest grob vorschneiden und in den Thermomix geben. Salz und Wasser hinzufügen und raffeln (10 Sek./Stufe 5). Fein geschnittenes Gemüse, Cocktailtomaten und Nudeln in den Garkorb geben, Garkorb in den Mixtopf einhängen und garen (22 Min./100 °C/Stufe 3). Garkorb herausnehmen. Linsen und 100 g Wasser in den Mixtopf geben, pürieren (10 Sek./Stufe 8). Inhalts des Garkorbs zur Suppe hinzufügen und nochmals erhitzen (2 Min./80 °C/Stufe 1 bzw. Rückwärtsstufe).

8429. Blaubeer-Orangen-FKG, Dezember 2015

2 x Frühstück

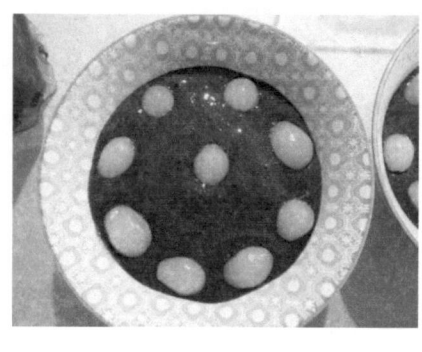

- 2 EL Leinsamen
- 4 EL Nackthafer
- 10 g Zitronenfleisch
- 1 sehr reife Banane, geschält (115 g netto)
- 1 Orange, geschält (185 g netto)
- 100 g tiefgekühlte Blaubeeren
- Dekoration: 120 g grüne kernlose Trauben

Leinsamen mit dem Getreide flocken, auf zwei Schüsselchen verteilen.

Das Obst außer der Deko in grobe Stücke teilen und im Hochleistungsmixer pürieren, über das Getreide geben. Mit Trauben belegen.

8430. Geflohener Cashewkakao, Dezember 2015

Im Hochleistungsmixer, je nach Gerät, 2,5 bis 3 Min. auf höchster Stufe schlagen:

- 10 g Kakaonibs
- 10 g Cashewnüsse
- 2 Medjool-Datteln entsteint (35 g netto)
- 6 g frischer Ingwer
- 4 g Flohsamenschalen
- auf 500 ml (Markierung im Becher) mit Wasser / kochendem Wasser 1:1 auffüllen.

8431. Paprika-Ingwer-Dressing, Dezember 2015

Vorläufer: 8352, enthält kein Öl.

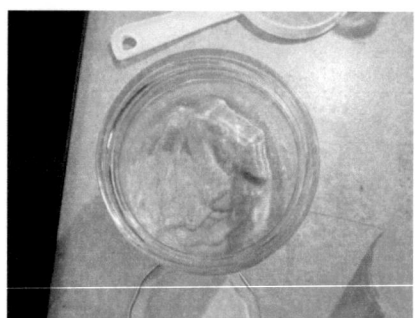

Im Vitamix schlagen, die Kräuter jedoch nur kurz am Ende unterziehen:

- 125 g Mandeln
- 125 g Apfelessig
- 20 g Salz
- 1 g gem. schw. Pfeffer
- 3 g Paprika, edelsüß
- 1 kleine Knoblauchknolle, nur die äußeren Schalen grob entfernt (15 g)
- 50 g Honig
- 5 g frischer Ingwer
- 200 g Wasser
- 1 EL Aioli-Kräutermischung (Maier's) o. Ä.

Wird im Kühlschrank fester.

8432. Cashewnussmus aus dem TM, Dezember 2015

- 400 g Cashewnüsse oder Cashewnussbruch

Nüsse in die Maschine geben. Während der Rührzeiten die Masse immer wieder mit dem beiliegenden Spatel herunterdrücken. Wer keinen passenden Spatel hat oder wie ich mit dem Teil nicht wirklich zurechtkommt, muss das Gerät anhalten und die Masse anders von der Wand herunterdrücken. Mixen wie folgt:

- 1 Min./Stufe 3,5
- 2 Min./Stufe 5 (45 °C erreicht)
- 1 Min. Stufe 6
- 1,5 Min. Stufe 10 (immer noch 45 °C)

Fazit: *Da das Messer so scharf ist, erhoffte ich mir ein Wahnsinnsergebnis. Es ist gut, aber nicht besser als vorher. Vielleicht sind es doch zu wenig Nüsse? Ich sollte es mal mit 500 g probieren.*

8433. Schoko-Teestreifen, Dezember 2015

Vorläufer 8353

- 100 g Weizen
- 100 g Rundkorn-Naturreis
- 50 g Nacktgerste
- 1 Prise Salz
- 1 gestr. TL Vanillepulver
- 20 g Kakaopulver
- 50 g Cashewnussmus

- 100 g gekochte weiße Bohnen
- 1 kleiner Apfel (95 g)
- 100 g Agavendicksaft (oder Honig)
- 3 g frisch abgeriebene Orangenschale
- 2 EL Wasser

Getreide mischen und in der Mühle fein mahlen, mit Salz, Vanille und Kakaopulver mischen. Die restlichen Zutaten in den Thermomix geben und mit langsam steigender Geschwindigkeit pürieren (30 Sek./Stufe 3, je 10 Sek. Stufe 4, 5, 6 und 7; 30 Sek. Stufe 10). Mehlgemisch hinzugeben und kneten (2 Min./Knetstufe).

Mit der Hand zu einer festen Kugel zusammenpressen, in Folie wickeln und ca. 1 Std. ruhen lassen. In zwei oder drei Portionen etwa 1 cm dick ausrollen. Ein Rechteck ausschneiden, dies wiederum in etwa 2 cm breite und 5 cm lange Streifen schneiden. Abgeschnittene Teigreste wieder ausrollen usw. Streifen nebeneinander auf ein Backblech legen (PerfectClean oder mit Dauerbackfolie / Backpapier auslegen).

Ofen (Heißluft) auf 130 °C vorheizen. Blech einschieben und 30 Min. backen. Streifen auf ein Gitterrost geben und abkühlen lassen. In einer gut schließenden Dose aufbewahren.

8434. Gebrannte Mandeln, Dezember 2015

- 50 g Honig
- 35 g Wasser
- 1 Prise Vanille
- 1 TL Zimt
- 50 g ungeschälte Mandeln

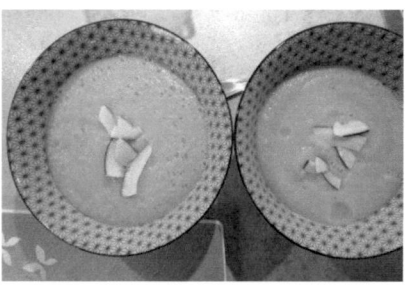

Honig, Wasser, Vanille und Zimt in einer Pfanne zum Kochen bringen. Mandeln hinzufügen und unter Rühren auf etwas kleinerer Herdeinstellung reduzieren, bis kaum noch Flüssigkeit vorhanden ist. Auf Dauerbackfolie schütten und sofort so breit wie möglich auseinanderziehen. Erkalten lassen.

Hinweis: Die Pfanne zum Reinigen erst lauwarm werden lassen, mit Wasser füllen und warten, bis sich die süße Masse fast von alleine gelöst hat. Schmeckt wie das Original, glänzt nur mehr.

8435. Süßliche Möhrensuppe, Dezember 2015

Kleine Mahlzeit für 2 Personen

- 120 g Möhre
- 80 g Pastinake
- 80 g Orange
- 200 g Wasser
- 5 g Kokosstreifen

Gemüse und Wasser im Vitamix zu einer glatten Suppe verarbeiten. Auf zwei Schüsselchen verteilen und mit Kokosstreifen dekorieren.

8436. Gesteckte Paprikasuppe (Rohkost), Dezember 2015

Kleine Mahlzeit für 2 Personen (mit etwas Brot)

Im Hochleistungsmixer sämig schlagen (ca. 1-2 Min.):

- 1 rote Paprika, ohne Innenwände oder Kerne (150 g netto)
- 105 g Steckrübe (netto)
- 235 g Wasser; dekorieren mit
- 15 g Linsenkeimen (60 Std.)

8437. Schokoladen-Pudding mit Knacktop, Dezember 2015

Vorläufer: 7791; 2 Portionen

- Gebrannte Mandeln 8434
- 155 g Wasser
- 65 g entsteinte Datteln (Medjool)
- 20 g Chiasamen
- 10 g Kakaopulver (schwach entölt)
- 1 Prise Salz
- 1/2 gem. Vanille
- 35 g gekochte weiße Bohnen

Die Zutaten bis auf die Mandeln im Hochleistungsmixer, Food Processor oder im TM so lange schlagen, bis keine Chiasamen mehr erkennbar sind. Auf zwei Schüsselchen verteilen, mit zerstoßenen gebrannten Mandeln dekorieren.

8438. Gefüllte Tomaten auf Salatbett, Dezember 2015

Vorspeise für 2 Personen

- 2 Tomaten (170 g)
- 35 g Salatblätter
- 50 g Pastinake
- 2 Stücke Orange (35 g)
- 10 g Cashewnussmus
- Salz
- Pfeffer
- 1/4 TL Paprika edelsüß
- 1 EL Linsensprossen

Deckel von den Tomaten abschneiden, vorsichtig den Innensteg herausschneiden. Salat waschen, trockenschleudern und in Streifen schneiden. Auf zwei Glasteller verteilen. Tomateninneres (auch aus dem Deckel) mit dem Löffel herauskratzen und mit 1 Stück Orange, Cashewnussmus und Salz verquirlen. Diese Soße auf dem Salat verteilen. Pastinake möglichst klein schneiden. Das zweite Stück Orange mit Salz und Paprika verquirlen, mit der Pastinake mischen. Tomaten und Tomatendeckel damit füllen, auf den Salat setzen. Mit Linsensprossen bestreuen.

Tipp: *Für eine größere Vorspeise, Pastinaken raffeln. Das wird sicher noch schöner!*

8439. Rotkohl deftig, Dezember 2015

2 Personen; Schnellkochtopf

- 15 g Knoblauch, netto
- 55 g Zwiebel, netto
- 360 g Rotkohl
- 2 EL Apfelessig
- 100 g Wasser
- 1 Prise Salz

Knoblauch und Zwiebel würfeln, Rotkohl klein schneiden. Mit Flüssigkeiten und Salz im Schnellkochtopf 10 Min. auf Stufe II garen. Langsam abdampfen lassen und mit Salz und Pfeffer abschmecken.

8440. Weihnachtskakao, Dezember 2015

Im Vitamix 2,5 bis 3 Min. auf höchster Stufe schlagen:

- 15 g Kakaonibs
- 10 g Chiasamen
- 30 g gekochte rote Linsen
- 2 Medjool-Datteln entsteint (40 g netto)
- 10 g frischer Ingwer
- 15 g Cashewnüsse
- auf 500 ml mit Wasser / kochendem Wasser 1:1 auffüllen.

8441. Süßkartoffel-P-Püree, Dezember 2015

Für 2 Personen als Beilage

- 100 g Wasser
- 1 Süßkartoffel, in Stücken (195 g)
- 1 Pastinake, in Stücken (170 g)
- 35 g Linsen
- 1 gestr. TL Salz
- 5 g Cashewnussmus
- 1/2 TL gem. Kümmel

Wasser, Süßkartoffel und Pastinake in der angegebenen Reihenfolge in eine 24-cm-Pfanne geben. Als Gemüsepfanne 15 Min. dünsten.

Die restlichen Zutaten miteinander mixen (z. B. kleiner Mixer). Gemüse mit Kochwasser und der Linsenmischung mit dem Pürierstab pürieren.

Tipp: *Bei mir gab es dazu deftigen Rotkohl.*

8442. Mangobeeren-FKG, Dezember 2015

2 x Frühstück

- 2 EL Leinsamen
- 4 EL Nacktgerste
- 40 g getr. Mango
- 20 g Cashewnüsse
- 2-3 cm Vanillestange
- 275 g Wasser
- 1 Banane, geschält (120 g netto)
- 2 Stück Orange (35 g)
- 10 g Zitronenfleisch
- 1 Apfel (85 g)
- 125 g Tiefkühlerdbeeren, angetaut
- 8 Mandeln

Leinsamen mit dem Getreide flocken, auf zwei Schüsselchen verteilen. Mango in kleinere Stücke reißen. Mit Nüssen, Vanille und Wasser im Vitamix zu einer lauwarmen Creme schlagen. Auf das Getreide gießen. Das Obst ggf. in grobe Stücke teilen und im Hochleistungsmixer pürieren, über das Getreide geben. Mit den Mandeln dekorieren.

8443. Polenta-Grundlage, Dezember 2015

- 200 g Mais (Getreide)

Mixtopf vom Thermomix mit Haushaltsfolie überspannen, Mais hinzufügen und zu Grieß schlagen (20 Sek./Stufe 8); feiner: 3 Sek./Stufe 8. Passt genau in ein Honigglas; am besten beschriften.

8444. Margarine-anstatt TM-1, Dezember 2015

- 30 g Sonnenblumenöl
- 30 g Cashewnusscreme
- 190 g gekochte weiße Bohnen
- 1 TL Apfelessig
- 1 Prise Salz
- 1 MS Paprika edelsüß
- 80 g Kokosöl
- 75 g Wasser

Alle Zutaten, außer dem Wasser, in den TM geben und schmelzen (4 Min./40 °C/Stufe 1). Dann mehrmals mit Turbo oder einige Sekunden auf Stufe 5 mixen. In drei Portionen mit je 25 g Wasser im kleinen Mixer, flaches Messer, zu einer glatten Creme schlagen.

Hinweis: *Im TM wurde es nicht richtig. Als ich dann portionsweise in den kleinen Mixer umgefüllt habe, wurde es erst nach Zugabe von Wasser richtig etwas.*

8445. Kichererbsenmehl, Dezember 2015

Gelegentlich wünsche ich mir kleine Mengen Kichererbsenmehl. Der kleine Mixer wird da arg gequält und für 20 g ein großes Gerät „einsauen" mag ich auch nicht. Ich habe mir daher jetzt welches auf Vorrat gemahlen. Ein Honigglas ist nicht ganz voll.

* 150 g Kichererbsen

Mixtopf vom TM mit Haushaltsfolie überspannen, Kichererbsen hinzufügen und zerkleinern (1 Min./Stufe 10). Wird schöner und feiner als in einer Mühle.

8446. Birnenaugen, Dezember 2015

2 Desserts

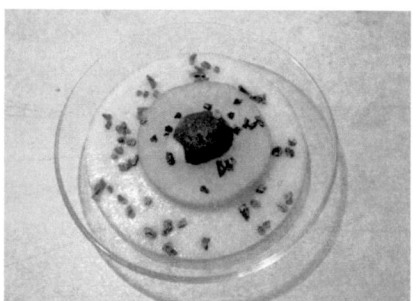

* 2 etwa 12 mm dicke Scheiben mitten aus einer großen Birne
* 50 g Wasser
* 1/2 Orange, geschält (87 g netto)
* 10 g Agavendicksaft
* 1 TL Flohsamenschalen (3 g)
* 20 g Haselnuss-Schoko-Creme
* 5 g Kakaonibs

Birnen im Wasser dünsten (15 Min., je nach Qualität der Birnen kann das anders sein, also muss man nach 10 Min. testen). Rest des Kochwassers (bei mir 25 g) mit der klein geschnittenen Orange, Agavendicksaft und Flohsamenschalen im kleinen Mixer gut verquirlen. Die Orangencreme auf zwei Teller mit Rand verteilen. Das Mittelstück aus den Birnenscheiben schneiden, Scheiben auf die Orangencreme legen. In die Mitte je eine Kugel aus Haselnuss-Schoko-Creme setzen und mit Kakaonibs bestreuen.

8447. Polenta-Teig, Dezember 2015

Verhältnis Maisgrieß: Wasser = etwa 1 zu 3,5; 2 Portionen

* 140 g Maisgrieß
* 480 g Wasser
* 1 Prise Salz
* 10 g Cashewnussmus

Wasser mit Salz und Cashewnussmus in einem kleinen Topf aufkochen, den Mais unter Rühren mit einem Schneebesen (Silicon, falls ein beschichteter Topf) einrieseln lassen. Sollten sich Klumpen bilden, muss man fester schlagen. Unter Rühren 4 Min. mittlere Einstellung kochen.

8448. Polenta-Soße, Dezember 2015

* 60 g gekochte weiße Bohnen
* 30 g Wasser
* 1 Prise Schabziegerklee
* 1/2 TL Paprika edelsüß

Zutaten in einem kleinen Mixer verquirlen und mit einem Esslöffel über das Gemüse verteilen.

8449. Polenta-Soße Nr. 2, Dezember 2015

2 Portionen

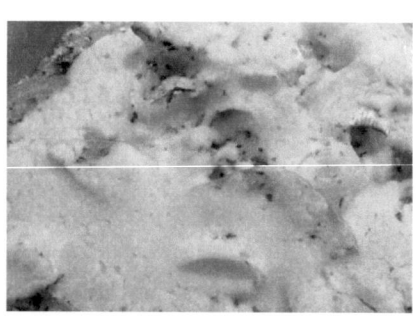

* 120 g gekochte weiße Bohnen
* 60 g Wasser
* 1/2 TL Salz
* 10 g Zitronenfleisch
* 1 Prise Kreuzkümmel
* 1/2 TL Paprika edelsüß
* 15 g Sonnenblumenöl

Zutaten im Vitamix verquirlen und mit einem Esslöffel über das Gemüse verteilen.

8450. Polenta mit Porree, Dezember 2015

2 Personen

Gemüsepfanne (24 cm), 9 Min. dünsten:
- 50 g Wasser
- 125 g Porreeringe

Polenta:
- 140 g Maisgrieß (Polenta-Grundlage 8443)
- 480 g Wasser
- 1 Prise Salz
- 10 g Cashewnussmus

Wasser mit Salz und Cashewnussmus in einem kleinen Topf aufkochen, den Mais unter Rühren mit einem Schneebesen (Silicon, falls ein beschichteter Topf) einrieseln lassen. Sollten sich Klumpen bilden, muss man fester schlagen. Unter Rühren 4 Min. auf mittlerer Einstellung kochen. Auf zwei Pie-Formen (22,5 cm) ausstreichen. Den Porree darauf verteilen.

Belag:
- 1 Tomate (125 g)
- 1 TL getr. gerebbelter Basilikum
- Polenta-Soße Nr. 2 8449

Tomate halbieren, in Spalten schneiden. Zwischen dem Porree auslegen. Mit Basilikum bestreuen. Soße mit einem Esslöffel über die Gemüse verteilen.

Ofen vorheizen auf 200 °C (Heißluft). Formen in den heißen Ofen schieben (passen beide gerade über die Diagonale) und 20 Min. backen.

8451. Ananas-verzierte Reste, Dezember 2015

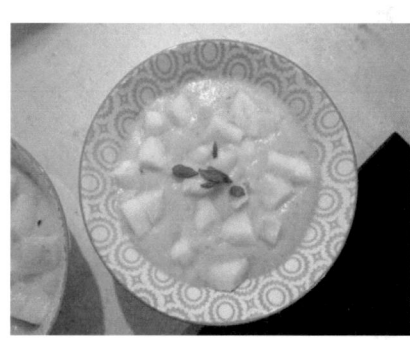

2 x Frühstück

Abends
- 4 EL Vier-Korn-Getreide nackig 10/7967 grob schroten & auf zwei Schüsseln verteilen. Mit insgesamt
- 160 g Wasser übergießen. Abgedeckt über Nacht (mindestens 4 Std.) bei Raumtemperatur stehen lassen.

Morgens
- 10 g Zitronenfleisch
- Ein Rest Orange (75 g netto)
- Ein Rest Birne (90 g netto)
- 1 Banane, geschält (150 g netto)
- Ein Rest Apfel (ein halber), 120 g
- 190 g Ananas, geschält (netto)
- 1 TL Gojibeeren

Obst ohne die Ananas in grobe Stücke teilen und im Hochleistungsmixer pürieren. Auf das Getreide gießen. Ananas in Stücke schneiden, auf die Oberfläche legen und in die Mitte Gojibeeren streuen.

8452. Weihnachtsendkakao 2015, Dezember 2015

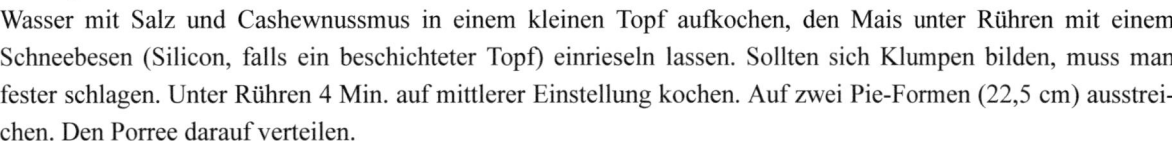

Im Hochleistungsmixer, je nach Gerät, 2,5 bis 3 Min. auf höchster Stufe schlagen:
- 15 g Kakaonibs
- 1/2 TL Lebkuchengewürz (Brecht)
- 20 g Chiasamen
- 2 Medjool-Datteln entsteint (35 g netto)
- 10 g frischer Ingwer
- 15 g Cashewnüsse
- auf 500 ml (Markierung im Becher) mit Wasser / kochendem Wasser 1:1 auffüllen.

8453. Kokosnussmus TM, Dezember 2015

Nachdem das mit dem Vitamix zu toll klappt, wollte ich es auch mit dem TM probieren. Ich habe 100 g mehr genommen, damit die Messer genug zum Greifen haben.

* 400 g Kokosraspeln

Statt „pulsen" bietet sich die Turbo-Funktion an, die mit dem neuen TM5 auch ohne laufendes Gerät genutzt werden kann, wahlweise 0,5, 1 oder 2 Sek. Es tat sich nichts.

Also habe ich einige Min. auf Stufe 5, auf Stufe 6 laufen lassen, es wurde krümelig. Und die Temperatur kroch sehr rasch hoch. Damit es irgendwie endlich flüssig wird, habe ich auf Stufe 10 geschaltet, bei 85 °C habe ich dann aufgehört und in den Vitamix umgefüllt. Dort wurde es aber nun auch nicht mehr so dolle. Nun ja, zur Weiterverwendung geht's.

8454. Kokosdrink, Dezember 2015

Im Hochleistungsmixer, je nach Gerät, 1 Min. auf höchster Stufe schlagen (wird lauwarm):

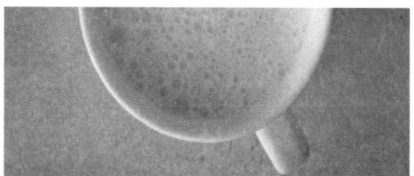

* 30 g Kokosnussmus 8453
* 1 Medjool-Datteln entsteint (20 g netto)
* 350 g Wasser

8455. Selleriekokossuppe (Rohkost), Dezember 2015

2 Personen kleine Mahlzeit

Im Hochleistungsmixer 1 Min. schlagen:

* 70 g Apfel
* 100 g Sellerie (netto)
* 10 g Zitronenfleisch
* 20 g Kokosnussmus 8453
* 300 g Wasser. Mit
* Linsensprossen dekorieren.

8456. Süßkartoffeln gegrillt, Dezember 2015

2 Desserts

* 1 Süßkartoffel, etwa 200 g
* 20 g gekochte rote Linsen
* 20 g Kokosnussmus (Glas oder 8453)
* 1 Prise Salz
* 1 gute Prise Zimt
* 10 g Agavendicksaft (oder flüssiger Honig)
* 30 g Wasser
* 10 g Kokosöl

Süßkartoffel im Varoma garen (35 Min./100-120 °C/Stufe 2). Schneller geht dünsten in der Pfanne mit etwas Wasser (ca. 20 Min.). Wenn die Süßkartoffel kurz genug ist, kann man auch den Garkorb verwenden. Abkühlen lassen.

Lauwarme Süßkartoffel der Länge nach durchschneiden, das Innere mit einem Teelöffel vorsichtig herauskratzen. Möglichst einen Rand von etwa 5 mm stehen lassen.

Das Süßkartoffelfleisch mit Linsen, Kokoscreme, Salz, Zimt, Agavendicksaft und Wasser in einem kleinen Mixer verquirlen. Wer größere Portionen zubereitet, kann dies auch im TM oder Vitamix tun. Püree wieder in die ausgehöhlten Süßkartoffeln füllen, die Hälften z. B. in eine Lasagneform setzen. Bis 10 Min. vor dem Servieren Folie über die Formen spannen.

Folie entfernen, Kokosöl auf der Oberfläche in Bröckchen verteilen.

Ofen (Heißluft) auf 240 °C vorheizen und ca. 10 Min. unter dem heißen Backofengrill überbacken. Vor dem Servieren auf Teller setzen. Vanillesoße oder eine Cashewsahne passt auch gut dazu.

8457. Roter Pizzabelag Nr. 22 (2 Pieformen), Dezember 2015

Vorläufer: 8055; etwas weniger für 2 Formen zu 22,5 cm

Mixen:

- 35 g Wasser
- 20 g Tomatenmark
- 1 gute Prise Salz
- 1 Prise schw. gem. Pfeffer
- 1/2 TL Paprika edelsüß (aus privater Herstellung)
- 1/2 gestr. TL Honig (4 g)
- 1 TL Marinade von Rote Bete in Marinade 8361 oder Apfelessig
- 1 Prise gem. Kreuzkümmel

8458. Weißer Pizzabelag Nr. 31 (mit Öl), Dezember 2015

Vorläufer: 8025; für 2 kleine Pizzen

Im kleinen Mixer gut mixen:

- 75 g gekochte weiße Bohnen
- 10 g Zitronenfleisch
- 10 g Sonnenblumenöl
- 1 gute Prise Salz
- 15 g Cashewnussmus
- Etwas Schabziegerklee gem.
- 45 g Bohnenkochwasser

Etwas stehen lassen. Reichlich.

8459. Pizza Pastinaka, Dezember 2015

Vorläufer: 8246; 2 Portionen

Etwa 2 Std. vor dem Servieren den Teig herstellen:

- 50 g Kamut
- 100 g Dinkel
- 1/2 TL Salz
- 1 TL Trockenhefe (4 g)
- 10 g Linsen
- 100 g Wasser

Getreide mischen und fein mahlen, mit Salz und Trockenhefe mischen. Linsen und Wasser im Thermomix mischen (2 x Turbo 1 Sek.), feste Zutaten hinzufügen und kneten (2 Min./Knetstufe). Mit den Händen zu einer Kugel formen an einem warmen Ort zugedeckt (d. h. in einer gut bemessenen Pengdose) min. 2-3 Std. ruhen lassen. Wenn die Dose ploppt, erneut kneten. Da ich anfangs zu wenig Wasser (80 g) berechnet hatte, habe ich nur Krümel im TM gehabt, die einen festen Teig ergaben. Ich habe dann nachträglich 4 TL Wasser = 20 g eingearbeitet.

- Roter Belag, 8457
- Weißer Belag, 8458

Gemüse:

- 130 g Pastinake (netto)
- 2 Tomaten (150 g)
- nach Geschmack: Pizzakräuter

Pastinake vorschneiden und raffeln (8 Sek./Stufe 5). Tomate in dünne Scheiben schneiden.

Fertigstellen: Backofen (Heißluft) auf 235 °C vorheizen. Teig zu zwei runden Pizzen ausrollen, in 22,5-cm-Pieformen geben und den roten Belag darauf streichen. Mit Pastinake und Tomatenscheiben belegen. Nach Belieben mit Pizzakräutern bestreuen. Weißer Belag darüber löffeln. Wenn Teig an den Rändern zu weit hochsteht, herunterrollen. 15 Min. bei 235 °C backen.

8460. Linsenstützcreme aus dem TM5 à la Vanillepudding, Dez. 2015

- 50 g Rundkorn-Naturreis
- 50 g gekochte rote Linsen
- 1 Dattel Medjool (17 g), entsteint
- 1 kleine Prise Salz
- 350 g Wasser

Mixtopf mit Haushaltsfolie überspannen, Reis mahlen (1 Min./Stufe 10). Reis in die Mitte bringen (Topf aufstupsen auf einen festen Untergrund, mit einem Spatel nachhelfen). Die restlichen Zutaten hinzufügen und wie im Kochbuch für Vanillepudding beschrieben kochen, allerdings kein Linkslauf: 7 Min./90 °C/Stufe 4.

Ergebnis: Obwohl ich nicht den Linkslauf vorgegeben habe, ist das ganze noch körnig. Auch die Dattel ist noch in winzigen Stückchen zu sehen. Es ist leicht grau (ich meine, aus dem Vitamix sei dasselbe heller) und schmeckt leicht nach Linsen. Also muss ich nochmals einen Versuch starten, bei dem ich Stufe 10 verwende. Immerhin hat es nicht angesetzt!

8461. Erdbeernanase, Dezember 2015

2 x Frühstück

- 2 EL Leinsamen
- 6 EL Nackthafer
- 20 g Zitronenfleisch
- 2 Bananen, geschält (295 g netto)
- 40 g Apfel
- 175 g tiefgekühlte Erdbeeren
- 170 g Ananas, geschält (netto)

Leinsamen mit dem Getreide flocken, auf zwei Schüsselchen verteilen.

Das Obst ohne die Ananas in grobe Stücke teilen und im Hochleistungsmixer pürieren, über das Getreide geben. Ananas in zwei Scheiben in Stücke schneiden und auf das Obst „schieben".

8462. Dunkelflohkakao, Dezember 2015

Im Vitamix 2,5 bis 3 Min. auf höchster Stufe schlagen:

- 10 g Kakaonibs
- 1 TL Kakaopulver (4 g)
- 1 geh. TL Flohsamenschalen (4 g)
- 3 Medjool-Datteln entsteint (55 g netto)
- 7 g frischer Ingwer
- auf 500 ml (Markierung im Becher) mit Wasser / kochendem Wasser 1:1 auffüllen.

8463. Apfel-Polenta, Dezember 2015

- 30 g Speisemais
- 105 g Wasser
- 1 Prise Salz
- 1 TL Agavendicksaft oder Honig
- 50 g Apfel
- 5 g Kokosraspeln
- 10 g Agavendicksaft oder Honig
- 5 g Kokosöl

Speisemais grob mahlen (30 Sek./Stufe 8), er fühlt sich noch körnig an.

Wasser mit Salz und Süßungsmittel in einem kleinen Topf aufkochen und unter Schlagen mit einem Schneebesen den Maisgrieß einrieseln lassen. Auf mittlerer Einstellung 3 Min. köcheln. Apfel in dünne Stücke schneiden und eine 10-cm-Quicheform damit auslegen. Polenta darauf verteilen. Mit Kokosraspeln bestreuen, Süßungsmittel tropfenweise hinzufügen und Kokosöl in Flöckchen auflegen. Backofen (hier: Umluftgrill) auf 240 °C vorheizen und 10 Min. grillen. *Schmeckt kalt und heiß.*

8464. Apple Cookies, Dezember 2015

Vorläufer 8397

- 100 g Weizen
- 100 g Rundkorn-Naturreis
- 50 g Maiskörner
- 1 Prise Salz
- 1 gestr. TL Vanillepulver
- 150 g Apfel
- 30 g Stützcreme, hier: Linsenstützcreme aus dem TM5 à la Vanille-pudding 8460
- 20 g Cashewnüsse
- 100 g gekochte rote Linsen
- 95 g Agavendicksaft
- 1 EL Wasser

Weizen mit Reis und Mais im Thermomix mahlen (1 Min./Stufe 10). Umfüllen und mit Salz und Vanille mischen. Apfel vorschneiden und raffeln (10 Sek./Stufe 5) und zum Mehl geben. Restliche Zutaten pürieren (10 Sek./Stufe 8; 3 Sek./Stufe 10). Mehl hinzufügen und kneten (2,5 Min./Knetstufe).

Ca. 30 Min. ruhen lassen. Mit einem nassen Löffel oder Eisportionierer zu Plätzchen formen und nebeneinander auf ein Backblech legen (PerfectClean oder mit Dauerbackfolie / Backpapier belegen).

Ofen (Heißluft) auf 130 °C vorheizen. Blech einschieben und 30 Min. backen. Kekse auf einen Gitterrost geben und abkühlen lassen. In einer gut schließenden Dose aufbewahren.

8465. Steckrübenkäse zum Überbacken, Dezember 2015

Im TM (10 Sek./Stufe 7; 3 x 10 Sek./Stufe 10, zwischendurch herunter-schieben) pürieren:

- 30 g gekochte rote Linsen
- 10 g Sonnenblumenöl
- 10 g Cashewnussmus
- 1 Prise Salz
- 1 Prise Schabziegerklee
- 60 g Wasser
- 105 g Steckrübe, vorgeschnitten

8466. Augenbohnen überbacken, Dezember 2015

- 150 g gekochte Augenbohnen
- 150 g Tomaten, stückig, aus der Dose
- 1 Prise Salz
- 1 gute Prise Kreuzkümmel
- Steckrübenkäse zum Überbacken 8465

Augenbohnen, Tomaten, Salz und Kümmel in einer ofenfesten Pfanne (20 cm) vermischen. Den Steckrübenkäse darüber geben. Ofen auf 190 °C vorheizen, Pfanne einschieben und 20 Min. überbacken.

8467. Vier-Zutaten-Frühstück, Dezember 2015

- 3 EL Nackthafer
- 1 Orange, geschält (190 g netto)
- 1 Apfel (225 g)
- 10 g Sonnenblumenkerne

Getreide flocken, das Obst in grobe Stücke teilen und im Hochleistungs-mixer pürieren, über das Getreide geben. Mit Sonnenblumenkernen bestreuen.

8468. Vier-Zutaten-Kakao, Dezember 2015

Im Hochleistungsmixer, je nach Gerät, 2,5 bis 3 Min. auf höchster Stufe schlagen:

- 10 g Kakaonibs
- 20 g Chiasamen
- 2 Medjool-Datteln entsteint (30 g netto)
- 8 g frischer Ingwer
- auf 500 ml (Markierung im Becher) mit Wasser / kochendem Wasser 1:1 auffüllen.

8469. Gefüllte Paprika (Rohkost), Dezember 2015

1 Hauptmahlzeit oder 2 reichliche Vorspeisen

- 30 g Nackthafer
- 55 g Wasser
- 25 g Kopfsalat
- 1 rote Paprika (brutto 185 g)
- 60 g Möhre (netto)
- 50 g Ananas (netto)
- 85 g Salatgurke
- 1/2 TL Salz
- 1 gestr. TL getr. gerebbelter Basilikum
- 1/2 Tomate (40 g)
- 1 kleine Essigpeperoni 7/4573 (s. Peperoniessig)
- 2 TL Peperoniessig (oder 2 TL Apfelessig + eine Prise Chilipulver)
- 1 gute Prise Salz
- 1/2 TL Paprika, edelsüß
- 20 g Wasser
- 1/2 TL Agavendicksaft (oder Honig)

Hafer flocken und 1 Std. in 55 g Wasser einweichen. Kopfsalat waschen, trocken schleudern und – für eine Hauptspeise – auf einem großen Teller auslegen. Paprika längs durchschneiden, Kerne und Innenwände entfernen. Die Hälften mit der Öffnung nach oben auf den Salat legen. Möhre, Ananas und Gurke vorschneiden, mit dem Salz in einer kleinen entsprechenden Küchenmaschine raffeln oder mit der Hand sehr klein schneiden. Diese Mischung mit eingeweichtem Hafer und Basilikum verrühren, in die Paprikahälften füllen. Die restlichen Zutaten in einem kleinen Mixer zu einer glatten, etwas viskösen Soße mixen und einen Teil über die Paprikafüllung geben, den Rest getrennt dazu reichen.

8470. Ajvar, Dezember 2015

- 500 g Wasser
- 1 rote Paprikaschote (netto 165 g)
- 1 Zwiebel (55 g netto)
- 1-2 Knoblauchzehen (9 g netto)
- 15 g Essigpeperoni 7/4573
- 1 gestr. TL Salz
- 1 gestr. TL Paprika edelsüß
- 1 Prise schw. gem. Pfeffer
- 1 EL Peperoniessig
- 1 EL Sonnenblumenöl
- 2 EL Kochflüssigkeit

TM: Wasser in den Mixtopf geben. Paprikaschote entkernen, Innenwände entfernen und in Stücke schneiden. Zwiebel und Knoblauch abziehen, klein schneiden. Gemüse mit den Essigpeperoni in den Garkorb geben und dünsten (25 Min./100 °C/Stufe 3). Restliches Kochwasser auffangen. Gegartes Gemüse mit den restlichen Zutaten in den Mixtopf geben und offen einkochen (3 Min./70 °C/Stufe 3; 3 Min./90 °C). In ein Schraubglas füllen, Deckel zudrehen und eine Weile auf den Kopf stellen. Im Kühlschrank aufbewahren.

Tipp: *Wenn man die Paste feiner möchte, kann man nochmals bei höherer Drehzahl pürieren.*

8471. Blaubeer-Cocktail (mit Frostrand), Dezember 2015

- 55 g tiefgekühlte Blaubeeren
- 50 g Avocado
- 10 g Zitronenfleisch
- 1-3 weiche Datteln, entsteint (hier: 25 g)
- 300 g Wasser
- 1/2 TL Agavendicksaft oder flüssiger Honig
- Kokosraspeln

Blaubeeren, Avocado, Zitrone, Datteln und Wasser im TM zu einem glatten Getränk pürieren (2 Min./Stufe 10).

Daumen und Zeigefinger mit Agavendicksaft benetzen, oben am Rand eines Glases entlang fahren, bis der Rand klebrig ist. Mit dieser klebrigen Öffnung auf einen Teller setzen, auf dem 3-5 mm hoch Kokosraspeln liegen. Cocktail eingießen.

Ich habe eine Dattel genommen, das gibt – zusammen mit dem Glasrand – eine sanfte Süße. Wer es „ richtig süß" möchte, nimmt mehr Datteln oder süßt mit Agavendicksaft / Honig nach.

8472. Ajovado-Dip, Dezember 2015

Passt gut zu Aufläufen.
- 55 g Avocado
- 50 g Ajvar (selbstgemacht siehe: 8470)
- 10 g Limettensaft
- 20 g Wasser
- Salz
- Pfeffer

In einem kleinen Mixer gut verquirlen.

8473. Kürbis-Rosenkohl-Auflauf, Dezember 2015

- 125 g Rosenkohl (netto)
- 25 g Zwiebel (netto)
- 150 g Hokkaido-Kürbis (netto)
- 20 g getr. Tomaten
- 200 g gekochte Augenbohnen
- Salz
- 3 EL Wasser
- Ajovado-Dip 8472

Rosenkohl putzen (äußere Blätter entfernen, Strunkende abschneiden) und längs halbieren. Abgezogene Zwiebel würfeln. Rosenkohl und Zwiebel in den unteren Teil des Varomaaufsatzes des TM geben. Kürbis in Spalten schneiden, in den oberen Teil des Varoma legen, Deckel auflegen und auf das Gerät setzen. Den Mixtopf mit 600 g Wasser füllen und das Gemüse garen (20 Min./100-120 °C/Stufe 1). Getrocknete Tomaten in Streifen schneiden, mit Augenbohnen und gegartem Gemüse mischen, evtl. salzen. Die Mischung und 3 EL Wasser in eine feuerfeste Pfanne (20 cm) geben. Ofen auf 180 °C (Heißluft) vorheizen und den Auflauf 20 Min. backen. Dazu gab es bei mir den Ajovado-Dip.

8474. Grüner Pudding, Dezember 2015

- 10 g Limettensaft
- 50 g Avocadofleisch
- 125 g Stützcreme, hier: Linsenstützcreme aus dem TM5 à la Vanillepudding 8460
- 20 g Agavensirup oder Honig
- 10 g Wasser
- 1 dünne Scheibe Ananas

Limettensaft, Avocado, Kochcreme, Süßungsmittel und Wasser mit einem kleinen Mixer (flaches Messer) pürieren. In eine kleine Glasschüssel umfüllen. Ananas schälen, achteln und vier Achtel an den Rand der Creme stecken.

8475. Schüttelfrost-Blues, Dezember 2015

Im Hochleistungsmixer, je nach Gerät, 2 bis 3 Min. auf höchster Stufe schlagen:

- 10 g Carobpulver
- 1 Medjool-Dattel entsteint (20 g netto)
- 10 g frischer Ingwer
- auf 400 ml (Markierung im Becher) mit Wasser / kochendem Wasser 1:1 auffüllen und gut mixen;
- 1 Banane, geschält (125 g netto) hinzufügen und nochmals kurz durchmixen.

8476. Upside-Down Flocken, Dezember 2015

- 15 g Zitronenfleisch
- 165 g Orange
- 55 g Ananasfleisch
- 1 Banane (100 g)
- 3 EL Roggen
- 10 g Cashewnüsse

Obst in grobe Stücke teilen und im Hochleistungsmixer pürieren, in eine Schüssel füllen. Roggen darüber flocken und mit Nüssen dekorieren.

8477. Ein-Gramm-Floh-Kakao, Dezember 2015

Im Vitamix 2,5 bis 3 Min. auf höchster Stufe schlagen:

- 10 g Kakaonibs
- 10 g Chiasamen
- 2 Medjool-Datteln entsteint (32 g netto)
- 10 g frischer Ingwer
- 30 g gekochte Augenbohnen
- 1 g Flohsamenschalen
- auf 500 ml mit Wasser / kochendem Wasser 1:1 auffüllen.

8478. Majoran-Zöpfchen, Dezember 2015

10 Zöpfchen / 1 Backblech

- 400 g Weizen
- 100 g Roggen
- 5 g Trockenhefe (etwa 1/2 Päckchen)
- 310 g Wasser
- 2 TL Salz
- 1 TL Paprika edelsüß
- 1 TL getr. Majoran

250 g Weizen fein mahlen, mit der Trockenhefe mischen und mit 250 g Wasser verrühren. Gut abgedeckt 2 Std. gehen lassen. 150 g Weizen mit dem Roggen mischen und mahlen, Salz, Paprika und Majoran (zwischen den Händen zerrieben) unterrühren. Ansatz, 60 g Wasser und Mehlmischung gut verkneten (Thermomix Knetstufe 2,5 Min.). In eine Pengdose geben und 1 Std. gehen lassen.

Teig in 10 gleiche Teile teilen (wiegen, bei mir waren es 81-82 g/Teigling). Teiglinge zu Rollen von zwei Handspannen (ca. 40 cm) rollen, und zwar abwechselnd in Intervallen, sie ziehen sich immer wieder etwas zusammen. Drei Stränge nebeneinanderlegen, an einem Ende fest zusammenpressen und dann einen langen Zopf flechten. Mit einem scharfen Messer zweimal quer durchschneiden, ergibt drei kleine Zöpfe. Jeweils die Enden zusammenpressen. Meiner Ansicht nach geht das so schneller, als wenn ich jeden Teigling zu einem Zopf verarbeite. Den letzten Teigling allein in einen Zopf flechten.

Nebeneinander auf ein Backblech (Lochblech) legen, mit Gärfolie abdecken. Ofen (Heißluft) auf 250 °C, Klimagaren, vorheizen. Teiglinge einschieben, Dampfstoß auslösen und 20 Min. bei 175 °C backen.

8479. Kirsh-Shake, Dezember 2015

2 Portionen

- 75 g tiefgekühlte Kirschen
- 1 Banane (115 g netto)
- 1 Dattel (20 g netto)
- 300 g Wasser

Banane schälen, Dattel entsteinen, alle Zutaten im Hochleistungsmixer 45-60 Sek. laufen lassen. Wahlweise im Thermomix mixen (2 Min./Stufe 10).

8480. Rote Bete-Ajvar, Dezember 2015

Vorläufer 8470

- 600 g Wasser
- 1 Rote Bete (netto 250 g)
- 2 Zwiebeln (115 g netto)
- 1-2 Knoblauchzehen (10 g netto)
- 15 g Essigpeperoni 7/4573
- 1 TL Salz
- 1 TL Paprika edelsüß
- 1 gute Prise schw. gem. Pfeffer
- 2 EL Peperoniessig
- 1,5 EL Sonnenblumenöl (15 g)
- 2 Datteln ohne Stein (37 g netto)

Wasser in den TM-Mixtopf geben. Von der Roten Bete die Enden entfernen und in Stücke schneiden. Zwiebel und Knoblauch abziehen, klein schneiden. Gemüse mit den Essigpeperoni in den Garkorb geben und dünsten (40 Min./100 °C/Stufe 3). Gegartes Gemüse mit den restlichen Zutaten in den Mixtopf geben und offen einkochen (3 Min./70 °C/Stufe 3) und pürieren (15 Sek./Stufe 7). In Schraubgläser füllen, Deckel zudrehen und eine Weile auf den Kopf stellen. Im Kühlschrank aufbewahren.

Tipp: *Für dieses Rezept eignen sich auch Rote Bete-Knollen, die für die Rohkost schon ein bisschen zu „welk" sind.*

8481. Grüner Salat, Dezember 2015

- 1-2 EL Vorratsdressing, hier: Helles Dressing knoblauchreichst 8353
- 2-4 EL Wasser
- 55 g Kopfsalat
- 150 g Salatgurke
- 50 g Avocado
- 1-2 TL Ajvar 8470

Dressing in einer ausreichend großen Schüssel mit Wasser vermischen. Kopfsalat waschen, trocken schleudern und in Streifen schneiden, auf das Dressing legen. Gurke in Scheiben schneiden, Avocado würfeln und beides in die Schüssel geben. Als Farbkontrast einen Klecks Ajvar auf die „Spitze" klecksen.

8482. Mandarinen-Pudding, Dezember 2015

- 75 g Linsenstützcreme aus dem TM5 à la Vanillepudding 8460
- 1 Mandarine (hier: 115 g netto)
- 10 g Cashewnussmus
- 1 MS Vanillepulver
- 1/4-1/2 TL Flohsamenschalen;
- Deko: Gojibeeren

Alle Zutaten, erst einmal ohne die Flohsamenschalen, mit dem kleinen Mixer, hoch stehendes Messer, pürieren. Je nach Größe der Mandarine ist die Creme recht flüssig, Flohsamenschalen untermixen. In eine Schüssel gießen und mit Gojibeeren dekorieren.

8483. Möhren-Cannelloni, Dezember 2015

1,5 Portionen, d.vh. zwei kleine oder 1 sehr große

Teig:
- 50 g Weizen
- 50 g Kamut
- 50 g Wasser

Möhrenfüllung:
- 250 g Möhren (netto), grob vorgeschnitten
- 250 g Wasser
- 1 Zwiebel, abgezogen, vorgeschnitten (60 g netto)
- 20 g gekochte rote Linsen
- 1 gute Prise Salz

Soße:
- 70 g Möhrenfüllung (Rest im Thermomix plus, was vom Füllen übrig bleibt)
- 150 g Kochflüssigkeit
- 1/2 TL Salz
- 1 gute Prise gem. schw. Pfeffer
- 1/4 TL gem. Kreuzkümmel
- 50 g Wasser
- 20 g Cashewnussmus
- 55 g gekochte rote Linsen

Weizen und Kamut fein mahlen, mit Wasser zu einem glatten Teig verkneten (kann man im TM vorkneten bei Stufe 2). In Haushaltsfolie gewickelt ruhen lassen, bis die Möhrenfüllung fertig ist.

Möhren, Wasser und Zwiebel in den Mixtopf des TM geben und grob zerkleinern (10 Sek./Stufe 4 oder 5). Garen (15 Min./100 °C/Stufe 1). Kochflüssigkeit (bei mir 150 g) auffangen, d. h. durch den Gareinsatz absieben. Feste Bestandteile in den Mixtopf zurückgeben und mit den Linsen pürieren (7 Sek./Stufe 4). Masse auf einen Teller streichen, damit sie etwas abkühlt.

Teig in drei Teile teilen (jeweils ca. 45 g) und zu einem Rechteck ausrollen. Mit je 3 gehäuften Teelöffeln Füllung längs füllen, aufrollen und mit der Naht nach unten nebeneinander in eine ofenfeste Pfanne (20 cm) legen. Ofen (Heißluft) auf 180 °C vorheizen.

Die Soßenzutaten im TM pürieren (10 Sek./Stufe 7; 10 Sek./Stufe 10) und über die Nudeln gießen. Pfanne in den Ofen schieben und 30 Min. backen. Aus dem Ofen nehmen und 10 Min. ruhen lassen.

8484. Kirschfrühstück, Dezember 2015
- 1 EL Leinsamen
- 3 EL Weizen
- 90 g Apfel
- 1 Banane, geschält (105 g netto)
- 100 g tiefgekühlte Kirschen
- 10 g Walnusskerne

Leinsamen mit dem Getreide flocken, das Obst wenn nötig in grobe Stücke teilen und im Hochleistungsmixer pürieren, über das Getreide geben. Mit Walnusskernen dekorieren.

8485. Chiacremekakao, Dezember 2015
Im Vitamix 2,5 bis 3 Min. auf höchster Stufe schlagen:
- 10 g Kakaonibs
- 15 g Chiasamen
- 50 g Linsenstützcreme aus dem TM5 à la Vanillepudding 8460
- 2 Medjool-Datteln entsteint (38 g netto)
- 8 g frischer Ingwer
- 5 g Carob
- auf 500 ml mit Wasser / kochendem Wasser 1:1 auffüllen.

8486. Buntes Vielerlei-Suppe, Dezember 2015

Im Vitamix 1-2 Min. mixen auf der Höchststufe:

- 100 g Rote Bete
- 35 g Pastinake
- 45 g orangefarbene Paprikaschote
- 60 g Apfel
- 230 g Wasser; mit etwas
- Petersilie dekorieren

8487. Fächerkartoffeln, Dezember 2015

2 Portionen

- 400 g Kartoffeln (waren nicht sehr groß)
- etwas Salz
- etwas Essig

Kartoffeln waschen. Mit einem Messer fächerförmig ein-, aber nicht durchschneiden. Dazu einen Kochlöffel der Länge nach neben die Kartoffeln legen. Mit dem Messer schneiden, bis das Messer auf dem Kochlöffel aufliegt, so bleiben die Kartoffeln unten zusammen. Kartoffeln mit den Fächern in etwas Essig stippen, mit Salz bestreuen. In eine Pizzaform (PerfectClean) setzen, in den kalten Ofen schieben und ca. 50 Min. bei 180 °C backen. Die Backzeit richtet sich nach der Größe der Kartoffeln.

8488. Rosenkohl in T-Soße, Dezember 2015

2 Personen

Als Gemüsepfanne (24 cm, 16 Min.):

- 60 g Wasser
- 300 g Rosenkohl, netto, geputzt und längs halbiert

Soße (mixen, unter das Gemüse rühren und aufkochen):

- 230 g Tomate in Stücken, aus der Dose
- 1 gestr. TL Salz
- 1 gute Prise schw. gem. Pfeffer
- 1 knapper TL Agavendicksaft (4 g)
- Etwas Rum (2 g)
- 40 g gekochte Augenbohnen

Tipp: *Bei mir gab es dazu Fächerkartoffeln.*

8489. Limetten-Mango-FKG, Dezember 2015

2 x Frühstück

- 2 EL Leinsamen
- 6 EL Nackthafer
- 20 g Limettensaft
- 70 g Apfel
- 240 g Mangofleisch (also netto)
- 1 Banane, geschält (120 g netto)
- 15 g Kokosstreifen
- 5 g Kakaonibs

Leinsamen mit dem Getreide flocken, auf zwei Schüsselchen verteilen. Das Obst in grobe Stücke teilen und im Hochleistungsmixer pürieren, über das Getreide geben. Mit Kokosstreifen und Kakaonibs dekorieren.

8490. Cremekakao again, Dezember 2015

Im Vitamix 2,5 bis 3 Min. auf höchster Stufe schlagen:

- 10 g Kakaonibs
- 1 TL Flohsamenschalen (3 g)
- 2 Medjool-Datteln entsteint (35 g netto)
- 10 g frischer Ingwer
- 55 g Stützcreme, hier Linsenstützcreme aus dem TM5 à la Vanille-pudding
- auf 500 ml mit Wasser / kochendem Wasser 1:1 auffüllen.

8491. Teestreifen Nr. 6 „Oriental", Dezember 2015

Vorläufer 8397

- 100 g Weizen
- 100 g Rundkorn-Naturreis
- 50 g Nackthafer
- 1 Prise Salz
- 1 gestr. TL Vanillepulver
- 20 g Cashewnüsse
- 120 g gekochte Kichererbsen
- 95 g Agavendicksaft oder Honig
- 4 EL Wasser
- 50 g Sesam ungeschält
- 25 g grüne Rosinen

Weizen mit Reis und Hafer im TM mahlen (1 Min./Stufe 10). Den TM nehme ich dann zum Mahlen, wenn ich Getreide mahlen will, das ich sonst, damit es fein wird, hintereinander mahlen muss. Umfüllen, mit Salz und Vanille mischen.

Nüsse, Kichererbsen, Süßungsmittel und Wasser pürieren (TM: 20 Sek./Stufe 4; 10 Sek./Stufe 10). Mehlmischung, Sesam und Rosinen hinzufügen und kneten (2,5 Min./Knetstufe).

Mit der Hand zu einer festen Kugel zusammenpressen, in Folie wickeln und ca. 30 Min. ruhen lassen. In zwei oder drei Portionen etwa 1 cm dick auseinander drücken. Ein Rechteck ausschneiden, dies wiederum in etwa 2 cm breite und 5 cm lange Streifen schneiden. Abgeschnittene Teigreste wieder zusammenkneten und wie beschrieben fortfahren usw. Streifen nebeneinander auf ein Backblech legen (PerfectClean oder mit Dauerbackfolie / Backpapier). Ofen (Heißluft) auf 130 °C vorheizen. Blech einschieben und 30 Min. backen. Streifen auf einen Gitterrost geben und abkühlen lassen. In einer gut schließenden Dose aufbewahren.

8492. Kürbispudding mit Vanillecreme, Dezember 2015

4 Desserts

Kürbispudding:

- 130 g Hokkaido-Kürbis (netto)
- 200 g Wasser
- 40 g Nackthafer
- 1 Prise Salz
- 1 TL gem. Zimt
- 1/2 TL gem. Ingwer
- 1/2 TL Spekulatiusgewürz oder Kardamom
- 35 g grüne Rosinen
- 1 TL Carob
- 4 EL Ahornsirup oder Honig
- 1 EL Chiasamen

Hokkaido vorschneiden, zusammen mit dem Wasser zerkleinern (TM: 5 Sek./Stufe 5). Garen (10 Min./100 °C/Stufe 3) und pürieren (10 Sek./Stufe 8). Hafer flocken und mit Salz, Gewürzen, Rosinen und Carob in den Mixtopf geben und kochen, dabei den Deckeleinsatz nicht einsetzen, damit das Wasser verkochen kann (3 Min./100 °C/Stufe 2). Süßungsmittel hinzufügen und weiter köcheln (5 Min/90 °C/Stufe 2). Chiasamen unterziehen (10 Sek./Stufe 1) und Mischung auf vier Schüsselchen verteilen.

8493. Vanillecreme, Dezember 2015

- 40 g Cashewnussmus
- 10 g Agavendicksaft oder Honig
- 20 g Wasser
- 1 g Flohsamenschalen
- Deko: 16 Gojibeeren

Zutaten in einem kleinen Mixer gut pürieren und dekorativ auf dem Pudding verteilen.

Mit je 4 Gojibeeren dekorieren.

8494. Helle Mischsuppe, Dezember 2015

2 Personen

Im Hochleistungsmixer 1-2 Min. mixen:

- 60 Sellerie
- 50 g Tomate
- 60 g Mandarine
- 70 g Möhre
- 50 g Pastinake
- 300 g Wasser;
- einige Walnussstücke als Dekoration

8495. Lauchpesto, Dezember 2015

- 100 g Lauch (grün und weiß)
- 1 Knoblauchzehe
- 75 g gekochte Kichererbsen
- 10 g Mandeln
- 10 g Cashewnussmus
- 25 g Kochwasser
- Salz
- Pfeffer

Lauch waschen, in Stücke schneiden, Mixtopf mit der entsprechenden Wassermenge füllen und im Garkorb des TM angaren (9 Min./100 °C/Stufe 2) oder als Gemüsepfanne dünsten. Abkühlen lassen und mit einem saugfähigen Papiertuch trocken tupfen. Kichererbsen mit Mandeln und Cashewnussmus im Zerkleinerer mit Pulsen zerkleinern, Lauch, abgezogene und kleingeschnittene Knoblauchzehe und Kochwasser, Salz und Pfeffer hinzufügen. Zu einer groben Creme mixen.

8496. Selleriescheiben für Zwo, Dezember 2015

- 2 Scheiben Sellerie, jeweils ca. 75-80 g

Schadstellen abschneiden und im TM im Garkorb gar dämpfen (15 Min./100 °C/Stufe 2), dafür Wasser bis zur ersten Markierung auffüllen.

Tipp: *Gute Grundlage für Sellerieschnitzel etc.*

8497. Sautierte Kürbisspalten, Dezember 2015

- 200 g Hokkaido-Kürbis (netto)
- Wasser nach Bedarf
- 1 Prise Salz
- 1 Prise schw. gem. Pfeffer

Dünne Kürbisspalten entkernen und in Stücke schneiden. 2 EL Wasser auf großer Hitze in einer Pfanne (24 cm, Keramik) zum Kochen bringen, Kürbis hinzufügen. 10 Min. garen, dabei esslöffelweise Wasser hinzufügen, sobald es verkocht ist.

8498. Kartoffelrösti Nr. 2, Dezember 2015

- 250 g Kartoffeln
- 30 g gekochte rote Linsen
- 20 g Kichererbsenmehl (oder anderes Mehl)
- 1 Prise Salz
- 1/2 TL Paprika edelsüß
- 5 Tropfen Öl

Herstellung beschrieben für den TM: Kartoffeln raffeln (30 Sek./Stufe 4; 2 Sek./Stufe 5). Linsen mit einer Gabel zerdrücken, danach mit Mehl, Salz und Paprika zu den Kartoffeln geben und die Masse verkneten (20 Sek./Stufe 1).

Eine Pfanne (24 cm) mit dem Öl bestreichen und erhitzen. 4 Plätzchen aus der Kartoffelmasse formen und in die heiße Pfanne geben, etwas flach drücken. Sobald sie sich leicht von der Stelle schieben lassen, umdrehen. Ab und an wiederholen und auf mittelhoher Einstellung 10 Min. garen.

Tipp: Schmeckt gut mit einem Ajvar!

8499. Röstischeiben mit Kürbis und Lauchpesto, Dezember 2015

- Lauchpesto 8495
- Selleriescheiben 8496.
- Kartoffelrösti 8498
- Sautierte Kürbisspalten 8497
- Käsecreme zum Überbacken 8501

Je zwei Röstischeiben in eine Pie-Keramikform (22,5 cm) legen, mit den längs halbierten Selleriescheiben belegen und das Pesto dick darauf streichen. Die Kürbisspalten auf das Pesto legen und die Käsecreme darauf verteilen.

Ofen auf 180 °C vorheizen und 20 Min. überbacken.

8500. Eispickelsalat, Dezember 2015

2 Vorspeisen

- 150 g Eisbergsalat
- 80 g Orange, netto (1/2)
- 20 g Essig von Rote Bete in Marinade 8361; oder Apfelessig und 1 kleines Stückchen Rote Bete
- 10 g Cashewnussmus
- 20 g Wasser
- 1 gute Prise Salz
- 1 TL Ahornsirup
- 2 tiefgekühlte Sauerkirschen

Salat klein schneiden und auf zwei Dessertteller verteilen. Apfelsine in sehr dünne Scheiben schneiden und am Rand entlang legen. Essig, Nussmus, Wasser, Salz und Ahornsirup mit einem kleinen Mixer mischen, in die Mitte träufeln. In das Zentrum je eine Sauerkirsche setzen.

8501. Käsecreme zum Überbacken, Dezember 2015

- 100 g gekochte Kichererbsen
- 10 g Cashewnussmus
- 10 g Sonnenblumenöl
- 1 Prise Salz
- 1 Prise Schabziegerklee
- 15 g Wasser

Zutaten in einem kleinen Mixer zu einem glatten Püree verarbeiten.

8502. Kirsch-Mandarinen-Neujahr, Januar 2016

2 x Frühstück

- 2 EL Leinsamen
- 6 EL Nackthafer
- 2 Mandarinen, geschält & entkernt (190 g netto)
- 1 Banane, geschält (120 g)
- 205 g tiefgekühlte Kirschen (2 beiseitelegen)
- 10 g Maulbeeren

Leinsamen mit dem Getreide flocken, auf zwei Schüsselchen verteilen. Das Obst in grobe Stücke teilen und im Hochleistungsmixer pürieren, über das Getreide geben. In die Mitte jeweils eine Kirsche setzen und einen Kreis von Maulbeeren um die Kirsche streuen.

8503. Knusperkekse, Januar 2016

- 70 g Mandeln
- 100 g gekochte rote Linsen
- 130 g Ahornsirup oder flüssiger Honig
- 1/2 TL Vanille
- 2 EL Kichererbsenmehl
- 50 g Haferflocken (vorzugsweise frisch geflockt)
- 70 g Sonnenblumenkerne
- 70 g Buchweizen

Mandeln, Linsen, Süßungsmittel und Vanille möglichst fein pürieren (30 Sek./Stufe 5; 2 Sek./Stufe 10 (oder Turbo); 15 Sek./Stufe 6). Kichererbsenmehl hinzufügen, einarbeiten (15 Sek./Stufe 5) und mit den restlichen Zutaten verkneten (30 Sek./Stufe 1; 30 Sek./Stufe 2; 15 Sek./Stufe 3 oder Knetstufe).

Die Masse z. B. in eine Pizzaform (28 cm; PerfectClean, eingefettet oder mit Backpapier ausgelegt) geben und mit einem Spatel gleichmäßig in der Form verteilen. Spatel ab und zu mit Wasser benetzen. Mit dem Spatel Stücke nach Wunsch vorzeichnen (ca. 3 x 4 cm).

Ofen auf 150 °C (Heißluft) vorheizen und 30 Min. backen, bis die Kekse goldbraun sind. Die Kekse sind recht brüchig, daher vorsichtig von der Unterlage entfernen und auf einem Gitterrost auskühlen lassen.

Fazit: *Die Kekse sind von Agnes „geklaut", die diese in Rohkost vorgestellt hat.*

8504. RB-Suppe mit O, Dezember 2015

Im Hochleistungsmixer 1-2 Min.:

- 35 g orangefarbene Paprika (netto)
- 115 g Rote Bete
- 1/4 Orange, geschält (65 g netto)
- 250 g Wasser

8505. Grapego-FKG, Januar 2016

2 x Frühstück

- 2 EL Leinsamen
- 6 EL Nackthafer
- 5 g Zitronensaft
- 1 Grapefruit, geschält und entkernt (270 g netto)
- 235 g Mangofleisch (davon 30 für die Dekoration zur Seite legen)
- 1 Banane, geschält (120 g netto)

Leinsamen mit dem Getreide flocken, auf zwei Schüsselchen verteilen.

Das Obst in grobe Stücke teilen und im Hochleistungsmixer pürieren, über das Getreide geben. Mit Mangostreifen dekorieren.

8506. Wurzelpfanne, Januar 2016

2 Portionen

Gemüsepfanne (24 cm, 16 Min.):

- 100 g Wasser
- 295 g Kartoffeln, gewaschen & in Scheiben, Schadstellen entfernt (295 g netto)
- 135 g Steckrübe, in Streifen
- 135 g Sellerieknolle, in Streifen
- 135 g Süßkartoffel, in Streifen

Soße (mixen, unter das Gemüse rühren und aufkochen):

- 4 g Salz
- 1 Prise schw. gem. Pfeffer
- 15 g Sonnenblumenkerne
- 10 g Sonnenblumenöl
- 35 g gekochte Linsen
- 75 g Wasser; danach
- 2 EL gehackte Petersilie unterziehen

8507. Krümelmonster-Kakao, Januar 2016

Im Hochleistungsmixer, je nach Gerät, 2,5 bis 3 Min. auf höchster Stufe schlagen:

- 10 g Kakaonibs
- 10 g Kekskrümel, hier von: Knusperkekse 8503
- 20 g Chiasamen
- 2 Medjool-Datteln entsteint (21 g netto)
- 5 g frischer Ingwer
- 240 g Kichererbsenkochflüssigkeit, heiß
- Auf 500 ml (Markierung im Becher) mit Wasser auffüllen.
- 1/2 TL Ahornsirup

Sirup in den fertigen Kakao in Kreisen tropfen lassen.

8508. Salatsuppe (Rohkost), Januar 2016

Im Vitamix gründlich pürieren:

- 50 g Kopfsalat
- 50 g Orange
- 150 g Salatgurke
- 10 g Cashewnüsse
- 250 g Wasser;
- mit etwas gehackter Petersilie dekorieren.

8509. Orangenschokolade, Januar 2016

- 100 g Kakaobutter
- 75 g gekochte Kichererbsen
- 100 g Honig
- 30 g Kakaopulver
- 10 g Carob
- 1 TL gem. Vanille
- 3-4 g frisch abgeriebene Orangenschale

Kakaobutter, Kichererbsen und Honig in den Thermomix geben und schmelzen (5 Min./45 °C/Stufe 1; Zutaten mit einem Spatel nach unten schieben und weiter schmelzen 3 Min./50 °C/Stufe 1). Die trockenen Zutaten miteinander mischen, in die Maschine geben und mixen (zweimal 5 Sek./Stufe 5; zwischendurch Masse nach unten schieben). In Schoko-formen füllen und im Kühlschrank abkühlen lassen.

Die Kichererbsenschalen sind noch vorhanden, das macht geschmacklich keinen Unterschied. Wer aber eine ganz glatte Schokolade möchte, nimmt weich gekochte rote Linsen.

8510. Schokomuffins aus dem Varoma, Januar 2016

- 50 g Weizen
- 50 g Nackthafer
- 1/2 P Weinstein-Backpulver (= 2 TL)
- 110 g Orangenschokolade (8509)
- 50 g gekochte rote Linsen
- 75 g dünnflüssiger Honig
- 40 g Apfel

Weizen und Hafer mahlen, dafür den Mixtopf mit Haushaltsfolie überspannen (10 Sek./Stufe 10). Umfüllen und mit dem Backpulver mischen. Jetzt die Schokolade herstellen, einen Rest von 110 g im Mixtopf lassen (wer die Schokolade bereits fest hat werden lassen, muss sie erst aufschmelzen auf Stufe 1 bei 40 °C). Linsen, Honig, Apfel und Backpulver hinzufügen und pürieren (30 Sek./Stufe 5; 10 Sek./Stufe 6,5; zwischendurch die Masse nach unten schieben). Mehlmischung hinzufügen und vorsichtig unterziehen (1,5 Min./Linksdrehung oder Stufe 1; 1 Min./Linksdrehung oder Stufe 1; zwischendurch nach unten schieben). Teig auf 6 Silikon-Muffinförmchen verteilen.

Wer einen zweiten Mixtopf hat, kann sofort weitermachen. Sonst den Mixtopf halb mit Wasser füllen, 2 Tropfen Spülmittel hinzugeben und reinigen (5 Min./50 °C/Stufe 4).

Mixtopf zur Hälfte mit Wasser füllen. Gefüllte Förmchen in den Dämpfaufsatz (untere Etage) stellen und dampfgaren (35 Min./Varoma/Stufe 2). Auf einem Gitterrost auskühlen lassen.

Hinweise: Sie haben durch die Schokolade ein leichtes Orangenaroma. Gut dazu passt eine Vanillesoße. In den Förmchen servieren, da das delikate Gebäck sonst auseinanderfällt. – Tipp: Wer keine Schokolade hat, nimmt 100 g gekochte rote Linsen und 40 g Kakao. – Wer keinen Thermomix, aber einen Dampfgarer hat, kann das ähnlich dämpfen und herstellen (Masse aus dem Vitamix usw.). Oder einfach im Ofen backen, ich würde 20 Min. im vorgeheizten Ofen (Heißluft), 175 °C, versuchen.

8511. Vanillesoße, Januar 2016

- 12 g Cashewnussmus
- 40 g Agavendicksaft oder Honig
- 500 g Wasser
- 5 g Flohsamenschalen
- 1/4 TL Vanillepulver
- 50 g gekochte Kichererbsen oder gekochte rote Linsen

Zutaten gründlich pürieren (TM: 2 Min./Stufe 10).

8512. Süßer Jahresanfang, Januar 2016

2 x Frühstück

Abends

- 6 EL Vier-Korn-Getreide nackig 10/7967 grob schroten & auf zwei Schüsseln verteilen. Mit insgesamt
- 160 g Wasser übergießen. Abgedeckt 4 Std. bei RT stehen lassen.

Morgens

- 1 Orange, geschält (200 g netto)
- 1 Apfel (180 g)
- 2 Bananen, geschält (220 g netto)
- 3 TL grüne Rosinen

Obst in grobe Stücke teilen und im Hochleistungsmixer pürieren. Auf das Getreide gießen. Mit den Rosinen dekorieren.

8513. Vanillesoßen-Kakao, Januar 2016

Im Hochleistungsmixer, je nach Gerät, 2,5 bis 3 Min.
auf höchster Stufe schlagen:

- 12 g Kakaonibs
- 15 g Chiasamen
- 2 Medjool-Datteln entsteint (35 g netto)
- 10 g frischer Ingwer
- 185 g Vanillesoße
- auf 500 ml (Markierung im Becher) mit Wasser /
  kochendem Wasser 1:1 auffüllen.

Hinweis: Ich hab's im Thermomix gemacht, was ziemlich umständlich war. Daher beschreibe ich es auch nicht großartig. ;-)

8514. Quinoa mit Wirsing und Hokkaido-Kürbis, Januar 2016

- 200 g Wirsing
- 250 g Hokkaidokürbis (netto)
- 80 g Quinoa
- 80 g Hirse
- 320 g + 60 g Wasser
- 10 g frische Petersilie
- 1 TL Salz
- 1 Prise Pfeffer
- 20 g Zitronenfleisch
- 1 kleine Knoblauchzehe

Wirsing waschen, abtropfen lassen und die Blätter quer teilen. Die Teile mit den Strunkstücken raffeln (5 Sek./Stufe 5), die oberen Teile mit dem Messer in Streifen schneiden. In den Garkorb füllen. Wasser bis zur Hälfte in den Mixtopf geben, Garkorb einsetzen. Hokkaido entkernt in 1 cm dicke Scheiben schneiden, danach in Ecken teilen. Auf den oberen Einsatz des Dampfaufsatzes legen. Dampfaufsatz auf das Gerät geben und garen (25 Min./100-120 °C/Stufe 2).

Quinoa, Hirse und 320 Wasser in einen kleinen Topf geben. Aufkochen und auf kleiner Einstellung 10 Min. kochen. Stehen lassen, bis das Gemüse fertig ist.

Petersilie, Salz, Pfeffer, Zitronenfleisch, abgezogene Knoblauchzehe und 50 g Wasser in einem kleinen Mixer zerkleinern.

Gemüse, Quinoa-Hirse-Mischung und die Soße in eine 28-cm-Pfanne geben. Auf mittlerer Einstellung erhitzen, dabei ggf. Kochwasser aus dem hinzugeben.

Tipp: Gut schmecken auch 1-2 EL grüne Rosinen in dem Essen und ein paar geröstete Mandeln als Dekoration. Wer keine grünen Rosinen hat, kann selbstverständlich auch andere oder Sultanine, Weinbeeren, Korinthen usw. verwenden.

8515. Varoma-Brötchen, Januar 2016

- 200 g Weizen
- 50 g Hafer oder Haferflocken
- 1 gestr. TL Salz
- 1 P Trockenhefe (9 g)
- 40 g gekochte rote Linsen
- 150 g Wasser
- 1 erbsgroßes Stück Kokosöl für die Form

Weizen und Hafer mahlen (1 Min./Stufe 10). Umfüllen und mit Salz und Hefe verrühren. Linsen und Wasser mixen (10 Sek./Stufe 5). Mehlmischung hinzugeben und kneten (2 Min./Stufe 1-2 oder Knetstufe). Auf die

Arbeitsfläche geben und mit der Hand durchkneten, eine Kugel formen.

Gut abgedeckt, z. B. in einer Pengdose, 45-50 Min. gehen lassen. Nochmals mit der Hand durchkneten. In sechs Teigstücke teilen (wiegen!, bei mir wog jedes 72 g), jedes Teigstück kurz durchkneten und zu einer Kugel rollen. Nebeneinander z. B. auf eine Dauer-backfolie setzen, abdecken und 20 Min. gehen lassen. Dampfaufsatz am Boden mit Kokosöl einfetten, die Teiglinge hineinsetzen (5 in den Kreis, 1 in die Mitte). Mit den Händen etwas zusammendrücken, damit sie nicht jetzt schon aneinanderstoßen.

Dampfaufsatz auf den mit Deckel verschlossenen Mixtopf setzen und 25 Min. dämpfen (25 Min./100-120 °C/Stufe 2). Sollte auch in einem Dampfgarer oder in einem Sieb funktionieren, das in einen Topf mit kochendem Wasser eingehängt wird.

Tipp: Die Brötchen sind gut, wenn der Backofen ausfällt – aber leckerer sind krosse Brötchen aus dem Ofen. – Wahlweise kann man sie vorher noch mit Sesamsamen bestreuen.

8516. Roter Pizza-Belag Nr. 23, Januar 2016

Mit dem kleinen Mixer mixen:
- 30 g Wasser
- 15 g Tomatenmark
- 1 gute Prise Salz
- 1 Prise schw. gem. Pfeffer
- 1/2 TL Paprika edelsüß (aus privater Herstellung)
- 3 g Ahornsirup
- 1 TL Marinade von Rote Bete in Marinade 8361 oder Apfelessig
- 1 Prise gem. Kreuzkümmel

8517. Weißer Pizzabelag Nr. 32 (mit Öl), Januar 2016

Im kleinen Mixer gut mixen und eine Weile stehen lassen:
- 75 g gekochte Kichererbsen
- 10 g Zitronenfleisch
- 10 g Sonnenblumenöl
- 1 gute Prise Salz
- 15 g Cashewnussmus
- etwas gem. Bockshornkleesaat
- 45 g Wasser

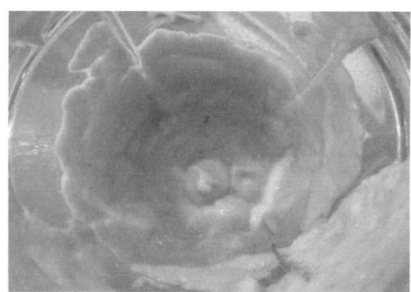

8518. Kichererbsenstütze im TM, Januar 2016

Ein (fast?) letzter Versuch
- 50 g Rundkorn-Naturreis
- 40 g gekochte Kichererbsen
- 15 g Cashewnüsse
- 350 g Wasser

Alle Zutaten in den TM geben und zerkleinern (1 Min./Stufe 10) und zum Stocken bringen (7 Min./90 °C/Stufe 4). Anschließend wieder mixen (20 Sek./Stufe 10).

8519. Zwei kleine Kürbispizzen, Januar 2016

Teig:
- 50 g Nackthafer
- 120 g Weizen
- 1/2 TL Salz
- 1 P. Trockenhefe (9 g)
- 15 g gekochte Kichererbsen
- 110 g Wasser

Getreide mischen und fein mahlen, mit Salz und Trockenhefe mischen. Kichererbsen und Wasser im Thermomix mischen (3 x Turbo 1 Sek.), die festen Zutaten hinzufügen und kneten (2 Min./Knetstufe). Mit den Händen zu einer Kugel formen und an einem warmen Ort zugedeckt (d. h. in einer gut bemessenen Pengdose) min. 2-3 Std. ruhen lassen. Wenn die Dose ploppt zwischendurch, erneut kneten.
- Roter Belag: 8516
- Weißer Belag: 8517

Gemüse:
- 135 g Hokkaido-Kürbis (netto)
- 2 Tomaten (155 g)
- Nach Geschmack: Pizzakräuter

Kürbis vorschneiden und raffeln (8 Sek./Stufe 5). Tomate in dünne Scheiben schneiden.

Fertigstellung: Backofen (Heißluft) auf 235 °C vorheizen. Teig zu zwei runden Pizzen ausrollen, in 22,5-cm-Pieformen geben und den roten Belag darauf streichen. Mit Kürbis und Tomatenscheiben belegen. Nach Belieben mit Pizzakräutern bestreuen. Weißen Belag darüber löffeln. Wenn Teig an den Rändern zu weit hochsteht, herunterrollen. 13 Min. bei 235 °C backen, 2 Min. nachbacken.

8520. Sellenderine, Januar 2016

Im Vitamix gründlich pürieren:
- 90 g Sellerie
- 60 g Süßkartoffel
- 75 g gelbe Paprika (netto)
- 10 g Hokkaido
- 50 g Mandarine (netto)
- 225 g Wasser;
- Mit etwas gehackter Petersilie dekorieren.

8521. Mango-Apfel-Flocken, Januar 2016

2 x Frühstück

- 2 EL Leinsamen
- 6 EL Nackthafer
- 15 g Zitronenfleisch
- 210 g Mangofleisch
- 1 Banane, geschält (140 g netto)
- 220 g Apfel
- 20 g Walnüsse

Leinsamen mit dem Getreide flocken, auf zwei Schüsselchen verteilen. Das Obst in grobe Stücke teilen und im Hochleistungsmixer pürieren, über das Getreide geben. Mit den Walnüssen dekorieren.

8522. TM-Creme-Chia-Kakao, Januar 2016

Im Vitamix 2,5 bis 3 Min. auf höchster Stufe schlagen:
- 15 g Kakaonibs
- 15 g Chiasamen
- 2 Medjool-Datteln entsteint (35 g netto)
- 8 g frischer Ingwer
- 50 g Kicherstütze im TM 8518
- auf 500 ml mit Wasser / kochendem Wasser 1:1 auffüllen.

8523. Rosenkohlsuppe roh, Januar 2016

Im Hochleistungsmixer gut durchmischen:

* 70 g Rosenkohl, geputzt
* 30 g Petersilienwurzel
* 80 g Mandarine (geschält)
* 215 g Wasser; Deko:
* etwas Petersilie
* einige Tropfen Zitronensaft
* 1 EL Linsensprossen

8524. Nudeln mit Rosenkohlsoße, Januar 2016

2 Personen

* 160 g Nudeln nach Anweisung kochen; Soße beschrieben im TM:
* 250 g Rosenkohl, geputzt & halbiert
* 3 g Knoblauch
* 35 g Zwiebel, netto
* 250 g Wasser
* 50 g Stützcreme, hier: Kicherstütze im TM 8518
* 50 g gekochte rote Linsen
* 8 g Zitronenfleisch
* 1 gestr. TL Salz
* 15 g Sonnenblumenöl
* 35 g Wasser
* 1 TL Mehl

Rosenkohl, Knoblauch und Zwiebel raffeln (8 Sek./Stufe 5). 250 g Wasser hinzufügen und 20 Min. kochen (100 °C/Stufe 1; sobald es kocht, auf 90 °C stellen). Restliche Zutaten im kleinen Mixer mixen, in das langsam laufende Messer gießen und aufkochen (5 Min./100 °C/Stufe 1).

8525. Raspelhäufchen, Januar 2016

2 x Frühstück

* 2 EL Leinsamen
* 4 EL Nackthafer
* 2 EL Roggen
* 1 Orange, geschält (190 g netto)
* 2 Bananen, geschält (280 g netto)
* 1 Apfel (240 g)
* 10 g Kokosraspel

Leinsamen mit dem Getreide flocken, auf zwei Schüsselchen verteilen.

Das Obst in grobe Stücke teilen und im Hochleistungsmixer pürieren, über das Getreide geben. Raspeln in die Mitte häufeln.

8526. Hülsenkakao, Januar 2016

Im Vitamix 2,5 bis 3 Min. auf höchster Stufe schlagen:

* 10 g Kakaonibs
* 15 g Chiasamen
* 2 Medjool-Datteln entsteint (35 g netto)
* 5 g frischer Ingwer
* Auf 500 ml mit Wasser / kochendem Wasser 1:1 auffüllen.

8527. Rote-Kohlrabi-Suppe (roh), Januar 2016

Im Hochleistungsmixer gut durchmischen:

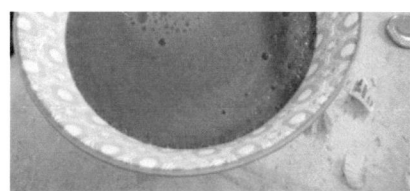

* 105 g Kohlrabi, geschält (netto)
* 90 g Rote Bete
* 55 g Apfel
* 230 g Wasser

8528. Falafel in knusprig, Januar 2016

16 Stück

- 525 g gekochte Kichererbsen (etwas weniger als 240 g Rohware)
- 1 Zwiebel, geschält und gewürfelt (80 g netto)
- 25 g geh. Petersilie
- 1 EL Kichererbsenmehl (20 g)
- 1 EL Chiasamen (15 g)
- 5 EL Kichererbsen-Kochflüssigkeit (oder 4 EL Wasser)
- 1 gute Prise gem. Koriander
- 1/2 TL gem. Kreuzkümmel
- 1 gestr. TL Vollmeersalz
- Etwas schw. gem. Pfeffer

Alle Zutaten in einem Mixer gut durchmischen, die Kichererbsen können ruhig noch „ertastbar" sein. Ich habe es im Thermomix gemacht, das war aber nicht das ideale Gerät dafür, weil das Messer sich ständig eine „Luft-höhle" schuf. Ich denke, ein Food Processor mit einem großen Messer über die ganze Breite wäre hier ideal.

Teig mit einem Esslöffel oder Eisportionierer entnehmen und kleine Bälle formen. Nebeneinander auf ein Back-blech (PerfectClean, oder mit Dauerbackfolie / Backpapier) setzen. Backblech in den Ofen schieben und 30 Min. bei 200 °C backen. Sie sind dann außen sehr knusprig, innen aber noch nicht trocken. Nach etwa 20 Min. die Falafel drehen.

8529. Möhren in süßscharfer Soße, Januar 2016

2 Portionen als Beilage

Gemüsepfanne (24 cm, 15 Min.):

- 60 g Wasser
- 305 g Möhren (netto), in Scheiben geschnitten

Soße (mixen, unter das Gemüse rühren und aufkochen):

- 20 g Sonnenblumenkerne
- 5 g Essigpeperoni 7/4573
- 1 gestr. TL Salz
- 1 TL Ahornsirup
- 70 g (+ 25) g Wasser
- 5 g Dinkelmehl
- 35 g gekochte rote Linsen

Becher mit ca. 25 g Wasser nachspülen. Dieses Wasser ebenfalls zum Gemüse geben, verrühren und aufkochen.

8530. Ananasträumchen, Januar 2016

2 x Frühstück

Abends

- 6 EL Vier-Korn-Getreide nackig 10/7967 grob schroten & auf zwei Schüsseln verteilen. Mit insgesamt
- 160 g Wasser übergießen. Abgedeckt über Nacht (mindestens 4 Std.) bei Raumtemperatur stehen lassen.

Morgens

- 10 g Zitronenfleisch
- 2 Bananen geschält (265 g netto)
- 1 Apfel (165 g)
- 1 dicke Scheibe Ananas, geschält (160 g)
- 10 g Kokosstreifen

Von der Ananas einen Streifen abschneiden. Den Rest und das übrige Obst in grobe Stücke teilen und im Hoch-leistungsmixer pürieren. Auf das Getreide gießen. Den Ananasstreifen in Stücke schneiden, mit Kokosnussstrei-fen als Dekoration oben auf das Obst legen.

8531. Kochwasserkakao, Januar 2016

Im Hochleistungsmixer, je nach Gerät, 2,5 bis 3 Min. auf höchster Stufe schlagen:

- 10 g Kakaonibs
- 2 Medjool-Datteln entsteint (35 g netto)
- 10 g frischer Ingwer
- 50 g gekochte rote Linsen
- 5 EL Kochwasser von Rote Bete
- auf 500 ml (Markierung im Becher) mit Wasser / kochendem Wasser 1:1 auffüllen.

8532. Fast schlichteste Brötchen der Welt, Januar 2016

10 Brötchen – die Zutaten sind sehr schlicht, das einzige Besondere: Statt Wasser habe ich Kochwasser genommen, das scheint aber zu verhindern, dass der Teig ordentlich geht. Oder es gab einen anderen Grund. Sie sind lecker, aber recht kompakt.

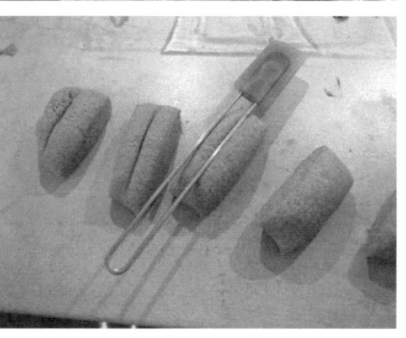

- 500 g Weizen
- 1 P. Trockenhefe (9 g)
- 2 gestr. TL Salz
- 285 g Rote-Bete-Kochwasser
- 30 g Kichererbsen-Kochwasser

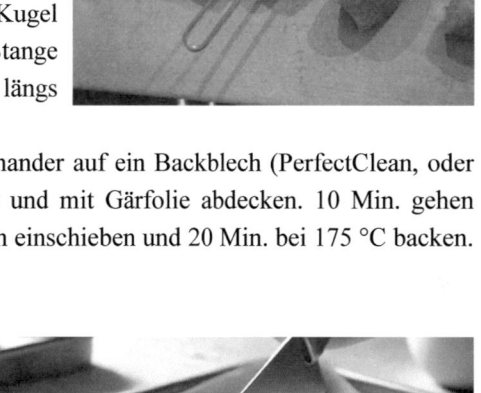

Weizen fein mahlen, mit Hefe und Salz verrühren. Flüssigkeiten in den TM geben, Mehlmischung hinzufügen und 2,5 Min. auf der Knetstufe kneten. In einer Pengdose gehen lassen, bis der Deckel der Dose sich nach oben wölbt (nach 1,5 Std. habe ich die Dose in den Ofen gestellt bei 35 °C). Zweimal zwischendurch mit der Hand durchkneten. In zwei Stücke zu etwa je 410 g teilen. Jedes Teigstück kneten, zu einer Kugel unter Spannung formen. Aus einer Kugel eine ca. 13 cm lange Stange rollen. Quer in 5 gleiche Teile schneiden, mit einem Teigspatel längs eine Kerbe in den Teig drücken.

Mit dem zweiten Teigstück genauso verfahren. Teiglinge nebeneinander auf ein Backblech (PerfectClean, oder mit Dauerbackfolie / Backpapier) setzen, mit Wasser einsprühen und mit Gärfolie abdecken. 10 Min. gehen lassen. Danach den Ofen auf 230 °C (Heißluft) vorheizen. Brötchen einschieben und 20 Min. bei 175 °C backen. Klopfprobe machen und auf einem Gitterrost abkühlen lassen.

8533. Knusperkekse Mandel, Januar 2016

- 140 g Mandeln
- 200 g gekochte weiße und Kidney-Bohnen
- 250 g flüssiger Honig
- 1 TL Vanille
- 2 EL Kichererbsenmehl
- 2 EL Sojamehl
- 100 g Nackthafer, geflockt
- 140 g Sonnenblumenkerne
- 140 g Buchweizen

Mandeln, Linsen, Honig und Vanille möglichst fein pürieren (30 Sek./Stufe 5; 2 Sek./Stufe 10 (oder Turbo); 15 Sek./Stufe 6; 10 Sek./Stufe 10). Mehl einarbeiten (15 Sek./Stufe 5) und mit den restlichen Zutaten verkneten (30 Sek./Stufe 1; 30 Sek./Stufe 2; 15 Sek./Stufe 3 oder 1 Min./Knetstufe).

Die Masse mit der nassen Hand auf einem Backblech (PerfectClean) gleichmäßig verteilen Mit dem Teigschaber Stücke nach Wunsch vorzeichnen (ca. 3 x 4 cm).

Ofen auf 150 °C (Heißluft) vorheizen und 35 Min. backen, bis die Kekse goldbraun sind. Die Kekse sind recht brüchig, daher vorsichtig von der Unterlage entfernen und auf einem Gitterrost auskühlen lassen.

8534. Stützcreme TM final, Januar 2016

Nun ist sie gelungen. Aber wiederholen werde ich sicher nicht etwas, das ich im Vitamix wirklich bequemer haben kann. Aber immerhin konnte ich (mir selbst auch) zeigen, dass man auch ohne Hochleistungsmixer eine Stützcreme hinbekommt.

- 30 g Teigrest im TM (falls gerade welche im TM)
- 40 g gekochte weiße Bohnen
- 20 g Cashewnüsse
- 350 g Wasser
- 50 g gem. Naturreis

Teig, Bohnen, Nüsse und Wasser fein mahlen (2 x 2,0 Sek. Turbo; 10 Sek./Stufe 10). Reis in der Mühle fein mahlen. Reis bei laufendem Messer durch die Öffnung rieseln lassen, aufkochen (7 Min./90 °C/Stufe 3). Abschließend nochmals pürieren (1 Min./Stufe 10).

Fazit: *Ist jetzt wenigstens fein, braucht aber zum Festwerden wieder sehr lange.*

8535. Bananenshake mit Erdbeer-Aroma, Januar 2016

3 Gläser

- 85 g Stützcreme, hier: Stützcreme TM final 8534
- 1 große Banane, geschält (190 g netto)
- 65 g tiefgekühlte Erdbeeren
- 425 g Wasser

Im Thermomix mischen (1 Min./Stufe 10).

Hinweis: *Ist nicht sehr süß.*

8536. Restsuppe roh, Januar 2016

- 140 g Rest von mittäglichem gemischten Salat
- 30 g Wurzelpetersilie
- 60 g Möhre
- 235 g Wasser

Im Vitamix pürieren.

Tipp: *Eine gute Resteverwertung, wenn Salat übrig bleibt. Salat wieder aufzutischen ist ja nicht so appetitlich, aber in dieser Form merkt es niemand.*

8537. Wirsing mit TM-Reis, Januar 2016

2 Portionen

Gemüsepfanne (24 cm, 20 Min.):

- 50 g Wasser
- 1 Zwiebel, abgezogen und gewürfelt (70 g netto)
- 305 g Wirsing, kleingeschnitten

Soße (mixen, unter das Gemüse rühren und aufkochen):

- 50 g gekochte weiße Bohnen
- 1 gestr. TL Salz
- 1 Prise schw. gem. Pfeffer
- 1/2 TL gem. Kümmel
- 20 g Cashewnussmus
- 60 g (+ 30 g) Wasser

Becher mit ca. 30 g Wasser nachspülen. Dieses Wasser ebenfalls zum Gemüse geben, verrühren und aufkochen. Den **Reis** habe ich im TM gekocht: 160 g im Garkorb, 45 Min./100 °C/Stufe 2.

Hinweis: *Ich bin immer wieder erstaunt, wie lecker Wirsing mit Reis schmeckt. Heute das Essen war besonders köstlich, Kümmel passt hervorragend zu Wirsing. Und ich bin froh, dass ich keine Rosinen hinzugefügt habe, wie ich erst wollte.*

8538. Geflockte Ananas, Januar 2016

2 x Frühstück

- 2 EL Leinsamen
- 6 EL Nackthafer
- 10 g Zitronenfleisch
- 1 Orange, geschält (150 g netto)
- 1 Banane, geschält (170 g netto)
- 1 Apfel 120 g)
- 150 g Ananas, geschält (netto)
- 10 g Kokosnussmus (Glas oder 8453)
- 2 g Kakaonibs

Leinsamen mit dem Getreide flocken, auf zwei Schüsselchen verteilen. Das Obst - ohne Ananas - in grobe Stücke teilen und im Hochleistungsmixer pürieren, über das Getreide geben. Ananas würfeln und auf der Oberfläche verteilen. Mit Kokosnussmus und Kakaonibs dekorieren.

8539. Crunchy Cookie Cocoa, Januar 2016

Im Hochleistungsmixer, je nach Gerät, 2,5 bis 3 Min. auf höchster Stufe schlagen:

- 30 g Kekskrümel, z. B. 8533
- 10 g Kakaonibs
- 15 g Chiasamen
- 2 Medjool-Datteln entsteint (37 g netto)
- 5 g frischer Ingwer
- auf 500 ml (Markierung im Becher) mit Wasser / kochendem Wasser 1:1 auffüllen.

8540. Roter Wirsing mit weißen Bohnen, Januar 2016

2 Personen

Im Schnellkochtopf garen: 8 Min./Stufe I-II; schnell abdampfen:

- 205 g Rotkohl, klein geschnitten (netto)
- 180 g Wirsing, klein geschnitten (netto)
- 50 g Apfel, gewürfelt
- 1/2 TL Kümmel
- 160 g Wasser

Soße (mixen, unter das Gemüse rühren, aufkochen):

- 15 g Cashewnüsse
- 25 g Apfelessig
- 5 g Ahornsirup
- 1 gestr. TL Salz
- 1 Prise schw. gem. Pfeffer

Zufügen:

- 400 g gekochte weiße Bohnen unterziehen und erwärmen, bis alles heiß ist.

8541. Anti-Erkältungskakao, Januar 2016

Im Hochleistungsmixer, je nach Gerät, 2,5 bis 3 Min. auf höchster Stufe schlagen:

- 10 g Kakaopulver
- 5 g Carobpulver
- 3 Medjool-Datteln entsteint (57 g netto)
- 15 g frischer Ingwer
- auf 500 ml (Markierung im Becher) mit Wasser / kochendem Wasser 1:1 auffüllen.

8542. Möwi-Suppe roh, Januar 2016

- 115 g Möhre
- 90 g Wirsing
- 50 g Apfel
- 10 g Cashewnüsse
- 235 g Wasser

Im Nutrition Magic pürieren.

Fazit: Eric fand's okay, ich bin noch nicht begeistert. Für Minimengen bleibt der kleine Mixer schon mal ungeschlagen.

8543. Ananas dominiert Mangocreme, Januar 2016

2 x Frühstück

- 40 g getr. Mango
- 20 g Cashewnüsse
- 300 g Wasser
- 2 EL Leinsamen
- 6 EL Nackthafer
- 1 Apfel (110 g)
- 1 Banane, geschält (140 g netto)
- 150 g Ananas, geschält (150 g netto)

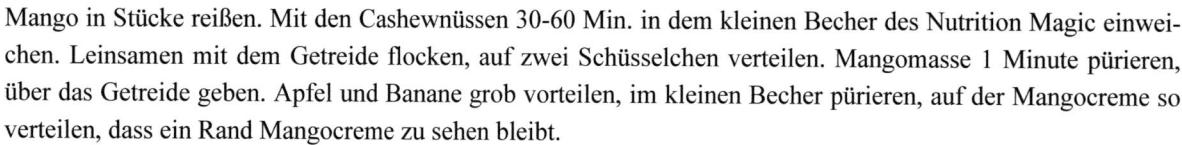

Mango in Stücke reißen. Mit den Cashewnüssen 30-60 Min. in dem kleinen Becher des Nutrition Magic einweichen. Leinsamen mit dem Getreide flocken, auf zwei Schüsselchen verteilen. Mangomasse 1 Minute pürieren, über das Getreide geben. Apfel und Banane grob vorteilen, im kleinen Becher pürieren, auf der Mangocreme so verteilen, dass ein Rand Mangocreme zu sehen bleibt.

Ananas in 16 Spitzen schneiden, je 8 auf ein Obstpüree legen.

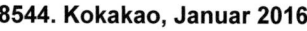

8544. Kokakao, Januar 2016

Im Hochleistungsmixer, je nach Gerät, 2,5 bis 3 Min. auf höchster Stufe schlagen:

- 10 g Kakaonibs
- 20 g Chiasamen
- 2 Medjool-Datteln entsteint (30 g netto)
- 7 g frischer Ingwer
- 20 g Kokosnussmus, hier Kokosnussmus TM 8453
- auf 500 ml (Markierung im Becher) mit Wasser / kochendem Wasser 1:1 auffüllen.

8545. Wirsing-Ananas-Suppe (roh), Januar 2016

Im Vitamix gründlich mixen:

- 85 g Wirsing
- 70 g Möhre
- 60 g Ananas
- 250 g Wasser

8546. Sämiger Kichererbsen-Auflauf, Januar 2016

Für die Masse:

- 800 g Wasser
- 70 g ungekochte Spiral-Vollkornnudeln
- 1/2 TL Salz
- 1 kleine Zwiebel (40 g netto)
- 125 g weiße Champignons
- 125 g aufgetaute grüne Tiefkühl-Erbsen
- 3 getr. Tomaten (ohne Öl; 12 g)
- 300 g gekochte Kichererbsen

Für die Soße:
- 350 g Kochwasser von den Nudeln
- 140 g gekochte rote Linsen
- 10 g Cashewnüsse
- 1/2 TL Salz
- 1 Prise gem. schw. Pfeffer

Wasser in den Mixtopf geben und zum Kochen bringen (20 Min./100 °C/Stufe 1). Sobald das Wasser kocht (nach ungefähr 7 Min.), Nudeln und Salz durch die Deckelöffnung hinzufügen. Zeitschalter auf 10 Min. zurückdrehen.

Nudeln nach Anweisung auf der Packung kochen. Abseihen, Kochwasser auffangen und Nudeln in eine Schüssel geben. Tomaten fein würfeln, zu den Nudeln geben. Ofen auf 190 °C (Heißluft) vorheizen.

Zwiebel abziehen und würfeln. Schmutz mit einem Pinsel von den Champignons bürsten, Champignons in Scheiben schneiden und mit den Zwiebelwürfeln 3-5 Min. in einer Pfanne rösten, bis sie hellbraun sind. Dabei immer nur so viel Wasser hinzugeben, dass es nicht anbrennt. Zwiebel und Pilze mit den Erbsen zu den Nudeln geben. Kichererbsen grob zerkleinern, sie sollten ein wenig stückig bleiben (3 x 1.0 Sek./Turbo oder Stufe 10). Zu den anderen festen Zutaten geben.

Zutaten für die Soße pürieren (20 Sek./Stufe 10) mit den vorbereiteten Zutaten mischen. In eine Auflaufform oder ofenfeste Pfanne füllen und ohne Deckel 35-40 Min. backen.

8547. Erdbeereis mit Ananas-FKG, Januar 2016

2 x Frühstück
- 2 EL Leinsamen
- 6 EL Nackthafer
- 1 Orange, geschält (150 g netto)
- 205 g gefrorene Erdbeeren
- 80 g Avocadofleisch
- 100 g Ananas, geschält (netto) und gewürfelt

Leinsamen mit dem Getreide flocken, auf zwei Schüsselchen verteilen. Orange und Avocado in grobe Stücke teilen und mit den Erdbeeren im

Hochleistungsmixer pürieren, bis die „Raute" erscheint. Über das Getreide geben. Ananasstückchen darauf verteilen.

8548. Kokos-Floh-Kakao, Januar 2016

Im Hochleistungsmixer, je nach Gerät, 2,5 bis 3 Min. auf höchster Stufe schlagen:
- 10 g Kakaonibs
- 3 g Flohsamenschalen
- 3 Medjool-Datteln entsteint (58 g netto)
- 5 g frischer Ingwer
- 20 g Kokosnussmus 8453
- auf 500 ml (Markierung im Becher) mit Wasser / kochendem Wasser 1:1 auffüllen.

8549. Süßliche Rote-Bete-Suppe (roh), Januar 2016

Kleine Mahlzeit für 2 Personen

Im Hochleistungsmixer gründlich mixen, Gemüse & Obst vorher grob vorschneiden:
- 210 g Rote Bete (netto)
- 1 Banane, geschält (110 g netto)
- 5 g Zitronenfleisch
- 255 g Wasser

8550. Teestreifen Nr. 7 „Bitter Kokos"

Vorläufer 8491

- 100 g Weizen
- 100 g Hirse
- 50 g Nackthafer
- 1 Prise Salz
- 30 g Kokosnussmus 8453
- 120 g gekochte Kichererbsen
- 100 g Honig
- 75 g Wasser
- 50 g Kokosraspel

Weizen mit Hirse und Hafer im TM mahlen (1 Min./Stufe 10). Umfüllen, mit Salz und Vanille mischen.

Kichererbsen vorzerkleinern (2 x 2,0 Sek. Turbo). Kokosnussmus, Honig und Wasser hinzufügen und pürieren (TM: 20 Sek./Stufe 4; 10 Sek./Stufe 10). Mehlmischung und Kokosraspeln hinzufügen und kneten (2,5 Min./Knetstufe).

Mit der Hand zu einer festen Kugel zusammenpressen, in Folie wickeln und ca. 20 Min. ruhen lassen. In zwei oder drei Portionen etwa 1 cm dick auseinander drücken. Ein Rechteck ausschneiden, dies wiederum in etwa 2 cm breite und 5 cm lange Streifen schneiden. Abgeschnittene Teigreste wieder zusammenkneten und wie beschrieben fortfahren usw. Streifen nebeneinander auf ein Backblech legen (PerfectClean oder mit Dauerback-folie / Backpapier auslegen).

Ofen (Heißluft) auf 130 °C vorheizen. Blech einschieben und 40 Min. backen. Streifen auf einen Gitterrost geben und abkühlen lassen. In einer gut schließenden Dose aufbewahren.

Tipp: Schon der rohe Teig schmeckt bitter (von der Hirse), es ging leider auch nach dem Backen nicht besser. Besser keine Hirse, sondern Reis verwenden.

8551. Zitronenschokolade, Januar 2016

- 80 g Kakaobutter
- 20 g Kokosnussmus 8453
- 100 g gekochte rote Linsen
- 100 g Honig
- 30 g Kakaopulver
- 10 g Carob
- 3 g frisch abgeriebene (Microreibe) Zitronenschale

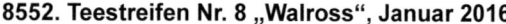

Kakaobutter, Kokosnussmus, Linsen und Honig in den Thermomix geben und schmelzen (5 Min./45 °C/Stufe 1; Zutaten mit einem Spatel

nach unten schieben und weiter schmelzen 3 Min./50 °C/Stufe 1). Die trockenen Zutaten miteinander mischen, in die Maschine geben und mixen (zweimal 5 Sek./Stufe 5; zwischendurch Masse nach unten schieben). In Schokoformen füllen und im Kühlschrank abkühlen lassen.

Hinweis: Wenn Kokosnussmus einen Fettgehalt von ca. 50% hat, hat diese Schokolade einen Fettanteil von 26,5 %.

8552. Teestreifen Nr. 8 „Walross", Januar 2016

Vorläufer 8491

- 100 g Weizen
- 100 g Rundkorn-Naturreis
- 50 g Nackthafer
- 1 gestr. TL Vanillepulver
- 20 g Walnüsse
- 125 g gekochte Linsen
- 105 g Ahornsirup oder Honig
- 1 EL Wasser
- 50 g Walnüsse
- 25 g Kakaonibs

Weizen mit Reis und Hafer im Thermomix mahlen (1 Min./Stufe 10). Umfüllen, mit Vanille mischen. 50 g Walnüsse hacken (15 Sek./Stufe 4).

20 g Nüsse, Linsen, Süßungsmittel und Wasser pürieren (TM: 20 Sek./Stufe 4; 10 Sek./Stufe 10). Mehlmischung, gehackte Nüsse und Kakaonibs hinzufügen und kneten (2,5 Min./Knetstufe)

Mit der Hand zu einer festen Kugel zusammenpressen, in Folie wickeln und ca. 30 Min. ruhen lassen. In zwei oder drei Portionen etwa 1 cm dick auseinander drücken. Ein Rechteck ausschneiden, dies wiederum in etwa 2 cm breite und 5 cm lange Streifen schneiden. Abgeschnittene Teigreste wieder zusammenkneten und wie beschrieben fortfahren usw. Streifen nebeneinander auf ein Backblech legen (PerfectClean, oder mit Dauerbackfolie / Backpapier).

Ofen (Heißluft) auf 130 °C vorheizen. Blech einschieben und 40 Min. backen. Streifen auf einen Gitterrost geben und abkühlen lassen. In einer gut schließenden Dose aufbewahren.

Hinweis: Jetzt habe ich zwei große Bleche voll mit bitteren Keksen. Super, davon habe ich immer schon geträumt :-(Um die Kekse wohlschmeckend zu machen, 20 g Cashewnüsse mit in die pürierte Masse einarbeiten und die 50 g Walnüsse im Speedy hacken!

8553. Walnuss-Stütze, Januar 2016

Im Hochleistungsmixer bis zum Stocken schlagen:

- 50 g Rundkorn-Naturreis
- 20 g gekochte Kichererbsen
- 15 g Walnüsse
- 1 Dattel, entsteint (18 g netto)
- 350 g Wasser (halb Zimmertemperatur, halb kochend)

Fazit: Die Stützcreme aus dem V. ist einfach unschlagbar. :-)

8554. TM-Nudeln, Januar 2016

Für 2 Portionen

- 10 g gekochte rote Linsen
- 65 g Wasser
- 70 g Kamut, fein gemahlen
- 70 g Weizen, fein gemahlen

Ich habe das Getreide in der Mühle gemahlen, weil der Thermomix nass war. Man kann natürlich das Getreide auch im TM mahlen (10 Sek./Stufe 10). Linsen und Wasser in den Mixtopf geben, Mehl hinzufügen und kneten (1 Min./Knetstufe). Krümel auf die Arbeitsfläche kippen, mit der Hand zu einer Kugel formen und in Haushaltsfolie wickeln. 2-3 Std. ruhen lassen.

In Portionen durch die Nudelmaschine laufen lassen: 10 x Stufe 1, danach je 1 x pro Stufe bis einschließlich Stufe 6. Motor in die Linguine umstecken und schneiden.

Genügend heißes Wasser mit ein wenig Salz aufkochen, Nudeln hinzufügen und 3-4 Min. kochen.

8555. Winter-Erdbeerdessert, Januar 2016

2 Desserts – meinem Gast zur Freude habe ich heute gegen meine Überzeugung Erdbeeren gekauft. Nie wieder! Knochenhart, so etwas habe ich bei Erdbeeren überhaupt noch nicht gesehen :-) Mäßiges Aroma hatte ich erwartet. Da sind tiefgekühlte deutlich die bessere Wahl.

- 125 g geputzte Erdbeeren
- 125 g Stützcreme, hier Walnuss-Stütze
- 20 g Agavensirup
- 1 TL Flohsamenschalen
- 5 g gem. Walnüsse
- 2 gestr. TL Orangeat z. B. 8225

Erdbeeren, Stützcreme, Agavensirup und Flohsamenschalen pürieren. Auf zwei Schüsselchen verteilen, mit Walnüssen bestreuen und in die Mitte je 1 TL Orangeat geben.

8556. Brokkoli in Mandarinensoße, Januar 2016

2 Portionen = Beilage

Als Gemüsepfanne (20 cm, 15 Min.):

- 50 g Wasser
- 245 g Brokkoli-Röschen

Soße (mixen, unter das Gemüse rühren und aufkochen):

- 1 Mandarine, geschält (105 g netto) *
- 40 g gekochte rote Linsen
- 60 g Stützcreme, hier Walnuss-Stütze 8553
- 1 gestr. TL Salz
- schw. gem. Pfeffer
- 3 TL Agavendicksaft *
- 6 g Essigpeperoni 7/4573 *

* Die Mandarine war bitter. Ich habe schon alles Weiße herausgeschnitten, aber es hat die Soße zwar nicht ganz versaut, aber eben nicht so lecker werden lassen wie geplant. Weil es bitter schmeckte, habe ich Agavendicksaft und Essigpeperoni hinzugegeben. Bei einem zweiten Versuch würde ich die Mandarine vorher probieren und im Zweifelsfall lieber ein Stück Orange nehmen, da habe ich das noch nie gehabt. Bei Zitronen passiert das auch schon mal.

Tipp: *Bei mir gab es dazu TM-Nudeln 8554.*

8557. Superfixe Süßspeise, Januar 2016

Dessert

- 170 g Stützcreme, hier Walnuss-Stütze 8553
- 1 Banane, geschält und in Scheiben (110 g netto)
- 20 g grüne Rosinen

Zutaten miteinander verrühren.

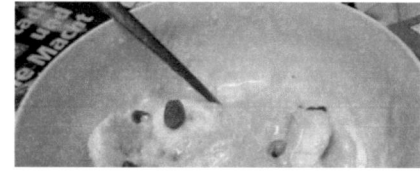

8558. Viel-Mango-FKG, Januar 2016

2 x Frühstück

- 2 EL Leinsamen
- 6 EL Nackthafer
- 10 g Zitronenfleisch
- 370 g Mangofleisch (netto)
- 105 g Ananas (netto)
- 100 g Erdbeeren, 4 große

Leinsamen mit dem Getreide flocken, auf zwei Schüsselchen verteilen. Mango (zwei Mangostücke beiseitge legt) und Ananas vorschneiden, mit dem Zitronensaft pürieren (bei mir: Mixer), über das Getreide geben. Mit den Mangostücken und den halbierten Erdbeeren dekorieren.

8559. Bitterkekskakao Nr. 1, Januar 2016

Im Hochleistungsmixer, je nach Gerät, 2,5 bis 3 Min. auf höchster Stufe schlagen:

- 10 g Kakaonibs
- 15 g Chiasamen
- 1 Medjool-Dattel, entsteint (18 g netto)
- 2 zu bitter geratene Kekse (25 g), hier Teestreifen Nr. 8 „Walross" 8552
- 5 g frischer Ingwer
- auf 500 ml (Markierung im Becher) mit Wasser / kochendem Wasser 1:1 auffüllen.

Hinweis: *Ich hab's mal mit zwei Keksen probiert ... das ist aber schon an der Grenze, puh!*

8560. Chia-Sonnen-Brot (2015/42), Januar 2016

Diesmal habe ich sehr lange gehen lassen.

Am Vortag:

- 11.15 Uhr: 150 g Wildhefe/150 g fein gem. Weizen; in Pengdose
- 19.15 Uhr: 200 g Wasser / 200 g fein gem. Weizen / Ansatz vom Morgen; in Pengdose

Am Backtag, morgens (9.30 Uhr)

- Ansatz vom Vorabend
- 400 g Weizen, fein gemahlen
- 2 TL Salz (13 g)
- 2 TL Brotgewürz
- 150 g Sonnenblumenkerne
- 50 g Chiasamen
- 270 g Wasser
- Butter für die Form

Die trockenen Zutaten mischen. Die anderen Zutaten hinzugeben (Wasser mit 200 g starten) und mit der Hand 5-10 Min. verkneten und zu einer Kugel unter Spannung formen. In einer Pengdose ca. 4 Std. gehen lassen. Der Teig ist deutlich gegangen. Danach - Experiment! - habe ich den Teig nicht mehr durchgeknetet, wie das bei Hefeteigen üblich ist, sondern den Teig in eine gefettete Backform rutschen lassen, gleichmäßig verteilt, ohne zu stark zu drücken, und mehrmals schräg eingeschnitten. In den kalten Ofen geben und 50 Min. backen (Klimagaren Auto, 200 °C), 5 Min. im ausgeschalteten Ofen nachbacken.

8561. Teestreifen Nr. 9 „Hasel", Januar 2016

Vorläufer 8552

- 100 g Weizen
- 100 g Rundkorn-Naturreis
- 50 g Nackthafer
- 50 g Haselnüsse
- 1 kleine Prise Salz
- 1 gestr. TL Vanillepulver
- 20 g Cashewnüsse
- 125 g gekochte rote Linsen
- 100 g Ahornsirup oder Honig
- 4 EL Wasser

Weizen mit Reis und Hafer im TM mahlen (1 Min./Stufe 10). Haselnüsse hacken.

Cashewnüsse, Linsen, Süßungsmittel und 1 EL Wasser im Mixer pürieren. Dummes Gesicht machen, weil sich keine Flüssigkeit, sondern ein Brei ergibt. Inhalt des Mixer-Bechers mit den Haselnüssen in den TM geben, Becher mit 3 EL Wasser nachspülen, Wasser ebenfalls hinzufügen und kneten (2,5 Min./Knetstufe).

Mit der Hand zu einer festen Kugel zusammenpressen, in Folie wickeln und ca. 30 Min. ruhen lassen. In zwei oder drei Portionen etwa 1 cm dick auseinander drücken. Ein Rechteck ausschneiden, dies wiederum in etwa 2 cm breite und 5 cm lange Streifen schneiden. Abgeschnittene Teigreste wieder zusammenkneten und wie beschrieben fortfahren usw. Streifen nebeneinander auf ein Backblech legen (PerfectClean, oder mit Dauerbackfolie / Backpapier).

Ofen (Heißluft) auf 130 °C vorheizen. Blech einschieben und 30 Min. backen. 5 Min. im ausgeschalteten Ofen nachbacken. Streifen auf ein Gitterrost geben und abkühlen lassen. In einer gut schließenden Dose aufbewahren.

8562. Weißer Pizzabelag Nr. 33 (ohne Öl), Januar 2016

Gut mixen und eine Weile stehen lassen:

- 75 g gekochte rote Linsen
- 20 g Mandarinenfleisch
- 1 gute Prise Salz
- 15 g Cashewnüsse
- etwas gem. Schabziegerklee
- 45 g Wasser

8563. Brokkoli-Strunk-Pizzen, Januar 2016

Vorläufer 8516 – 2 Portionen.

Teig:
- 170 g Weizen
- 1/2 TL Salz
- 1/2 P frische Hefe
- 15 g gekochte rote Linsen
- 100 g Wasser
- 10 g Sonnenblumenöl (2 TL)

Getreide fein mahlen, mit Salz mischen. Linsen, Hefe und Wasser im Thermomix mischen (3 x Turbo 1 Sek.), die festen Zutaten hinzufügen und kneten (2 Min./Knetstufe). Mit den Händen zu einer Kugel formen und an einem warmen Ort zugedeckt (d. h. in einer gut bemessenen Pengdose) etwa 1-2 Std. ruhen lassen. Wenn die Dose ploppt zwischendurch, erneut kneten.

Roter Belag, mit dem Mixer mixen:
- 30 g Wasser
- 15 g Tomatenmark
- Eine gute Prise Salz
- 1 Prise schw. gem. Pfeffer
- 1/2 TL Paprika edelsüß
- 1 Prise gem. Kreuzkümmel
- 3 g Agavendicksaft
- 1 TL Apfelessig

Weißer Belag, 8562

Gemüse:
- 135 g Brokkoli-Strunk (netto)
- 1 Knoblauchzehe, abgezogen und in Scheiben
- 1 Tomate (85 g), in Scheiben
- nach Geschmack: Pizzakräuter

Brokkoli vorschneiden und raffeln (8 Sek./Stufe 5). Tomate in dünne Scheiben schneiden.

Fertigstellung: Backofen (Ober-/Unterhitze) auf 250 °C vorheizen. Teig zu zwei runden Pizzen ausrollen, in 22,5-cm-Pieformen geben und den roten Belag darauf streichen. Mit Brokkoli, Knoblauch- und Tomatenscheiben belegen. Nach Belieben mit Pizzakräutern bestreuen. Weißen Belag darüber löffeln. Wenn Teig an den Rändern zu weit hochsteht, herunterrollen. 13 Min. bei 250 °C backen.

8564. Brokkoli-Suppe (roh), Januar 2016

Im Mixer 50 Sek. mixen, Gemüse & Obst vorher grob vorschneiden:
- 65 g Brokkoli
- 1/2 Mandarine, geschält (30 g)
- 65 g Kohlrabi, geschält (netto)
- 210 g Wasser

8565. Schokopudding mit Mandarinencremekranz, Januar 2016

2 Desserts

Schokoladenpudding:
- 55 g weiche Datteln, netto
- 15 g Kakaonibs
- 25 g gekochte rote Linsen
- 15 g Chiasamen
- 150 g Wasser (hätten für eine festere Creme 125 g sein sollen)

Zutaten im Mixer 1 Min. schlagen und auf zwei Schüsselchen verteilen.

Mandarinencreme:
- 1 Mandarine, geschält, ohne Kerne, in Stücken (90 g netto)
- 4 g Flohsamenschalen (1 geh. TL)
- 10 g Agavendicksaft

Im kleinen Mixer 30 Sek. mixen. Am Rand des Schokopuddings verteilen. Vor dem Essen kalt stellen.

8566. Orangenwürfel-FKG mit Erdbeerrand, Januar 2016

2 x Frühstück

Abends
- 6 EL Vier-Korn-Getreide nackig 10/7967 grob schroten & auf zwei Schüsseln verteilen. Mit insgesamt
- 160 g Wasser übergießen. Abgedeckt über Nacht (mindestens 4 Std.) bei Raumtemperatur stehen lassen.

Morgens
- 1 Orange, geschält (180 g netto)
- 1 Mandarine, geschält (85 g netto)
- 1 Apfel (180 g)
- 1 Banane, geschält (125 g netto)
- 5 g Zitronenfleisch
- 65 g tiefgekühlte Erdbeeren, aufgetaut
- 20 g Walnüsse

Orange halbieren und würfeln. Die Würfel auf die Schüsseln verteilen. Mandarine, Apfel, Banane und Zitronenfleisch in grobe Stücke teilen und im Mixer pürieren. Auf die Orangenwürfel gießen, dabei einen Rest von etwa 125 g Püree im Becher lassen. Erdbeeren hinzufügen, pürieren. Erdbeermasse am Rand verteilen, Walnüsse in die Mitte legen.

8567. Bitterkekskakao Nr. 2, Januar 2016

Im Hochleistungsmixer, je nach Gerät, 2,5 bis 3 Min. auf höchster Stufe schlagen:

- 10 g Kakaonibs
- 1 TL Kakaopulver (3 g)
- 15 g Chiasamen
- 2 Medjool-Datteln entsteint (34 g netto)
- 2 zu bitter geratene Kekse (30 g), hier Teestreifen Nr. 8 „Walross" 8552
- 5 g frischer Ingwer
- auf 500 ml (Markierung im Becher) mit Wasser / kochendem Wasser 1:1 auffüllen.

8568. Gemüsierte Mandarinensuppe, Januar 2016

Im Vitamix etwa 1 Min. pürieren:

- 70 g Steckrübe
- 60 g Rote Bete
- 1 Mandarine, geschält (140 g netto)
- 180 g Wasser

8569. Wirsing mit Maronen, Januar 2016

2 Portionen

Als Gemüsepfanne (24 cm, 18 Min.):
- 75 g Wasser
- 50 g Zwiebel, geschält und gewürfelt (netto)
- 1 Knoblauchzehe, abgezogen und in feinen Scheiben (netto)
- 270 g Wirsing (ohne Strunk), in Streifen
- 50 g Maronen, vorgekocht, geviertelt

Soße (mixen, unter das Gemüse rühren und aufkochen):
- 50 g gekochte rote Linsen
- 1 knapper TL Salz
- 1 MS schw. gem. Pfeffer
- 10 g Peperoniessig
- 50 g (+ 30 g zum Nachspülen des Bechers) Wasser

Hinweis: *Bei mir gab es dazu Ofenkartoffeln.*

8570. Kiwi Total, Januar 2016

2 x Frühstück

- 2 EL Leinsamen
- 6 EL Nackthafer
- 2 Kiwi (180 g)
- 1 Orange, geschält (180 g netto)
- 1 Apfel (160 g)
- 1 Banane, geschält (130 g netto)
- 15 g Kokosstreifen

Leinsamen mit dem Getreide flocken, auf zwei Schüsselchen verteilen.

Apfel halbieren, eine Hälfte würfeln und auf den Flocken verteilen. Restliches Obst (Kiwi nicht schälen) in grobe Stücke teilen und im Hochleistungsmixer pürieren, über das Getreide geben. Mit Kokosstreifen dekorieren.

8571. Bitterkekskakao Nr. 3, Januar 2016

Im Hochleistungsmixer, je nach Gerät, 2,5 bis 3 Min. auf höchster Stufe schlagen:

- 10 g Kakaonibs
- 2 Medjool-Datteln entsteint (32 g netto)
- 2 zu bitter geratene Kekse (27 g), hier 8552
- 6 g frischer Ingwer
- 30 g gekochte Linsen
- auf 500 ml mit Wasser / kochendem Wasser 1:1 auffüllen.

8572. Kiwi-Möhren-Suppe, Januar 2016

Im Vitamix 1-1,5 Min. mixen:

- 1 Kiwi, ungeschält (90 g)
- 45 g Pastinake
- 105 g Möhren
- 210 g Wasser

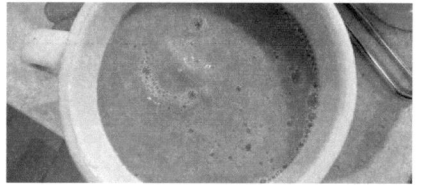

Tipp: *Wasser hätte ruhig etwas mehr sein dürfen.*

8573. Grünkohl apart, Januar 2016

2 Portionen

- 90 g Langkorn-Naturreis
- 100 g Grünkohl (netto)
- 25 g getr. Aprikose (2 Stück)
- 40 g Kichererbsen-Kochwasser
- 200 g gekochte Kichererbsen
- 20 g Kokosraspel
- 1 TL Sonnenblumenöl
- 1 gestr. TL Salz
- 1 MS schw. gem. Pfeffer
- 1 MS Korianderpulver
- 1 Prise Cayennepfeffer
- 1 TL Zitronensaft

Mixtopf des TM zu zwei Dritteln mit Wasser füllen. Reis in den Garkorb einwiegen und Korb in den Topf einhängen. Deckel auflegen, Dampfaufsatz auf den Deckel setzen. Grünkohl mit der Schere noch etwas kleiner schneiden und in den Dampfaufsatz geben. Deckel auflegen und garen (40 Min./Varoma/Stufe 2).

Aprikosen in Streifen schneiden, mit Wasser übergießen. Kichererbsen hinzufügen. Kokosraspel in einer kleinen Keramikpfanne rösten. Kichererbsen mit Aprikosen und Einweichflüssigkeit im heißen Öl unter Rühren anbraten, bis die Flüssigkeit aufgesogen ist. Das dauert etwa 3 Min..

Würzen, 5 EL Kochflüssigkeit aus dem Mixtopf hinzufügen und 2-3 Min. kochen. Reis, Grünkohl und Zitronensaft in die Pfanne geben, gut verrühren und erhitzen. Auf zwei Teller verteilen und mit Kokosraspeln bestreuen.

8574. Colour Clash, Januar 2016

2 x Frühstück

- 2 EL Leinsamen
- 6 EL Nackthafer
- 1 Grapefruit, geschält (250 g netto)
- 1 Banane, geschält (130 g netto)
- 1 Apfel (165 g)
- 1 Mandarine (135 g brutto)

Leinsamen mit dem Getreide flocken, auf zwei Schüsselchen verteilen. Das Obst ohne die Mandarine in grobe Stücke teilen und im Hochleistungsmixer pürieren, über das Getreide geben. Mandarine schälen, halbieren und in je 5 Halbscheiben schneiden, am Rand des Obstpürees entlang legen.

Hinweis: *Rose und Orange beißen sich ziemlich, so rein farblich. ;-)*

8575. Bitterkekskakao Nr. 4, Januar 2016

Im Vitamix, 2,5 bis 3 Min. auf höchster Stufe schlagen:

- 10 g Kakaonibs
- 2 Medjool-Datteln entsteint (31 g netto)
- 2 zu bitter geratene Kekse (27 g), hier Teestreifen Nr. 8 „Walross" 8552
- 8 g frischer Ingwer
- 6 g gekochte Kichererbsen
- auf 500 ml mit Wasser / kochendem Wasser 1:1 auffüllen.

8576. Erdnussmus im TM Variante 2, Januar 2016

- 400 g Erdnüsse, gesalzen und geröstet

Erdnüsse in den Mixtopf geben und zweimal mixen, jeweils 5 Min./Stufe 5. Das war erstaunlich gut, besser als die erste Variante! Nur unten am Messer bildeten sich Körnchen, es wäre sinnvoll, die zwischen beiden Mahlvorgängen herauszuholen. Ansonsten bleibt der Deckel fast komplett sauber. Werde ich mal mit Cashewnüssen probieren.

Es ist ziemlich warm geworden, laut Display aber nicht mehr als 40 °C.

8577. Grünsteckapfelsuppe roh, Januar 2016

Im Vitamix 1-1,5 Min. mixen:

- 70 g Steckrübe
- 45 g Grünkohl, ohne Strunk
- 70 g Apfel
- 215 g Wasser. Mit
- 1 TL Kokosraspel dekorieren.

8578. Schrot-Mango, Januar 2016

2 x Frühstück

- 6 EL Nackthafer
- 1 Mango, geschält und ohne Kern (305 g netto; 50 g zur Seite legen)
- 10 g Zitronenfleisch
- 1 Orange, geschält (185 g netto)
- 90 g Apfel
- 1 Banane, geschält (135 g netto)
- 15 g Walnüsse

Nackthafer schroten (4/9, Hawos Novum) und auf zwei Schüsselchen verteilen. Obst in grobe Stücke teilen und im Hochleistungsmixer pürieren. Auf das Getreide gießen. 50 g Mango in Streifen schneiden, auf das Obstpüree legen und mit Walnüssen bestreuen.

8579. Nudelmöhren überbacken, Januar 2016

Nudeln

- 100 g Spiral-Vollkornnudeln
- Wasser
- 1 TL Salz

Genügend Wasser und Salz in den Mixtopf des TM geben und zum Kochen bringen, dafür stellen auf 18 Min./100 °C/Stufe 4. Sobald 100 °C erreicht sind, die Nudeln hinzugeben und auf Stufe 1 stellen. Öffnung mit dem Garkorb abdecken (damit es nicht spritzt). Bei Nudelzugabe Zeit auf 8 Min. stellen. Nudeln durch den Garkorb absieben.

- Gemüsepfanne (20 cm, 13 Min.):
- 80 g Wasser
- 250 g Möhren, in Scheiben
- 1 Knoblauchzehe, abgezogen und in dünnen Scheiben (8 g netto)

Soße (im Mixer gut durchmischen):

- 90 g gekochte weiße und Kidney-Bohnen
- 20 g Cashewnussmus
- 10 g Zitronenfleisch
- 1 gestr. TL Salz
- 1 MS gem. schw. Pfeffer
- 2 MS gem. Kreuzkümmel
- 1 gestr. TL Paprika edelsüß

Alle Zutaten im kleinen Becher des Mixers gut durchmischen.

Möhren in der Pfanne lassen, Nudeln und Soße hinzugeben und unterrühren. In den auf 180 °C vorgeheizten Ofen schieben (Heißluft) und 25 Min. backen.

8580. Bitterkekskakao Nr. 5, Januar 2016

Im Hochleistungsmixer, je nach Gerät, 2,5 bis 3 Min. auf höchster Stufe schlagen:

- 10 g Kakaonibs
- 2 Medjool-Datteln entsteint (31 g netto)
- 2 zu bitter geratene Kekse (27 g), hier Teestreifen Nr. 8 „Walross" 8552
- 8 g frischer Ingwer
- 65 g gekochte Kichererbsen
- auf 500 ml (Markierung im Becher) mit Wasser / kochendem Wasser 1:1 auffüllen.

8581. Chia-Sonnenblumen-Mischbrot, Januar 2016

Stufe 1 (12 Std. vorher):

- 350 g Roggen
- 360 g Wasser
- 150 g Sauerteig

Abends schon vorbereiten:

- 250 g Weizen
- 150 g Roggen
- 1 EL Salz
- 150 g Sonnenblumenkerne
- 50 g Chiasamen
- 2 TL Brotgewürz (Brecht)

Roggen fein mahlen, mit Wasser und altem Sauerteig mischen. In einer Plastiktüte über Nacht stehen lassen. 150 g von der Stufe 1 abnehmen und in einem gut schließenden Schraubglas in den Kühlschrank stellen für das nächste Backen. *Abends* Getreide fein mahlen, mit den restlichen Zutaten mischen und in einer gut schließenden Plastikdose verwahren.

Stufe 2 (Backen, bei mir am Morgen)

- 1/2 Würfel frische Hefe (20 g)
- 150 g lauwarmes Wasser
- Getreidemischung vom Vorabend
- 700 g Sauerteigansatz
- 200 g Wasser
- 20 g Butter für die Form

Hefe im Wasser auflösen. Restliche Zutaten (außer der Butter) hinzufügen und mit einem großen Löffel gründlich verrühren, bis kein Mehl mehr sichtbar ist. Eine 30-cm-Brotform, Profi-Email von Dr. Oetker, gut einfetten. Teig hineingeben, mit der nassen Hand herunterdrücken und glattstreichen. Mit einem scharfen Messer dreimal schräg einschneiden. Form in eine Plastiktüte geben und etwa 1 Std. 45 Min. gehen lassen. Die Brotform ist dann ganz voll.

Ofen auf 250 °C (Heißluft) vorheizen, 55 Min. bei 190 °C backen und 10 Min. im ausgestellten Ofen nachbacken. Das Brot ist nicht mehr viel gegangen.

8582. Knusperkekse Walnuss, Januar 2016

Vorläufer 8533

- 140 g Mandeln
- 200 g gekochte weiße und Kidney-Bohnen
- 250 g flüssiger Honig
- 1 TL Vanille
- 2 EL Kichererbsenmehl
- 2 EL Sojamehl
- 100 g Nackthafer, geflockt
- 140 g Walnusskerne, gehackt (TM 30 Sek./Stufe 3)
- 140 g Buchweizen

TM: Mandeln, Bohnen, Honig und Vanille möglichst fein pürieren (30 Sek./Stufe 5; 2 Sek./Stufe 10 (oder Turbo); 15 Sek./Stufe 6; 20 Sek./Stufe 10). Mehl einarbeiten (15 Sek./Stufe 5) und mit den restlichen Zutaten verkneten (30 Sek./Stufe 1; 30 Sek./Stufe 2; 15 Sek./Stufe 3 oder 1 Min./Knetstufe).

Die Masse mit der nassen Hand auf einem Backblech (PerfectClean) gleichmäßig verteilen Mit dem Teigschaber Stücke nach Wunsch vorzeichnen (ca. 3 x 4 cm).

Ofen auf 150 °C (Heißluft) vorheizen und 35 Min. backen, bis die Kekse goldbraun sind. Die Kekse sind recht brüchig, daher vorsichtig von der Unterlage entfernen und auf einem Gitterrost auskühlen lassen.

Fazit: Sie haben sich diesmal doch recht schwer vom Blech gelöst, ich hatte etwas gewartet, weil ich dachte, dann geht's leichter. Ein Fehler? Oder hätte ich doch nur 30 Min. backen sollen? Geschmacklich sind sie bestens.

8583. Sojamehl, Januar 2016

- 200 g Sojabohnen (Lex)

Ein Stück Haushaltsfolie zwischen Mixtopf und Deckel des TM einklemmen. Bohnen einwiegen und mahlen (1 Min./Stufe 10). Wenn das Mehl nicht fein genug ist, Vorgang wiederholen.

8584. Bitterkekskakao Nr. 6 Bittersweet, Januar 2016

Im Vitamix 2,5 bis 3 Min. auf höchster Stufe schlagen:

- 10 g Kakaonibs
- 30 g Knusperkekse Walnuss 8582
- 2 zu bitter geratene Kekse (21 g), hier Teestreifen Nr. 8 „Walross" 8552
- 10 g frischer Ingwer
- auf 500 ml mit Wasser / kochendem Wasser 1:1 auffüllen.

8585. Paprika-Ingwer-Dressing Nr. 2, Januar 2016

Vorläufer: 8431, enthält kein Öl.

Im Vitamix schlagen, die Kräuter jedoch nur kurz am Ende unterziehen:

- 125 g Sonnenblumenkerne
- 125 g Apfelessig
- 20 g Salz
- 1 g gem. schw. Pfeffer
- 3 g Paprika, edelsüß
- 1 Knoblauchzehe, nur die äußeren Schalen grob entfernt (11 g)
- 50 g Honig
- 10 g frischer Ingwer
- 200 g Wasser
- 2 EL Gute-Laune-Dipi-Kräutermischung (Maier's)

Wird im Kühlschrank fester.

8586. Suppe mit 1 Dattel, Januar 2016

Heute mal mit Dattel, weil ich essen gehe und Eric sonst nix zu Essen kriegt. :-)

Im Vitamix durchmischen:

- 50 g Pastinake
- 90 g Steckrübe
- 45 g Sellerieknolle, ungeschält
- 65 g Kohlrabi, geschält (netto)
- 1 Dattel, entsteint, Medjool (18 g netto)
- 250 g Wasser

8587. Mango mit Kiwi-Deko, Januar 2016

2 x Frühstück

- 2 EL Leinsamen
- 6 EL Nackthafer
- 40 g getr. Mango
- 20 g Mandeln
- 3 cm Vanillestange
- 260 g Wasser
- 1 Apfel (185 g)
- 1 Banane, geschält (140 g netto)
- 15 g Zitronenfleisch
- 1 Kiwi (vergessen zu wiegen)

Leinsamen mit dem Getreide flocken, auf zwei Schüsselchen verteilen. Mango in kleinere Stücke reißen. Mit Nüssen, Vanille und Wasser im Vitamix zu einer lauwarmen Creme schlagen. Auf das Getreide gießen. Das frische Obst ohne die Kiwi in grobe Stücke teilen und im Hochleistungsmixer pürieren, über die Mango geben. Kiwi schälen, in 6 Scheiben schneiden und als Dekoration auflegen.

8588. Teestreifen Nr. 10 „Kokos", Januar 2016

Vorläufer 8549

- 100 g Weizen
- 100 g Rundkorn-Naturreis
- 50 g Nackthafer
- 1 Prise Salz
- 30 g Kokosnussmus 8453
- 120 g gekochte rote Linsen
- 100 g Ahornsirup
- 50 g Wasser
- 50 g Kokosraspel

Weizen mit Reis und Hafer mischen und fein mahlen. Mit Salz und Vanille mischen.

Kokosnussmus, Linsen, Ahornsirup und Wasser pürieren (TM: 2 Min./Stufe 5). Mehlmischung und Kokosraspeln hinzufügen und kneten (2 Min./Knetstufe).

Mit der Hand zu einer festen Kugel zusammenpressen, in Folie wickeln und ca. 20 Min. ruhen lassen. In zwei oder drei Portionen etwa 1 cm dick auseinander drücken. Ein Rechteck ausschneiden, dies wiederum in etwa 2 cm breite und 5 cm lange Streifen schneiden. Abgeschnittene Teigreste wieder zusammenkneten und wie beschrieben fortfahren usw. Streifen nebeneinander auf ein Backblech legen (PerfectClean, oder mit Dauerbackfolie / Backpapier).

Ofen (Heißluft) auf 150 °C vorheizen. Blech einschieben und 30 Min. bei 140 °C backen. Streifen auf einen Gitterrost geben und abkühlen lassen. In einer gut schließenden Dose aufbewahren.

Kommentar: *Wieder bitter! Dabei war der Teig frisch noch in Ordnung, nach der Ruhezeit aber nicht mehr. Ich fürchte fast, dass es der Hafer ist, der den Ärger macht.*

8589. Mein schnellster Weißkohlsalat, Januar 2016

Dies ist eine absolute Stärke des TM!

Für 2 Portionen (mit etwas Brot hinterher)

- 1 geh. EL Paprika-Ingwer-Dressing Nr. 2 8585, aufgefüllt mit
- ca. 80 g Wasser auf 100 g
- 1 Scheibe Weißkohl (325 g)
- 1 Apfel (170 g)

Weißkohl und Apfel grob vorschneiden. Alles zusammen im Thermomix raffeln (5 Sek./Stufe 5).

8590. Pastöhren-Suppe, Januar 2016

Im Nutrition Mixer o. Ä. glatt mixen:

- 60 g Pastinake
- 70 g Möhre
- 50 g Orange
- 230 g Wasser

8591. Grünkohl mit Kartoffelhaube, Januar 2016

2 Portionen

Als Gemüsepfanne (24 cm, 20 min.):

- 75 g Wasser
- 1 große Knoblauchzehe, abgezogen und in Scheiben (8 g netto)
- 1 Zwiebel, abgezogen und gewürfelt (45 g netto)
- 105 g Grünkohl netto
- 55 g Möhren

Kartoffelhaube:

- 260 g Kartoffeln, abgebürstet, Schadstellen entfernt und in Scheiben geschnitten (netto)
- 205 g Pastinake, in Scheiben
- 100 g Wasser
- 50 g gekochte rote Linsen
- 20 g Cashewnussmus
- 35 g Wasser
- 1 gestr. TL Salz
- 1 MS. schwarzer gem. Pfeffer

Zubereitung im TM. Im normalen Topf sollte man weniger Wasser nehmen. Kartoffeln, Pastinake und Wasser in den Mixtopf geben und garen (20 Min./100 °C/Stufe 1). Obwohl ich schon nur Stufe 1 genommen hatte, war es schon so gut wie püriert. Linsen, Cashewnussmus, Wasser, Salz und Pfeffer im kleinen Mixer verquirlen, zu dem Püree geben und alles mischen (20 Sek./Stufe 3; 10 Sek./Stufe 4).

Grünkohl-Gemüse in eine tiefe 20-cm-Pfanne umfüllen. Kartoffelbrei darauf verstreichen und das Öl darauf träufeln. In den auf 180 °C (Heißluft) vorgeheizten Ofen schieben und 30 Min. backen.

8592. Birne mit Helene, Januar 2016

2 x Frühstück

- 6 EL Nackthafer
- 10 g Zitronenfleisch
- 1 Orange, geschält (140 g netto)
- 1 Banane, geschält (140 g netto)
- 1 Birne (240 g)
- 10 g Kakaonibs

Getreide schroten (Stufe 5/9, Hawos Novum), auf zwei Schüsselchen verteilen. Das Obst in grobe Stücke teilen und im Hochleistungsmixer pürieren, über das Getreide geben. In die Mitte Kakaonibs streuen.

8593. Bitterkekskakao Nr. 7, Januar 2016

Im Hochleistungsmixer, je nach Gerät, 2,5 bis 3 Min. auf höchster Stufe schlagen:

- 15 g Kakaonibs
- 1 g Flohsamenschalen
- 1 Medjool-Dattel entsteint (24 g netto)
- 10 g frischer Ingwer
- 2 bittere Kekse, hier Teestreifen Nr. 10 „ Kokos" (28 g) 8588
- auf 500 ml (Markierung im Becher) mit Wasser / kochendem Wasser 1:1 auffüllen.

8594. Schokoladensoße (Sirup), Januar 2016

Ergibt etwa 1 Honigglas.

- 1 TL gem. Vanille
- 1 kleine Prise Salz
- 250 g Wasser
- 250 g Honig
- 100 g Kakaopulver, schwach entölt

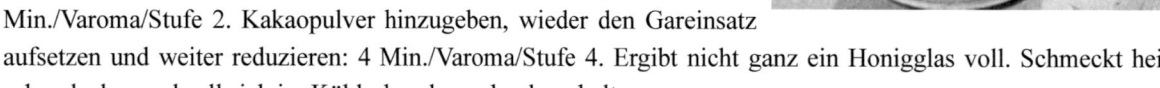

Wasser, Salz, Vanille und Honig in den Mixtopf geben. Gareinsatz statt Messbecher auf den Deckel setzen, reduzieren wie vorgeschrieben: 9 Min./Varoma/Stufe 2. Kakaopulver hinzugeben, wieder den Gareinsatz

aufsetzen und weiter reduzieren: 4 Min./Varoma/Stufe 4. Ergibt nicht ganz ein Honigglas voll. Schmeckt heiß schon lecker und soll sich im Kühlschrank wochenlang halten.

Hinweis: *Im Grundkochbuch des TM5 gibt es eine Schokoladensauce, die ich heute mit Honig hergestellt habe.*

8595. Sirupkakao, Januar 2016

- 75-80 g Schokoladensoße (Sirup) (Rest von der Herstellung)
- 25 g gekochte rote Linsen
- 300 g Wasser

Linsen und Wasser zu dem Schokosoßenrest geben und erhitzen (3 Min./80 °C/Stufe 2), damit der Topf wirklich auch oben „gereinigt" wird anschießend 10 Sek./Stufe 10.

Fazit: *Das war lecker, jedoch dünnflüssiger, als ich das mag. 1 g Floh-samenschalen oder 10 g Chiasamen wären da einen Versuch wert.*

8596. Fenchel-O-Suppe, Januar 2016

2 Portionen

Im Vitamix pürieren:

- 215 g Fenchelknolle
- 1 Orange, geschält (115 g netto)
- 10 g Sonnenblumenkerne; auf zwei Schüsselchen verteilen und mit
- Etwas Fenchelgrün dekorieren

8597. Erdnuss-Schoko-Muffins, Januar 2016

8 Muffins

- 40 g Erdnüsse, geröstet und gesalzen
- 100 g gekochte rote Linsen
- 75 g Ahornsirup
- 75 g Apfel-Aprikosen-Mark (fertig gekauft, 100 % Frucht)
- 75 g Weizen, fein gemahlen
- 25 g Wasser
- 10 g Kakaopulver
- 10 g Carobpulver
- 75 g Schokoladensoße (Sirup) 8594
- 50 g Erdnussbutter 8576

Erdnüsse hacken (wegen der kleinen Menge lieber im Zerkleinerer, 3-4 Mal pulsen). Linsen, Sirup und Apfelmark im Mixtopf verrühren (20 Sek./Stufe 3). Mehl und Wasser hinzufügen und unterziehen (5 Sek./Stufe 5). 160 g aus dem Mixtopf nehmen. Kakao- und Carobpulver sowie Schokoladensoße hinzufügen, verrühren (15 Sek./Stufe 3), danach die gehackten Nüsse unterziehen (20 Sek./Stufe 1). Teig auf 8 Silikon-muffin-Förmchen verteilen, das sind etwa 2 TL pro Förmchen. Einen schmalen Spatel zu Hilfe nehmen, um den Teig möglichst restlos aus dem Mixtopf nehmen zu können.

Mixtopf reinigen (halb mit Wasser füllen, 20 Sek./Stufe 10), Wasser austropfen lassen. 160 g Teig wieder in den Mixtopf geben, Erdnussbutter hinzufügen und verrühren (5 Sek./Stufe 4). Auf die Muffinförmchen verteilen, etwa 1,5 TL pro Förmchen.

Acht Förmchen passen nicht in den Varoma. Also habe ich zwei im Ofen gebacken: vorheizen auf 160 °C (Heiß-luft), 20 Min. backen und 5 Min. im ausgeschalteten Ofen nachbacken. Die restlichen Muffins im Varoma garen: Mixtopf halb mit Wasser füllen, Deckel aufsetzen. Muffins in den Varoma-Einsatz stellen, auf den Deckel setzen und mit dem Varoma-Deckel verschließen und dämpfen (35 Min./Varoma/Stufe 2).

Auf einem Gitterrost abkühlen lassen und mit Schokolade überziehen. Die aus dem Varoma werden eindeutig leckerer, evtl. sollte man versuchen, die zwei überzähligen Muffins auch noch hineinzuquetschen.

8598. Schokoguss, Januar 2016

- 25 g Kakaobutter
- 50 g Schokoladensoße (Sirup) 8594
- 1 TL Ahornsirup

Im Thermomix erwärmen und mischen (5 Min./40 °C/Stufe 1). Auf den Muffins (noch in der Form) verteilen und im Kühlschrank erkalten lassen. Der Guss wird nicht ganz fest.

8599. Majoran-Kartoffeln, Januar 2016

2 Portionen

- 1 TL Sonnenblumenöl
- 1 TL Ahornsirup
- 2 EL Apfelessig
- 1 Prise Salz
- 1 TL getr. Majoran
- 2 EL Wasser
- 400-420 g Kartoffeln brutto, bei mir 390 g Kartoffeln netto, d. h. gewa-schen und Schadstellen entfernt

Öl, Sirup, Essig, Salz, Majoran (zwischen den Händen zerrieben) und 2 EL Wasser in eine 1 Liter-Pengdose geben, verrühren. Kartoffeln in ca. 8-10 mm dicke Scheiben schneiden, zu der Marinade geben. Deckel schlie-ßen, Dose schütteln und abwechselnd auf den Kopf stellen und dann wieder umdrehen. Insgesamt ca. 5-10 Min. ziehen lassen.

Auf einem Backblech (PerfectClean, oder mit Dauerbackfolie / Backpapier) verteilen, in den Ofen schieben und 20-25 Min. bei 220 °C backen.

8600. Majoran-Marinade, Januar 2016

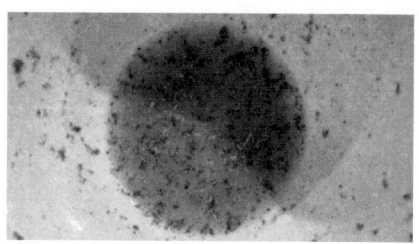

- 1 TL Sonnenblumenöl
- 1 TL Ahornsirup
- 2 EL Apfelessig
- 1 Prise Salz
- 1 TL getr. Majoran
- 2 EL Wasser

Verrühren.

8601. Möhren in Tomatensoße, Januar 2016

2 Portionen

Gemüsepfanne (20 cm, 20 Min.):
- 45 g Marinade, hier Majoran-Marinade 8600
- 25 g Wasser
- 1 große Knoblauchzehe, abgezogen und gestiftelt (8 g netto)
- 300 g Möhren, in Scheiben, Wurzelenden abgeschnitten (netto)

Soße (mixen, unter das Gemüse rühren und aufkochen):
- 150 g Tomaten, stückig (aus der Dose)
- 10 g Wasser
- 1 gestr. TL Salz
- 1 TL Ahornsirup
- 40 g gekochte rote Linsen
- 1 MS schw. gem. Pfeffer
- 1 gestr. TL Paprika, edelsüß

* Normalerweise sind Möhren bei mir nach 15 Min. butterweich, diese waren nach 20 Min. noch hart. Hatte ich vielleicht eine zu kleine Pfanne genommen, oder waren es die Möhren? – Bei mir gab es dazu Majoran-Kartoffeln.

8602. Schokoladensoße (puddingartig), Januar 2016

Etwa 1 Honigglas

- 1 TL gem. Vanille
- 1 kleine Prise Salz
- 250 g Wasser
- 230 g Ahornsirup
- 60 g Kakaopulver, schwach entölt
- 40 g Carob
- 1 TL Flohsamenschalen

Wasser, Salz, Vanille und Ahornsirup in den Mixtopf des TM geben. Gareinsatz statt Messbecher auf den Deckel setzen, reduzieren wie vorgeschrieben: 9 Min./Varoma/Stufe 2. Kakao- und Carobpulver hinzugeben, wieder den Gareinsatz aufsetzen und weiter reduzieren: 5 Min./Varoma/Stufe 4. Wenn noch 2 Min. übrig sind, die Flohsamenschalen hinzufügen. Ergibt nicht ganz ein Honigglas voll.

Hinweis: Das mit den Flohsamenschalen hätte ich mir schenken können, das Ganze wird dadurch glibberig. Die Flohsamenschalen sind nach dem Kochen deutlich stärker bindend.

8603. Sirupkakao 2, Januar 2016

- 70 g Schokoladensoße (puddingartig) 8602
- 30 g gekochte rote Linsen
- 1 missratener Keks, hier Teestreifen Nr. 10 „ Kokos" 8588
- 1 gestr. TL Flohsamenschalen (komplett überflüssig!)
- 300 g Wasser

Linsen, Keks und Flohsamenschalen und Wasser zu dem Schokosoßen-rest geben und erhitzen (3 Min./80 °C/Stufe 2), damit der Topf wirklich auch oben „gereinigt" wird anschießend 10 Sek./Stufe 10.

8604. Schokoladensoße (Sirup) vegan, Januar 2016

Etwa 1 Honigglas – da setzt sich merkwürdigerweise etwas Wasser oben ab. Nicht viel, ist zu verschmerzen, ein paar Tropfen.

- 1 TL gem. Vanille
- 1 kleine Prise Salz
- 250 g Wasser
- 205 g Ahornsirup
- 60 g Kakaopulver, schwach entölt
- 40 g Carobpulver

Wasser, Salz, Vanille und Ahornsirup in den Mixtopf geben. Gareinsatz statt Messbecher auf den Deckel setzen, reduzieren wie vorgeschrieben: 9 Min./Varoma/Stufe 2. Kakao- und Carobpulver so hinzugeben, dass es nicht auf die Messermitte fällt (das brennt sonst ein und ist schwierig zu reinigen). Gareinsatz wieder aufsetzen und weiter reduzieren: 4 Min./Varoma/Stufe 4. Ergibt nicht ganz ein Honigglas voll. Ist mir süß genug.

8605. Bitterkakao Nr. 8 (mit veganem Sirup), Januar 2016

- 65 g Schokoladensoße (Sirup) vegan 8604
- 2 missratener Kekse, hier Teestreifen Nr. 10 „ Kokos" (29 g) 8588
- 10 g Chiasamen
- 10 g Ingwer
- 1 Dattel ohne Stein (19 g netto)
- 330 g Wasser

Kekse, Chiasamen, Ingwer, Dattel und Wasser zur Schokosoße im Mixtopf geben und erhitzen (5 Min./80 °C/Stufe 2), (so lange, da der Mixtopf zwischendurch abgekühlt war), dazwischen 2 x Turbo 1,0 Sek. Anschießend 10 Sek./Stufe 10.

Hinweis: *10 Sekunden war deutlich zu kurz, sowohl Ingwer als auch Kekse waren nicht völlig aufgelöst.*

8606. Schokosirup-Kekse, Januar 2016

Zwei Bleche – auf dem Foto sehen die Kekse verbrannt aus. Sind sie nicht! :-)

- 200 g Mandeln
- 25 g Apfelmus (aus dem Glas; ohne Zusätze)
- 300 g gekochte weiße Bohnen
- 5 Datteln Medjool, entsteint (netto 100 g)
- 280 g Schokoladensauce (Sirup), hier Schokoladensoße (pudding-artig) 8604
- 1 P Weinstein-Backpulver

Mandeln mahlen ggf umfüllen. Die restlichen Zutaten (ohne Backpulver) in den Mixtopf geben und zerkleinern (1 Min./Stufe 3; 1 Min./Stufe 5). Gemahlene Mandeln und Backpulver hinzufügen und verkneten, ich habe diverse Anläufe auf den Stufen 3, 5 und Knetstufe gebraucht, daher kann ich keine präzise Angabe machen. Ich hatte aber keine Lust umzufüllen und mit Knethaken weiterzumachen.

Mit einem Teelöffel (ab und zu in Wasser tauchen) den Teig auf zwei Backbleche geben. Ofen auf 160 °C vorheizen und 40-45 Min. backen. Sind frisch außen knusprig und innen weich.

8607. Bohnenstütze süß, Januar 2016

Im Vitamix bis zum Stocken schlagen (ca. 3 Min.):

- 50 g Rundkorn-Naturreis
- 25 g gekochte weiße Bohnen
- 15 g Cashewnussmus
- 25 g Agavendicksaft
- 350 g Wasser

8608. Partylose Ähre, Januar 2016

Nach einem Rezept aus den „Finessen" von Thermomix (Partyähre).

Teig:

- 155 + 15 g Wasser
- 20 g gekochte rote Linsen
- 1/2 Würfel Bio-Hefe (21 g)
- 300 g Weizen, fein gemahlen
- 1 gestr. 1/2 TL Salz

Füllung:

- 125 g Tomaten, stückig (Dose)
- 10 g Tomatenmark
- 1 gestr. TL Salz
- 1 MS gem. Kreuzkümmel
- 1 MS gem. Koriander
- 1 TL Paprika edelsüß
- 100 g gekochte rote Linsen
- 1 g Ahornsirup
- 50 g tiefgekühlte grüne Erbsen

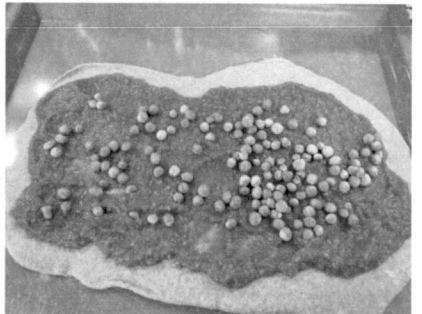

Für den Teig 155 g Wasser, Linsen und Hefe in den Mixtopf des TM geben und 2 Min./37 °C/Stufe 2 erwärmen. Mehl und Salz hinzugeben, 2 Min. kneten (Knetstufe). Auf die Arbeitsfläche kippen und mit der Hand durchkneten, dabei weitere 15 g Wasser einarbeiten. Das letzte Wasser erst später hinzuzufügen, hat den Vorteil, dass der Teig leichter aus dem Mixtopf fällt, statt am Messer usw. festzukleben. Zu einer Kugel unter Spannung formen und in einer Pengdose 30 Min. bei 35 °C (Ober-/Unterhitze) gehen lassen.

Für die Füllung alle Zutaten außer den Erbsen miteinander mischen, sodass es etwas körnig bleibt (30 Sek./Stufe 3).

Teig nochmals durchkneten und mit Hilfe von Streumehl auf ein Rechteck von 20 x 40 cm ausrollen. Wer mit Backpapier / Dauerbackfolie arbeitet, legt das Blech jetzt damit aus. Teig auf das Blech legen. Mit der Füllung bestreichen, sodass ein ca. 1 cm breiter Rand ringsum frei bleibt. Mit den Erbsen bestreuen.

Vorsichtig von der Längsseite aufrollen und dafür sorgen, dass die Naht nach unten zeigt. Teigrolle mit einer Schere von oben im 45 °C Winkel schräg anschneiden, zwischen den Einschnitten ca. 3 cm Abstand lassen.

Den Teig zwischen den Einschnitten abwechselnd nach rechts und links ziehen. Was in Wirklichkeit wieder einmal überhaupt nicht so gut aussieht wie auf dem Foto. Wo übrigens die Einschnitte angeblich 4 cm breit sind, was ich auch bezweifle. Mit Gärfolie abdecken und ca. 15 Min. gehen lassen, bis der Ofen auf 180 °C vorgeheizt ist. Teigrolle mit Wasser einsprühen und etwa 30 Min. bei 180 °C backen.

8609. Schwarzwälder Schüsselchen, Januar 2016

2 Desserts

- 70 g tiefgekühlte Sauerkirschen
- 10 EL süße Stützcreme, hier Bohnenstütze süß (nicht gewogen) 8607
- 20 g Schokoladensoße, hier: Schokoladensoße (Sirup) vegan 8604

Sauerkirschen bis auf 2 Stück auf zwei Schüsselchen verteilen, mit der Stützcreme bedecken. An den Rand jeweils fünf Kleckse Schokosoße verteilen, in die Mitte jeweils eine Kirsche (gut abgetropft) setzen.

8610. Ormöhren-Suppe, Januar 2016

Im starken Mixer vorgeschnitten 45 Sek. mischen:

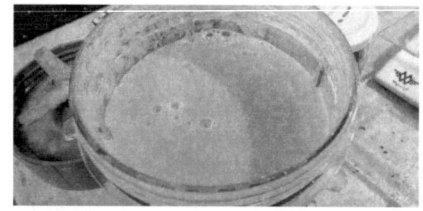

- 145 g Möhren
- 1 Orange, geschält (135 g netto)
- 220 g Wasser
- 10 g Sonnenblumenkerne

8611. Spaghetti-Pizza, Januar 2016

Eine kleine oder zwei große Portionen

- 100 g Vollkorn-Spaghetti aus dem TM
- 50 g gekochte rote Linsen
- 100 g Stützcreme, hier: Bohnenstütze süß
- 1 gestr. TL Salz
- 1 Msp. schw. gem. Pfeffer
- 2 Prisen gem. Bockshornkleesaat
- 8 g Zitronenfleisch
- 15 g Sonnenblumenkerne
- 15 g Sonnenblumenöl
- 40 + 30 + 30 g Wasser
- 50 g Süßkartoffel, in dünnen Scheiben
- 25 g Pastinake, in dünnen Scheiben
- 1 Tomate (80 g)
- 1/2 TL getr. Majoran
- 65 g gekochte weiße Bohnen
- 1 Prise Salz
- Etwas gerebbeltes getr. Basilikum

Spaghetti nach Anweisung kochen (ich hab's im Thermomix probiert, geht wirklich: 10 Min./100 °C/Stufe 1, sobald 100 °C erreicht sind, Nudeln durch die Öffnung stecken, sie gucken noch heraus. 10 Min./100 °C/Rückwärtslauf/Stufe 1, und durch den Gareinsatz abgießen). Süßkartoffel- und Pastinakenscheiben in 30 g Wasser 10 Min. dünsten.

Linsen, Stützcreme, Salz, Pfeffer, 1 Prise Bockshornkleesaat, Zitrone, Sonnenblumenkerne, Öl und 40 g Wasser mit dem Mixer, hoch stehendes Messer zu einer glatten Creme verarbeiten. Spaghetti in eine kleine Springform (18 cm) geben, mit dieser Soße begießen. Becher mit ca. 30 g Wasser nachspülen. Dieses Wasser ebenfalls über die Nudeln gießen. Mit Majoran bestreuen. Darauf die gekochten Gemüsescheiben flach legen (bei mir war kein Wasser mehr in der Pfanne). Tomate in dünne Scheiben schneiden auf dem Gemüse verteilen. Bohnen mit Salz in 30 g Wasser verschlagen (Mr. Magic) und mit einem Teelöffel auf die Tomaten klecksen.

Ofen auf 160 °C (Heißluft) vorheizen und 35 Min. backen. Herausnehmen und mit gerebbeltem Basilikum bestreuen. Pizza in 4 gleich große Stücke schneiden, servieren.

8612. Meuterei unter der Bounty, Januar 2016

2 x Frühstück

- 2 EL Leinsamen
- 6 EL Nackthafer
- 1 Grapefruit, geschält (310 g netto)
- 1 Orange, geschält (155 g netto)
- 1 Banane, geschält (150 g netto)
- 10 g Kokosnussmus 8453
- 20 g Schokoladensoße (puddingartig) 8602

Leinsamen mit dem Getreide flocken, auf zwei Schüsselchen verteilen.

Das Obst in grobe Stücke teilen und im Hochleistungsmixer pürieren, über das Getreide geben. Jeweils einen Klecks Kokosnussmus und Schokoladensoße in die Mitte setzen.

8613. Bitterkekskakao Nr. 9, Januar 2016

Im Vitamix 2,5 bis 3 Min. auf höchster Stufe schlagen:

- 10 g Kakaonibs
- 16 g Krümel von süßen Keksen, hier Knusperkekse Walnuss 8582
- 1 Medjool-Dattel entsteint (22 g netto)
- 7 g frischer Ingwer
- 2 bittere Kekse, hier Teestreifen Nr. 10 „ Kokos" (28 g) 8588
- auf 500 ml (Markierung im Becher) mit Wasser / kochendem Wasser 1:1 auffüllen.

8614. Deko-halbe-halbe, Januar 2016

2 x Frühstück

Abends:

- 6 EL Vier-Korn-Getreide nackig 10/7967 grob schroten & auf zwei Schüsseln verteilen. Mit insgesamt
- 160 g Wasser übergießen. Abgedeckt über Nacht (mindestens 4 Std.) bei Raumtemperatur stehen lassen.

Morgens:

- 10 g Zitronenfleisch
- 1 Orange, geschält (150 g netto)
- 215 g Mangofleisch
- 1 Banane, geschält (130 g netto)
- 1 Apfel (170 g)
- 1 TL getr. Gojibeeren
- 10 g getr. Maulbeeren
- 10 g Sonnenblumenkerne

Obst in grobe Stücke teilen und im Hochleistungsmixer pürieren. Auf das Getreide gießen. In die Mitte ein paar Gojibeeren schütten und den Rand einmal mit Maulbeeren, den anderen mit Sonnenblumenkernen bestreuen.

8615. Sellerinen-Suppe (roh), Januar 2016

Im Vitamix vorgeschnitten ca. 30-45 Sek. mischen:

- 135 g Sellerie
- 1 Orange, geschält (155 g netto)
- 100 g Wasser

8616. Grünkohl-Kartoffel-Tarte, Januar 2016

2 Portionen

- 350 g Kartoffeln (netto: 310 g)
- 100 g Wasser
- 160 g Grünkohl
- 100 g gekochte rote Linsen
- 100 g Tomaten, stückig (aus der Dose)
- 1 TL Salz
- 2 MS schw. gem. Pfeffer
- 1 Prise gem. Muskatnuss
- 20 g Cashewnussmus
- 1/2 EL Sonnenblumenöl
- 2 Tomaten (170 g)
- 10 g Sonnenblumenkerne
- 1 TL Sonnenblumenöl für die Form

Kartoffeln als Pellkartoffeln kochen (bei mir im Gareinsatz/TM, 25 Min./100 °C/Stufe 2). Wenn sie ausreichend abgekühlt sind, so dass man sie anfassen kann, schälen und in dünne Scheiben schneiden. Zwei kleine Quicheformen (Durchmesser ca. 20 cm) mit Öl einpinseln. Mit Kartoffeln auslegen, die Scheiben sollen durchaus auch übereinander liegen.

Wasser in eine Pfanne (24 cm) geben. Den vorgeschnittenen Grünkohl (so gekauft) ebenfalls in die Pfanne geben. Als Gemüsepfanne 20 Min. dünsten.

Linsen, Tomaten, Salz, Pfeffer, Muskatnuss, Cashewnussmus und Sonnenblumenöl pürieren (z. B. im TM 25 Sek./Stufe 3). Gegarten Grünkohl hinzufügen und zerkleinern (5 Sek./Stufe 5). Auf den Kartoffeln verstreichen. Tomaten in feine Scheiben schneiden und auf das Gemüse legen. Mit Sonnenblumenkernen bestreuen. Ofen (Heißluft) auf 180 °C vorheizen, 30 Min. backen.

8617. Reis-Wildreis im TM, Januar 2016

2 Portionen

- 120 g Langkorn-Naturreis
- 40 g Wildreis
- Etwas Salz

Reis in den Garkorb einwiegen. Mixtopf gut zur Hälfte mit Wasser füllen und Salz hinzufügen. Garen: 45 Min./Varoma/Stufe 2-3.

8618. Die kleine Snickers-Dröhnung, Januar 2016

1 Portion, die viel zu klein ist :-)

- 1 geh. TL Erdnussmus
- 1 geh. TL Schokosoße, hier Schokoladensoße (Sirup) 8604

Beides in eine kleine (leider sehr kleine) Schüssel geben und verrühren, möglichst so, dass noch Streifen sichtbar sind.

Mathematik: Ich habe 12 Teelöffel. Da ich jedes Mal einen neuen Teelöffel nehme, um die Grundsubstanz nicht zu verderben, schaffe ich maximal 6 Portionen davon am Tag hintereinander. Ich sollte vielleicht doch mal mit Esslöffeln experimentieren. – Diese Schokosoße ist sowieso der Hit. Außer dem Fett im Kakao überhaupt kein zugeführtes Fett und komplett schokoladig! Mir schweben da Experimente mit gekochten roten Linsen vor.

8619. Halbapfel-FKG, Januar 2016

2 x Frühstück

- 2 EL Leinsamen
- 6 EL Nackthafer
- 5 g Zitronenfleisch
- 1 Orange, geschält (185 g netto)
- 1 Banane, geschält (140 g netto)
- 1/2 Apfel (95 g)
- 1 Birne (240 g)
- 15 g Walnüsse

Leinsamen mit dem Getreide flocken, auf zwei Schüsselchen verteilen. Das Obst in grobe Stücke teilen und im Hochleistungsmixer pürieren, über das Getreide geben. Mit Walnüssen dekorieren.

8620. Bitterkekskakao Nr. 10, Januar 2016

Im Hochleistungsmixer, je nach Gerät, 2,5 bis 3 Min. auf höchster Stufe schlagen:

- 10 g Kakaonibs
- 1 Medjool-Dattel entsteint (21 g netto)
- 10 g frischer Ingwer
- 2 bittere Kekse, hier Teestreifen Nr. 10 „ Kokos" (32 g)
- 25 g gekochte Sojabohnen (Lex)
- auf 500 ml (Markierung im Becher) mit Wasser / kochendem Wasser 1:1 auffüllen.

8621. Cashewnussmus aus dem TM5 Version 2, Januar 2016

- 450 g Cashewnüsse

Nüsse in die Maschine geben. 5 Min./Stufe 5, mit dem Spatel runterziehen. Dann so ein bisschen variieren, letztlich insgesamt wohl so zwischen 10 und 12 Min./Stufe 5. Bis Temperatur 55 °C.

Fazit: Ich denke, 500 g wären wirklich noch besser. Es ist flüssig, aber es sind noch ein paar Körnchen drin. Die sollen noch weg.

8622. Beiger Bananenshake, Januar 2016

2 Gläser

- 45 g Cashewnussmus 8620
- 1 Banane, geschält (130 g netto)
- 15 g Schokoladensoße (Sirup) 8604,
- 350 g Wasser

Tipp: Diese Schokosoße ist einfach genial, wenn ich mal so weit bin, dass ich sie nicht ständig löffle, möchte ich sie gerne auf Vorrat halten.

8623. Fenchel Nutrition-Suppe (roh), Januar 2016

Im Mixer 45 Sek. mixen (alles vorgeschnitten):

- 115 g Fenchel
- 55 g Pastinake
- 1/2 Orange, geschält
- 200 g Wasser;
- 1 Spalte Orange, klein-geschnitten, als Deko auflegen.

8624. Weißkohl in roter Erdnusssoße, Januar 2016

Herstellung im TM, geht natürlich auch als Gemüsepfanne. Da ich sowieso Reis im Garkorb gekocht habe, bot es sich an, das Gemüse mit zu dünsten auf der oberen Varoma-Etage. Hat vorzüglich geklappt!

- 265 g Weißkohl
- 1/2 Orange
- 20 g Erdnüsse
- 1 gestr. TL Salz
- 1 TL Paprika edelsüß

Kohl kleinschneiden, in den oberen Teil des Varoma geben und über Reis garen (8617; 45 Min./Varoma/Stufe 2-3). „Oberbau" vom Thermomix abnehmen, die Kochflüssigkeit aus dem Mixtopf auffangen und 200 g zurück in den Thermomix geben. Die restlichen Zutaten zu dem Wasser geben und gründlich mixen (30 Sek./Stufe 10). Zusammen mit dem Reis servieren.

8625. Apfel-ohne-FKG, Januar 2016

2 x Frühstück

Abends

- 6 EL Vier-Korn-Getreide nackig 10/7967 grob schroten & auf zwei Schüsseln verteilen. Mit insgesamt
- 160 g Wasser übergießen. Mindestens 4 Std./RT bei stehen lassen.

Morgens

- 10 g Zitronenfleisch
- 1 Banane, geschält (130 g)
- 1 Birne (235 g)
- 1 Orange, geschält (175 g)
- 15 g Kokosstreifen
- 1/2 TL getr. Gojibeeren

Obst in grobe Stücke teilen und im Hochleistungsmixer pürieren. Auf das Getreide gießen. Mit Kokosstreifen und Gojibeeren dekorieren.

8626. Bitterkekskakao Nr. 11, Januar 2016

Im Vitamix 2,5 bis 3 Min. auf höchster Stufe schlagen:

- 10 g Kakaonibs
- 1 Medjool-Dattel entsteint (17 g netto)
- 20 g Kokosnussmus
- 8 g frischer Ingwer
- 2 bittere Kekse, hier Teestreifen Nr. 10 „ Kokos" (32 g)
- auf 500 ml mit Wasser / kochendem Wasser 1:1 auffüllen.

8627. Hefeklöße, Januar 2016

2 Portionen

- 130 g Weizen
- 1/2 P Trockenhefe (4-5 g)
- 1 EL Sojamehl (15 g)
- 2 Prisen Salz
- 95 g Wasser
- Für die Form: etwas Sonnenblumenöl

Weizen fein mahlen und mit den anderen Zutaten zu einem weichen Teig kneten. 30 Min. bei 35 °C gehen lassen. Nochmals durchkneten. Zu vier gleichen Teiglingen aufteilen (je 58-59 g bei mir), zu Kugeln formen. Varomaeinsatz am Boden mit Öl dünn bestreichen (mit dem Finger verteilen). Teigkugeln auf den Boden setzen, abdecken und 30 Min. gehen lassen. Garen 20 Min./Varoma/Stufe 1.

8628. Schlagsahne Version 1, Januar 2016

- 100 g Wasser
- 15 g Cashewnussmus
- 1 g Flohsamenschalen
- 20 g Kochflüssigkeit von Sojabohnen
- Einige Salzkörnchen

Alle Zutaten im Mixer ca. 45 Sek. schlagen.

Hinweis: Ist direkt dickflüssig, aber nicht fest. Geschmacklich nicht umwerfend, aber okay, ich würde etwas süßen beim nächsten Mal. Auch möchte ich unbedingt mal eine größere Menge im TM mit dem Rühraufsatz machen.

8629. Bataken-Gemüse mit Sahnesoße, Januar 2016

2 Portionen
Gemüsepfanne (24 cm, 15 Min.):

- 70 g Wasser
- 1 kleine Zwiebel, abgezogen und gewürfelt (30 g netto)
- 1 große Knoblauchzehe, abgezogen und gestiftet (6 g netto)
- 175 g Batate = Süßkartoffel, gestiftet, Kantenlänge ca. 1 cm
- 135 g Pastinake, gestiftet wie die Süßkartoffel bestreuen mit:
- 1 gestr. TL Salz
- 1 MS gem. schw. Pfeffer
- Für die Soße Schlagsahne Version 1 8628

Tipp: Bei mir gab es dazu Hefeklöße 8627.

8630. Fenchel-Sellerie-Nutrition-Suppe (roh), Januar 2016

Im Mixer 45 Sek. mixen (alles vorgeschnitten):

- 80 g Fenchel
- 80 g Sellerieknolle
- 80 g Apfel
- 240 g Wasser

8631. Kiwi-Birne-Flocken, Januar 2016

2 x Frühstück

- 2 EL Leinsamen
- 6 EL Nackthafer
- 5 g Zitronenfleisch
- 1 Orange, geschält (175 g netto)
- 1/2 Apfel (70 g)
- 1 Kiwi, ungeschält (85 g)
- 1 Birne (250 g)
- 1 Banane, geschält (115 g netto)
- 10 g Sonnenblumenkerne

Leinsamen mit dem Getreide flocken, auf zwei Schüsselchen verteilen. Das Obst in grobe Stücke teilen und im Hochleistungsmixer pürieren, über das Getreide geben. Mit Sonnenblumenkernen bestreuen.

8632. Bitterkekskakao Nr. 12, Januar 2016

Im Vitamix 2,5 bis 3 Min. auf höchster Stufe schlagen:

- 10 g Kakaonibs
- 1 Medjool-Dattel entsteint (19 g netto)
- 50 g gekochte Sojabohnen
- 7 g frischer Ingwer
- 2 bittere Kekse, hier Teestreifen Nr. 10 „ Kokos" (27 g) 8588
- Auf 500 ml mit Wasser / kochendem Wasser 1:1 auffüllen.

8633. Chia-Schrot-Mischbrot, Januar 2016

Vorversion: 8581 Zum Verschenken

Stufe 1 (12 Std. vorher):

- 350 g Roggen
- 370 g Wasser
- 150 g Sauerteig

Abends schon vorbereiten:

- 150 g Weizen, schroten (Stufe 5 von 9, Hawos Novum), mit
- 150 g Wasser verrühren und über Nacht quellen lassen.

Außerdem:

- 100 g Weizen
- 150 g Roggen
- 1 EL Salz
- 150 g Sonnenblumenkerne
- 50 g Chiasamen
- 2 TL Brotgewürz (Brecht)

Stufe 2 (Backen, bei mir am Morgen)

- 1/2 Würfel frische Hefe (20 g)
- 100 g lauwarmes Wasser
- Getreidemischung vom Vorabend
- Gequollenes Getreide vom Vorabend
- Ca. 700 g Sauerteigansatz
- 100 g Wasser
- 20 g Butter für die Form

Stufe 1: Roggen fein mahlen, mit Wasser und altem Sauerteig mischen. In einer Plastiktüte über Nacht stehen lassen. 150 g von der Stufe 1 abnehmen und in einem gut schließenden Schraubglas in den Kühlschrank stellen für das nächste Backen. **Außerdem:** Getreide fein mahlen, mit den restlichen Zutaten mischen und in einer gut schließenden Plastikdose verwahren. **Stufe 2:** Hefe im Wasser auflösen. Restliche Zutaten (außer der Butter) hinzufügen und mit einem großen Löffel gründlich verrühren, bis kein Mehl mehr sichtbar ist. Eine 30-cm-Brotform, Profi-Email von Dr. Oetker, gut einfetten. Teig hineingeben, mit der nassen Hand herunterdrücken und glattstreichen. Mit einem scharfen Messer dreimal schräg einschneiden. Form in eine Plastiktüte geben und etwa 1 Std. 45 Min. gehen lassen. Die Brotform ist dann fast voll. Brot in den kalten Ofen einschieben, 60 Min. bei 190 °C backen und 5 Min. im ausgestellten Ofen nachbacken. Das Brot ist nicht mehr viel gegangen.

8634. Schokoladensoße (Sirup) Chia, Januar 2016

- 1 kleine Prise Salz
- 250 g Wasser
- 195 g Agavendicksaft
- 50 g Kakaopulver, schwach entölt
- 50 g Carobpulver
- 1 TL gem. Vanille
- 5 g Chiasamen

Wasser, Salz, und Agavendicksaft in den TM-Mixtopf geben. Gareinsatz statt Messbecher auf den Deckel setzen, reduzieren wie vorgeschrieben: 9 Min./Varoma/Stufe 2. Kakao- und Carobpulver sowie Vanille und Chiasamen mischen und so hinzugeben, dass es nicht auf die Messermitte fällt (das brennt sonst ein und ist schwierig zu reinigen). Gareinsatz wieder aufsetzen und weiter reduzieren: 4 Min./Varoma/Stufe 4.

8635. Mango-Dreischichter, Januar 2016

2 x Frühstück

- 40 g getr. Mango
- 20 g Cashewnüsse
- 240 g Wasser
- 2 EL Leinsamen
- 6 EL Nackthafer
- 10 g Zitronenfleisch
- 200 g Mangofleisch
- 1 Banane, geschält (130 g netto)
- 1/2 Orange, geschält (80 g netto)
- 1/2 Apfel (75 g)
- 1 Clementine, geschält und entkernt (95 g netto)

Leinsamen mit dem Getreide flocken, auf zwei Schüsselchen verteilen. Mango in kleinere Stücke reißen. Mit Nüssen und Wasser im Vitamix zu einer lauwarmen Creme schlagen. Auf das Getreide gießen. 60 g Mangofleisch beiseitelegen. Das restliche Obst in grobe Stücke teilen und im Hochleistungsmixer pürieren, über das Getreide geben. Mango klein schneiden und auf das Obstpüree legen.

8636. Bitterkekskakao Nr. 13, Januar 2016

- 60 g Schokoladensoße, hier: Schokoladensoße 8634
- 1 Medjool-Dattel entsteint (17 g netto)
- 25 g gekochte Sojabohnen
- 10 g frischer Ingwer
- 2 bittere Kekse, hier Teestreifen Nr. 10 „Kokos" (25 g) 8588
- 350 g Wasser

Zutaten im Thermomix erst mixen (15 Sek./Stufe 10), dann erhitzen (8 Min./80 °C/Stufe 4). Zum Schluss alles nochmals gut pürieren (20 Sek./Stufe 10).

8637. Sojareiscreme, Januar 2016

Im Hochleistungsmixer bis zum Stocken schlagen:

- 50 g Rundkorn-Naturreis
- 45 g gekochte Sojabohnen
- 350 g Wasser (halb Zimmertemperatur, halb kochend)

8638. Sojareismilch II, Januar 2016

Im Hochleistungsmixer 4 Min. schlagen:

- 100 g Sojareiscreme 8637
- 435 g Wasser

8639. Schokosirup-Kekse Geburtstagskind, Januar 2016

Vorläufer 8606; 2 Bleche

- 200 g Mandeln
- 30 g Apfelmus (aus dem Glas; ohne Zusätze)
- 200 g gekochte Sojabohnen (Lex)
- 100 g gekochte rote Linsen
- 6 Datteln Medjool, entsteint (netto 110 g)
- 280 g Schokoladensoße (Sirup) Chia 8635
- 10 g Chiasamen
- 15 g Agavendicksaft
- 1 P Weinstein-Backpulver

Mandeln mahlen, ggf umfüllen. Die restlichen Zutaten (ohne Backpulver und Chiasamen) in den Mixtopf geben und zerkleinern (1 Min./Stufe 3; 1 Min./Stufe 5). Gemahlene Mandeln und Backpulver hinzufügen und verkneten (2 Min./Knetstufe). Mit einem Teelöffel (ab und zu in Wasser tauchen) den Teig auf zwei Backbleche geben. Ofen auf 160 °C vorheizen und 40 Min. backen. Sind frisch außen knusprig und innen weich.

8640. Geburtstagsmuffins, gefüllt, Januar 2016

8 Muffins (Vorlage 8510)

Teig:

- 150 g Weizen
- 1 gestr. TL Vanillepulver
- 1/2 P. Weinstein-Backpulver (= 2 TL)
- 65 g gekochte rote Linsen
- 75 g dünnflüssiger Honig
- 50 g Apfelmus (aus dem Glas, ohne Zusätze)

Kirschfüllung:

- 100 g tiefgekühlte Sauerkirschen, aufgetaut (85 g netto)
- 30 g Honig
- 7 g Flohsamenschalen

Creme:

- 30 g Kokosöl
- 30 g Honig
- 100 g Stützcreme, hier Sojareiscreme 8637

Dekoration:

- 60 g Schokoladensoße, hier Schokoladensoße (Sirup) Chia 8634
- 8 getr. Gojibeeren

Für den Teig den Weizen fein mahlen. Mit dem Backpulver mischen. Die restlichen Teigzutaten in den TM-Mixtopf geben und pürieren (30 Sek./Stufe 5; 30 Sek./Stufe 6), zwischendurch die Masse nach unten schieben). Mehlmischung hinzufügen und kneten (2 Min./Knetstufe zwischendurch nach unten schieben). Die Hälfte des Teigs zu 8 Kugeln rollen, etwas platt drücken auf 8 Silikon-Muffinförmchen verteilen.

Für die Füllung alle Zutaten im kleinen Mixer verquirlen und einige Min. stehen lassen. Mit einem Teelöffel die Füllung auf den Teigstücken in den Muffinförmchen verteilen. Die zweite Teighälfte ebenfalls zu Kugeln rollen, wieder platt drücken und die Füllung damit abdecken.

Mixtopf zur Hälfte mit Wasser füllen. Gefüllte Förmchen in den Dämpfaufsatz (untere Etage) stellen: 7 im Kreis, 1 in die Mitte, und dampfgaren (35 Min./Varoma/Stufe 2). Auf einem Gitterrost auskühlen lassen.

Für die Creme Öl und Honig in einer Pfanne zerlassen, im Magic mit der Stützcreme verquirlen. Auf die abgekühlten Muffins geben. In die Mitte jeweils einen Klecks Schokosoße setzen und eine Gojibeere in die Schokocreme stecken.

Mögliche Verbesserungen: *Teig etwas zu fest; Füllung zu viel Flohsamenschalen, Topping fester.*

8641. RB-Stecksuppe (roh), Januar 2016

Im kleinen Becher eines starken Mixers 45 Sek. schlagen:

- 85 g Steckrübe
- 100 g Rote Bete
- 60 g Apfel
- 220 g Wasser

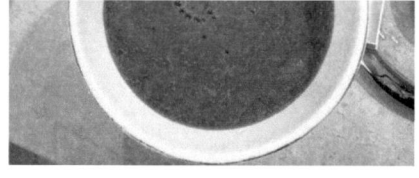

8642. Bitterkekskakao Nr. 14, Januar 2016

Im Vitamix 2,5 bis 3 Min. auf höchster Stufe schlagen:

- 10 g Kakaonibs
- 1 Medjool-Dattel entsteint (17 g netto)
- 25 g gekochte Sojabohnen
- 10 g frischer Ingwer
- 1-2 gute Prisen Zimt
- 1-2 gute Prisen Vanille
- 2 bittere Kekse, hier Teestreifen Nr. 10 „ Kokos" (25 g) 8588
- Auf 500 ml mit Wasser / kochendem Wasser 1:1 auffüllen.

8643. Steckrüben-Kartoffel-Pfanne, Januar 2016

Gemüsepfanne (24 cm, 26 Min.):

- 100 g Wasser
- 300 g Kartoffeln, unter fließendem Wasser abgebürstet, Schadstellen entfernt und in Scheiben geschnitten
- 240 g Steckrübe, Schadstellen entfernt und in Streifen geschnitten

Soße (mixen, unter das Gemüse rühren und aufkochen):

- 1/2 Clementine (40 g netto)
- 50 g gekochte Sojabohnen
- 1 getr. TL Salz
- 1/2 TL Currypulver
- 1/2 TL gem. Koriander
- 1/2 TL gem. Kümmel

8644. Geburtstags-Frühstück für Erdbeerfan, Januar 2016

2 x Frühstück

- 200 g tiefgekühlte Erdbeeren
- 2 EL Leinsamen
- 6 EL Nackthafer
- 10 g Zitronenfleisch
- 1 Orange, geschält (210 g netto)
- 1 Banane, geschält (150 g netto)
- 15 g Cashewnussmus
- 15 g Schokoladensoße, hier Schokoladensoße (Sirup) vegan 8604
- 20 g Maulbeeren

Erdbeeren etwa 1-1,5 Std. vor dem Frühstück aus dem Tiefkühlschrank nehmen.

Leinsamen mit dem Getreide flocken, auf zwei Schüsselchen verteilen. Das Obst ggf. in grobe Stücke teilen und im Hochleistungsmixer pürieren, über das Getreide geben. In die Mitte je einen Klecks Cashewnussmus und Schokoladensoße setzen. Den Rand der Geburtstagskind-Schüssel dicht mit Maulbeeren bestreuen.

8645. Röst-Chia-Brötchen, Januar 2016

12 Brötchen

- 60 g Nackthafer
- Ca. 450 g Dinkel
- 2 gestr. TL Salz
- 1/2 Würfel Bio-Hefe (ca. 20 g)
- 200 + 100 g Wasser
- 45 g Stützcreme, hier Sojareiscreme 8637
- ca. 2 EL Chiasamen

Hafer in einer Pfanne rösten, bis er knackt, gut riecht und leicht gebräunt ist. Abkühlen lassen. Mit Dinkel auf 500 g auffüllen (es waren ca. 53 g Hafer), fein mahlen und mit dem Salz mischen. Hefe in 200 g Wasser im TM auflösen (3 Min./40 °C/Stufe 1). Stützcreme unterrühren (1 Min./40 °C/Stufe 1). Mehlmischung in den Mixtopf schütten und Kneten (2 Min./Knetstufe). Den feuchten Teig in eine Pengdose geben und ca. 30 Min. warm stehen lassen (35 °C/Ober- und Unterhitze). Der Deckel ploppt. Gut durchkneten mit nassen Händen. Mit einem nassen Esslöffel Stücke vom Teig nehmen und zwischen den Händen zu Kugeln formen. Mit einer Seite in Chiasamen tauchen. Nebeneinander auf ein Backblech (PerfectClean, oder mit Dauerbackfolie / Backpapier) setzen, mit Gärfolie abdecken und gehen lassen, bis der Ofen auf 240 °C, Klimagaren (1 manueller Dampfstoß), vorgeheizt ist. Einschieben, 25 Min. bei 185 °C backen und auf einem Kuchengitter auskühlen lassen.

8646. Schlagsahne Version 2, Januar 2016

Version 1 = 8628

- 150 g Wasser
- 15 g Cashewnussmus
- 2 g Flohsamenschalen
- 110 g Kochflüssigkeit von Sojabohnen
- Einige Salzkörnchen

Alle Zutaten im starken Mixer ca. 45 Sek. schlagen. Ist direkt dickflüssig, aber nicht fest.

Anmerkungen: Wird glupschig im Kühlschrank. Geschmacklich nicht umwerfend, aber okay, leider hatte ich das Süßen vergessen. Das Ergebnis im TM mit dem Rühraufsatz habe ich abgebrochen, denn die Flohsamenschalen setzten sich unten am Messer fest, sonst passiert nicht viel. – Es scheint die falsche Richtung.

8647. Birthday-A-Breakfast, Januar 2016

2 x Frühstück; in diesem Haushalt gehen die Geburtstage auch schon mal bis „H". :-)

- 2 EL Leinsamen
- 6 EL Nackthafer
- 1 Orange, geschält (180 g netto)
- 1 Banane, geschält (125 g netto)
- 190 g tiefgekühlte Sauerkirschen
- 125 g frische Blaubeeren

Leinsamen mit dem Getreide flocken, auf zwei Schüsselchen verteilen.

Orange und Banane in grobe Stücke teilen und mit den Kirschen im Hochleistungsmixer pürieren, über das Getreide geben. Die Blaubeeren darüber streuen.

8648. Schokoladensoße (Sirup) Linsen, Januar 2016

- (1 kleine Prise Salz - vergessen)
- 300 g Wasser
- 205 g Ahornsirup
- 60 g Kakaopulver, schwach entölt
- 40 g Carobpulver
- 1 TL gem. Vanille
- 110 g gekochte rote Linsen

Wasser, Salz und Ahornsirup in den TM-Mixtopf geben. Gareinsatz statt Messbecher auf den Deckel setzen, reduzieren : 8 Min. 30 Sek./Varoma/ Stufe 2. Kakao- und Carobpulver sowie Vanille mischen und so hinzugeben, dass es nicht auf die Messermitte fällt (das brennt sonst ein und ist schwierig zu reinigen). Gareinsatz wieder aufsetzen und weiter reduzieren: 4 Min./Varoma/Stufe 4. Linsen hinzufügen und pürieren: 30 Sek./Stufe 6 und 10 Sek./Stufe 8.

Veränderung: Mehr Wasser, 1. Varomastufe um 30 Sek. verkürzt, Zugabe von 110 g gek. roten Linsen. Unterschied: die Konsistenz ist anders, nicht schlecht, aber eben minimal „sämiger"; es bleibt immerhin recht flüssig.

8649. Schokosoßenkakao, Januar 2016

- 90 g Schokoladensoße, hier: Schokoladensoße (Sirup) Linsen 8648
- 1 Medjool-Dattel entsteint (17 g netto)
- 3 g Chiasamen
- 7 g frischer Ingwer
- 350 g Wasser

Zutaten im TM erst mixen (15 Sek./Stufe 10), dann erhitzen (7 Min./80 °C/Stufe 4). Zum Schluss alles nochmals gut pürieren (20 Sek./Stufe 10).

8650. Schokorolle (Wildhefe) 2016/43, Januar 2016

Am *Vortag* (12 Uhr)

- 165 g Dinkel, fein gemahlen, mit
- 200 g Wildhefe verrühren, in eine 600-ml-Pengdose geben

Am Vortag (22:30 Uhr)

- Ansatz vom Morgen
- 135 g Dinkel, fein gemahlen
- 100 g Wasser
- 1 gestr. TL Salz
- 1 TL Honig; Zutaten verrühren, in eine 1-Liter-Pengdose geben

Am *Backtag-Morgen* (10 Uhr)

- Ansatz vom Vorabend
- 200 g Dinkel, fein gemahlen
- 80 g Honig

Zutaten zusammengeben und in der Küchenmaschine kneten (ca. 2 Min.); in eine 1-Liter-Pengdose geben und etwa 1,5 Std. gehen lassen. Füllung im starken Mixer gut durchmixen (ich habe sie nicht ganz gebraucht):

- 175 g Schokosoße, hier Schokoladensoße (Sirup) Linsen 8648
- 75 g Erdnussmus
- 100 g gekochte rote Linsen
- 50 g Honig
- Kokosöl für die Form

Als Arbeitsunterlage unbedingt eine biegsame Kunststoffe-Matte wählen! Form mit Kokosöl gut einfetten. Teig mit viel Streumehl auf Breite einer Kastenform zu einem Rechteck auseinanderdrücken. Mit Füllung bestreichen, dabei einen Rand lassen. Immer wieder prüfen, ob sich die Rolle von der Unterlage löst. Aufrollen. Da der Teig so weich war, riss er schon an wenigen Stellen. Ich konnte ihn, das war mir klar, nicht in die Form heben, die Rolle würde durchbrechen. Also habe ich die Kastenform über die Teigrolle gestülpt und mit der Plastikunterlage umgedreht. Das ging dann. Der Teig lag tief und flach in der Form und ich war mir sicher, mal wieder ein Waterloo erwischt zu haben.

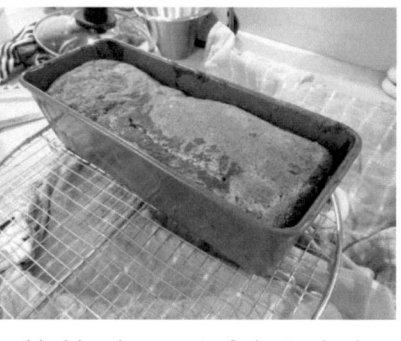

Form in einen Plastikbeutel geben und auf der Fensterbank über der Heizung zwei Std. gehen lassen. Er hatte sich deutlich erhöht, fast um das Doppelte der Höhe. Ofen (Heißluft) auf 175 °C vorheizen. Rolle mit Wasser einsprühen, in den Ofen geben und 40 Min. backen. Kuchen im ausgeschalteten Ofen 5 Min. nachbacken lassen. Einige Min. in der Form abkühlen lassen. Auf ein Drahtgitter stürzen und umdrehen.

Fazit: Der Teig war roh sehr weich. Das ist häufig mein Problem mit den Wildhefeteigen. Entweder sind sie zu weich zum Formen oder, mit weniger Flüssigkeit, zwar gut zu formen, aber gehen schlecht. – Der Teig ist sensationell gut geworden, sehr leicht, locker und luftig. Er ist ja auch kräftig gegangen, auch wenn im Ofen nicht mehr. Am Anschnitt ist die Füllung noch etwas mickrig.

8651. Snickers-Creme, Januar 2016

- 175 g Schokosoße, hier Schokoladensoße (Sirup) Linsen 8648
- 75 g Erdnussmus
- 100 g gekochte rote Linsen
- 50 g Honig

Im starken Mixer 45 Sek. mixen.

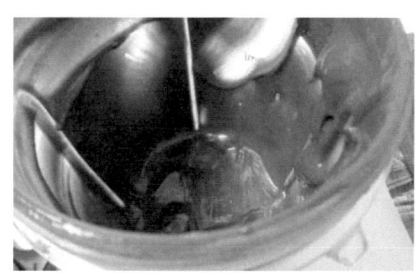

8652. Wirbelwind, Jan. 2016

2 Desserts – In einer Minute fertig, wenn die Einzelzutaten bereits vorliegen. Auch eine gute Resteverwertung.

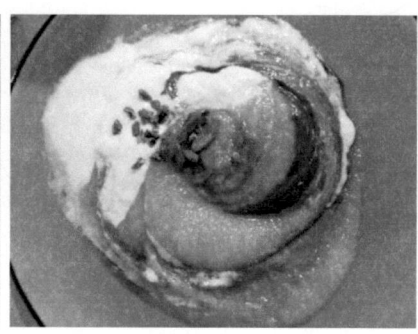

- 2 EL Stützcreme oder „Sahne", hier Schlagsahne Version 2 8646
- 2 EL Schokoladensoße oder Schokocreme, hier Snickers-Creme 8651
- 2 geh. EL Apfelmus (bei mir aus dem Glas, ohne Zusätze, also auch keine Ascorbinsäure)
- 1 TL getr. Gojibeeren
- 1 TL Kakaonibs

Zwei Dessertteller bereitstellen. Nebeneinander jeweils einen Esslöffel der drei Hauptzutaten setzen. Mit einer Gabel die drei Zutaten miteinander ein bisschen verrühren. Mit Kakaonibs und Gojibeeren dekorieren.

8653. SteckBrokkoli-Suppe (roh), Januar 2016

Im starken Mixer 45 Sek. pürieren:

- 35 g Brokkolistrunk
- 70 g Steckrübe
- 45 g Pastinake
- 50 g Apfel
- 230 g Wasser

8654. Brokkoli-Auflauf mit Kartoffelkruste, Januar 2016

2 Portionen.

- 210 g Brokkoli (Strunk und Röschen)
- 100 g Schlagsahne Version 2; 8646
- 175 g Wasser
- 55 g Sojabohnenkochwasser oder Wasser
- 1 gestr. TL Salz
- 1 Prise gem. schw. Pfeffer
- 100 g gekochte Sojabohnen
- 1 MS Koriander
- 1 größere Kartoffel (185 g)

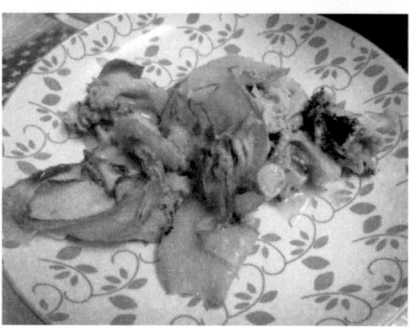

Brokkoli zerteilen: Strunk fein würfeln, den Rest etwas grober hacken. Flüssigkeiten, Bohnen, Salz und Gewürze im Mixer mixen. Über den Brokkoli gießen. Kartoffel mit der Maschine in dünne Scheiben schneiden. Den Brokkoli damit bedecken, es können/sollen auch ruhig zwei Lagen übereinander sein.

In den Ofen geben und 50 Min. bei 195 °C (Heißluft) backen.

Tipp: *Die Kartoffeln waren richtig, der Brokkoli etwas zu durchgegart.*

8655. Happy-Birthday-B-Frühstück, Januar 2016

2 Frühstücke

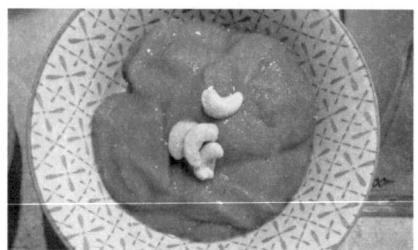

- 2 EL Leinsamen
- 6 EL Nackthafer
- 175 g tiefgekühlte Erdbeeren
- 1 Orange, geschält (130 g netto)
- 1 Banane, geschält (110 g netto)
- 1 Apfel (120 g)
- 15 g Cashewnüsse

Leinsamen mit dem Getreide flocken, auf zwei Schüsselchen verteilen. Das Obst in grobe Stücke teilen und im Hochleistungsmixer pürieren, über das Getreide geben. In die Mitte Cashewnüsse streuen.

8656. Schlagsahne Version 3, Januar 2016

Es sollte ein neuer Ansatz sein: Fett, Eiweiß, etwas Salz - das müsste doch gehen. Ging aber nicht. Dafür habe ich jetzt immer sehr leckere Sahnesoßen zum Gemüse. :-(

- 100 g Kichererbsenwasser (geliert)
- 10 g Sonnenblumenöl
- 10 g Cashewnussmus
- 100 g Wasser
- einige Salzkörnchen
- 2 g Ahornsirup

Alle Zutaten im Mixer ca. 45 Sek. schlagen.

Fazit: Auch dies scheint die falsche Richtung. Ich mache hier erst einmal Pause, vielleicht kann mein Unterbewusstsein sich weiter mit der Sahne beschäftigen, während das andere Bewusstsein sich mal um Aufstriche und Rohkosttorte kümmert.

8657. Restesuppe roh, Januar 2016

Im starken Mixer 45 Sek. schlagen:

- 100 g Salat vom Mittagessen
- 40 g Steckrübe
- 40 g Brokkolistrunk
- 105 g Orange (netto)
- 200 g Wasser

8658. Gefüllte Bauernklöße, Januar 2016

2 Portionen

Für den *Teig*:

- 180 g Brot mindestens vom Vortag
- 110 g Pflanzenmilch, hier Sojareismilch II 8638
- 30 g Wasser
- 1 Zwiebel, geschält und gewürfelt (50 g netto)
- 75 g gekochte rote Linsen
- 25 g Linsensprossen (von schwarzen Linsen)
- 1 TL Salz
- 1 TL Paprikapulver, edelsüß
- 1 MS gem. schw. Pfeffer

Brot würfeln (etwa Kantenlänge 1 x 1 cm). Milch erhitzen (TM: 3 Min./70 °C/Stufe 1) und über die Würfel gießen. Gut abgedeckt 45 Min. stehen lassen. 30 g Wasser in eine 20-cm-Pfanne geben, Zwiebelwürfel hinzufügen. Deckel auflegen, auf höchster Einstellung zum Kochen bringen, bis Dampf unter dem Deckel austritt. Auf kleinste Einstellung drehen und 10 Min. dünsten, ohne den Deckel abzuheben. Das Wasser ist komplett verdampft. Brotwürfel, Zwiebel, Linsen, Sprossen, Salz und Gewürze miteinander zu einer zusammenhängenden Masse kneten (1 Min. 15 Sek./Knetstufe; 10 Sek./Stufe 4.5).

Für die *Füllung* als Gemüsepfanne (20 cm, 10 Min.):

- Wenige Tropfen Sonnenblumenöl
- 45 g Wasser
- 110 g Brokkoli, kleingeschnitten

Teig in vier Teile teilen (je etwa 100 g) und zwischen den Händen zu einem Kloß rollen. In die Mitte eine Vertiefung drücken, Brokkoli hineinfüllen und Kloß wieder schließen. Varomaaufsatz in der Mitte

dünn mit dem Finger mit Öl bestreichen. Klöße nebeneinander in den Varoma setzen (unten).

Mixtopf halb mit Wasser schließen, Deckel aufsetzen und Varomaaufsatz auf den Deckel stellen. 25 Min./Varoma Stufe II.

8659. Sprossen-Gemüse-Soße, Januar 2016

2 Portionen

Als Gemüsepfanne (20 cm, 15 Min.):

- 75 g Wasser
- 1 mittelgroße Zwiebel, abgezogen und gewürfelt (90 g netto)
- 50 g Linsensprossen
- Etwa 40-50 g gekochter Brokkoli
- 3 Tomaten, gewürfelt (225 g)

Zur Fertigstellung:

- 1 TL Salz
- 1 EL Apfelessig
- 1 TL Ahornsirup
- 1 MS gem. schw. Pfeffer
- 110 g „Sahne", hier: Schlagsahne Version 3 8656
- 1 TL Cashewnussmus

Alle Zutaten in die Pfanne geben und aufkochen. Etwa 5 Min. einköcheln lassen.

Tipp: Bei mir gab es dazu Gefüllte Bauernklöße, Nudeln stelle ich mir dazu aber auch sehr lecker vor.

8660. Bitterkekskakao Nr. 15, Januar 2016

Im Hochleistungsmixer, je nach Gerät, 2,5 bis 3 Min. auf höchster Stufe schlagen:

- 10 g Kakaonibs
- 1 Medjool-Dattel entsteint (18 g netto)
- 40 g Stützcreme, hier Bohnenstütze süß 8607
- 8 g frischer Ingwer
- 2 bittere Kekse, hier Teestreifen Nr. 10 „ Kokos" (27 g) 8588
- auf 500 ml (Markierung im Becher) mit Wasser / kochendem Wasser 1:1 auffüllen.

8661. Himbeer-Geburtstag C, Januar 2016

2 x Frühstück

- 2 EL Leinsamen
- 6 EL Nackthafer
- 120 g frische Himbeeren (ein Geburtstagsgeschenk, aber nicht von mir)
- 1 Orange, geschält (190 g netto)
- 1 Banane, geschält (150 g netto)
- 1 Apfel (105 g)
- 2 Litschi (Deko)

Leinsamen mit dem Getreide flocken, auf zwei Schüsselchen verteilen. Das Obst ggf. in grobe Stücke teilen und im Hochleistungsmixer pürieren, über das Getreide geben. Litschi schälen und jeweils in die Mitte geben.

8662. Bitterkekskakao Nr. 16, Januar 2016

Im Hochleistungsmixer, je nach Gerät, 2,5 bis 3 Min. auf höchster Stufe schlagen:

- 10 g Kakaonibs
- 1 Medjool-Dattel entsteint (18 g netto)
- 10 g frischer Ingwer
- 2 bittere Kekse, hier Teestreifen Nr. 10 „ Kokos" (28 g) 8588
- 60 g „Sahne", hier Schlagsahne Version 3; 8656
- Auf 500 ml (Markierung im Becher) mit Wasser / kochendem Wasser 1:1 auffüllen.

8663. Orangenstaub, Januar 2016

1 kleines Glas

- Schale von 3-4 Bio-Orangen

Schale auf Frühstücksbrettchen über der Heizung trocknen. Im Mixer, flaches Messer, mahlen. Das ist genial fein geworden!

8664. Schokoladensoße (Sirup) Linsen Nr. 2, Januar 2016

Vorläufer 8648; mehr als 1 Honigglas.

- 1 Prise Salz - vergessen
- 300 g Wasser
- 195 g Ahornsirup
- 65 g Kakaopulver, schwach entölt
- 35 g Carobpulver
- 1 gestr. TL Orangenstaub 8663 oder gem. Orangenschale
- 1 TL gem. Vanille
- 100 g gekochte rote Linsen

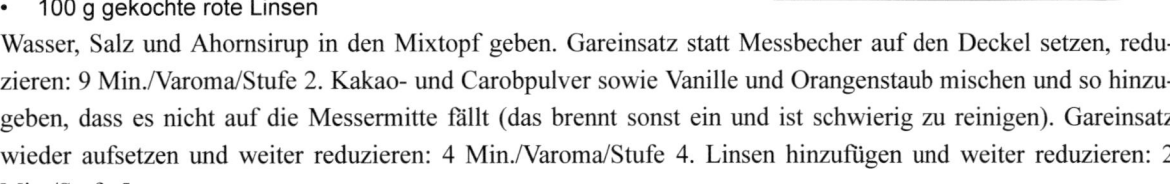

Wasser, Salz und Ahornsirup in den Mixtopf geben. Gareinsatz statt Messbecher auf den Deckel setzen, reduzieren: 9 Min./Varoma/Stufe 2. Kakao- und Carobpulver sowie Vanille und Orangenstaub mischen und so hinzugeben, dass es nicht auf die Messermitte fällt (das brennt sonst ein und ist schwierig zu reinigen). Gareinsatz wieder aufsetzen und weiter reduzieren: 4 Min./Varoma/Stufe 4. Linsen hinzufügen und weiter reduzieren: 2 Min./Stufe 5.

Hinweise: Kakaopulver schwach entölt hat 22 % Fett. Das ist ein Fettgehalt, wenn ich mich nicht verrechnet habe, von 2 %. Da muss ich kein schlechtes Gewissen haben. – Veränderung: Mehr Wasser, Zugabe von 100 g gek. roten Linsen, auch nochmals 2 Min. reduzieren; Zugabe von Orangenschale.

8665. Möhrensuppe orangisiert (roh), Januar 2016

Im starken Mixer 45 Sek. schlagen:

- 2 g Orangenstaub 8663
- 65 g Steckrübe
- 125 g Möhre
- 215 g Wasser

8666. Spaghetti mit Tomatensoße, Januar 2016

2 Portionen

- Spaghetti (160 g):
- 50 g Wasser
- 1 Zwiebel, abgezogen und gewürfelt (70 g netto)
- 1 Knoblauchzehe, abgezogen und kleingeschnitten (6 g netto)
- 1 Dose Tomaten, stückig (400 g Inhalt)
- 80 g + 45 g Wasser
- 10 g Apfelessig
- 15 g Tomatenmark
- 1 TL Salz
- 1 MS gem. schw. Pfeffer
- 1 TL Paprikapulver edelsüß
- 2 TL Ahornsirup
- 1 Stück Essigpeperoni (5 g) 7/4573

TM-Mixtopf mindestens halb mit Wasser füllen, Salz hinzufügen und einstellen: 20 Min./100 °C/Stufe 2. Sobald 100 °C erreicht sind, die Nudeln hinzufügen (bei Spaghetti Deckeleinsatz weglassen, bis sie abgesunken sind); Zeit auf 10 Min. stellen, Stufe 1, Linkslauf. Durch den Gareinsatz abseihen. Soße: Wasser, Zwiebel und Knoblauch in eine Pfanne (24 cm) geben. Als Gemüsepfanne 10 Min. dünsten. Das Wasser ist dann verbraucht. Tomaten hinzufügen. Dose mit 80 g Wasser nachspülen, ebenfalls hinzugeben. Etwa 10-15 Min. auf kleiner Einstellung köcheln. 45 g Wasser mit den restlichen Zutaten verquirlen und unterrühren. Ebenfalls noch ca. 5 Min. köcheln lassen.

8667. Schokoladen-Aufstrich, Januar 2016

Etwa 1 Honigglas

- 1 kleine Prise Salz
- 300 g Wasser
- 175 g Honig
- 25 g Ahornsirup
- 100 g Kakaopulver
- 1 gestr. TL Orangenstaub 8663 oder gem. Orangenschale
- 1 TL gem. Vanille
- 50 g gekochte Kichererbsen
- 50 g Cashewnussmus (gekauft)

Wasser, Salz, Honig und Ahornsirup in den TM-Mixtopf geben. Gareinsatz statt Messbecher auf den Deckel setzen, reduzieren: 9 Min./Varoma/Stufe 2. Kakao- und Vanillepulver mischen und so hinzugeben, dass es nicht auf die Messermitte fällt (das brennt sonst ein und ist schwierig zu reinigen). Gareinsatz wieder aufsetzen und weiter reduzieren: 4 Min./Varoma/Stufe 4. Kichererbsen und Nussmus hinzufügen und nochmals reduzieren: 2 Min./Varoma/Stufe 5.

8668. Birthday-D-Flakes, Januar 2016

2 x Frühstück

- 1 EL Leinsamen
- 6 EL Nackthafer
- 255 g Mangofleisch
- 10 g Zitronenfleisch
- 1 Apfel (175 g)
- 1 Banane, geschält (netto 150 g)
- 10 g Kokosstreifen
- 15 g getr. Maulbeeren

Leinsamen mit dem Getreide flocken, auf zwei Schüsselchen verteilen. Das Obst in grobe Stücke teilen und im Hochleistungsmixer pürieren, über das Getreide geben. Mit Kokosstreifen und die Schüssel des Geburtstag-D-Kinds zusätzlich mit Maulbeeren am Rand belegen.

8669. Bitterkekskakao Nr. 17, Januar 2016

- 90 g Schokoladen-Aufstrich 8667
- 1 Medjool-Dattel entsteint (15 g netto)
- 5 g frischer Ingwer
- 2 bittere Kekse, hier Teestreifen Nr. 10 „ Kokos" (30 g) 8588
- 365 g Wasser

Zutaten im TM erst mixen (15 Sek./Stufe 10), dann erhitzen (8 Min./80 °C/Stufe 4). Zum Schluss alles nochmals gut pürieren (20 Sek./Stufe 10).

8670. Lecker-locker-Brötchen, Januar 2016

Ergab 10 Brötchen.

- 50 g gekochte Kichererbsen
- 295 g Wasser
- 1/2 Würfel frische Hefe
- 50 g Nackthafer
- 450 g Dinkel
- 2 TL Gewürzmischung „Kräuterdip" oder andere Kräuter
- 1 guten TL Salz

Herstellung beschrieben im TM. Wer auch das Mehl im TM mahlen möchte, sollte damit anfangen (1 Min./Stufe 10) und dann umfüllen.

Kichererbsen und Wasser mixen (30 Sek./Stufe 5). Hefe hinzubröseln und auflösen (2 Min./37 °C/Stufe 2). Mehl mit Salz und Kräutern mischen, in den Mixtopf geben und kneten (2 Min./Knetstufe). In eine Pengdose umfüllen, was gar nicht so einfach ist, denn der Teig ist sehr weich. Mit nassen Händen zu einer Kugel unter Spannung formen und bei 35 °C 30 Min. gehen lassen (kann ich im Backofen machen). Mit nassen Händen durchkneten. Stücke etwa in Größe kleiner Pfirsiche abnehmen und nebeneinander auf ein Backblech (Perfect-Clean, oder mit Dauerbackfolie / Backpapier) setzen. Mit Gärfolie abdecken und 10 Min. gehen lassen. Danach den Ofen auf 250 °C (Heißluft) vorheizen, das dauert etwa 17 Min. Blech einschieben und 20 Min. bei 190 °C backen.

Hinweise: Nachdem die Brötchen erst super gegangen sind, sind sie am Ende doch etwas auseinandergelaufen. Beim nächsten Mal würde ich sie nur die Vorheizzeit gehen lassen. Konsistenz und Geschmack sind aber über alle Zweifel erhaben.

8671. Möhren-Tomaten-Aufstrich, Januar 2016

Nach dem Grundkochbuch vom Thermomix, Seite 252

- 1 Zwiebel, geschält und geachtelt (netto 75 g)
- 30 g Wasser
- 250 g Möhren, in Stücken
- 120 g Tomatenmark
- 1 TL getr. Thymian
- 1 TL getr. Majoran
- 1 TL Salz
- 1/2 TL Honig
- 50 g gekochte rote Linsen
- 25 g Sonnenblumenöl
- 25 g Wasser

Zwiebel in den Mixtopf geben, zerkleinern (3 Sek./Stufe 5). Mit einem Spatel nach unten schieben. 30 g Wasser hinzugeben und dünsten (1 Min. 30 Sek./100 °C/Stufe 1). Möhren zugeben, zerkleinern (5 Sek./Stufe 5) und mit einem Spatel nach unten schieben.

Tomatenmark, Thymian und Majoran (zwischen den Händen zerrieben), Salz, Honig, rote Linsen, 25 g Sonnenblumenöl und 25 g Wasser zugeben, dünsten (6 Min./90 °C/Stufe 2) und pürieren (10 Sek./Stufe 10).

Fazit: Schmeckt warm oder kalt. Kann ähnlich wie Pesto als Nudelsoße verwendet werden.

8672. Apfel-Streuselkuchen-Fast-Ruck-Zuck, Januar 2016

- 325 g Dinkel
- 1 TL gem. Vanille
- 1/2 P. Weinstein-Backpulver
- 500 g Äpfel
- 100 g gekochte rote Linsen
- 150 g Honig
- 2 EL Wasser
- 1 EL Mehl
- 1/2 TL Wasser

Dinkel fein mahlen (im TM: 1 Min./Stufe 10) und umfüllen. Mit Vanille und Backpulver mischen. Äpfel zerkleinern (4 Sek./Stufe 5) und umfüllen. Linsen mit Honig und 2 EL Wasser verrühren (30 Sek./Stufe 4). Mehlmischung hinzugeben und zu Streuseln verarbeiten (2 x 5 Sek./Stufe 5)). Eine mittelgroße Springform (etwa 20-21 cm Durchmesser) mit etwas mehr als der Hälfte der Streusel auslegen, Teig festdrücken. Darauf die Äpfel verteilen. Restteig mit 1 geh. EL Mehl und 1/2 TL Wasser zu „besseren" Streuseln verarbeiten (2 x 1 Sek. Turbo). Über die Äpfel streuen und Kuchen in den kalten Ofen einschieben. 30 Min. bei 180 °C (Heißluft) und 15 Min. bei 160 °C backen.

Hinweis: Der untere Teig ist etwas zu fest, da wäre besser eine Rührteigschicht. Die Streusel oben sind sehr knusprig, wir mögen das.

8673. Birthday E-Softie, Januar 2016

2 x Frühstück

- 2 EL Leinsamen
- 6 EL Nackthafer
- 10 g Zitronenfleisch
- 1 Orange, geschält (150 g netto)
- 1 Apfel (110 g)
- 1 Banane, geschält (105 g netto)
- 155 g tiefgekühlte Erdbeeren
- 20 g Sonnenblumenkerne
- 7 Haselnusskerne

Leinsamen mit dem Getreide flocken, auf zwei Schüsselchen verteilen. Das Obst ggf. in grobe Stücke teilen und mit den Sonnenblumenkernen im Hochleistungsmixer pürieren, über das Getreide geben. Haselnüsse als Deko auflegen, das „Geburtstagskind" bekommt 4.

8674. Bitterkekskakao Nr. 18, Januar 2016

Im Vitamix 2,5 bis 3 Min. auf höchster Stufe schlagen:

- 10 g Kakaonibs
- 1 Medjool-Dattel entsteint (18 g netto)
- 8 g frischer Ingwer
- 3 bittere Kekse, hier Teestreifen Nr. 10 „ Kokos" 8588 (38 g)
- 20 g gekochte Kichererbsen
- 180 g Honigwasser (Lösen von Resthonig im Glas)
- Auf 500 ml (Markierung im Becher) mit kochendem Wasser auffüllen.

8675. Mango gerieben, Januar 2016

- Mangos

Müssen natürlich Bio-Mangos sein. Jedes Mal, wenn ich eine Mango verbraucht habe, habe ich die Schalenstücke auf einem Frühstücksbrettchen auf der Heizung getrocknet. Wenn sie

richtig „krachten", habe ich sie in kleine Stücke gebrochen und in einem Glas gesammelt. Als genug zusammen waren, um den kleinen Becher des starken Mixers etwas mehr als zur Hälfte zu füllen, habe ich sie mit diesem Gerät, flaches Messer, 20 Sek. gemahlen.

8676. Kartoffel-Tomaten-Auflauf, Januar 2016

2 Portionen

Gemüse (Gemüsepfanne 24 cm, 16 Min.):

- 100 g Wasser
- 340 g Kartoffeln, in dünnen Scheiben
- 330 g (3-4 Stück) Tomaten, kleingeschnitten
- 70 g Sellerie, in dünnen Streifen

Die Soße im starken Mixer gut durchmischen:

- 35 g Erdnussmus
- 2 EL Peperoniessig 7/4573
- 1 MS gem. schw. Pfeffer
- 1 TL Ahornsirup
- 1 gestr. TL Salz
- 1 Prise Mangopulver
- 10 g Dinkelmehl
- 220 g Wasser

Soße in die Pfanne gießen, Pfanne in den kalten Ofen stellen. 40 Min. bei 180 °C (Heißluft) backen.

8677. Cara-Cara-Suppe (roh), Januar 2016

Im starken Mixer, kleiner Becher, 30 Sek. schlagen:

- 35 g Pastinake
- 55 g Möhre
- 60 g Sellerie
- 100 g Cara-Cara Orange
- 220 g Wasser

8678. Schokoladen-Soßencreme, Januar 2016

Etwa 1 größeres Honigglas.

- 1 kleine Prise Salz
- 300 g Wasser
- 200 g Honig
- 60 g Kakaopulver
- 40 g Carobpulver
- 100 g gekochte rote Linsen

Wasser, Salz und Honig in den Mixtopf geben. Gareinsatz statt Messbecher auf den Deckel setzen, reduzieren: 9 Min./Varoma/Stufe 2. Kakao-, Carob- und Vanillepulver mischen und so hinzugeben, dass es nicht auf die Messermitte fällt (das brennt sonst ein und ist schwierig zu reinigen). Gareinsatz wieder aufsetzen und weiter reduzieren: 4 Min./Varoma/Stufe 4. Linsen hinzufügen und nochmals reduzieren: 2 Min./Stufe 5.

Hinweis: Ich experimentiere noch mit den Verhältnissen. 300 g Wasser ist schon besser, da setzt nichts an. Es ist aber immer noch keine „Soße".

8679. Birthday-E-Mango, Januar 2016

2 x Frühstück; für dieses Jahr sind wir mit den Geburtstagen durch.

- 2 EL Leinsamen
- 6 EL Nackthafer
- 40 g getr. Mango
- 20 g Cashewnüsse
- 280 g Wasser
- 10 g Zitronenfleisch
- 1/2 Orange, geschält (105 g netto)
- 120 g tiefgekühlte Erdbeeren
- 1 Banane, geschält (120 g netto)
- 40 g Studentenfutter (Rossmann, bio)

Leinsamen mit dem Getreide flocken, auf zwei Schüsselchen verteilen. Mango in kleinere Stücke reißen. Mit Nüssen und Wasser im Vitamix zu einer lauwarmen Creme schlagen. Auf das Getreide gießen. Das Obst ggf. in grobe Stücke teilen und im Hochleistungsmixer pürieren, über das Getreide geben. Mit Studentenfutter bestreuen.

8680. Bitterkekskakao Nr. 19, Januar 2016

- 80 g Schokoladensoße, hier: Schokoladen-Soßencreme 8678
- 1 Medjool-Dattel entsteint (15 g netto)
- 8 g frischer Ingwer
- 2 bittere Kekse, hier Teestreifen Nr. 10 „ Kokos" (27 g) 8588
- 30 g gekochte Kichererbsen
- 365 g Wasser

Zutaten im Thermomix erst mixen (15 Sek./Stufe 10), dann erhitzen (8 Min./80 °C/Stufe 4). Zum Schluss alles nochmals gut pürieren (20 Sek./Stufe 10).

8681. Runde-100-Stütze, Januar 2016

Im Hochleistungsmixer bis zum Stocken schlagen:

- 50 g Rundkorn-Naturreis
- 30 g gekochte rote Linsen
- 20 g Cashewnüsse
- 350 g Wasser (halb Zimmertemperatur, halb kochend)

8682. Pastorangen-Suppe, Januar 2016

Im Vitamix glatt schlagen (wird sehr schön cremig!)

- 170 g Pastinake
- 130 g Orange (netto)
- 220 g Wasser

8683. Wirsing-Nudel-Auflauf, Januar 2016

2 Portionen

Stufe 1:

- 200 g Wirsing brutto
- 125 g Vollkornnudeln
- Etwas Salz

Wirsing in Streifen schneiden, sodass er gerade in den Garkorb passt. Mixtopf halb mit Wasser füllen, zum Kochen bringen (20 Min./100 °C/Stufe 2). Sobald das Wasser kocht (nach etwa 8 Min.), Nudeln in den Mixtopf geben und gefüllten Gareinsatz einhängen. 12 Min. kochen (Restzeit/100 °C/Stufe 1 rückwärts).

Stufe 2:

- 5 EL Wasser
- 1 Zwiebel, geschält (55 g netto)
- 1 große Knoblauchzehe, geschält (8 g netto)
- 1 Prise Kümmel (ungemahlen)
- 130 g Champignons

2 EL Wasser in eine Pfanne (20 cm) geben. Zwiebel und Knoblauch klein schneiden, mit dem Kümmel in die Pfanne geben. Als Gemüsepfanne 8 Min. dünsten. Champignons vierteln oder in Scheiben schneiden, in die Pfanne geben. Bei mir war kein Wasser mehr in der Pfanne und auf etwas höherer Einstellung 2 Min. anbraten, dabei nochmals 1-3 EL Wasser hinzufügen. Salzen und pfeffern.

Stufe 3:

Gareinsatz aus dem Gerät nehmen, Wirsing umfüllen. Nudeln durch den Gareinsatz abseihen. Wirsing in den Mixtopf geben und zerkleinern (5 Sek./Stufe 5). Mit den Zutaten in der Pfanne vermischen.

Stufe 4:

- 25 g Nackthafer
- 200 g Wasser
- 100 g Stützcreme, hier Runde-100-Stütze 8681
- 50 g gekochte rote Linsen
- 1 gestr. TL Salz
- etwas gem. schw. Pfeffer
- etwas gem. Muskatnuss
- 20 g Pinienkerne

Hafer flocken. Wasser, Stützcreme, Linsen, Salz und Gewürze im Vitamix verquirlen. Nudeln auf zwei Formen verteilen, darüber den Wirsing verteilen. Soße darüber gießen und mit Pinienkernen bestreuen.

Formen in den auf 180 °C (Heißluft) vorgeheizten Ofen schieben und 30 Min. backen. Vor dem Essen 5 Min. stehen lassen.

8684. Mango aufgehübscht-FKG, Januar 2016

2 x Frühstück

- 6 EL Nackthafer
- 15 g Zitronenfleisch
- 200 g Mangofleisch
- 1 Orange, geschält (180 g netto)
- 2 Bananen, geschält (235 g netto)
- 20 g Cashewnüsse

Getreide flocken, auf zwei Schüsselchen verteilen. Das Obst in grobe Stücke teilen und im Hochleistungsmixer pürieren, über das Getreide geben. In die Mitte Cashewnüsse streuen.

8685. Schokoladensoße, Januar 2016

Etwa 1 größeres Glas + 1/2 Honigglas

- 505 g Wasser
- 215 g Honig
- 55 g Kakaopulver
- 45 g Carobpulver
- 1 kleine Prise Salz
- 1 TL gem. Vanille
- 50 g gekochte rote Linsen

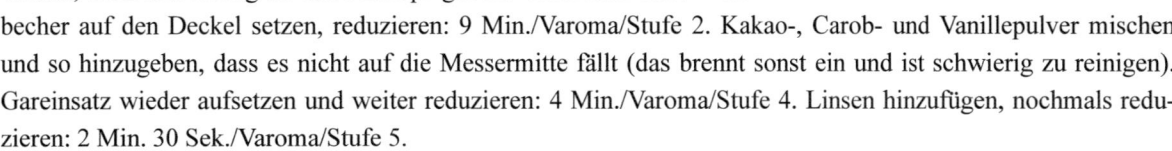

Wasser, Salz und Honig in den Mixtopf geben. Gareinsatz statt Messbecher auf den Deckel setzen, reduzieren: 9 Min./Varoma/Stufe 2. Kakao-, Carob- und Vanillepulver mischen und so hinzugeben, dass es nicht auf die Messermitte fällt (das brennt sonst ein und ist schwierig zu reinigen). Gareinsatz wieder aufsetzen und weiter reduzieren: 4 Min./Varoma/Stufe 4. Linsen hinzufügen, nochmals reduzieren: 2 Min. 30 Sek./Varoma/Stufe 5.

Hinweis: *Dies ist jetzt definitiv eine Soße. Nach 2 ist die Konsistenz Tagen perfekt!*

8686. Bitterkekskakao Nr. 20, Januar 2016

- 25 g Schokoladensoße, hier: Schokoladensoße 8685
- 1 Medjool-Dattel entsteint (17 g netto)
- 5 g Chiasamen
- 2 bittere Kekse, hier Teestreifen Nr. 10 „ Kokos" (20 g) 8588
- 400 g Wasser

Zutaten im Thermomix erst mixen (20 Sek./Stufe 10), dann erhitzen (8 Min./80 °C/Stufe 4). Nochmals gut pürieren (20 Sek./Stufe 10).

8687. Schokosirup-Kekse Variante, Januar 2016

Vorläufer: 8639; zwei Bleche

- 200 g Mandeln
- 40 g Apfel
- 150 g gekochte weiße Bohnen
- 150 g gekochte rote Linsen
- 6 Datteln Medjool, entsteint (netto 100 g)
- 270 g Schokoladen-Soßencreme 8678 (vorher: 280 g)
- 40 g Stützcreme, hier: Runde-100-Stütze 8681
- 20 g Ahornsirup
- 10 g Chiasamen
- 1 P Weinstein-Backpulver

Mandeln im Mixer mahlen. Die restlichen Zutaten (ohne Backpulver und Chiasamen) in den Mixtopf geben und zerkleinern (1 Min./Stufe 3; 1 Min./Stufe 5; und 10 Sek./Stufe 10, da die Masse noch etwas körnig war). Gemahlene Mandeln und Backpulver hinzufügen und verkneten (2 Min./Knetstufe).

Mit einem Teelöffel (ab und zu in Wasser tauchen) den Teig auf zwei Backbleche geben. Ofen auf 160 °C vorheizen und 35-40 Min. (oberes Blech 35 Min.) backen. Sind frisch außen knusprig und innen weich.

8688. Orangeatwürze, Januar 2016

- 370 g Trockenzitronat 8225
- 220 g Zitronat

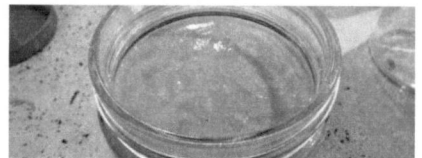

Im Vitamix mischen auf der höchsten Stufe, bis es eine schöne glatte Creme ergibt. Ist bei mir mehr als 1 Honigglas, da mehr als 500 g.

8689. Orangencreme, Januar 2016

2 Desserts

- 40 g Orangeatwürze 8688
- 120 g Stützcreme, hier Runde-100-Stütze 8681
- 50 g gekochte rote Linsen
- 40 g Schokocreme, hier Schokoladen-Soßencreme 8678
- 6 getr. Gojibeeren
- Ewas Mangopulver 8675

Orangeatwürze (Rest im Vitamix), Stützcreme und Linsen im Vitamix pürieren, auf zwei Schüsselchen verteilen. Schokocreme in die Mitte klecksen, 3 Gojibeeren hineinstecken und mit Mangopulver bestreuen.

8690. Ofenkartoffeln angedünstet, Januar 2016

2 Portionen

- 400 g Kartoffeln
- Etwa 100 g Wasser

Kartoffeln waschen, in ca. 1 cm große Scheiben schneiden. Auf zwei Pieformen (geht natürlich auch irgendeine andere Form oder bei größeren Mengen ein Backblech) verteilen. Wasser in die Formen gießen, sodass es etwa 5 mm hoch steht. In den kalten Ofen schieben. Bei 225 °C (Heißluft) etwa, je nach Sorte, 25 Min. backen.

8691. Banana Rotana, Januar 2016

Im Vitamix glatt schlagen:

- 145 g Rote Bete
- 45 g Möhre
- 1/2 Banane, geschält (75 g netto)
- 220 g Wasser

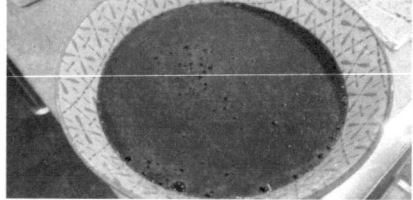

8692. Wirsing mit Aprikosen, Januar 2016

2 Portionen

Als Gemüsepfanne (24 cm, 20 Min.):

- 80 g Wasser
- 300 g Wirsing, in Streifen
- 50 g getr. Aprikosen, in Streifen
- 10 g getr. Tomaten (3 Stück), in feinen Streifen

Soße (mixen, unter das Gemüse rühren und aufkochen):

- 40 g gekochte rote Linsen
- 1 gestr. TL Salz
- 1 geh. TL ger. getr. Mangoschalen 8675
- 1 MS gem. schw. Pfeffer
- 25 g Cashewnüsse
- 15 g Zitronenfleisch
- 150 g Wasser

Becher mit 50-100 g Wasser (je nachdem, wie viel von der Kochflüssigkeit noch da ist (bei mir war alles weg) nachspülen. Dieses Wasser ebenfalls zum Gemüse geben, verrühren und aufkochen.

Tipp: *Bei mir gab es dazu Ofenkartoffeln, gedünstet 8690.*

8693. Kreme mit Cnack, Januar 2016

2 x Frühstück

- 4 EL Nackthafer
- 1 Orange, geschält (205 g netto)
- 1 Banane, geschält (155 g netto)
- 2 gestr. EL Sonnenblumenkerne
- 2 EL Buchweizen
- Einige getr. Gojibeeren

Getreide schroten (5/9, Hawos Novum). Das Obst in grobe Stücke teilen und mit Sonnenblumenkernen und Haferschrot im Hochleistungsmixer pürieren, über das Getreide geben. Mit Buchweizen bestreuen und Gojibeeren dekorieren.

8694. Schokoladensoße mit Aroma, Januar 2016

Etwa 1 größeres Glas + 1/2 Honigglas

- 350 g Wasser
- 180 g Honig
- 55 g Orangeatwürze 8688
- 55 g Kakaopulver
- 45 g Carobpulver
- 1 kleine Prise Salz
- 1 TL gem. Vanille
- 100 g gekochte rote Linsen

Wasser, Salz und Honig in den Mixtopf geben. Gareinsatz statt Messbecher auf den Deckel setzen, reduzieren: 9 Min./Varoma/Stufe 2. Kakao-, Carob- und Vanillepulver mischen und so hinzugeben, dass es nicht auf die Messermitte fällt (das brennt sonst ein und ist schwierig zu reinigen). Garcinsatz wieder aufsetzen und weiter reduzieren: 4 Min./Varoma/Stufe 4. Linsen hinzufügen und nochmals reduzieren: 2 Min. 30 Sek./Stufe 5.

Hinweis: Merkwürdigerweise schmecken die Linsen jetzt stärker durch, eher in der Konsistenz als im Geschmack meine ich. Hier ist vielleicht ein Teilaustausch mit Nussmus sinnvoll (50 g gekochte rote Linsen/50 g Nussmus, oder 70:30).

8695. Bitterkekskakao Nr. 21, Januar 2016

2 Portionen

- 50 g Schokoladensoße, hier: Schokoladensoße mit Aroma 8694
- 1 Medjool-Dattel entsteint (22 g netto)
- 30 g gekochte weiße Bohnen
- 9 g frischer Ingwer
- 2 bittere Kekse, hier Teestreifen Nr. 10 „ Kokos" (26 g) 8588
- 430 g Wasser

Zutaten im TM erst mixen (20 Sek./Stufe 10), dann erhitzen (8 Min./80 °C/Stufe 4). Zum Schluss alles nochmals gut pürieren (20 Sek./Stufe 10).

8696. Kräuter-Dip-Dressing, Januar 2016

Vorläufer: 8431, enthält etwas Öl.

Im Vitamix schlagen:

- 125 g Sonnenblumenkerne
- 125 g Apfelessig
- 30 g Sonnenblumenöl
- 20 g Salz
- 1 g gem. schw. Pfeffer
- 50 g Honig
- 200 g Wasser
- 2 EL Kräuter-Dip-Kräutermischung (Maier's)

Wird im Kühlschrank fester.

8697. Chia-Sonnen-Brot Nr. 2 (2015/44), Januar 2016

Vorläufer 8560

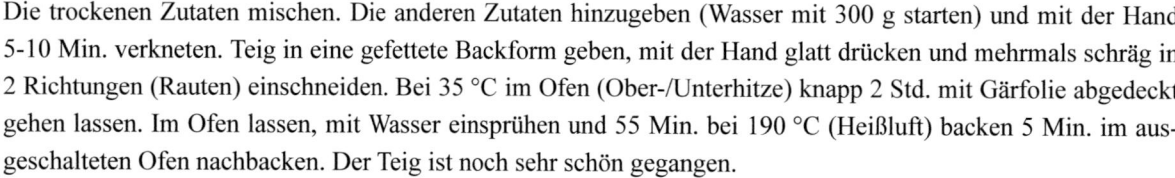

Am Vortag:

- 14.00 Uhr: 60 g Wildhefe/50 g fein gemahlener Dinkel; in Pengdose
- 22.00 Uhr: 220 g Wasser/200 g fein gemahlener Dinkel / 1/2 TL Salz / 1/2 TL Honig / Ansatz vom Morgen; in Pengdose

Am Backtag, morgens (9.30 Uhr)

- Ansatz vom Vorabend
- 500 g Dinkel, fein gemahlen
- 100 g Kamut, fein gemahlen
- 1 gestr. EL Salz
- 1 EL Brotgewürz
- 125 g Sonnenblumenkerne
- 75 g Chiasamen
- 450 g Wasser
- Butter für die Form

Die trockenen Zutaten mischen. Die anderen Zutaten hinzugeben (Wasser mit 300 g starten) und mit der Hand 5-10 Min. verkneten. Teig in eine gefettete Backform geben, mit der Hand glatt drücken und mehrmals schräg in 2 Richtungen (Rauten) einschneiden. Bei 35 °C im Ofen (Ober-/Unterhitze) knapp 2 Std. mit Gärfolie abgedeckt gehen lassen. Im Ofen lassen, mit Wasser einsprühen und 55 Min. bei 190 °C (Heißluft) backen 5 Min. im ausgeschalteten Ofen nachbacken. Der Teig ist noch sehr schön gegangen.

Hinweis: *Die Unterschiede zu Nr. 1 sind gering. Ich habe vor allem mit einer wesentlich kleineren Menge Wildhefe am Vortag angefangen. Außerdem habe ich den Chiasamenanteil erhöht und die Sonnenblumenkerne um den gleichen Teil reduziert; Dinkel statt Weizen. Die am Backtag benötigte Wassermenge finde ich sehr erstaunlich, dabei ließ sich der Teig sogar gut von Hand kneten, „lief" dann allerdings binnen kurzem auseinander - ein freigeschobenes Brot wäre nicht möglich gewesen.*

8698. Bananeneis mit heißer Schokoladensoße, Januar 2016

2-3 Portionen

Soße:

- 150 g Schokoladensoße 8685

Soße in den TM geben, ca. 5 Min. auf 55/60 °C erhitzen (Stufe 2).

Eis:

- 1 Banane, geschält (115 g netto)
- 15 g Ahornsirup (damit es für Süßschnäbel richtig süß wird, ich hätt's nicht gebraucht)
- 200 g tiefgekühlte Bananenscheiben
- 80-90 g Eiswürfel
- Einige Kakaonibs

Banane grob zerteilt mit dem Ahornsirup im Vitamix pürieren. Bananenscheiben und Eiswürfel hinzugeben, mit Hilfe des Stößels verrühren, bis sich die typische Raute bildet. Eis auf einen Dessertteller geben, mit Kakaonibs bestreuen. Sofort mit der Soße servieren.

Tipp: *Einfach gelungen, sogar mein eigenes Urteil. Eric hat gestrahlt beim Essen wie schon seit Wochen nicht mehr, auch bei Süßem nicht. Die Soße war jetzt nach 2 Tagen auch erhitzt superlecker und in der Konsistenz gut, das Eis hat mich selbst überrascht. Ich habe ja im Vitamix schon lange keines mehr gemacht, das gelang auf Anhieb!*

8699. Pastising-Suppe, Januar 2016

Vorgeschnitten im Thermomix pürieren (1 Min. 30 Sek./Stufe 10):

- 100 g Pastinake
- 50 g Wirsing
- 1/2 Orange (125 g netto)
- 225 g Wasser; mit einigen
- Kokosstreifen dekorieren.

8700. Lauchkuchen mit getrockneten Tomaten, Januar 2016

2 Portionen

Teig:

- 200 g Dinkel, fein gemahlen
- 1/2 P. Trockenhefe (4-5 g)
- 1 EL + 100 g Wasser
- 25 g gekochte rote Linsen

In den Dinkel eine Mulde drücken, Hefe hineinschütten und mit 1 EL Wasser übergießen. Verrühren, mit Mehl vom Rand bestäuben. 30 Min. stehen lassen. 90 g Wasser mit den Linsen zu einer Flüssigkeit mischen. Vorteig mit Linsenwasser verkneten, dabei den Rest Wasser einarbeiten. In einer Pengdose 60 Min. ruhen lassen.

Gemüse:

- 30 g getrocknete Tomaten
- 80 + 45 g Wasser
- 480-500 g Lauch, brutto
- 1 Knoblauchzehe
- 50 g gekochte rote Linsen
- 50 g Pesto, hier Möhren-Tomaten-Aufstrich 8671
- 1/2 TL Salz
- Gem. schw. Pfeffer
- 1/2 TL getr. Thymian
- Öl für die Form
- 25 g Pinienkerne

Tomaten einige Std. in 80 g Wasser einweichen. Lauch waschen, grob vorschneiden und im TM (oder mit anderen Hilfsmitteln) zerkleinern (1 x 5 Sek./Stufe 4; 1 x 10 Sek./Stufe 5). Umfüllen, grob gebliebene Stücke nochmals schneiden (5 Sek./Stufe 5). Porree in den Gareinsatz geben, das passt gerade hinein. Knoblauchzehe abziehen, in Scheiben schneiden und mit 3-4 EL Einweichflüssigkeit im TM vorgaren (4 Sek./100 °C/Stufe 2), das Wasser ist dann fast vollständig aufgebraucht.

TM zur Hälfte mit Wasser füllen (ein paar Porreestücke schaden nicht, man kann das Wasser dann noch anderweitig zum Gemüsegaren verwenden), Gareinsatz einhängen und Porree mit dem Knoblauch zusammen vorgaren (15 Min./100 °C/Stufe 2).

Porree im Gareinsatz in eine Schüssel stellen, sodass das Wasser abtropfen kann. Linsen mit Salz und Pfeffer in 45 g Wasser (Magic) verquirlen, mit einem Löffel Pesto und Thymian unterrühren. Mit dem Porree mischen.

Teig mit Hilfe von Streumehl in Größe einer Form ausrollen, die einen etwas höheren Rand hat und ungefähr halb so groß wie ein Backblech ist. Form ganz dünn mit Öl (1/2 TL) ausstreichen, Teig hineinlegen. Porree darauf verteilen. Tomaten abtropfen lassen, in Streifen schneiden, auf dem Gemüse verteilen. Pinienkerne darüber streuen. Form mit einem Tuch abdecken und ruhen lassen, bis der Ofen auf 200 °C (Heißluft) vorgeheizt ist. Form einschieben und 20 Min. bei 200 °C backen.

8701. Birthday-Nachschlag, Februar 2016

2 x Frühstück

- 2 EL Leinsamen
- 6 EL Nackthafer
- 10 g Zitronenfleisch
- 1 Orange, geschält (160 g netto)
- 1 Birne (185 g)
- 105 g tiefgekühlte Erdbeeren (jetzt ist die Packung leer)
- 1 Banane, geschält (140 g netto)
- 10 g krümeliges Kokosmus

Leinsamen mit dem Getreide flocken, auf zwei Schüsselchen verteilen. Das Obst ggf. in grobe Stücke teilen und im Hochleistungsmixer pürieren, über das Getreide geben. Mit Kokosmus bestreuen.

8702. Bitterkekskakao Nr. 22, Februar 2016

Im Hochleistungsmixer, je nach Gerät, 2,5 bis 3 Min. auf höchster Stufe schlagen:

- 10 g Kakaonibs
- 1 Medjool-Dattel entsteint (19 g netto)
- 8 g frischer Ingwer
- 20 g gekochte weiße Bohnen
- 15 g getr. Maronen
- 2 bittere Kekse, hier Teestreifen Nr. 8 „Walross" (38 g) 8552
- auf 500 ml (Markierung im Becher) mit Wasser / kochendem Wasser 1:1 auffüllen.

8703. Schokoladensoße mit Aroma, dünner, Februar 2016

Vorlage: 8694; etwa 2 Honiggläser, nicht ganz voll

- 400 g Wasser
- 200 g Honig
- 50 g Orangeatwürze 8688
- 55 g Kakaopulver
- 45 g Carobpulver
- 1 kleine Prise Salz
- 1 TL gem. Vanille
- 70 g gekochte rote Linsen
- 30 g Cashewnussmus

Wasser, Salz und Honig in den Mixtopf geben. Gareinsatz statt Messbecher auf den Deckel setzen, reduzieren: 9 Min./Varoma/Stufe 2. Kakao-, Carob- und Vanillepulver mischen und so hinzugeben, dass es nicht auf die Messermitte fällt (das brennt sonst ein und ist schwierig zu reinigen). Gareinsatz wieder aufsetzen und weiter reduzieren: 4 Min./Varoma/Stufe 4. Linsen und Nussmus hinzufügen und nochmals reduzieren: 2 Min./Stufe 5.

8704. Eric-Kakao, Februar 2016

2 Portionen

- 55 g Schokoladensoße, hier: Schokoladensoße mit Aroma, dünner 8703
- 1 Medjool-Dattel entsteint (19 g netto)
- 20 g gekochte rote Linsen
- 1 g Flohsamenschalen
- 430 g Wasser

Zutaten im Thermomix erst mixen (20 Sek./Stufe 10), dann erhitzen (8 Min./80 °C/Stufe 4). Zum Schluss alles nochmals gut pürieren (20 Sek./Stufe 10).

8705. Reibekuchen-Reinfall, Februar 2016

2 Portionen, davon insgesamt 1 im Hausmüll :-(

Gemüsepfanne 20 cm, 20 Min.:

- 200 g Wirsing
- 100 g Wasser
- Salz

Reibekuchen;

- 290 g Kartoffeln, vorgeschnitten
- 140 g Pastinake, vorgeschnitten
- 1 Zwiebel, 90 g netto, geviertelt
- 6 g Zitronensaft
- 20 g frisch geflockter Nackthafer
- 1 EL Sojamehl
- 30 g gekochte rote Linsen

Alles im Thermomix 12 Sek. auf Stufe 5, mit Hilfe des Spatels.

Hinweise: Gelesen hatte ich das Orientierungsrezept im Grundkochbuch (GKB) des Thermomix. Da sowohl der eine Aufstrich als auch der Schokoladensirup eine echte Entdeckung sind und dieses Rezept sich gut las, stand das heute auf dem Plan. Fehlentscheidungen: Ich hatte nicht genug Kartoffeln, also nahm ich Pastinake, das Verhältnis stimmte aber (laut GKB), es passte nur nicht; ich wollte ganz schlichten Wirsing dazu machen. Ich mag eigentlich Gemüse schlicht - aber so schlicht schmeckt Wirsing nicht, vor allem nicht zu so komischen Reibekuchen; die Reibekuchen in der Pfanne zu versuchen, obwohl ich schon SAH, dass alles zu grob war, um zu halten. Laut GKB reichten 12 Sek./Stufe 5. Absoluter Quatsch, denn dort wird ja sogar die doppelte Menge genommen; weitermachen, statt aufzuhören. ;-) Ich habe sie dann im Ofen gebacken.

Ich hätte auf mein erstes Gefühl vertrauen sollen, dass die Dinger einfach zu trocken und zu grobkörnig sind. Feiner geraffelt hätte vielleicht noch was draus werden können.

8706. Hexen-Dessert, Februar 2016

2 Desserts – heute ausnahmsweise mal ohne Gewichtsangabe. Es ist so einfach – und so lecker!

- 1 gut reife Banane, aber ohne braune Stellen (im Innern)
- 2 EL Schokoladensoße mit Aroma, dünner 8703

Banane geschält in Stücke schneiden, auf zwei Teller aufteilen. Die Soße daneben klecksen oder noch schöner dekorieren. Das hat das Abendessen mit den doofen Reibekuchen rausgerissen!

8707. Erdnussmus, final, Februar 2016

- 600 g Erdnüsse, geröstet und gesalzen

Ganz einfach: Im Thermomix 2 x 5 Min./Stufe 5.

Hinweise: Laut Display ist es dann zwar 65 °C warm, das ist aber bei bereits gerösteten Nüssen sowieso egal. Es ist superflüssig und schön.

8708. RB-Sellerie-Suppe (roh), Februar 2016

Im Vitamix pürieren:

- 100 g Rote Bete
- 75 g Sellerie
- 75 g Apfel
- 235 g Wasser

8709. Maronenstütze, Februar 2016

Im Hochleistungsmixer bis zum Stocken schlagen:

- 50 g Rundkorn-Naturreis
- 30 g gekochte Augenbohnen
- 40 g Kochflüssigkeit von Augenbohnen
- 10 g getr. Maronen
- 135 g Wasser (Zimmertemperatur)
- 175 g Wasser (kochend)

8710. Bitterkekskakao Nr. 23, Februar 2016

Im Hochleistungsmixer, je nach Gerät, 2,5 bis 3 Min. auf höchster Stufe schlagen:

- 10 g Kakaonibs
- 1 Medjool-Dattel entsteint (17 g netto)
- 7 g frischer Ingwer
- 25 g gekochte Augenbohnen
- 100 g Stützcreme, hier Maronenstütze 8709
- 2 bittere Kekse, hier Teestreifen Nr. 8 „Walross" (2 g) 8552
- 20 g Schokocreme, hier Schokoladensoße mit Aroma 8703
- auf 500 ml (Markierung im Becher) mit kochendem Wasser 1:1 auffüllen.

8711. TM-Standard-FKG, Februar 2016

2 Portionen

Abends

- 6 EL Vier-Korn-Getreide 10/7967 nackig grob schroten (z. B. TM Stufe 8, 10 Sek.) & auf zwei Schüsseln verteilen. Mit insgesamt
- 160 g Wasser übergießen. Abgedeckt über Nacht (mindestens 4 Std.) bei Raumtemperatur stehen lassen.

Morgens

- 10 g Zitronensaft
- 1 Orange, geschält (175 g netto)
- 1 Banane, geschält (125 g netto)
- 2 Äpfel (300 g)
- 15 g Walnüsse

Obst in grobe Stücke teilen und im Thermomix raffeln (5 Sek./Stufe 5). Auf das Getreide gießen. Walnüsse in die Mitte streuen.

8712. Apfelkuchen, Februar 2016

Nach einem Rezept aus dem TM-Grundkochbuch, Seite 320. Diesmal habe ich folgende Verhältnisse genommen: Butter = gekochte rote Linsen; Eier = pro Ei 60 g; jeweils 1/3 Apfelmus und 2/3 Stützcreme.

- 130 g gekochte rote Linsen
- 60 g Apfelmus (aus dem Glas)
- 120 g Stützcreme, hier: Maronenstütze 8709
- 150 g Honig
- 30 g Rum
- 200 g Dinkel
- 1 P. Weinstein-Backpulver (17 g)
- 1 Prise Salz
- 3 Äpfel (ca. 540 g)

Linsen, Apfelmus, Creme, Honig und Rum mixen (starker Mixer, kleiner Becher, 45 Sek., hoch stehendes Messer). Dinkel fein mahlen, mit Backpulver und Salz verrühren. Gemixte Mischung hinzufügen und mit einem Handrührgerät, Rührbesen, gut mischen.

Ofen auf 180 °C (Heißluft) vorheizen. Springform normaler Größe mit Backpapier überziehen, Rand aufsetzen und festmachen. Teig darin mit einem Spatel verstreichen. Äpfel vierteln, mit einem scharfen Messer parallele Einschnitte in die gewölbte Apfelseite schneiden, aber nicht durchschneiden. Die vorbereiteten Äpfel mit der Wölbung nach oben dicht nebeneinander in den Teig drücken.

In den vorgeheizten Ofen schieben und 30 Min. bei 180 °C backen, 5 Min. im ausgestellten Ofen nachbacken.

8713. Rosenkohl in Mandel-Mango-Soße, Februar 2016

2 Portionen

Als Gemüsepfanne (24 cm, 15 Min.):

- 125 g Wasser
- 265 g Rosenkohl, geputzt und halbiert (netto)

Soße (mixen, unter das Gemüse rühren und aufkochen):

- 65 g Wasser
- 30 g Mandelpaste 8714
- 15 g Zitronenfleisch
- 30 g gekochte rote Linsen
- 50 g Stützcreme, hier Maronenstütze 8709
- 1 TL Mangoschale gerieben 8675
- 1 TL Salz

Dazu gab es bei mir Spirali-Vollkornnudeln aus dem Thermomix (im Gareinsatz, 20 Min./110 °C/Stufe 2).

8714. Mandelpaste, Februar 2016

- 600 g Mandeln

Ich gedachte meine Erfahrungen mit dem Erdnussmus einzubringen. Das funktionierte nicht, die Mandeln sind einfach zu trocken, sie laufen die Wand hoch. Schließlich habe ich eine feine Paste bekommen bei dann 100 °C. Da habe ich aufgehört.

TM: 5 Min./Stufe 5; 5 Min. Stufe 4; 5 Min. Stufe 5; 5 Min. Stufe 6.

8715. Wintergerste, Februar 2016

2 Personen

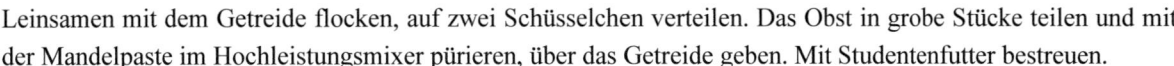

- 2 EL Leinsamen
- 6 EL Nacktgerste
- 15 g Zitronenfleisch
- 1 Orange, geschält (160 g netto)
- 1 Banane, geschält (110 g netto)
- 1 kleiner Apfel (90 g)
- 1 Birne ohne Kerngehäuse (das war steinhart; 175 g netto)
- 25 g Mandelpaste
- 2 EL Studentenfutter

Leinsamen mit dem Getreide flocken, auf zwei Schüsselchen verteilen. Das Obst in grobe Stücke teilen und mit der Mandelpaste im Hochleistungsmixer pürieren, über das Getreide geben. Mit Studentenfutter bestreuen.

8716. Bitterkekskakao Nr. 24, Februar 2016

Im Hochleistungsmixer, je nach Gerät, 2,5 bis 3 Min. auf höchster Stufe schlagen:

- 15 g Kakaonibs
- 1 Medjool-Dattel entsteint (17 g netto)
- 6 g frischer Ingwer
- 30 g gekochte rote Linsen
- 2 bittere Kekse, hier Teestreifen Nr. 8 „Walross" (23 g) 8552
- Auf 500 ml (Markierung im Becher) mit kochendem Wasser 1:1 auffüllen.

8717. Aprikosenaufstrich höllisch scharf, Februar 2016

1 Honigglas voll

- 100 g getr. Aprikosen
- 20 g Essigpeperoni 7/4573
- 75 g Porreeweiß
- 1 Knoblauchzehe, abgezogen (6 g netto)
- 200 g gekochte Augenbohnen
- 2 Prisen gem. schw. Pfeffer
- 1 gestr. TL Salz

Aprikosen, Peperoni, Knoblauchzehe und vorgeschnittenen Porree zerkleinern (3 Sek./Stufe 8; 5 Sek./Stufe 4). Restliche Zutaten hinzufügen und weiter zerkleinern (15 Sek./Stufe 5; 15 Sek./Stufe 4).

Tipp: *Sehr lecker auch zum Würzen von Soßen.*

8718. Linsen aus dem Thermomix, Februar 2016

2 Portionen

- 170 g rote Linsen
- 1070 g Wasser

Gekocht: 20 Min./110-100 °C/Stufe 1-2.

Fazit: *Die Linsen waren okay, aber hier ziehe ich im Gegensatz zu den Nudeln den Topf vor: Es schäumt über, ist nun mal eine Hülsenfrucht. Und zum Schluss muss ich auch noch den Garkorb schrubben, weil sich die weichen Linsen in die Ritzen gesetzt haben.*

8719. Mangold mit dem Indischen Touch, Februar 2016

2 Portionen – Sautieren à la Forks Over Knives: in sehr heißem Wasser andünsten. Soll ein bisschen wie anbraten sein.

- Wasser jeweils zum Ablöschen
- 1/2 TL Kreuzkümmelsamen
- 1/2 TL gem. Koriander
- 1/2 TL Quinoa
- 1 Zwiebel (70 g brutto)
- 1/2 TL Currypulver
- 50 g einer scharfen Paste, hier: Aprikosenaufstrich höllisch scharf 8717
- 75 g Wasser
- 280 g Mangold, brutto
- 25 g Mandelpaste 8714
- 1 TL Salz
- 70 g Wasser

2 EL Wasser auf höchster Einstellung zum Kochen bringen. Kreuz-kümmel, Koriander und Quinoa einrühren. Immer wenn alles Wasser komplett verbraucht ist, etwas hinzufügen. Zwiebel derweil abziehen, würfeln, ebenfalls hinzugeben, weiter andünsten, bis die Zwiebeln leicht gebräunt sind. Currypulver und Paste unter Rühren hinzufügen, etwas mehr Wasser hinzugießen, so dass sich eine homogene Masse ergibt. Mangold, gewaschen und in Streifen geschnitten, in die Pfanne geben zusammen mit 75 g Wasser. Als Gemüsepfanne 15 Min. dünsten. Mandelpaste, Salz und 70 g Wasser verquirlen, unter das Gemüse rühren und einmal aufkochen.

8720. Blut-Bete-Suppe (roh), Februar 2016

Im Vitamix glatt schlagen:
- 115 g Blutorange (eine)
- 90 g Rote Bete
- 75 g Steckrübe
- 230 g Wasser

8721. Gerste aus dem Thermomix, Februar 2016

2 Portionen
- 185 g Nacktgerste
- 370 g Wasser
- Wasser zum Kochen

Gerste in 370 g Wasser etwa 10-12 Std. einweichen. In den Garkorb gießen, dabei das Einweichwasser im Mixtopf auffangen. So auffüllen, dass das Wasser mindestens bis zum Garkorb reicht. 45 Min./110 °C/Stufe 2.

Hinweis: *100 °C sprudelte m. E. nicht genug.*

8722. Rosenkohl in Cremesoße, Februar 2016

2 Portionen

Gemüsepfanne (24 cm, 15 Min.):
- 80 g Wasser
- 300 g Rosenkohl, geputzt und längs halbiert (netto)

Soße (mixen, unter das Gemüse rühren und aufkochen):
- 100 g gekochte rote Linsen
- 1 TL Salz
- 20 g Aprikosenaufstrich höllisch scharf
- 75 g Wasser

Eventuell Becher noch mit etwas Wasser nachspülen.

Tipp: *Bei mir gab es dazu gekochte Gerste.*

8723. Himbeereis mit Schokosoße, Februar 2016

2-3 Portionen

Soße:

- 150-200 g Schokoladensoße 8685

Soße in den Thermomix geben, ca. 5 Min. auf 55/60 °C erhitzen (Stufe 2) (ich habe diesmal nur auf 50 °C erhitzt, war etwas „knapp").

Eiscreme:

- 1 Banane, geschält (115 g netto)
- 25 g Ahornsirup (wenn man gern süß isst)
- 200 g tiefgekühlte Himbeeren
- 80-90 g Eiswürfel

Banane grob zerteilt mit dem Ahornsirup im Vitamix pürieren. Himbeeren und Eiswürfel hinzugeben, mit Hilfe des Stößels verrühren, bis sich die typische Raute bildet. Eis auf einen Dessertteller geben, sofort mit der Soße servieren.

8724. Friday Delight, Februar 2016

2 x Frühstück

- 40 g getr. Mangostücke
- 30 g Cashewnüsse
- 270 g Wasser
- 5 EL Nackthafer
- 1 Orange, geschält (180 g netto)
- 1/2 Apfel (95 g)
- 1 Banane, geschält (145 g netto)
- 15 g Zitronenfleisch
- 1 EL Buchweizen

Mangostücke und Nüsse 30-40 Min. im Wasser einweichen, im Vitamix zu einer glatten Creme schlagen und auf zwei Schüsselchen verteilen. Hafer schroten (5/9, Hawos Novum), mit dem in grobe Stücke geteilten Obst im Hochleistungsmixer pürieren, über die Mangomasse geben. Mit Buchweizen bestreuen.

8725. Schokoladensoße mit Nuss, Februar 2016

Vorlage: 8703; etwa 1,5 Honiggläser

- 400 g Wasser
- 200 g Honig
- 50 g Kakaopulver
- 50 g Carobpulver
- 1 kleine Prise Salz
- 1 TL gem. Vanille
- 100 g Mandelpaste 8714

Wasser, Salz und Honig in den Mixtopf geben. Gareinsatz statt Messbecher auf den Deckel setzen, reduzieren: 9 Min./Varoma/Stufe 2. Kakao-, Carob- und Vanillepulver mischen und so hinzugeben, dass es nicht auf die Messermitte fällt (das brennt sonst ein und ist schwierig zu reinigen). Gareinsatz wieder aufsetzen und weiter reduzieren: 4 Min./Varoma/Stufe 4. Mandelpaste hinzufügen und nochmals reduzieren: 2 Min./Varoma/Stufe 5.

8726. Bitterkekskakao Nr. 25, Februar 2016

2 Portionen

- 75 g Schokoladensoße, hier: Schokoladensoße mit Nuss 8725
- 1 Medjool-Dattel entsteint (15 g netto)
- 6 g frischer Ingwer
- 5 g Chiasamen
- 2 bittere Kekse, hier Teestreifen Nr. 8 „Walross" 8552 (27 g)
- 380 g Wasser

Im Thermomix erst mixen (30 Sek./Stufe 10), erhitzen (8 Min./80 °C/Stufe 4). Pürieren (10 Sek./Stufe 10).

8727. Orangenkekse, Februar 2016

Vorläufer 8401; ca. 25 Stück.

- 200 g Haselnüsse
- 50 g Chiasamen
- 95 g Apfel
- 30 g Cashewnussmus
- 100 g Orangeatwürze 8688
- 100 g mittelfester Honig
- 330 g gekochte rote Linsen (sie waren sehr wässrig)
- 1 Prise Salz
- 1 TL gem. Vanille
- 1 P Weinstein-Backpulver (17 g)

Haselnüsse im starken Mixer mahlen und mit den anderen trockenen Zutaten verrühren. Vorgeschnittenen Apfel, Cashewnussmus, beide Honigsorten, Linsen und Salz im Thermomix pürieren (10 Sek./Stufe 4; 20 Sek./Stufe 8). Die trockenen Zutaten einarbeiten (1 Min. 30 Sek./Knetstufe). 30 Min. quellen lassen. Mit Hilfe einer Lebkuchenglocke, 7 cm, auf ein Backblech nebeneinander setzen und im vorgeheizten Ofen 20 Min. bei 175 °C und 10 Min. bei 160 °C (Heißluft) backen. Auf einem Gitterrost auskühlen lassen.

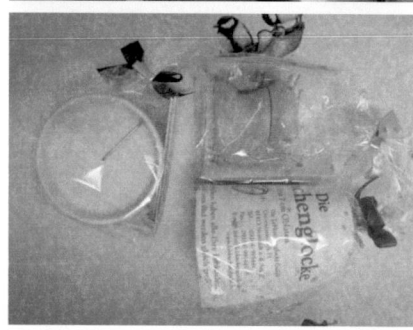

8728. Schokoladenguss 2

- 50 g Kakaobutter
- 105 g Schokosoße, hier Schokoladensoße mit Aroma, dünne

Kakaobutter und Schokoladensoße in den Mixtopf geben und schmelzen (4 Min, Stufe 2, 50 °C). Die Menge reicht gut.

Kekse auf ein Brett setzen. Die Glasur mit einem Pinsel auf die Kekse streichen und im Kühlschrank hart werden lassen. In einer Dose kühl aufbewahren.

8729. Blutorangen-Wurzel-Suppe (roh), Februar 2016

Im starken Mixer glatt schlagen:

- 130 g Blutorange (eine, netto)
- 45 g Pastinake
- 55 g Steckrübe
- 235 g Wasser

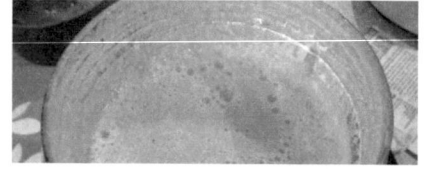

8730. Mangold mit Kartoffeln in Hummussoße, Februar 2016

2 Portionen

Gemüse:

- 340 g Kartoffeln
- 255 g Mangold (netto)

Soße vorbereiten:

- 50 g gekochte Kichererbsen
- 25 g Zitronenfleisch
- 1 TL Salz
- 1 MS gem. schw. Pfeffer
- 1/2 TL gem. Kreuzkümmel

Kartoffeln unter fließendem Wasser gründlich abbürsten und in dünne Scheiben schneiden, in den Garkorb legen. Mangold abwaschen, kurz abtropfen lassen und in Streifen schneiden. Die Strunkstücke in den unteren Teil des Varomaaufsatzes, die Blätter in den oberen geben. Garkorb einhängen, Deckel auflegen und Varoma aufsetzen und garen (30 Min./Varoma/Stufe 2); die Kartoffeln hätten auch 5 Min. weniger vertragen können.

Zutaten für die Soße verquirlen. Kartoffeln und Gemüse auf zwei Teller verteilen, Mix-Becher mit 90 g der Kochflüssigkeit auffüllen. Im TM kurz erhitzen (2 Min./50 °C/Stufe 2) und einen Teil auf den Teller geben.

8731. Zwei-Becher-FKG, Februar 2016

2 x Frühstück

- 2 EL Leinsamen
- 6 EL Nackthafer
- 20 g Zitronenfleisch
- 1 Banane, geschält (155 g netto)
- 1 Orange, geschält (160 g netto)
- 1 Grapefruit, geschält (210 g netto)
- 1 Apfel (200 g)
- 2 Mazafati-Datteln (sehr weich, aus dem Iran, ein Geschenk)

Leinsamen mit dem Getreide flocken, auf zwei Schüsselchen verteilen. Zwei kleine Becher eines starken Mixers bereitstellen, Zitronenfleisch und Banane gleichmäßig auf die beiden Becher verteilen. In einen die vorgeschnittene Orange, in den anderen die vorgeschnittene Grapefruit geben. Jeweils gut durchmixen. Apfel halbieren, würfeln. Jeweils 100 g Apfel auf die Flocken geben, in eine Schüssel die Orangen-, in die andere Schüssel die Grapefruitmischung geben. Entsteinte Datteln in die Mitte geben, die „Orangen"-Schüssel mit ein paar Gojibeeren zusätzlich dekorieren.

8732. Bitterkekskakao Nr. 26, Februar 2016

Im Hochleistungsmixer, je nach Gerät, 2,5 bis 3 Min. auf höchster Stufe schlagen:

- 15 g Kakaonibs
- 2 Mazafati-Datteln entsteint (22 g netto)
- 10 g frischer Ingwer
- 10 g Chiasamen
- 2 bittere Kekse, hier Teestreifen Nr. 8 „Walross" (25 g) 8255
- Auf 500 ml (Markierung im Becher) mit kochendem Wasser 1:1 auffüllen.

8733. Schokoladeneis mit heißer Schokoladensoße, Februar 2016

2 Portionen

- 200 g Schokoladensoße 8685
- 220 g tiefgekühlte Bananenscheiben (2 Bananen)
- 45 g Schokoladensoße 8685
- 45 g Schokoladensoße mit Aroma, dünner 8703 (insgesamt 90 g)
- 95 g Eiswürfel

200 g Schokoladensoße im TM erhitzen (4 Min./60 °C/Stufe 2). Die restlichen Zutaten in der angegebenen Reihenfolge in den Vitamix (0,9-Liter-Becher) geben und auf höchster Stufe mixen, dabei mit dem Stößel arbeiten, bis sich die Raute zeigt. Eis auf zwei Teller verteilen, einen Teil der Soße hinzufügen.

8734. Karamellisierte Pastinaken, Februar 2016

Zwei Portionen

- 45 g Pastinaken
- 20 g Honig
- 2 g Sonnenblumenöl

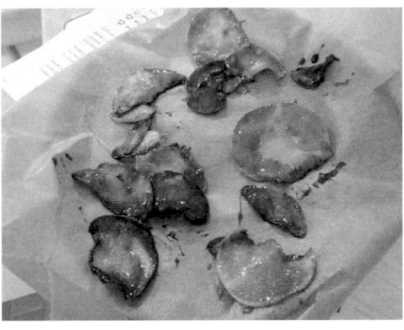

Pastinaken in dünne Scheiben schneiden. Honig und Öl in einer Pfanne erhitzen, Pastinaken darin weich dünsten (mittlere Einstellung), zum Schluss die Hitze wieder etwas höher stellen, regelmäßig wenden. Auf Backpapier abkühlen lassen.

8735. Schokoladen-Pastinaken-Fondant, Februar 2016

5 Portionen

- 125 g Pastinaken
- 100 g Schokoladensoße, hier: Schokoladensoße mit Aroma, dünner 8703
- 100 g gekochte rote Linsen
- 1/2 TL gem. Vanille
- 100 g Apfelmus (aus dem Glas)
- 75 g Ahornsirup
- 20 g Dinkelmehl

Pastinaken würfeln und garen (Thermomix Garkorb 20 Min./Varoma/ Stufe 2). Wasser aus dem Mischbecher gießen, Pastinakenwürfel in den Mixtopf eben und die anderen Zutaten hinzufügen, alles pürieren (30 Sek./Stufe 4; 12 Sek./Stufe 10). Auf 5 rechteckige Silikonförmchen verteilen (je 85 g) und in den Varoma setzen, garen (30 Min./Varoma/Stufe 2). Auf einem Gitterrost abkühlen lassen. Mit karamellisierten Pastinakenscheiben reichen.

Tipp: *Dazu passen Vanillecreme II 8736 und karamellisierte Pastinaken 8734.*

8736. Vanillecreme II, Februar 2016

2 kleine Portionen als Soße für andere Desserts

- 85 g Stützcreme, hier Pastinakenstützcreme 8737
- 10 g gekochte rote Linsen
- 20 g Ahornsirup
- 1/2 TL gem. Vanille
- 1/2 TL ger. Mangoschalen 8675
- 20 g Cashewnussmus

Im Mixer zu einer glatten Creme verarbeiten.

8737. Pastinakenstützcreme, Februar 2016

Im Hochleistungsmixer bis zum Stocken schlagen:

- 50 g Rundkorn-Naturreis
- 60 g gekochte rote Linsen
- 20 g Pastinake
- 50 g Kichererbsenkochwasser
- 125 g kaltes Wasser
- 175 g kochendes Wasser

8738. Pastinakenmilch, Februar 2016

- 120 g Pastinakenstützcreme 8737
- 1 kleine Prise Salz
- 300 g Wasser

Im Vitamix gründlich mixen.

8739. Blutrote Suppe, Februar 2016

Im starken Mixer, kleiner Becher, 30 Sek. mixen:

- 1 Blutorange, geschält (130 g netto)
- 25 g Steckrübe
- 50 g Sellerie
- 80 g Rote Bete
- 220 g Wasser

8740. Tomatensoße, Februar 2016

2 Portionen; ich habe sie zu Bratlingen gemacht, passte sehr gut.
Schmeckt sicher auch zu Reis oder Nudeln.

- 1 Zwiebel (60 g netto)
- 300-400 g Wasser
- 200 g Tomaten, stückig, aus der Dose
- 1 gestr. TL Salz
- 1 MS gem. schw. Pfeffer
- 1 gestr. TL Paprikapulver edelsüß
- 1 EL Apfelessig
- 5 g Ahornsirup
- 110 g Pastinakenstützcreme 8737

Zwiebel abziehen und würfeln. 45 g Wasser in einen kleinen Topf geben, stark erhitzen und Zwiebelstücke hinzufügen. Unter gelegentlichem Rühren weiter erhitzen, das Wasser verdampft. Immer wenn das Wasser verdampft ist, kleine Mengen Wasser nachfüllen, bis die gesamte Menge verbraucht ist bzw. die Zwiebeln offensichtlich gegart sind.

Die restlichen Zutaten hinzufügen, gut verrühren, bis die ganze Stützcreme gelöst ist und aufkochen. Lässt sich auch gut wieder aufwärmen.

8741. Blumenkohl-Puffer, Februar 2016

Wenn man nur Soße dazu gibt, 3 Portionen.

- 50 g Dinkel
- 1 Knoblauchzehe, abgezogen (8 g netto)
- 1 Zwiebel, abgezogen (50 g netto)
- 500 g Blumenkohl in Röschen
- 30 g Sonnenblumenkerne
- 150 g gekochte rote Linsen
- 20 g Stützcreme, hier Pastinakenstützcreme 8737
- 1 geh. TL Kräuter-Dip oder andere getr. Kräuter)
- 1 TL Salz
- 1 P gem. schw. Pfeffer
- 1 MS Muskat

Dinkel fein mahlen. Knoblauch und Zwiebel im TM zerkleinern (3 Sek./Stufe 5). Blumenkohlröschen hinzugeben und zerkleinern (10 Sek./Stufe 4). Die übrigen Zutaten zugeben und mithilfe des Spatels verrühren (30 Sek./Stufe 3; 10 Sek./Stufe 4). 1 EL mit Masse füllen, so dass die Masse auf dem EL gehäuft ist, zwischen den Händen zu einem Bratling formen. Nebeneinander auf ein Backblech (PerfectClean, oder mit Dauerbackfolie / Backpapier) legen. In den kalten Ofen schieben und 30 Min. bei 220 °C backen.

Tipp: *Bei mir gab es dazu Tomatensoße 8740.*

8742. Yet-Another-Soup, Februar 2016

Im Vitamix mixen:

- 1 Blutorange, geschält (115 g netto)
- 80 g Möhre
- 55 g Sellerie
- 240 g Wasser

8743. Tomatensoße heiß und kalt, Februar 2016

2 Portionen

- 180 g Tomaten, stückig, aus der Dose
- 30 g gekochte rote Linsen
- 20 g Cashewnussmus
- 1 gestr. TL Salz
- 50 g Aprikosenaufstrich höllisch scharf 8717

Verquirlen. Schmeckt kalt und warm.

8744. Grüne Pfanne, Februar 2016

2 Personen

Als Gemüsepfanne (24 cm) 16 Min.:

- 100 g Wasser
- 230 g Kartoffeln, gewaschen unter fließendem Wasser, in Scheiben geschnitten
- 180 g Rosenkohl, geputzt und halbiert
- 80 g Porree, in Ringen
- 55 g Blumenkohlgrün, in Streifen geschnitten

Soße: 8743.

Becher mit 45 g Wasser nachspülen. Dieses Wasser ebenfalls zum Gemüse geben, verrühren und aufkochen.

8745. Begleitcreme, Februar 2016

2 Portionen

Im Mixer:

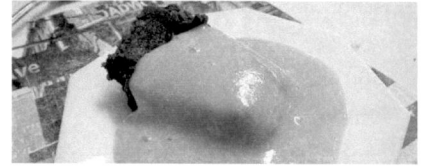

- 110 g Stützcreme, hier Pastinakenstützcreme 8737
- 100 g Apfelmus aus dem Glas, ohne (!) Zusätze
- 10 g Ahornsirup

8746. Rasp Up your Breakberry, Februar 2016

2 x Frühstück

- 2 EL Leinsamen
- 6 EL Nackthafer
- 1 Orange, geschält (180 g netto)
- 1 Banane, geschält (145 g netto)
- 1/2 Apfel (100 g)
- 20 g Mandelpaste 8714
- 100 g tiefgekühlte Himbeeren (= Raspberries)
- 15 g Kokosstreifen

Leinsamen mit dem Getreide flocken, auf zwei Schüsselchen verteilen. Das Obst in grobe Stücke teilen und mit der Mandelpaste im Hochleistungsmixer pürieren, über das Getreide geben. Mit Kokosstreifen dekorieren.

8747. Bitterkekskakao Nr. 27, Februar 2016

Im Hochleistungsmixer, je nach Gerät, 2,5 bis 3 Min. auf höchster Stufe schlagen:

- 15 g Kakaonibs
- 5 g Carobpulver
- 2 Mazafati-Datteln entsteint (27 g netto)
- 10 g frischer Ingwer
- 10 g Chiasamen
- 2 bittere Kekse, hier Teestreifen Nr. 8 „Walross" 8522

8748. Raw Chocolate Caramel Dip, Februar 2016

Nach einem Rezept von Forks Over Knives.

Herstellung hier mit dem kleinen Mixer wegen der kleinen Menge.

- 50 g Cashewnüsse
- 145 g + 40 g Wasser
- 100 g Datteln (Mazafati)
- 10 g Leinsamen
- 2 TL Carobpulver, roh
- 1 EL Kakao (15 g)

Cashewnüsse 2-3 Std. in 145 g Wasser einweichen. Datteln 1 Std. in 40 g Wasser einweichen.

Leinsamen mit dem flachen Messer in einem kleinen Becher fein mahlen. Cashewnüsse mit Einweichwasser mit dem hochstehenden Messer im großen Becher 45 Sek. mixen. Datteln abtropfen lassen, mit den anderen Zutaten zusammen hinzufügen und gründlich mixen. Zwischendurch evtl. einmal mit dem Löffel die Masse durchmischen. Auf 3 kleine Schälchen verteilen und kalt stellen.

Kommentar: *Nach Umrechnung der Mengen bin ich erst einmal bewusstlos umgefallen. 305 g Datteln? Für wie viele Personen soll das sein? Und dann 100 g Cashewnüsse? Puh, nicht meine Vorstellung von fettreduzierten Mahlzeiten. Damit wir das verkraften, gab's als Hauptspeise eine leichte Suppe, und dann habe ich das noch auf 3 Portionen verteilt, das ist mir einfach zu mächtig. Dabei hatte ich die Datteln schon auf ein Drittel reduziert, sonst die Mengen halbiert. - Die Bezeichnung „raw" ist Blödsinn, denn außer bei den Cashewnüssen steht nicht einmal „raw"... Ich habe Salz und Vanille vergessen, aber ich denke nicht, dass diese einen Karamellgeschmack unterstrichen hätten. – Wohlgemerkt: Die Creme schmeckt durchaus lecker. Aber der Titel Karamell ist sehr übertrieben. Eric war übrigens sehr angetan. :-)*

8749. Linsensuppe mit Blumenkohl, Februar 2016

2 Portionen

- 200 g Blumenkohl
- Ca. 1000 g Wasser
- 200 g gekochte rote Linsen
- 1/2 TL getr. Thymian
- 1 TL Salz
- 50 g Aprikosenaufstrich höllisch scharf 8717

Wasser in den Mixtopf geben, Blumenkohl zerteilen und in den Gareinsatz einwiegen und garen (20 Min./Varoma/Stufe 2). Garkorb herausheben, Kochwasser auffangen und 500 g zurück in den Mixtopf geben. Linsen, Thymian (zwischen den Händen zerrieben), Salz und Aufstrich hinzufügen, verrühren (30 Sek./Stufe 5; 10 Sek./Stufe 10) und nochmals aufkochen (5 Min./100 °C/Stufe 2). Blumenkohlstücke erst jetzt hinzufügen.

8750. Steckorangen-Suppe, Februar 2016

Im Vitamix mixen:

- 1 Blutorange, geschält (130 g netto)
- 30 g Möhre
- 110 g Steckrübe
- 230 g Wasser

8751. Advocadus FKGeboli, Februar 2016

2 x Frühstück

- 2 EL Leinsamen
- 6 EL Nackthafer
- 20 g Zitronenfleisch
- 1 Apfel (140 g)
- 1 Orange, geschält (185 g netto)
- 70 g Avocadofleisch (1/2)
- 1 Banane, geschält (145 g netto)
- 25 g Walnüsse
- 1 TL getr. Gojibeeren

Leinsamen mit dem Getreide flocken, auf zwei Schüsselchen verteilen. Das Obst in grobe Stücke teilen und mit der Avocado im Hochleistungsmixer pürieren, über das Getreide geben. In die Mitte Walnüsse und - auf eine Schüssel - Gojibeeren streuen.

8752. Satte Pflanzenmilch, Februar 2016

Im Vitamix ca. 1 Min. laufen lassen:

- 90 g Satte Stützcreme 8754
- 395 g Wasser

8753. Bitterkekskakao Nr. 28, Februar 2016

Im Hochleistungsmixer, je nach Gerät, 2,5 bis 3 Min. auf höchster Stufe schlagen:

- 15 g Kakaonibs
- 8 g Carobpulver
- 2 Mazafati-Datteln entsteint (20 g netto)
- 10 g frischer Ingwer
- 1 g Flohsamenschalen
- 2 bittere Kekse, hier Teestreifen Nr. 8 „Walross" (25 g) 8552
- 180 g Pflanzenmilch, hier Pastinakenmilch 8738
- 15 g gekochte rote Linsen
- Auf 500 ml (Markierung im Becher) mit kochendem Wasser 1:1 auffüllen.

8754. Satte Stützcreme, Februar 2016

Im Hochleistungsmixer bis zum Stocken schlagen:

- 50 g Rundkorn-Naturreis
- 50 g gekochte rote Linsen
- 50 g Cashewnüsse
- 350 g Wasser (halb Zimmertemperatur, halb kochend)

8755. Fondant auf Creme, Februar 2016

2 Portionen

- 80 g Satte Stützcreme 8753
- 1 Schokoladen-Pastinaken-Fondant 8735
- 2 Macadamianüsse

Stützcreme auf zwei kleine Glasteller verteilen und breit ausstreichen. Das Küchlein längs halbieren, jeweils eine Hälfte in die Creme setzen und mit einer Macadamianuss dekorieren.

Hinweis: *Ein Nachtisch, der gut aussieht, lecker schmeckt und in dem kleine Kuchenreste prima Verwendung finden.*

8756. Risi-Bisi-thermobequem, Februar 2016

2 Portionen – ist total bequem und ohne Stress.

- 50 g weiße Bohnen, Rohgewicht
- 90 g Langkorn-Naturreis
- 40 g Wildreis
- 1 Möhre (90 g)
- 100 g Tiefkühlerbsen
- 1 Blutorange, geschält (90 g)
- 1 TL Salz
- 1 MS gem. schw. Pfeffer
- 1 gestr. TL getr. gerebbelter Basilikum

Bohnen 48-60 Std. vor dem Essen zum Keimen ansetzen. Nach dem Keimen haben sie ihr Gewicht verdreifacht.

Mixtopf mit ca. 1000 g Wasser füllen. Die beiden Reissorten einwiegen und die Bohnen hinzugeben. Deckel schließen, Messbecher einsetzen und einstellen: 45 Min./Varoma/Stufe 2. Möhre würfeln und in den unteren Einsatz des Varoma geben. Wenn noch ca. 38 Min. auf dem Display stehen, statt des Messbechers den Varomaaufsatz mit der Möhre aufsetzen. Wenn noch ca. 10 Min. auf dem Display stehen, tiefgekühlte Erbsen in die obere Schale des Varoma geben und einsetzen.

Orange mit Salz und Pfeffer im Mixer verquirlen, Basilikum unterrühren. Inhalts des Mixtopfs und der beiden Varoma-Etagen in eine ausreichend große Schüssel geben, die Orangenmischung darüber gießen und vorsichtig miteinander mischen.

8757. Schokonusscreme, Februar 2016

Vorlage: 8725 – etwa 1,75 Honiggläser

- 400 g Wasser
- 200 g Honig
- 50 g Kakaopulver
- 50 g Carobpulver
- 1 kleine Prise Salz
- 1 TL gem. Vanille
- 200 g Mandelpaste 8714

Wasser, Salz und Honig in den Mixtopf geben. Gareinsatz statt Messbecher auf den Deckel setzen, reduzieren: 9 Min./Varoma/Stufe 2. Kakao-, Carob- und Vanillepulver mischen und so hinzugeben, dass es nicht auf die Messermitte fällt (das brennt sonst ein und ist schwierig zu reinigen). Gareinsatz wieder aufsetzen und weiter reduzieren: 4 Min./Varoma/Stufe 4. Mandelpaste hinzufügen und nochmals reduzieren: 2 Min./Varoma/Stufe 5.

Tipp: *Die Creme muss erst ein paar Std. im Kühlschrank durchziehen, bevor sie ihren Top-Geschmack entwickelt hat, aber dann ist es ein Traum.*

8758. FKG mit Mangoaroma, Februar 2016

2 x Frühstück

- 2 EL Leinsamen
- 6 EL Nackthafer
- 20 g Zitronenfleisch
- 1 Mandarine, geschält (75 g netto)
- 1 Orange, geschält (210 g netto)
- 1 Apfel (185 g)
- 5 g getr. Mangopulver 8675
- 1 Banane, geschält (120 g netto)
- 20 g Cashewnüsse

Leinsamen mit dem Getreide flocken, auf zwei Schüsselchen verteilen. Das Obst in grobe Stücke teilen und mit dem Mangopulver im Hochleistungsmixer pürieren, über das Getreide geben. Mit Cashewnüssen dekorieren.

8759. Bitterkekskakao Nr. 29, Februar 2016

Vorläufer: 8726 – 2 Portionen

- 70 g Schokoladensoße, hier: Schokonusscreme 8757
- 3 Datteln Mazafati, entsteint (30 g netto)
- 10 g frischer Ingwer
- 10 g Chiasamen
- 2 bittere Kekse, hier Teestreifen Nr. 7 „Bitter Kokos" (23 g) 8550
- 415 g Wasser

Zutaten im Thermomix erst mixen (20 Sek./Stufe 10), dann erhitzen (8 Min./80 °C/Stufe 2). Zum Schluss alles nochmals gut pürieren (10 Sek./Stufe 10).

8760. Ungewogener Nachtisch, Februar 2016

2 Desserts – So sehr ich auch sonst eine große Freundin des Wiegens bin - hier ist es ausnahmsweise mal nicht angebracht, weil ich nur mit übersichtlichen Maßen arbeite.

- 2 EL Stützcreme, hier Satte Stützcreme 8752
- 2 geh. EL Raw Chocolate Caramel Dip 8748
- 1 geh. TL Orangeatwürze 8688
- Deko: 2 getr. Gojibeeren

In der angegebenen Reihenfolge auf zwei Schüsselchen verteilen, dekorieren.

8761. Thymiancremesoße zu Spaghetti, Februar 2016

2 Portionen

Spaghetti (165 g): Mixtopf mindestens halb mit Wasser füllen, Salz hinzufügen und einstellen: 20 Min./100 °C/Stufe 2. Sobald 100 °C erreicht sind, die Nudeln hinzufügen (bei Spaghetti Deckeleinsatz weglassen, bis sie abgesunken sind; Zeit auf 10 Min. stellen, Stufe 1, Linkslauf. Durch den Gareinsatz abseihen. Messer lösen, dann lassen sich die im Messer verfangenen Spaghetti besser herauslösen.

Cremesoße:

- 250 g Wasser (z. B. Kochwasser vom Thermomix)
- 1 Zwiebel, geschält und gewürfelt (55 g)
- 125 g gekochte Sojabohnen
- 135 g Kochwasser von Kichererbsen (geliert), oder Wasser
- 30 g Cashewnussmus (geplant war 20)
- 2 EL Peperoniessig (25 g)
- 1 gestr. TL Salz
- 50 g Wasser
- 1/2 TL getr. Thymian

25 g Wasser in einer Pfanne (20 cm) auf hoher Einstellung zum Kochen bringen. Zwiebeln hinzufügen und weiterköcheln, bis das Wasser verdampft ist. Sofort eine kleine Menge Wasser nachgeben. So weitermachen, bis die 250 g Wasser verbraucht sind.

Sojabohnen, Kichererbsen-Kochwasser, Cashewnussmus, Essig und Salz im starken Mixer zu einer glatten Creme verarbeiten. In die Pfanne geben. Becher mit 50 g Wasser und Thymian nachspülen. Dieses Wasser ebenfalls zum Gemüse geben, verrühren und aufkochen. Auf kleiner Flamme köcheln lassen und durchrühren, bis die Nudeln fertig sind.

8762. Schokoladensoße mehr Linsen, Februar 2016

Vorläufer: 8685 – etwa 1 größeres Glas

- 500 g Wasser
- 200 g Ahornsirup
- 40 g Kakaopulver
- 60 g Carobpulver
- 1 kleine Prise Salz
- 1 TL gem. Vanille
- 100 g gekochte rote Linsen

Wasser, Salz und Ahornsirup in den Mixtopf geben. Gareinsatz statt Messbecher auf den Deckel setzen, reduzieren: 9 Min./Varoma/Stufe 2. Kakao-, Carob- und Vanillepulver mischen und so hinzugeben, dass es nicht auf die Messermitte fällt (das brennt sonst ein und ist schwierig zu reinigen). Gareinsatz wieder aufsetzen und weiter reduzieren: 4 Min./Varoma/Stufe 4. Linsen hinzufügen, nochmals reduzieren: 2 Min. 30 Sek./Varoma/Stufe 5.

Hinweis: *Drei Unterschiede: 200 g Ahornsirup statt 215 g Honig, noch etwas mehr Carob und 100 g gekochte rote Linsen. Die Soße ist keinen Deut dickflüssiger. Also bin ich noch nicht ganz zufrieden.*

8763. Bitterkekskakao Nr. 30, Februar 2016

Vorläufer: 8759; 2 Portionen

- 70 g Schokoladensoße, hier: Schokoladensoße mehr Linsen 8762
- 3 Datteln Mazafati, entsteint (30 g netto)
- 10 g frischer Ingwer
- 10 g Chiasamen
- 2 bittere Kekse, hier Teestreifen Nr. 7 „Bitter Kokos" (22 g) 8549
- 300 g Pflanzenmilch, hier: Satte Pflanzenmilch 8754
- 120 g Wasser

Zutaten im Thermomix erst mixen (20 Sek./Stufe 10), dann erhitzen (8 Min./80 °C/Stufe 2). Zum Schluss alles nochmals gut pürieren (10 Sek./Stufe 10).

8764. Frischmango-Freitag, Februar 2016

2 x Frühstück

Abends

- 6 EL Vier-Korn-Getreide nackig 10/7967 grob schroten & auf zwei Schüsseln verteilen. Mit insgesamt
- 160 g Wasser übergießen. Abgedeckt über Nacht (mindestens 4 Std.) bei Raumtemperatur stehen lassen.

Morgens

- 15 g Zitronenfleisch
- 1 Mango, geschält und ohne Stein (290 g netto)
- 1 Apfel (140 g)
- 1 Banane, geschält (145 g netto)
- 125 g Blaubeeren

Obst in grobe Stücke teilen und ohne die Blaubeeren im Hochleistungsmixer pürieren. Auf das Getreide gießen. Mit Blaubeeren bestreuen.

8765. Muttis gebirnter Nusskuchen für Buch, Februar 2016

Vorläufer 8173

- 250 g Dinkel
- 300 g Haselnüsse
- 2 bittere Mandeln (oder Bittermandelaroma)
- 1/4 TL gem. Vanille
- 1 Prise Salz
- 1 P Weinstein-Backpulver
- 100 g gekochte rote Linsen
- 1 kleiner Apfel (80 g)
- 110 g Stützcreme, hier Satte Stützcreme 8754
- 200 g Ahornsirup
- 100 g Wasser
- 1 größere Birne (215 g)
- Kokosöl für die Form, ca. 1 TL

Dinkel fein mahlen. In eine Schüssel füllen. Nüsse in zwei Schüben im Nutrition Mixer fein mahlen. Zum Mehl geben. Salz, Vanille und Backpulver (ggf. sieben) hinzufügen und mit einem Löffel mischen. Die restlichen Zutaten, bis auf die Birne, im Nutrition Mixer (hoher Becher) zu einer glatten Flüssigkeit mixen. Zum Mehlgemisch hinzufügen und mit einem Handrührgerät zu einem Rührteig schlagen.

Den (Glas-)Boden einer Springform mit Kokosöl einreiben. Rand aufsetzen und Teig in der Form verteilen. Birne halbieren, jede Hälfte in drei Längsstreifen und diese in schmale Scheiben schneiden. Blütenansatz entfernen. Die Birnenstücke mit der Schale nach oben gleichmäßig verteilt in den Teig stecken.

Form in den kalten Ofen (Heißluft) schieben und 45 Min. bei 175 °C backen. Noch warm oben mit Schokoguss bestreichen:

Für die **Glasur** im Thermomix auf 55 °C erhitzen:

- 50 g Schokoladensoße mehr Linsen 8762
- 50 g Kakaobutter
- 40 g Schokoladensoße mit Aroma, dünner 8703

8766. Basilikum-Erbsen-Dip, Februar 2016

2 Portionen (z. B. für Ofenkartoffeln)

- 70 g Stützcreme, hier Satte Stützcreme 8754
- 150 g gekochte Sojabohnen
- 12 g Zitronenfleisch
- 1 gestr. TL Salz
- 1/2 TL getr. gerebbeltes Basilikum
- 50 g Tiefkühlerbsen

Stützcreme, Sojabohnen, Zitronenfleisch im starken Mixer, kleiner Becher, 45 Sek. mixen. In eine Schüssel umfüllen und mit Basilikum und Tiefkühlerbsen verrühren.

8767. Körnerecken, Februar 2016

Gibt 8 Stück; nach einem Rezept von einem Blog, den es nicht mehr gibt („Slava")

- 500 g Weizen
- 310 g Wasser
- 30 g gekochte Sojabohnen
- 8 g Honig (1 TL)
- 1 gestr. TL Salz
- 10 g frische Bio-Hefe (1/4 Würfel)
- 2 TL Sonnenblumenöl
- Ca. 1 EL Leinsamen
- Ca. 1 EL Sesam
- Etwas Streumehl zum Arbeiten

Abends: Weizen fein mahlen. Wasser und Sojabohnen im starken Mixer zu einer glatten Creme schlagen (da traue ich dem TM nicht so viel zu). Dieses Sojawasser mit Honig und Hefe im TM erwärmen (2 Min./37 °C/Stufe 2). Mehl und Salz hinzufügen und 3 Min. im TM kneten. In eine Pengschüssel geben, eine Std. stehen lassen, dann ist der Teig schon kräftig gegangen. Ca. 10-11 Std. in den Kühlschrank stellen.

2 TL Sonnenblumenöl hinzufügen und mit der Hand durchkneten. Auf einer bemehlten Arbeitsfläche mit den Händen zu einem Kreis mit einem Durchmesser von 20-22 cm auseinanderdrücken. In acht Tortenstücke schneiden, vier mit Leinsamen und vier mit Sesam bestreuen. Mit Gärfolie abdecken und ruhen lassen, bis der Ofen vorgeheizt ist.

Ofen (Heißluft) mit Klimagaren, 2 x manuell, auf 200 °C vorheizen. Ein Blech ist im Ofen. Die Brötchen rasch auf das Blech geben (hier wäre ein Holzschieber ideal) und 20 Min. bei 200 °C backen, einen Dampfstoß direkt, den zweiten nach 8-10 Min. geben. 5 Min. im ausgeschalteten Ofen nachbacken lassen. Auf ein Gitterrost geben, mit Wasser einsprühen und abkühlen lassen.

Anmerkungen: Wichtig ist, dass die Brötchen auf das heiße Blech kommen.

8768. Schokoladensoße mit Nuss und mehr Carob, Februar 2016

Vorläufer: 8762 – etwa 1,5 Honiggläser

- 450 g Wasser
- 207 g Ahornsirup (sollten 200 sein)
- 30 g Kakaopulver
- 70 g Carobpulver (Salz und Vanille vergessen)
- 50 g gekochte rote Linsen
- 50 g Cashewnussmus

Wasser und Ahornsirup in den Mixtopf geben. Gareinsatz statt Messbecher auf den Deckel setzen, reduzieren: 9 Min./Varoma/Stufe 2.

Kakao- und Carobpulver mischen und so hinzugeben, dass es nicht auf die Messermitte fällt (das brennt sonst ein und ist schwierig zu reinigen). Gareinsatz wieder aufsetzen und weiter reduzieren: 4 Min./Varoma/Stufe 4. Linsen und Cashewnussmus hinzufügen und nochmals reduzieren: 2 Min./Varoma/Stufe 5.

8769. Satte Stützcreme etwas leichter, Februar 2016

Vorläufer: 8754

Im Hochleistungsmixer bis zum Stocken schlagen:

- 50 g Rundkorn-Naturreis
- 50 g gekochte rote Linsen
- 40 g Cashewnüsse
- 350 g Wasser (halb Zimmertemperatur, halb kochend)

8770. Himbeer-Samstags-FKG, Februar 2016

2 x Frühstück

Abends

- 6 EL Vier-Korn-Getreide nackig grob 7967 schroten & auf zwei Schüsseln verteilen. Mit insgesamt
- 160 g Wasser übergießen. Abgedeckt über Nacht (mindestens 4 Std.) bei Raumtemperatur stehen lassen.

Morgens

- 125 g tiefgekühlte Himbeeren, ca. 45 Min. angetaut
- 1 Banane, geschält (145 g netto)
- 1/2 Apfel (75 g)
- 1 Birne, Blüte entfernt (175 g netto)
- 20 g Haselnüsse

Obst in grobe Stücke teilen und im Hochleistungsmixer pürieren. Auf das Getreide gießen. Mit den Haselnüssen dekorieren.

8771. Bitterkekskakao Nr. 31, Februar 2016

Vorläufer 8752

Im Vitamix 2,5 bis Min. Min. auf höchster Stufe schlagen:

- 70 g Schokoladensoße mit Nuss und mehr Carob 8768
- 60 g Stützcreme, hier Satte Stützcreme etwas leichter 8769
- 2 Mazafati-Datteln entsteint (20 g netto)
- 14 g frischer Ingwer
- 10 g Chiasamen
- 2 bittere Kekse, hier Teestreifen Nr. 8 „Walross" (20 g) 8255
- Auf 500 ml mit kochendem Wasser 1:1 auffüllen.

8772. Errötende Mangoflocken, Februar 2016

2 x Frühstück

- 2 EL Leinsamen
- 6 EL Nackthafer
- 300 g Mangofleisch (von 1 Mango)
- 1 Banane, geschält (120 g netto)
- 80 g tiefgekühlte Himbeeren
- 1 Apfel (130 g)
- 30 g Walnüsse

Leinsamen mit dem Getreide flocken, auf zwei Schüsselchen verteilen. Das Obst in grobe Stücke teilen und im Hochleistungsmixer pürieren, über das Getreide geben. Mit Walnüssen dekorieren.

8773. Pflanzenmilch ideal V1, Februar 2016

Im Vitamix ca. 4-5 Min. laufen lassen:

- 5 g Rundkorn-Naturreis
- 5 g Cashewnüsse
- 10 g gekochte rote Linsen
- 420 g Wasser

8774. Carob-Bananen-Eis mit Schokosoße, Februar 2016

2 Portionen

- 70 g Stützcreme, hier Satte Stützcreme etwas leichter 8769
- 240 g Bananen (netto), gefroren
- 1 gestr. EL Carob
- Schokoladensoße mehr Linsen 8762

Stützcreme und Bananen im Vitamix mit dem Stößel bearbeiten, bis sie einigermaßen gut gemischt sind. Carob hinzufügen und weiter bis „zur Raute" mixen. Auf zwei Teller verteilen und Schokoladensoße kalt hinzufügen.

8775. Quellkörnerbrot, Februar 2016
Am Abend vorher

Sauerteig:
- 350 g Roggen fein mahlen, mit
- 360 g Wasser und
- 150 g Sauerteigansatz verrühren, in Plastikschüssel abgedeckt bis abends auf der Fensterbank stehen lassen.

Quellkörner:
- 150 g Weizen und
- 150 Nacktgerste schroten (Hawos Novum, Stufe 7/9) und mit
- 450 g Wasser verrühren, über Nacht stehen lassen

Backtag

Morgens 150 g vom neuen Sauerteig abnehmen und in einem Schraubglas im Kühlschrank aufbewahren.
- 200 g Roggen,
- 25 g Dinkel und
- 75 g Weizen fein mahlen, mit
- 1 EL Brotgewürz Brecht
- 1 EL Salz mischen. Dann
- Sauerteigansatz,
- Quellansatz und
- 1 g Butter für die Form

Alles mit einem festen Teigrührer per Hand verrühren. Eine 30 cm Oetker-Profi-Backform Email mit Butter einfetten, Teig hineingeben und mit der Hand glatt streichen. Kreuzweise mit einem Messer einschneiden. In einen Plastikbeutel geben und 2,5 Std. gehen lassen. Brot in den kalten Ofen schieben und 1 Std. bei 190 °C, Klimagaren (Auto) backen. Auf ein Kuchengitter stürzen, Klopfprobe machen. Umdrehen, mit Wasser einsprühen und auskühlen lassen.

Hinweis: Die Gerstenkörner sind nicht so richtig gut gequollen, also etwas hart zum Beißen.

8776. Acht-Korn-Mischung, Februar 2016

Miteinander mischen:
- 100 g Buchweizen
- 100 g Hirse
- 100 g Roggen
- 200 g Weizen
- 100 g Nacktgerste
- 100 g Nackthafer
- 100 g Kamut
- 100 g Dinkel

In einem Schraubglas aufbewahren.

8777. Bitterkekskakao Nr. 32, Februar 2016

Im Hochleistungsmixer, je nach Gerät, 2,5 bis 3 Min. auf höchster Stufe schlagen:
- 10 g Kakaonibs
- 3 Mazafati-Datteln entsteint (40 g netto)
- 8 g frischer Ingwer
- 5 g Chiasamen
- 2 bittere Kekse, hier Teestreifen Nr. 8 „Walross" (26 g) 8552
- 25 g gekochte Kichererbsen
- Auf 500 ml (Markierung im Becher) mit kochendem Wasser 1:1 auffüllen.

8778. Schokosoßen-Kekse, Feb. 2016

Zwei Bleche

- 200 g Mandeln
- 35 g Apfelmus (aus dem Glas; ohne Zusätze)
- 265 g gekochte Sojabohnen (Lex)
- 25 g gekochte rote Linsen
- 9 Datteln Mazafati, entsteint (netto 100 g)
- 55 g Akazienhonig
- 280 g Schokoladensoße mehr Linsen 8762
- 1 P Weinstein-Backpulver
- 50 g Chiasamen

Mandeln im starken Mixer mahlen.

Die restlichen Zutaten (ohne Backpulver und Chiasamen) in den Mixtopf geben und zerkleinern (1 Min./Stufe 3; 1 Min./Stufe 5; 20 Sek./Stufe 6). Gemahlene Mandeln, Backpulver und Chiasamen hinzufügen und verkneten (2 Min./Knetstufe)n.

Mit einem Teelöffel den Teig auf zwei Backbleche geben. Ofen auf 160 °C vorheizen und 40-45 Min. backen. Sind frisch außen knusprig und innen weich.

Tipp: Die Kekse sind Eric nicht süß genug - und das, obwohl ich 55 g Honig hinzugegeben habe. Ich finde sie zwar okay, aber ich weiß, was er meint. Die Datteln süßen nicht so dolle, das habe ich schon mal gemerkt, und Sojabohnen schlucken Süße.

8779. Vielzweck-Gemüsepaste, Feb. 2016

2 Honiggläser voll

- 1 Zwiebel, geschält (70 g netto)
- 1 Apfel (150 g)
- 100 g Blumenkohl
- 80 g Sellerie
- 1 Möhre (130 g)
- 75 g Linsensprossen
- 10 g Apfelessig
- 125 g Wasser
- 1 geh. TL Salz (10 g)
- 1 MS gem. schw. Pfeffer
- 3 g Paprikapulver edelsüß (Original aus Ungarn, nicht zu vergleichen mit kommerziellen Produkten)
- 150 g gekochte rote Linsen

Gemüse und Apfel wenn nötig vorschneiden und im Mixtopf raffeln (5 Sek./Stufe 4,5). Essig und Wasser hinzufügen und garen (12 Min./100 °C/Stufe 1-2). Linsensprossen, Salz, Gewürze und gekochte Linsen zum Gemüse geben und anpürieren (je 10 Sek. Stufen 3, 4 und 5). Abschmecken und noch heiß in zwei Schraubgläser geben.

Tipp: Geht als Aufstrich, Füllung, Soßengrundlage... ich habe das Gemüse nicht weichgegart und finde das reizvoll. Wer eine ganz weiche Paste ohne „Biss" möchte, gart 5 Min. länger.

8780. Gefüllte falsche Wraps, Februar 2016

2 Portionen

- 150 g Weizen
- 2 EL Chia-Samen (30 g)
- 1/2 TL Backpulver (2 g)
- 30 g gekochte rote Linsen
- 180 g Wasser
- 6 EL Paste, hier Vielzweck-Gemüsepaste 8779
- 2 Tomaten
- 50 g Salat

Weizen fein mahlen, mit Chia-Samen und Backpulver mischen. Linsen im Wasser verquirlen (Handrührgerät, Rührbesen), dann das Mehl einarbeiten. 15 Min. ruhen lassen.

Ofen (Heißluft) auf 100 °C vorheizen. Eine schwere Aluguss-Pfanne erhitzen. Die Hälfte des Teigs hineingeben und mit einem immer wieder in Wasser getauchten Spatel verteilen. Jede Seite 3-4 Min. backen (11 von 14). Auf einen ofenfesten Teller o. Ä. geben, mit einem Tuch abdecken und in den Ofen stellen. Wenn beide Teige gebacken sind, die Tomaten in Scheiben schneiden und jeweils auf einen großen Teller legen. Salat in feine Streifen schneiden. Wraps mit je 6 EL Paste bestreichen, Salat darauf streuen und aufrollen. Restliche kleine Salatstücke können noch als Deko dienen.

Hinweis: Ich habe einen dicken Anfängerfehler gemacht und mir das Rezept nur oberflächlich durchgelesen. Und so dachte ich, ich muss eine Konsistenz von Pfannkuchen erhalten, den dieser Teig (Meine Familie & Ich, S. 20, Ausgabe 3/2016) überhaupt nicht hatte. Verdünnt und verdünnt ... es war dann ein festerer Rührteig, als ich bis zu Ende las. :-(Erstaunlicherweise sind sie trotzdem lecker geworden, etwas zu dick vielleicht. Eric mit dem Spatzenappetit hat seinen sogar aufgegessen. Beim nächsten Mal weiß ich Bescheid ;-)

8781. Grapefruit-Schmuggel-FKG, Februar 2016

2 Personen

- 2 EL Leinsamen
- 6 EL Nackthafer
- 1 Orange (255 g brutto)
- 1 Apfel (155 g)
- 1 Banane, geschält (120 g netto)
- 1 Grapefruit, geschält (165 g netto)
- 15 g Kokosstreifen
- 15 g Maulbeeren

Leinsamen mit dem Getreide flocken, auf zwei Schüsselchen verteilen. Apfelsine schälen und halbieren. Eine Hälfte würfeln und in die grapefruitfreie Schüssel auf die Flocken geben. Die andere Hälfte mit Apfel und Banane pürieren, auf beide Schüsseln verteilen, wobei die grapefruitfreie Schüssel etwa 2/3 abbekommen sollte. Grapefruit grob zerteilen, in den Vitamix geben und mit dem Rest Obst pürieren, auf die Grapefruit-Schale gießen. Beide Schüsseln mit Kokosstreifen belegen, an den Rand des grapefruitfreien Frühstücks die Maulbeeren legen.

Hinweis: Aufgabe für mich war es, ein Frühstück ohne Grapefruit zu lassen, eines mit ... und gleichzeitig nicht zu viel Aufwand zu betreiben.

8782. Kräuter-Dip-Dressing mit Knofi, Februar 2016

Vorläufer: 8697

Im Vitamix schlagen (wird im Kühlschrank fester):

- 150 g Sonnenblumenkerne
- 125 g Apfelessig
- 55 g kleine Knoblauchknollen, nur Enden abgeschnitten
- 20 g Salz
- 1 g gem. schw. Pfeffer
- 50 g Honig
- 200 g Wasser; mit halber Kraft anschließend einarbeiten:
- 10 g Kräuter-Dip-Kräutermischung (Maier's)

8783. Macadamia-Cookies, Februar 2016

Nach dem Rezept aus dem Thermomix-Buch „Wertvoll genießen", Seite 128; für 2 Backbleche; wieder habe ich wie folgt ersetzt: Fett = gekochte rote Linsen; Eier = 2/3 Stützcreme, 1/3 Apfelmus.

- 50 g Kakaonibs
- 120 g Macadamianüsse
- 150 g Weizen
- 1 geh. TL Weinstein-Backpulver (da hätte man mehr nehmen können)
- 130 g gekochte rote Linsen
- 140 g Honig
- 60 g Stützcreme, hier Satte Stützcreme etwas leichter 8769
- 30 g Apfelmus (aus dem Glas)

Kakaonibs und Nüsse im Mixtopf hacken (5 Sek./Stufe 5) und umfüllen. Weizen in der Mühle fein mahlen und mit dem Backpulver mischen. Die restlichen Zutaten pürieren (10 Sek./Stufe 6). Weizengemisch zugeben und unterrühren (5 Sek./Stufe 6).

Schoko-Nuss-Mischung hinzufügen, unterheben (3 Sek./Stufe 4) und ein wenig unterkneten (30 Sek./Knetstufe). Mit einem kleinen Spatel, wenn nötig, nochmals verrühren.

Mit Teelöffeln kleine Häufchen auf zwei Backbleche (PerfectClean, oder mit Dauerbackfolie / Backpapier) geben. Bleche in den auf 170 °C (Heißluft) vorgeheizten Ofen schieben und 17-20 Min. backen.

Hinweise: Ich weiß nicht, ob die Angabe im Buch Heißluft ist oder nicht, eher nicht, daher habe ich eine etwas geringere Temperatur gewählt, aber eigentlich noch zu hoch. Dennoch bin ich mit der angegebenen Zeit nicht hingekommen. Die Kekse sind anfangs sehr weich und härten an der Luft nach. – Leider hatte ich keine gesalzenen Nüsse. Die Plätzchen sind sehr lecker, aber die Nüsse gehen etwas unter.

8784. Muffin-Stapel-Kartoffeln, Februar 2016

2 Portionen

- ca. 450 g Kartoffeln
- 30 g Stützcreme, hier Satte Stützcreme etwas leichter 8759
- 70 g gekochte Kichererbsen
- 95 g Wasser
- 1 gestr. TL Salz
- 2 Prisen Schabziegerklee
- 25 g Salatcreme, hier Kräuter-Dip-Dressing mit Knofi 8781

Kartoffeln unter fließendem Wasser gut abbürsten, offensichtliche Schadstellen abschneiden. Mit Hilfe der Küchenmaschine (oder einer Handraffel) in sehr dünne Scheiben schneiden. Bei mir waren das 1-2 mm.

Die restlichen Zutaten im Mixer verquirlen, Creme in eine ausreichend große Schüssel gießen und die Kartoffelscheiben hinzufügen. Mit den Händen gründlich vermischen. Silikon-Muffinförmchen (bei mir waren es 9) bis zum Rand oder bis kurz unter den Rand mit den Scheiben füllen. Darauf achten, dass genug Soße dazwischen ist. Restliche Soße auf die Muffins löffeln.

In den kalten Ofen schieben und 50 Min. bei 190 °C backen.

Hinweis: Variationen möglich. Bei mir gab es dazu die Creme zur Füllung der Wraps von gestern, das wäre aber gar nicht nötig gewesen.

8785. Blitzkakao, Februar 2016

- 300 g Pflanzenmilch ideal V1 8773
- 50 g Schokoladensoße mit Nuss und mehr Carob 8768
- Ca. 350-400 g Wasser

In einem Topf mit einem Schneebesen verquirlen und aufkochen.

8786. Februar-Kirsch-Gedönse, kurz: FKG, Februar 2016

2 x Frühstück

Abends

- 6 EL Vier-Korn-Getreide BuHiRoWei 8381 grob schroten & auf zwei Schüsseln verteilen. Mit insgesamt
- 160 g Wasser übergießen. Abgedeckt über Nacht (mindestens 4 Std.) bei Raumtemperatur stehen lassen.

Morgens

- 150 g tiefgekühlte Sauerkirschen
- 1 Orange, geschält (180 g netto)
- 1 Banane, geschält (130 g netto)
- 90 g Apfel
- 10 Macadamianüsse

Obst in grobe Stücke teilen und im Hochleistungsmixer pürieren. Auf das Getreide gießen. Mit Macadamias dekorieren.

8787. Steckrüben mit Kartoffeln, Februar 2016

2 Portionen. – Nach einem Rezept aus dem TM-Buch „Wertvoll genießen", Seite 66.

- 1 Zwiebel (70 g netto)
- 3 EL Wasser
- 290 g Kartoffeln
- 230 g Steckrübe
- 1 TL getr. Majoran
- 20 g Honig
- 1 gestr. TL Salz
- 1 MS gem. schw. Pfeffer
- 1/4 TL gem. Kurkuma
- 180 g Wasser

Zwiebel schälen, halbieren und zerkleinern (3 Sek./Stufe 5), mit einem Spatel nach unten schieben. 3 EL Wasser hinzugeben und dünsten (3 Min./120 °C/Stufe 1). Kartoffeln und Steckrüben waschen, würfeln und mit Majoran (zwischen den Händen zerrieben), Honig, Salz, Pfeffer, Kurkuma und 180 g Wasser in den Mixtopf geben und garen (25 Min./100 °C/Stufe 1).

8788. Blitzkakao Version 2, Februar 2016

- 50 g Schokoladensoße, hier Schokoladensoße mit Nuss und mehr Carob 8768
- 50 g Stützcreme, hier Satte Stützcreme etwas leichter 8769
- 10 g Akazienhonig

In einer großen Tasse Schokosoße, Stützcreme und Honig mit einem Schneebesen verquirlen. Mit kochendem Wasser aufgießen.

8789. Ungarisch dekoriertes FKG, Februar 2016

2 x Frühstück

- 2 EL Leinsamen
- 4 EL Nackthafer
- 2 EL Nacktgerste
- 15 g Zitronenfleisch
- 1 Orange, geschält (220 g netto)
- 1 Banane, geschält (140 g netto)
- 1 Birne (235 g)
- 15 g Walnüsse, frisch aus Ungarn

Leinsamen mit dem Getreide flocken, auf zwei Schüsselchen verteilen. Das Obst in grobe Stücke teilen und im Hochleistungsmixer pürieren, über das Getreide geben. Mit Walnüssen bestreuen.

8790. Schokoladensoße mittelfest Februar 2016

1,5 Honiggläser

- 400 g Wasser
- 205 g Honig
- 30 g Kakaopulver
- 70 g Carobpulver
- 1 kleine Prise Salz
- 1 TL gem. Vanille
- 100 g gekochte rote Linsen
- 25 g Cashewnussmus

Wasser, Salz und Honig in den Mixtopf geben. Gareinsatz statt Messbecher auf den Deckel setzen, reduzieren: 9 Min./Varoma/Stufe 2. Kakao-, Carob- und Vanillepulver mischen; so hinzugeben, dass es nicht auf die Messermitte fällt (das brennt sonst ein und ist schwierig zu reinigen). Gareinsatz wieder aufsetzen und weiter reduzieren: 4 Min./Varoma/Stufe 4. Linsen und Cashewnussmus hinzufügen und nochmals reduzieren: 2 Min./Varoma/Stufe 5.

8791. Bitterkekskakao Nr. 33, Februar 2016

Vorläufer: 8764

- 60 g Schokoladensoße mittelfest 8790
- 3 Datteln Mazafati, entsteint (32 g netto)
- 9 g frischer Ingwer
- 30 g gekochte rote Linsen
- 2 bittere Kekse, hier Teestreifen Nr. 7 „Bitter Kokos" (23 g) 8549
- 400 g Wasser

Zutaten im Thermomix erst mixen (20 Sek./Stufe 10), dann erhitzen (8 Min./80 °C/Stufe 4). Zum Schluss alles nochmals gut pürieren (10 Sek./Stufe 10).

8792. Zwiebeln mit Kartoffeln, Februar 2016

2 Portionen; Vorläufer: 8787; nach einem Rezept aus dem TM-Buch „Wertvoll genießen", Seite 66.

- 320 g Zwiebeln, netto (halbiert oder geviertelt)
- 50 g Wasser
- 350 g Kartoffeln
- 1 TL getr. Majoran
- 20 g Honig
- 1 gestr. TL Salz
- 1/2 TL gem. Kümmel
- 1/4 TL gem. Kurkuma
- 160 g Wasser

Zwiebel schälen, halbieren und zerkleinern (4 Sek./Stufe 5), mit einem Spatel nach unten schieben. 50 Wasser hinzugeben und dünsten (4 Min./120 °C/Stufe 1). Kartoffeln waschen, würfeln und mit Majoran (zwischen den Händen zerrieben), Honig, Salz, Kümmel, Kurkuma und 160 g Wasser in den Mixtopf geben und garen (22 Min./100 °C/Stufe 1).

8793. Grenzwertiges Blitzdessert, Februar 2016

2 Desserts

- 6 EL Apfel- und Birnenmus (aus dem Glas, reine Frucht)
- 2 TL Schokosoße, hier Schokoladensoße mittelfest 8790
- 2 Macadamianüsse

Zutaten in der angegebenen Reihenfolge in zwei Schüsseln geben.

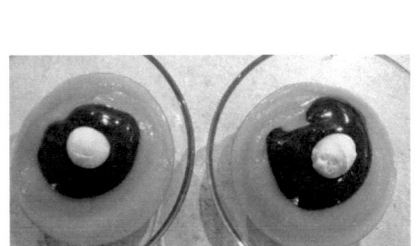

Hinweis: *Grenzwertig aus Vollwertsicht ist das fertig gekaufte Apfelmus aus dem Glas.*

8794. FKG aufgekirscht, Februar 2016

2 x Frühstück

- 2 EL Leinsamen
- 4 EL Nackthafer
- 2 EL Roggen
- 20 g Zitronenfleisch
- 1 Banane, geschält (90 g)
- 1 Apfel (210 g)
- 155 g tiefgekühlte Kirschen
- 20 g Kokosstreifen

Leinsamen mit dem Getreide flocken, auf zwei Schüsselchen verteilen. Das Obst in grobe Stücke teilen und im Hochleistungsmixer pürieren, über das Getreide geben. Mit Kokosstreifen dekorieren.

8795. Bitterkekskakao Nr. 34, Februar 2016

Vorläufer 8752;

Im Hochleistungsmixer, je nach Gerät, 2,5 bis 3 Min. auf höchster Stufe schlagen:

- 15 g Kakaonibs
- 3 Mazafati-Datteln entsteint (31 g netto)
- 11 g frischer Ingwer
- 10 g Chiasamen
- 80 g Pflanzenmilch, hier Pflanzenmilch ideal V1, 8773
- 2 bittere Kekse, hier Teestreifen Nr. 8 „Walross" (26 g) 8552
- Auf 500 ml (Markierung im Becher) mit kochendem Wasser 1:1 auffüllen.

8796. Zwiebelgemüse orientalisch, Februar 2016

2 Portionen

Als Gemüsepfanne (24 cm, 20 Min.):

- 100 g Wasser
- 245 g Zwiebeln, geschält und in Halbringe geschnitten (netto)
- 35 g grüne Rosinen
- 30 g Walnussstücke
- 1/4 TL Kurkuma
- 1/4 TL Currypulver
- 1 gestr. TL Paprikapulver edelsüß (privat gekauft!)

Unterrühren und aufkochen:

- 100 g gekochte schwarze Kichererbsen
- 1 TL Salz

Tipp: *Bei mir gab es dazu Reis aus dem Thermomix.*

8797. Macadamia-Stütze, Februar 2016

Im Hochleistungsmixer bis zum Stocken schlagen:

- 50 g Rundkorn-Naturreis
- 30 g Macadamianüsse
- 50 g gekochte rote Linsen
- 350 g Wasser (halb Zimmertemperatur, halb kochend)

8798. Relativ blitziger Kakao, Februar 2016

- 100 g Stützcreme, hier Macadamia-Stütze 8797
- 30 g Schokoladensoße, hier Schokoladensoße mittelfest 8790
- 15 g Cashewnussmus
- 20 g Honig
- Auffüllen auf 500 ml mit kochendem Wasser

Kurz mit dem Vitamix mischen.

8799. Mangodeckel-FKG, Februar 2016

2 x Frühstück

Abends

- 6 EL Vier-Korn-Getreide BuHiRoWei 8381 grob schroten & auf zwei Schüsseln verteilen. Mit insgesamt
- 160 g Wasser übergießen. Abgedeckt über Nacht (mindestens 4 Std.) bei Raumtemperatur stehen lassen.

Morgens

- 15 g Zitronenfleisch
- 1 Orange, geschält (190 g netto)
- 1 Banane, geschält (90 g netto)
- 1 Mango, geschält und ohne Kern (220 g netto)
- 10 g getr. Maulbeeren
- 10 g Mandeln

Zitronenfleisch mit grob zerteilter Orange und Banane im Hochleistungsmixer pürieren. Auf das Getreide gießen. Mangofleisch würfeln, auf die Schüsseln verteilen. Eine mit Maulbeeren, die andere mit Mandeln bestreuen.

8800. Bitterkekskakao Nr. 35 der letzte!, Februar 2016

Im Hochleistungsmixer, je nach Gerät, 2,5 bis 3 Min. auf höchster Stufe schlagen:

- 10 g Kakaonibs
- 2 Datteln (Medjool), entsteint (30 g netto)
- 8 g frischer Ingwer
- 10 g Chiasamen
- 2 bittere Kekse, hier Teestreifen Nr. 8 „Walross" (16 g) 8255
- 20 g Cashewnussmus
- auf 500 ml (Markierung im Becher) mit kochendem Wasser 1:1 auffüllen.

Tipp: *Das Cashewnussmus habe ich mir als Belohnung gegönnt :-) Wobei die Kekse im Kakao wirklich okay waren.*

8801. Saftige Apfelmuffins, Februar 2016

11 Stück

- 300 g Äpfel
- 1 gestr. TL gem. Zimt
- 1 TL Zitronensaft (7 g)
- 50 g grüne Rosinen
- 50 g gekochte rote Linsen
- 120 g Stützcreme, hier Macadamia-Stütze
- 130 g Honig (sollten 120 g sein, sind mir reingerutscht)
- 120 g Weizen
- 1 P. Backpulver

Äpfel vierteln oder achteln, mit Zimt und Zitronensaft im TM raspeln (4 Sek./Stufe 5). Rosinen unterrühren (3 Sek./Linkslauf/Stufe 2) und umfüllen. Linsen, Stützcreme und Honig im Mixtopf pürieren (20 Sek./Stufe 5). Weizen mahlen, mit Backpulver mischen und unterrühren (20 Sek./Stufe 2). Apfelmasse ebenfalls unterziehen (40 Sek./Linkslauf/ Stufe 2; 20 Sek./Linkslauf/Stufe 4).

Ofen auf 160 °C (Heißluft) vorheizen. Teig auf 11-12 Silikon-Muffinförmchen verteilen und 20 Min. bei 160 °C backen, im ausgestellten Ofen 5 Min. nachbacken. Im halboffenen Ofen noch eine Weile stehen lassen, damit sie nicht zusammenfallen.

8802. Chinadorfsalat, Februar 2016

2 Portionen

- 40 g Kräuter-Dip-Dressing mit Knofi 8782, verdünnt mit
- 60 g Wasser
- 150 g Sellerie
- 70 g Apfel
- 200 g Chinakohl
- 30 g Walnüsse
- 2 TL Ahornsirup oder dünnflüssiger Honig
- 3 EL Linsensprossen
- 1 Banane (120 g netto)

Dressing mit Wasser verrühren, in den TM-Mixtopf geben. Sellerie, Apfel und Chinakohl grob vorschneiden, mit den Walnüssen ebenfalls in den Topf geben und raffeln (5 Sek./Stufe 5). Auf zwei Schüsselchen verteilen, das Süßungsmittel darauf tropfen lassen. In die Mitte die Linsensprossen geben. Banane schälen und in Scheiben auf die Schüsseln schneiden, sie fallen dann halbsenkrecht.

8803. Mindergute Mangocreme-auf-FKG, Februar 2016

2 x Frühstück

- 2 EL Leinsamen
- 6 EL Nackthafer
- 40 g Mangostücke
- 20 g Cashewnüsse
- 280 g Wasser
- 1 Apfel (200 g)
- 1 Banane, geschält (80 g netto)
- 130 g Ananas (ohne Schale)
- 8 Macadamianüsse
- 1 TL getr. Gojibeeren

Leinsamen mit dem Getreide flocken, auf zwei Schüsselchen verteilen. Mangostücke, Cashewnüsse und Wasser im Vitamix gut mixen, auf die Schüsseln verteilen. Das frische Obst in grobe Stücke teilen und im Hochleistungsmixer pürieren, über das Getreide geben. Mit Nüssen und Gojibeeren dekorieren.

Diese Mangostücke sind leider nicht so lecker ...

8804. Milchreis im Schnellkochtopf – Grundsatz, Februar 2016

- 300 g Rundkorn-Naturreis
- 900 g Wasser (Verhältnis Reis zu Wasser = 1 zu 3)
- 1 Prise Salz
- 1 Stück Vanillestange
- 1 Stück Zitronenschale
- 1 Stück Zimtstange

Reis mit den restlichen Zutaten im Schnellkochtopf 12 Min. auf Stufe II kochen. Langsam abdampfen: 10 Min. Platte auf 2 (von 14), 10 Min. auf 1 (von 14) und 10 Min. geschlossen stehen lassen.

Verrührt man dann diesen Reis mit Stützcreme bis max. 1:1, wird das wie richtiger Milchreis.

8805. Erdnussmus, final 3 Gänge, Februar 2016

- 600 g Erdnüsse, geröstet und gesalzen

Ganz einfach: Im Thermomix 2 x 5 Min./Stufe 5, 1 x 4 Min./Stufe 5, dazwischen immer 10-15 Min. im Gerät stehend abkühlen lassen. Laut Display ist es dann zwar 60 °C warm, das ist aber bei bereits gerösteten Nüssen sowieso egal. Es ist superflüssig und schön. Aber die letzte Stufe hat keine Verbesserung mehr gebracht.

8806. Frühlingserwachen, Februar 2016

2 Desserts

- 100 g gekochter Milchreis, Milchreis im Schnellkochtopf, Grundsatz 8804
- 100 g Stützcreme, Macadamia-Stütze 8797
- 20 g dünnflüssiger Honig
- 60 g Heidelbeeren
- 1 Erdbeere
- 30 g Schokoladensoße mittelfest 8789

Milchreis, Stützcreme und Honig mit einem Löffel verrühren und auf zwei Schüsselchen verteilen. Heidelbeeren an den Rand legen. Erdbeere halbieren und jeweils eine Hälfte in die Mitte legen. Mit der Schokoladensoße einen Kreis um die Erdbeerhälften ziehen.

8807. Stapel-Kartoffeln mit Zwiebeln, Februar 2016

2 Portionen

- ca. 400 g Kartoffeln
- 2 Zwiebeln, geschält (135 g netto)
- 30 g Stützcreme, hier Macadamia-Stütze 8797
- 25 g gekochte rote Linsen
- 75 g gekochte schwarze Kichererbsen
- 130 g Wasser
- 1 gestr. TL Salz
- 2 Prisen Schabziegerklee
- 40 g Kräuter-Dip-Dressing mit Knofi 8782

Kartoffeln unter fließendem Wasser gut abbürsten, offensichtliche Schadstellen abschneiden. Zwiebeln halbieren. Mit Hilfe der Küchenmaschine (oder einer Handraffel) in sehr dünne Scheiben schneiden. Bei mir waren das 1-2 mm.

Die restlichen Zutaten mit einem starken Mixer verquirlen, Creme in eine ausreichend große Schüssel gießen und die Kartoffel- bzw. Zwiebelscheiben hinzufügen. Mit den Händen gründlich vermischen. Silikon-Muffinförmchen (bei mir waren es 12) bis zum Rand oder bis kurz unter den Rand mit den Scheiben füllen. Darauf achten, dass genug Soße dazwischen ist. Restliche Soße auf die Muffins löffeln.

In den kalten Ofen schieben und 50 Min. bei 190 °C backen.

8808. Pulverkakao II, Februar 2016

1-2 Min. im Vitamix:

- 90 g Stützcreme
- 1 EL Kakao (11 g)
- 10 g Chiasamen
- 3 Datteln Medjool (56 g netto)
- aufgefüllt auf 500 g mit heißem Wasser

8809. Schokoladensoße mittelfester, Februar 2016

1,5 Honiggläser

- 400 g Wasser
- 200 g Honig
- 75 g Kakaopulver
- 25 g Carobpulver (weil kein rohes Carob)
- 1 kleine Prise Salz
- 1 TL gem. Vanille
- 100 g gekochte rote Linsen
- 50 g Cashewnussmus

Wasser, Salz und Honig in den Mixtopf geben. Gareinsatz statt Messbecher auf den Deckel setzen, reduzieren: 9 Min./Varoma/Stufe 2. Kakao-, Carob- und Vanillepulver mischen und so hinzugeben, dass es nicht auf die Messermitte fällt (das brennt sonst ein und ist schwierig zu reinigen). Gareinsatz wieder aufsetzen und weiter reduzieren: 4 Min./Varoma/Stufe 4. Linsen und Cashewnussmus hinzufügen und nochmals reduzieren: 2 Min./Varoma/Stufe 5.

Manchmal nehme ich den Deckel ab, um die Zutaten hinzuzufügen. Ich gewöhne mir das aber ab, weil erstens die Temperatur stärker abfällt und zweitens der Deckel dann manchmal nicht so recht wieder festhaken will.

Tipp: *Schmeckt aufgrund des hohen Kakaogehaltes sehr schokoladig!*

8810. Dreierlei-Exotik-Obst, Februar 2016

2 x Frühstück

- 2 EL Leinsamen
- 6 EL Nackthafer
- 260 g geputzte Erdbeeren
- 2 Bananen, geschält (240 g netto)
- 65 g Heidelbeeren

Leinsamen mit dem Getreide flocken, auf zwei Schüsselchen verteilen. Erdbeeren und Bananen (in groben Stücken) im Hochleistungsmixer pürieren, über das Getreide geben. Mit Heidelbeeren bestreuen.

8811. Kakao-Duo, Februar 2016

Vorläufer: 8764; 2 Portionen

- 100 g Schokoladensoße, hier: Schokoladensoße mittelfester 8809
- 5 Datteln Mazafati, entsteint (103 g netto)
- 15 g Chiasamen
- 25 g Cashewnussmus
- 520 g Wasser

Zutaten im Thermomix erst mixen (20 Sek./Stufe 10), dann erhitzen (8 Min./80 °C/Stufe 2). Zum Schluss alles nochmals gut pürieren (10 Sek./Stufe 10).

Fazit: *Da war aber jemand schwer begeistert, und ich war das nicht.*

8812. Apfel-Milchreis-Kuchen ohne Boden, Februar 2016

Eine Springform, 26 cm

- 150 g gekochte rote Linsen
- 150 g Stützcreme (50:50:30:465 Reis:Linsen:Cashew:Wasser)
- 175 g Honig
- 1 TL gem. Vanille
- 2 Prisen Orangenstaub 8663 (oder gem. Orangenschale)
- 250 g Reis wie Milchreis im Schnellkochtopf, Grundsatz 8804
- 200 g Äpfel
- 50 g Walnüsse
- 10 g Ahornsirup
- Etwas Kokosöl für die Form

Linsen, Stützcreme, Honig, Vanille und Orangenstaub pürieren (TM: 20 Sek./Stufe 6). Milchreis hinzugeben und mischen (2 Min. 30 Sek./Knetstufe; 10 Sek./Linkslauf/Stufe 4).

Springform am Boden dünn mit Kokosöl einreiben. Milchreismasse hineingießen. Äpfel vierteln, in Spalten schneiden und leicht überlappend auf die Oberfläche legen. Walnüsse in einer Plastiktüte oder zwischen den Händen zerdrücken, auf die Apfelspalten streuen und Sirup darauf tröpfeln lassen.

In den kalten Ofen schieben und 1 Std. bei 175 °C (Heißluft) backen. Wenn der Kuchen aus dem Ofen kommt, ist er flüssig!

Tipp: Lecker, aber eigentlich nur Milchreis. 50-100 g Mehl hätten da was dran drehen können.

8813. Kirsch-Eis mit Schokosoße, Februar 2016

2 Portionen

- 50 g Stützcreme, hier Satte Stützcreme etwas leichter 8769
- 1 Banane geschält (140 g netto)
- 10 g Ahornsirup
- 200 g tiefgekühlte Kirschen
- 100 g Eiswürfel
- Schokoladensoße mit Nuss und mehr Carob 8768

Stützcreme mit Bananen und Ahornsirup im Vitamix pürieren, Kirschen und Eiswürfel mit dem Stößel einarbeiten, bis sich die „Raute" ergibt. Auf zwei Teller verteilen und (kalte) Schokoladensoße hinzufügen.

8814. Standardstützcreme 2016, Februar 2016

Im Hochleistungsmixer bis zum Stocken schlagen:

- 50 g Rundkornnaturreis
- 50 g gekochte rote Linsen
- 20-30 g Nüsse
- 350 g Wasser, halb Raumtemperatur, halb kochend

8815. Möhrenfruchtsuppe, Februar 2016

Im Vitamix pürieren:

- 1/2 Apfel (80 g)
- 1 Blutorange, geschält (115 g netto)
- 60 g Ananas geschält
- 70 g Möhre
- 265 g Wasser

8816. Orangen-Ade-FKG, Februar 2016

2 x Frühstück

Abends

- 6 EL Vier-Korn-Getreide BuHiRoWei 8381 grob schroten & auf zwei Schüsseln verteilen. Mit insgesamt
- 160 g Wasser übergießen. Abgedeckt über Nacht (mindestens 4 Std.) bei Raumtemperatur stehen lassen.

Morgens

- 15 g Zitronenfleisch
- 1 Orange, geschält (175 g netto)
- 1 Banane, geschält (90 g netto)
- 1 Apfel (215 g)
- 10 g Kokosraspel
- 15 g Kokosstreifen

Obst in grobe Stücke teilen und im Hochleistungsmixer pürieren. Auf das Getreide gießen. Mit Kokosraspeln bestreuen, Streifen in die Mitte legen.

Hinweis: Das war wohl die letzte reguläre Orange für diese Saison. Ich weiß natürlich nicht, welche Überraschungen die Billigkiste vielleicht noch für mich hat.

8817. Blumenkohl-Kartoffel-Gratin, Februar 2016

Grundkochbuch Thermomix: Blumenkohl-Gratin; 2 Portionen
Gemüse

* 315 g Kartoffeln, möglichst gleich groß, bei mir waren es 5 Stück
* 170 g Blumenkohlgrün
* 240 g Blumenkohl

Etagenweise im TM garen: Mixtopf bis zur Markierung zwischen I und II mit Wasser füllen. Kartoffeln in den Garkorb geben, Korb einhängen. Blumenkohlgrün ggf. waschen, in Streifen schneiden (auch die Strunkstücke, nicht aber den großen Strunk) und in die untere Etage des Varomaaufsatzes geben, die Blumenkohlröschen in Scheiben schneiden auf die oberste Etage legen. Garen bei Varoma, Stufe 2 für 30 Min. Abkühlen lassen. Sobald die Kartoffeln lauwarm sind, Schale abziehen und in Scheiben schneiden.

Für die Soße

* 200 g Wasser
* 20 g Cashewnussmus
* 50 g Standardstützcreme 8814
* 1 gestr. TL Salz
* 1 Prise gem. schw. Pfeffer
* 1 Prise Muskat
* 10 g Sonnenblumenkerne
* 75 g Wasser

Wasser, Cashewnussmus, Stützcreme, Salz und Pfeffer in den leeren Mixtopf geben. Kochen (7 Min./90 °C/Stufe 3), Muskat hinzufügen und pürieren (5 Sek./Stufe 5). Kartoffeln und Blumenkohl in eine Auflaufform (20 cm Durchmesser) geben, Soße darübergießen. Mit den Sonnenblumenkernen bestreuen. Wasser vorsichtig am Rand in die Form gießen. Ofen auf Grillen (200 °C, Heißluft) vorheizen. Form offen einschieben und 10 Min. bei 200 °C, anschließend 5 Min. bei 225 °C grillen.

Tipps: *Obwohl ich gefürchtet hatte, es wäre zu trocken, war es erstaunlich saftig. Ohne das Wasser zum Schluss wäre es aber deutlich zu trocken gewesen. – Ohne TM würde ich die Kartoffeln ungeschält in Scheiben schneiden und mit dem Blumenkohl als Gemüsepfanne garen. Evtl. überstehendes Wasser würde ich dann mit der Soße verarbeiten.*

8818. Pasta mit Kichererbsen, Februar 2016

2 Portionen. Nach dem gleichnamigen Rezept aus dem „Wertvoll genießen"-Buch von Vorwerk.

* 1 Zwiebel, geschält und geviertelt (55 g netto)
* 1 größere Knoblauchzehe, abgezogen (8 g)
* 1 Stück Essigpeperoni (4 g) 7/4573
* 40 g + 450 g Wasser
* 1 gestr. TL Salz
* 1 Prise gem. schw. Pfeffer
* 1 Lorbeerblatt
* 250 g gekochte Kichererbsen
* 125 g Spirali-Vollkornnudeln
* 20 g Cashewnussmus
* 40 g gekochte rote Linsen
* 1 TL gerebbeltes getr. Basilikum

Zwiebel, Knoblauch und Peperoni in den Mixtopf geben und zerkleinern (Einstellung 5 Sek./Stufe 7, da lief das Messer aber schon einige Sekunden leer). Mit dem Spatel nach unten schieben. 40 g Wasser hinzufügen und dünsten (3 Min./120 °C/Stufe 2). Kichererbsen, 450 g Wasser, Salz, Pfeffer und Lorbeerblatt hinzufügen und kochen (10 Min./100 °C/Linkslauf/Rührstufe). 75 g Kochflüssigkeit entnehmen. Nudeln zugeben und gemäß Packungsangabe kochen (8 Min./100 °C/Linkslauf/Rührstufe). Cashewnussmus, rote Linsen und die 75 g Kochflüssigkeit in einem kleinen Mixer pürieren, mit dem Basilikum hinzufügen und aufkochen (40 Sek./100 °C/Linkslauf/Rührstufe).

Hinweise: Geschmacklich lecker, aber zu matschig. Damit die Nudeln nicht zur Hälfte zerfleddert werden, müsste ich sie mindestens 2 Min. kürzer kochen, und so mag ich sie dann nicht. Ich werde das bei Gelegenheit im Topf wiederholen, weil ich dann die Soßenmenge auch besser regulieren kann. – Was mir schon zum zweiten Mal auffällt: Die im Buch angegebenen „Gesamtzeiten" sind sehr großzügig, ich bin meist deutlich früher fertig und bei fremden Rezepten geht ja nicht alles so schnell von der Hand. – Die Masse war unten „angezogen", womit ich sagen will: kurz vorm Ansetzen am Boden, aber es war noch nichts passiert, nach 15 Min. Einweichen löste sich das im Wasserstrahl. Was auch immer lästig ist: Reste lassen sich unten nicht so gut herausnehmen wie aus einem glatten Topf oder einer Pfanne.

8819. Pudding-Kakao, Februar 2016

Im Hochleistungsmixer, je nach Gerät, 2,5 bis 3 Min. auf höchster Stufe schlagen:

- 15 g Kakaonibs
- 15 g Chiasamen
- 2 Medjool-Datteln entsteint (35 g netto)
- 10 g frischer Ingwer
- 35 g gekochte rote Linsen
- auf 500 ml mit Wasser / kochendem Wasser 1:1 auffüllen.

8820. Standard-Pflanzenmilch 2016, Februar 2016

Mache ich die Standardstützcreme, kann ich bei Bedarf gleich eine Standard-Pflanzenmilch anschließen. Ich hatte die schon mal, die war prima.
Im Vitamix ca. 1 Min. laufen lassen:

- 100 g Standardstützcreme 2016 (Rest im Becher)
- 350 g Wasser

8821. Blumenkohl in Käsesoße, Februar 2016

2 Portionen
Gemüsepfanne (20 cm, 15 Min.):
- 65 g Wasser
- 250 g Blumenkohl in Röschen

Soße (im Mixer mixen, unter das Gemüse rühren und aufkochen):
- 55 g Vielzweck-Gemüsepaste 8779
- 13 g Zitronenfleisch
- 20 g Cashewnussmus
- 20 g gekochte rote Linsen
- 1 gestr. TL Salz
- 70 g Wasser

Bei mir gab es dazu Ofenkartoffeln (400 g für 2 Personen; 1 cm-Scheiben; 25 Min./225 °C).

8822. Erdnusshauch-Kakao, Februar 2016

Im Hochleistungsmixer, je nach Gerät, 2,5 bis 3 Min. auf höchster Stufe schlagen:

- 15 g Kakaonibs
- 10 g Chiasamen
- 15 g Erdnussmus
- 2 Medjool-Datteln entsteint (40 g netto)
- 8 g frischer Ingwer
- 35 g Standard-Stützcreme
- auf 500 ml mit Wasser / kochendem Wasser 1:1 auffüllen.

8823. Ein-Grapefruit-FKG, Februar 2016

2 x Frühstück. Wieder galt es, ohne allzu viel Aufwand die Grapefruit nur in meine Portion einzuarbeiten.

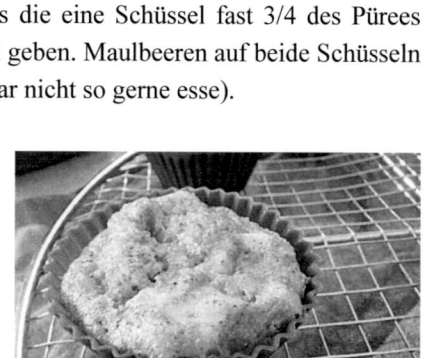

- 2 EL Leinsamen
- 6 EL Nackthafer
- 1 Banane, geschält (90 g netto)
- 1 Apfel (165 g)
- 104 g Ananasfleisch
- 1 Grapefruit, geschält (175 g netto)
- 15 g getr. Maulbeeren

Leinsamen mit dem Getreide flocken, auf zwei Schüsselchen verteilen. Banane und Apfel in grobe Stücke teilen und im Hochleistungsmixer pürieren, über das Getreide geben, so dass die eine Schüssel fast 3/4 des Pürees bekommt. Die Grapefruit mit dem Rest pürieren, auf die zweite Schüssel geben. Maulbeeren auf beide Schüsseln verteilen, die Grapefruit-Schüssel kriegt weniger (weil ich Maulbeeren gar nicht so gerne esse).

8824. Saftige Apfelmuffins aus dem TM, Februar 2016

7 Stück

- 200 g Äpfel
- 1 1/2 TL gem. Zimt
- 1 TL Zitronensaft
- 30 g grüne Rosinen
- 35 g gekochte rote Linsen
- 80 g Standard-Stützcreme
- 80 g Honig
- 100 g Weizen
- 1/2 TL Vanillepulver
- 1/2 P Backpulver

Äpfel vierteln oder achteln, mit Zimt und Zitronensaft raspeln (2-3 Sek./Stufe 5). Mit Rosinen vermischen. Wegen der geringen Mengen habe ich den Rest mit anderen Geräten, nicht mit dem TM gemacht. Linsen, Stützcreme und Honig im kleinen Mixer pürieren. Weizen fein mahlen, mit Vanille- und Backpulver mischen und mit der Linsenmischung mit einem Handrührgerät mixen. Apfelmasse ebenfalls unterziehen.

Teig auf 7 Silikon-Muffinförmchen verteilen und in den Varoma-Aufsatz geben, Mixtopf mit 1200 g Wasser füllen und garen (35 Min./Varoma/Stufe 2).

Hinweis: Uns schmeckten diese etwas besser. Der Weizenanteil ist übrigens höher, als sich beim Herunterberechnen ergab (80 g wären das gewesen), aber ich wollte die höhere Feuchtigkeit im Varoma auffangen, was richtig war. Es hätten auch noch 20 g mehr sein können.

8825. Standardsalat 2016, Februar 2016

2 Portionen; Herstellungszeit inkl. Rumsuchen und Auswaschen 10 Min.

- 1 geh. EL Salatcreme, unverdünnt, z. B. 8781
- 400 g gemischtes Gemüse, vorwiegend Wurzelgemüse, sowie 1/2 Apfel
- 50 g Feldsalat (oder anderer grüner Salat)
- 3-4 EL gekochte Hülsenfrüchte

Salatcreme mit Gemüse und Apfel in den Mixtopf geben, zerkleinern (5 Sek./Stufe 5). Auf zwei Schüsseln verteilen. Feldsalat in den Mixtopf geben, zerkleinern (8-10 Sek./Stufe 4), ebenfalls verteilen. An den Rand die Hülsenfrüchte geben, wenn vorhanden in die Mitte auch Sprossen, heute hatte ich ausnahmsweise mal keine.

8826. Vanillesoße, Februar 2016

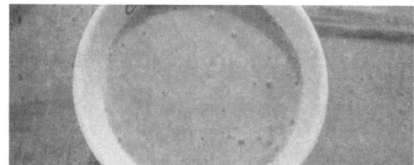

- 50 g Standardstützcreme 8814
- 25 g Standard-Pflanzenmilch 8820
- 10 g Ahornsirup und
- 1 MS Vanillepulver im Mixer verquirlen.

8827. Schokoladensoße mittelfest geplant, Februar 2016

8789; neues Carob; knapp 2 Honiggläser; ist viel dünner als geplant.
Liegt's daran, dass ich kein Nussmus genommen habe?

- 400 g Wasser
- 200 g Honig
- 20 g Kakaopulver
- 80 g Carobpulver (angeblich Rohkostqualität, ich zweifle daran)
- (1 kleine Prise Salz vergessen)
- (1 TL gem. Vanille vergessen)
- 125 g gekochte rote Linsen

Wasser(, Salz) und Honig in den Mixtopf geben. Gareinsatz statt Messbecher auf den Deckel setzen, reduzieren: 9 Min./Varoma/Stufe 2. Kakao-, Carob- (und Vanille)pulver mischen und so hinzugeben, dass es nicht auf die Messermitte fällt (das brennt sonst ein und ist schwierig zu reinigen). Gareinsatz wieder aufsetzen und weiter reduzieren: 4 Min./Varoma/Stufe 4. Linsen hinzufügen und nochmals reduzieren: 2 Min. 30 Sek./Varoma/Stufe 5. Kurz durchmixen (10 Sek./Stufe 10).

8828. Kohlrabi-Reis, wild, Februar 2016

2 Portionen

- 80 g Kohlrabi-Grün
- 120 g Langkorn-Naturreis
- 50 g Wildreis
- 1 TL getr. gerebbeltes Basilikum

Kohlrabi-Grün waschen und in feine Streifen schneiden, in den Garkorb geben. Reis und Wildreis mit dem Basilikum hinzufügen und garen (TM: 1200 g Wasser in den Mixtopf, 45 Min./Varoma/Stufe 2).

8829. Zwiebelsoße, Februar 2016

2 Portionen

Gemüse:

- 60 g Wasser
- 210 g Zwiebeln (netto)

Soße:

- 10 g Zitronenfleisch
- 35 g gekochte rote Linsen
- 50 g Standardstützcreme 8814
- 45 g Salatcreme, hier Kräuter-Dip-Dressing mit Knofi 8781
- 1 Mandarine geschält (55 g netto)
- 1 gestr. TL Salz
- 1 Prise gem. schw. Pfeffer
- 20 g Honig

Wasser in die Pfanne gießen. Zwiebeln abziehen, halbieren und jede Hälfte grob zerschneiden. In die Pfanne geben. Als Gemüsepfanne 25 Min. dünsten. Soßenzutaten mixen, unter das Gemüse rühren und aufkochen. Becher mit 30 g Wasser nachspülen. Dieses Wasser ebenfalls zum Gemüse geben, verrühren und aufkochen.

8830. Standardsmoothie, Februar 2016

- ca. 250 g Gemüse, nach Belieben auch etwas Obst, aber nicht mehr als 100 g
- ca. 275 g Wasser

Im Vitamix oder anderem starken Mixer zu einer glatten Suppe schlagen. Wer es etwas sämiger möchte, gibt noch 5-10 g Nüsse in den Becher.

8831. Flocken-Sonnenblumen-Mischbrot, Februar 2016

Zum Verschenken (Vorläufer: 8581)

Stufe 1 (12 Std. vorher):

- 350 g Roggen
- 360 g Wasser
- 150 g Sauerteig

Abends schon vorbereiten:

- 200 g Dinkel
- 150 g Roggen
- 1 EL Salz (20 g)
- 150 g Sonnenblumenkerne
- 100 g Nackthafer, geflockt
- 2 TL Brotgewürz (Brecht) (10 g)

Stufe 2 (Backen, bei mir am Morgen)

- 1/2 Würfel frische Hefe (20 g)
- 150 g lauwarmes Wasser
- Getreidemischung vom Vorabend
- 700 g Sauerteigansatz
- 150 g Wasser
- 20 g Butter für die Form

Stufe 1: Roggen fein mahlen, mit Wasser und altem Sauerteig mischen. In einer Plastiktüte über Nacht stehen lassen. 150 g von der Stufe 1 abnehmen und in einem gut schließenden Schraubglas in den Kühlschrank stellen für das nächste Backen. Abends: Getreide fein mahlen, mit den restlichen Zutaten mischen und in einer gut schließenden Plastikdose verwahren. **Stufe 2:** Hefe im Wasser auflösen. Restliche Zutaten (außer der Butter) hinzufügen und mit einem großen Löffel gründlich verrühren, bis kein Mehl mehr sichtbar ist. Eine 30-cm-Brotform, Profi-Email von Dr. Oetker, gut einfetten. Teig hineingeben, mit der nassen Hand herunterdrücken und glattstreichen. Mit einem scharfen Messer einmal längs einschneiden. Form in eine Plastiktüte geben und knapp 1 Std. 45 Min. gehen lassen. Die Brotform ist dann ganz voll.

Brot in den kalten Ofen schieben und 1 Std. bei 190 °C (Heißluft) backen und 10 Min. im ausgestellten Ofen nachbacken. Das Brot ist nicht mehr viel gegangen.

8832. Kirschsofteis-mit-Ananas-FKG, Februar 2016

2 x Frühstück

- 2 EL Leinsamen
- 6 EL Nackthafer
- 1 Banane, geschält (110 g netto)
- 1 Apfel, 150 g
- 100 g Ananasfleisch
- 180 g tiefgekühlte Kirschen

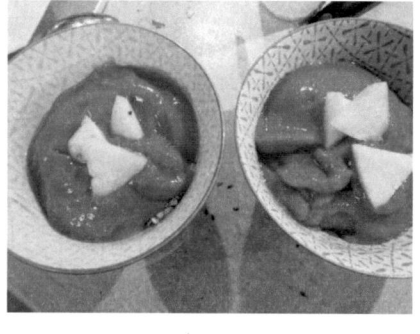

Leinsamen mit dem Getreide flocken, auf zwei Schüsselchen verteilen. Banane, Apfel und 50 g Ananas in grobe Stücke teilen und mit den Kirschen im Hochleistungsmixer pürieren, mit dem Stopfer arbeiten, bis sich die typische „Raute" zeigt. Über das Getreide geben. Rest Ananas in Stücke schneiden und als Deko auflegen.

8833. Schokokekskakao, Februar 2016

Im Hochleistungsmixer, je nach Gerät, 2,5 bis 3 Min. auf höchster Stufe schlagen:

- 15 g Kakaonibs
- 10 g Chiasamen
- 2 Medjool-Datteln entsteint (36 g netto)
- 9 g frischer Ingwer
- 1 Schokokeks, 10 g (Schokosoßen-Kekse 8778)
- 20 g gekochte rote Linsen
- auf 500 ml mit Wasser / kochendem Wasser 1:1 auffüllen.

8834. Ruck-Zuck-Kuchen, zwei kleine, Februar 2016

Aus dem Rosa Backbuch von Thermomix, Seite 96, natürlich angepasst auf meine Ernährungsweise. – Ich habe statt einer normalen Gugelhupf-form eine kleine und eine kleine Springform genommen, die kleine Gugelhupfform habe ich im Varoma 45 Min. dämpfen lassen, die Spring-form kam 30 Min. in den Ofen. Was wird besser?

- Butter für die Form
- 195 g Standardstützcreme
- 150 g gekochte Linsen
- 50 g Cashewnussmus
- 150 g Honig
- 1/2 Apfel (90 g), grob vorgeschnitten
- 1 Möhre (40 g), in Scheiben
- 100 g Haselnüsse
- 100 g Schokoladensoße mittelfester 8809
- 200 g Dinkel, fein gemahlen
- 1 P Weinstein-Backpulver
- 1 EL Kakaopulver schwach entölt (13 g)

Eine kleine Gugelhupfform und eine kleine Springform (18 cm) mit Butter einfetten.

Stützcreme, Linsen, Cashewnussmus, Honig, Apfel, Möhre, Haselnüsse und Schokoladensoße in den Mixtopf geben und zerkleinern (1 Min./Stufe 6). Mehl und Backpulver hinzufügen und verrühren (40 Sek./Stufe 4; im Original 10 Sek./Stufe 4, das erscheint mir auch mit den angegebenen Zutaten eher unwahrscheinlich). Ofen auf 180 °C (Heißluft) vorheizen.

Teig auf die vorbereiteten Formen verteilen, die Springform in den vorgeheizten Ofen geben und 30 Min. backen. Thermomix reinigen (zu zwei Dritteln mit Wasser füllen, 10 Sek./Stufe 10, und ausleeren / nachspülen). Den „Gugelhupf" im Varoma garen (45 Min./Varoma/Stufe 2). Ebenfalls in der Form gut abkühlen lassen. Stäb-chenprobe machen. Kuchen in der Form abkühlen lassen, aus der Form nehmen und servieren.

Bewertung: Nicht schokoladig genug. / Aus dem Ofen schmeckt minimal besser als aus dem Varoma. / Die Haselnüsse dominieren zu stark, ich würde beim nächsten Mal Mandeln nehmen.

8835. Standardschokoladensoße Ute, Februar 2016

1,5 Honiggläser

- 400 g Wasser
- 200 g Honig
- 80 g Kakaopulver
- 20 g Carobpulver
- 1 kleine Prise Salz
- 1 TL gem. Vanille
- 125 g gekochte rote Linsen
- 25 g Cashewnussmus

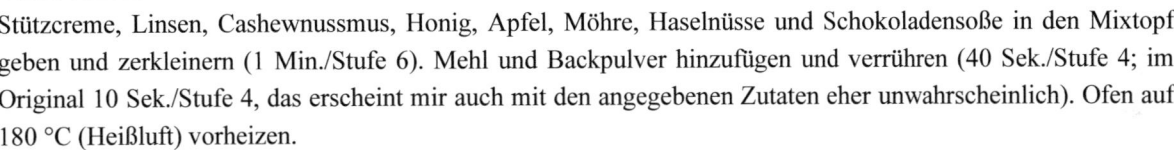

Wasser, Salz und Honig in den Mixtopf geben. Garein-satz statt Messbecher auf den Deckel setzen, redu-zieren: 9 Min./Varoma/Stufe 2. Kakao-, Carob- und

Vanillepulver mischen und so hinzugeben, dass es nicht auf die Messermitte fällt (das brennt sonst ein und ist schwierig zu reinigen). Gareinsatz wieder aufsetzen und weiter reduzieren: 4 Min./Varoma/Stufe 4. Linsen und Cashewnussmus hinzufügen und nochmals reduzieren: 2 Min./Varoma/Stufe 5.

Tipps: Manchmal nehme ich den Deckel ab, um die Zutaten hinzuzufügen. Ich gewöhne mir das aber ab, weil erstens die Temperatur stärker abfällt und zweitens der Deckel dann manchmal nicht so recht wieder festhaken will. – Schmeckt aufgrund des hohen Kakaogehaltes sehr schokoladig! – Ob es die endgültige Schokoladensoße für mich wird, werden weitere Tests zeigen, wenn ich mit dem Nussmus noch weiter runtergehe.

8836. Türkische Pizza, Februar 2016

Nach einem Rezept aus dem Buch „à la Turka“, Seite 92; die Wasser-menge für den Pizzateig erschien mir etwas merkwürdig, eher Nudelteig. Und da es im Mixtopf nur so krümelte, habe ich noch 2 EL Wasser hinzugefügt.

Teig:
- 100 g Wasser
- 10 g frische Bio-Hefe (1/4 Würfel)
- 1/2 TL Salz
- 175 g Weizen, fein gemahlen (im TM: 1 Min./Stufe 10)

Hefe, Wasser und Salz in den Mixtopf geben und auflösen (2 Min./37°C/Stufe 1). Mehl hinzugeben und kneten (2 Min./Knetstufe), in eine Pengdose umfüllen und schließen. Im Ofen (Ober-/Unterhitze, 30 °C) 30 Min. gehen lassen. In der Zwischenzeit den Belag zubereiten.

Belag:
- 3 Stängel Petersilie, nur die oberen Blätter (6 g)
- 1 Stück Essigpeperoni (6 g) 7/4573
- 1 Zwiebel, geschält und geviertelt (60 g netto)
- 1 Tomate (100 g)
- 105 g Champignons, je nach Größe halbiert
- 20 g Standardstützcreme 8814
- 25 g Tomatenmark
- 1 Eierlöffel Salz
- 1 Prise schw. gem. Pfeffer
- 1 TL Paprika edelsüß

Petersilie, Peperoni, Zwiebel und Tomate in den Mixtopf geben und zerkleinern (5 Sek./Stufe 6; 4 Sek. hätten gereicht bei der kleinen Menge). Mit dem Spatel nach unten schieben. Restliche Zutaten hinzugeben und vermischen (40 Sek./Linkslauf/Stufe 3 oder 40 Sek./Stufe 1).

Ofen (Heißluft) auf 230 °C vorheizen. Teig „ankneten“, in zwei Kugeln teilen (bei mir je 140 g), jede Kugel kurz durchkneten und mit Hilfe von Streumehl zu Kreisen von ca. 22 cm Durchmesser ausrollen. Auf die Diagonale eines Backbleches legen. Belag auf die beiden Kreise verteilen, einen Rand von ca. 1 cm stehen lassen. Blech in den heißen Ofen schieben und 10 Min. bei 230 °C backen.

Hinweis: *War ein sehr guter Start! Werde ich sicher nochmals machen, der Teig ist schön knusprig und dünn. Beim nächsten Mal würde ich aber auch den Heißluftofen auf 250 °C vorheizen. Der Belag ist mir auf Anhieb gut gelungen.*

8837. Stützcreme-Kakao, Februar 2016

Im Hochleistungsmixer, je nach Gerät, 1 bis 2 Min. auf höchster Stufe schlagen:
- 10 g Kakaonibs
- 100 g Standardstützcreme 8814
- 4 g Carob
- 2 Medjool-Datteln entsteint (38 g netto)
- 7 g frischer Ingwer
- auf 500 ml (Markierung im Becher) mit gerade aufgekochtem, aber nicht mehr sprudelnden Wasser auffüllen.

8838. Rosinenhirse II, Februar 2016
- 150 g Hirse
- 25 g grüne Rosinen
- 300 g Wasser

Alles zusammen in einem Topf zum Kochen bringen, dann auf kleinster Einstellung 20 Min. quellen lassen. (Evtl. 15 Min. köcheln und 5 Min. nachquellen lassen). Die Hirse war so zwar schön trocken und locker, aber die Rosinen waren unten ganz leicht festgepappt.

8839. Lievito-Madre-Ansatz, Februar 2016

1. Tag

- 150 g Mehl
- 75 g Wasser
- 25 g Honig und
- 1 EL Öl verkneten

8840. Hackfleischsoße zum Schein, Februar 2016

2-4 Personen

- 3 Zwiebeln, geschält und halbiert (195 g netto)
- 50 g Wasser
- 3 Tomaten (270 g), halbiert oder geviertelt
- 300 g Champignons
- 200 g Wasser
- 2 TL Salz
- 1 geh. TL Paprikapulver edelsüß
- 1 TL gem. Kümmel
- 30 g Honig oder Ahornsirup
- 1 EL Apfelessig
- 50 g Tomatenmark
- 20 g Wasser

Zwiebeln zerkleinern (10 Sek./Stufe 4) und mit 50 g Wasser dünsten (9 Min./110 °C/Stufe 2). Champignons hinzufügen und zerkleinern (5 Sek./Stufe 5). Anschließend die Tomaten zugeben und ebenfalls zerkleinern (5 Sek./Stufe 4). 200 g Wasser, Salz und Gewürze zugeben und garen (15 Min./98°C/Stufe 1, Linkslauf).

Tomatenmark, Essig und 20 g Wasser in einer kleinen Schüssel verrühren, unter die heiße Soße rühren lassen (max. 1 Min./Stufe 3/Linkslauf). Abschmecken und ggf. nachwürzen.

Tipps: *Dazu gab es bei uns Rosinenhirse 8838. – Eigentlich sollte es ein „Gulasch" werden, aber im TM habe ich manches (noch) nicht so ganz im Griff. Aber als die Soße fertig war und in der Schüssel lag, konnte ich es kaum glauben: Rein optisch nicht von einer Hackfleischsoße zu unterscheiden. Und geschmacklich? Auch gut (wenn natürlich auch kein Hackfleischgeschmack). Beim Würzen kann man sicher je nach Geschmack noch ändern.*

8841. Erdbeerbomber Non-PC, Februar 2016

2 Personen; PC = politically correct.

- 2 EL Leinsamen
- 6 EL Nackthafer
- 3 Mandarinen, geschält (140 g netto)
- 1 Banane, geschält (105 g netto)
- 355 g Erdbeeren, geputzt (netto)
- 2 Erdbeeren als Dekoration

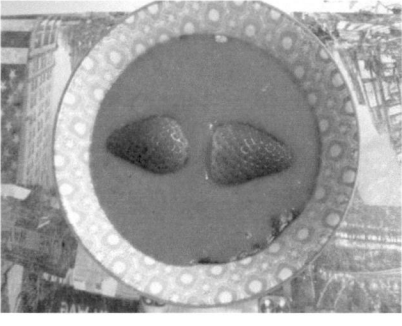

Leinsamen mit dem Getreide flocken, auf zwei Schüsselchen verteilen. Das Obst in grobe Stücke teilen und im Hochleistungsmixer pürieren, über das Getreide geben. Die Erdbeeren längs halbieren und auf das Frühstück legen.

8842. Schokosoßenverbrauchskakao, Februar 2016

Im Vitamix 2,5 bis 3 Min. auf höchster Stufe schlagen:

- 55 g Schokosoße, hier Schokoladensoße kalt 8852
- 13 g Chiasamen
- 2 Medjool-Datteln entsteint (39 g netto)
- 10 g frischer Ingwer
- auf 500 ml mit Wasser / kochendem Wasser 1:1 auffüllen.

8843. Flocken-Sonnenblumen-Mischbrot II, Februar 2016

Vorläufer: 8830

Stufe 1 (12 Std. vorher):

- 350 g Roggen
- 360 g Wasser
- 150 g Sauerteig

Abends schon vorbereiten:

- 200 g Weizen
- 150 g Roggen
- 1 EL Salz (20 g)
- 150 g Sonnenblumenkerne
- 100 g Nackthafer, geflockt
- 1 EL Brotgewürz (Brecht)

Stufe 2 (Backen, bei mir am Morgen):

- 1/2 Würfel frische Hefe (20 g)
- 150 g lauwarmes Wasser
- Getreidemischung vom Vorabend
- 700 g Sauerteigansatz
- 150 g Wasser
- 20 g Butter für die Form

Stufe 1: Roggen fein mahlen, mit Wasser und altem Sauerteig mischen. In einer Plastiktüte über Nacht stehen lassen. 150 g von der Stufe 1 abnehmen und in einem gut schließenden Schraubglas in den Kühlschrank stellen für das nächste Backen. **Abends:** Getreide fein mahlen, mit den restlichen Zutaten mischen und in einer gut schließenden Plastikdose verwahren. **Stufe 2:** Hefe im Wasser auflösen. Restliche Zutaten (außer der Butter) hinzufügen und mit einem großen Löffel gründlich verrühren, bis kein Mehl mehr sichtbar ist. Eine 30-cm-Brotform, Profi-Email von Dr. Oetker, gut einfetten. Teig hineingeben, mit der nassen Hand herunterdrücken und glattstreichen. Mit einem scharfen Messer einmal längs einschneiden. Form in eine Plastiktüte geben und knapp 1 Std. 45 Min. gehen lassen. Die Brotform ist dann ganz voll. Brot in den kalten Ofen schieben und 65 Min. bei 190 °C (Heißluft) backen und 10 Min. im ausgestellten Ofen nachbacken. Das Brot ist nicht mehr viel gegangen.

Unterschied zum Vorgänger: *Weizen statt Dinkel und 5 Min. länger gebacken.*

8844. Snickers-Luxuskakao, Februar 2016

Im Vitamix 2,5 bis 3 Min. auf höchster Stufe schlagen:

- 10 g Kakaonibs
- 10 g Chiasamen
- 2 Medjool-Datteln entsteint (40 g netto)
- 30 g Erdnussmus *(das ist viel, seufz, aber lecker)*
- 20 g gekochte rote Linsen
- 2 g Kakaopulver
- 175 g Standard-Pflanzenmilch
- auf 500 ml (Markierung im Becher) mit kochendem Wasser auffüllen.

8845. Sesamringe, Februar 2016

- 50 g Sojamehl (Lex; selbstgemahlen)
- 450 g Weizen, fein gemahlen
- 5 g Salz
- 250 g Wasser
- 10 g Honig
- 1 P. Trockenhefe (9 g)
- 35 g gekochte rote Linsen
- 20 g Standardstützcreme 8814
- 1 EL Honig
- 45 g Wasser
- 50 g Sesamsamen, ungeschält

Soja- und Weizenmehl im TM nachmahlen (30 Sek./Stufe 10), umfüllen und mit dem Salz mischen. Wasser, Honig, Trockenhefe, Linsen und Stützcreme erwärmen (2 Min./37°C/Stufe 2).

Mehlmischung hinzugeben und kneten (3 Min./Knetstufe). In eine Peng-dose geben und 45 Min. gehen lassen.

Backofen auf 200 °C (Heißluft) vorheizen. Backblech mit Dauerbackfo-lie o. Ä. auslegen. Teig in 9 Teile zu je ca. 85 g aufteilen, jeweils zu einem Fladen formen. Mit dem Finger ein Loch in die Mitte drücken und durch Vergrößerung des Lochs Ringe drehen.

Wasser in einem Topf auf dem Herd zum Kochen bringen, so einstellen, dass das Wasser siedet. So viele Ringe in das Wasser geben, dass sie locker nebeneinander passen (bei mir 3) und kurz erhitzen, ich habe teils gewartet, bis sie sich vom Boden lösten. Nebeneinander auf ein mit Dauerbackfolie ausgelegtes Backblech legen. 1 EL Honig in Wasser verrühren (war viel zu viel, Hälfte Wasser hätte gereicht) und die Ringe einpinseln. Sesam auf eine Untertasse geben, Ringe mit der Honigseite in den Sesam drücken. Bei mir war dann der Ofen auch auf der richtigen Temperatur. Blech einschieben und 20 Min. backen (Klimagaren, 1 Dampfstoß nach 1-2 Min. Back-zeit). Auf einem Gitterrost abkühlen lassen.

Fazit: Nach einem Rezept aus dem Grundkochbuch (S. 208), allerdings mit weniger Salz und etwas mehr Honig. – Sehr lecker! Für meinen Geschmack hätten sie etwas süßer sein dürfen, so sind sie aber prima als salziges Gericht. Etwas lockerer hätten sie vielleicht auch noch sein dürfen, evtl. 260 g statt 250 g Wasser nehmen.

8846. Bananen-Nuss-Eis, Februar 2016

2 Portionen (wir essen das als Sonntags-Mittagessen).
- 2 kleinere Bananen (netto 180 g), in Scheiben 36 Std. tiefgekühlt
- 30 g Haselnüsse
- 1 Banane, geschält (110 g netto)

Haselnüsse mit der frischen Banane pürieren; aufgrund der kleinen Menge bleiben die Haselnüsse teils stückig. Bei einer Wiederholung würde ich etwas Stützcreme hinzugeben.

Gefrorene Bananenstücke mit dem Stößel zur Raute einarbeiten. Lecker dazu schmeckt eine heiße Schokoladensoße (4 Min./65 °C/Stufe 2).

8847. Porree-Spaghetti-Auflauf, Februar 2016

2 Portionen
- 70 g Wasser
- 385 g Porree, geputzt und gewaschen, in Ringe geschnitten
- 80 g Vollkornspaghetti
- 100 g gekochte rote Linsen
- 100 g Standardstützcreme
- 10 g Zitronenfleisch
- 20 g Cashewnussmus
- 1 TL Salz
- 1 P gem. schw. Pfeffer
- 2 P gem. Schabziegerklee
- 110 g Kochwasser von den Spaghetti
- 10 g Petersilie (obere Teile)
- 25 g Sesam, ungeschält

Wasser und Porree in eine 24-cm-Keramikpfanne (ofenfest) geben und 12 Min. als Gemüsepfanne dünsten.

Spaghetti in Wasser, ungesalzen, garen (ich habe es im TM gemacht, 10 Min.). Beim Abgießen das Wasser auf-fangen.

Linsen, Creme, Zitrone, Nussmus, Salz, Pfeffer, Schabziegerklee und Wasser im Mixer, kleiner Becher, mixen. Petersilie hinzufügen und noch einmal kurz laufen lassen.

Spaghetti mit der Schere in handliche Stücke schneiden, auf dem Porree verteilen. Ofen (Heißluftgrill) auf 200 °C vorheizen. Mit der Soße übergießen und mit Sesam bestreuen und offen 15 Min. grillen.

8848. Erdbeer-Winterblues, Februar 2016

2 Desserts

- 30 g gekochte rote Linsen
- 100 g Standardstützcreme
- 15 g Ahornsirup
- 95 g Erdbeeren, geputzt (netto)
- 1 Erdbeere (25 g netto) als Dekoration

Linsen, Stützcreme, Sirup und 95 g klein geschnittene Erdbeeren im Mixer zu einer rosa Creme mixen. Auf zwei kleine Schüsselchen verteilen. Die Deko-Erdbeere quer in Scheiben schneiden und versetzt auflegen.

8849. Mangakao, Februar 2016

Im Vitamix 2,5 bis 3 Min. auf höchster Stufe schlagen:

- 15 g Kakaonibs
- 15 g Chiasamen
- 2 Medjool-Datteln entsteint (37 g netto)
- 13 g frischer Ingwer
- 30 g Kichererbsen
- 15 g getr. Ingwerstücke
- auf 500 ml mit Wasser / kochendem Wasser 1:1 auffüllen.

8850. Lievito-Madre-Klößchensuppe, Februar 2016

2 Portionen

- Rest vom 1. Lievito-Madre-Ansatz (zum zweiten 8850 hin)
- 1-2 Prisen Salz
- 1 Zwiebel, geschält (60 g netto)
- 500 g Wasser
- 75 g Porreestange (weißes Ende)
- 40 g Möhre
- 1 geh. TL Salz
- 1 gute Prise gem. schw. Pfeffer
- 75 g tiefgekühlte Erbsen
- 55 g tiefgekühlter Mais
- 130 g gekochte Kichererbsen
- 1/2 EL Zitronensaft
- 1-2 EL gehackte Petersilie

Lievito-Madre-Ansatzrest aus dem Kühlschrank nehmen. Mit etwas Salz verkneten. Zwiebel klein schneiden, mit 250 g Wasser aufkochen und 8 Min. köcheln lassen. Porree und Möhre in Scheiben schneiden, zu der Zwiebel geben, mit 250 g kochend heißem Wasser erneut aufkochen und zusammen 10 Min. köcheln. Mit Salz und Pfeffer würzen, grüne Erbsen, Mais und Kichererbsen zugeben, zum Sieden bringen. Den Teig in zwei Teile teilen, zwei Rollen von je ca. 10 cm formen und in je 8 Stücke schneiden. Jedes Stück zu einer Kugel formen und in die Suppe geben. 10 Min. ziehen lassen, die Klößchen gehen sogar etwas auf. Petersilie und Zitronensaft unterrühren und servieren. Uns hat es auch ohne Brot zusätzlich gereicht.

8851. Lievito-Madre-Ansatz, 1. Verlängerung

3. Tag

- 100 g vom alten Ansatz
- 50 g Wasser
- 100 g Weizen, fein gemahlen

Die Ränder so vom Ansatz abschneiden, dass ein Würfel von 100 g übrig bleibt. Diesen Würfel erst mit der Gabel im Wasser zerdrücken, dann mit der Hand verkneten. Den Weizen einarbeiten. Zu einer Kugel formen, oben kreuzförmig einschneiden und in eine frische Pengdose geben.

So sah der Ansatz morgens aus (links).

Auf den Schnitten erkennt man die bereits veränderte Struktur (rechts).

So sah die erste Verlängerung aus, als ich sie wieder in die Dose gab.

8852. Schokoladensoße kalt, Februar 2015

Aufgrund eines Beitrags in einer Praxisgruppe. Demnach würde das hohe Erhitzen nichts bringen, man könnte gleich die Wassermenge reduzieren. Das habe ich mit meinem Lieblingsrezept probiert, es wurde ein Schuss in den Ofen. Nur auf 60 °C erhitzt, wird es dünne Brühe, auch der Geschmack ist anders. Ich habe dann ein paar Min. kochen lassen, jetzt ist es etwas dickflüssiger, aber dafür unten angesetzt. Es ist mir auch zu süß. Leider keine Option, schade, denn es ist deutlich sauberer.

- 300 g Wasser
- 200 g Honig
- 20 g Carobpulver
- 80 g Kakaopulver
- 100 g gekochte rote Linsen
- 15 g Cashewnussmus

Wasser und Honig auf 60 °C erhitzen (3 Min./60 °C/Stufe 2). Carob und Kakao hinzugeben (Vanille und Salz mal wieder vergessen), nochmals auf die Temperatur bringen (1 Min./60 °C/Stufe 2). Linsen und Cashewnussmus 10 Sek. auf Stufe 4 unterrühren, auf 60 °C erhitzen. Es ist komplett dünn, also habe ich noch 3 Min. bei 100 °C/Stufe 3 erhitzt. Es hat unten angesetzt, ist etwas besser - aber nicht gut genug.

8853. März-Erdbeeren, März 2016

2 x Frühstück

- 2 EL Leinsamen
- 6 EL Nackthafer
- 2 Mandarinen, geschält (85 g netto)
- 1 Banane, geschält (110 g netto)
- 315 g Erdbeeren, geputzt (netto)
- 10 g Macadamianüsse

Leinsamen mit dem Getreide flocken, auf zwei Schüsselchen verteilen. Das Obst in grobe Stücke teilen und im Hochleistungsmixer pürieren, über das Getreide geben. Mit den Nüssen dekorieren.

8854. Mangoschwachmatiger Kakao, März 2016

Im Hochleistungsmixer, je nach Gerät, 2,5 bis 3 Min. auf höchster Stufe schlagen:

* 10 g Kakaonibs
* 10 g Chiasamen
* 10 g getr. Mangostücke
* 2 Medjool-Datteln entsteint (38 g netto)
* 10 g frischer Ingwer
* 30 g Standardstützcreme 8814
* 20 g Schokoladensoße, hier Schokoladensoße kalt
* Auf 500 ml (Markierung im Becher) mit Wasser / kochendem Wasser 1:1 auffüllen.

8855. Frucht-Schokokugeln, März 2016

25 Stück – beschrieben für den Thermomix, geht sicher auch anders.

* 60 g Kakaonibs
* 70 g Haselnüsse
* 30 g Mandeln
* 2 getr. Aprikosen (= 20 g)
* 80 g grüne Rosinen
* 75 g flüssiger Honig oder Ahornsirup
* 25 Pinienkerne

Kakaonibs mahlen (20 Sek./Stufe 6), Nüsse hinzufügen und weiter mahlen (20 Sek./Stufe 10). Zusammen mit den Trockenfrüchten nochmals mahlen (30 Sek./Stufe 4; 10 Sek. Stufe 6). Süßungsmittel hinzugeben und verkneten (2-3 Min./Knetstufe bzw. Stufe 1-2).

Mit einem Teelöffel Stücke abstechen und zwischen den feuchten Händen zu Kugeln formen. Nebeneinander auf ein mit Haushaltsfolie überspanntes Frühstücksbrettchen setzen. In jedes Stück einen Pinienkern drücken. Eine Std. im Kühlschrank fester werden lassen, in einer geschlossenen Plastikdose aufbewahren. Dabei die einzelnen Lagen mit Pergamentpapier oder Haushaltsfolie voneinander trennen. Sehr dekorativ sind sie auch in Papier-Pralinenförmchen.

8856. Schokoladensoße Vitamix, März 2016

Wenn der Geschmack sich gesetzt hat, könnte dies eine machbare Alternative sein, vor allem vor einem Kakao: Kein Verlust, nichts hat angesetzt, nichts spritzt.

* 300 g Wasser (heißes Wasser wäre empfehlenswert)
* 200 g Honig
* 20 g Carobpulver
* 80 g Kakaopulver
* 45 g gekochte rote Linsen
* 55 g gekochte Kichererbsen
* 20 g Cashewnussmus

Alle Zutaten in den Vitamix geben und 5-6 Min. laufen lassen, die Masse ist dann gestockt.

8857. Grüne Pfanne mit Petersiliensoße, März 2016

Für 2 Portionen

Als Gemüsepfanne (24 cm, 16 Min.):

* 110 g Wasser
* 265 g Kartoffeln, unter fließendem Wasser abgebürstet, in Scheiben
* 1 Zwiebel, abgezogen und klein geschnitten (45 g netto)
* 1 grüne Paprika, geputzt und gewürfelt (190 g netto)
* 75 g Porree, in Ringen
* 40 g Pastinake, gewürfelt

Soße (ohne Petersilie mixen, dann Petersilie kurz untermixen, unter das Gemüse rühren und aufkochen):
- 80 g Standardstützcreme 8814
- 45 g (+ 20 g) Wasser
- 1 TL Salz
- 1-2 Prisen gem. schw. Pfeffer
- 20 g Cashewnussmus
- 1-2 EL Petersilie

Becher mit 20 g Wasser nachspülen. Dieses Wasser ebenfalls zum Gemüse geben, verrühren und aufkochen.

8858. März-Erdbeeren mit Schrot, März 2016

2 x Frühstück
Abends
- 6 EL Vier-Korn-Getreide BuHiRoWei 8381 grob schroten & auf zwei Schüsseln verteilen. Mit insgesamt
- 160 g Wasser übergießen. Abgedeckt über mind. 4 Std. bei RT
Morgens
- 2 Mandarinen, geschält (115 g netto)
- 2 Bananen, geschält (205 g netto)
- 295 g Erdbeeren, geputzt (netto)
- 8 g Macadamianüsse

Zwei Erdbeeren beiseitelegen. Das Obst in grobe Stücke teilen und im Hochleistungsmixer pürieren, über das Getreide geben. Mit den Nüssen und den restlichen Erdbeeren dekorieren.

8859. Lievito-Kuchen, März 2016

oder auch: Lievito-Brownie; für eine 18-cm-Springform.
- 135 g Ansatz Nr. 2 von Lievito Madre 8851
- 70 g Standardstützcreme 8814
- 110 g Schokoladensoße kalt 8852
- 95 g Ahornsirup
- 1/2 Apfel, vorgeschnitten (80 g)
- 1/2 TL gem. Vanille
- 35 g Cashewnussmus
- 50 g gekochte rote Linsen
- 80 g Weizen, fein gemahlen
- 2 TL Weinsteinbackpulver
- Kokosöl für die Form

Zutaten ohne Weizen und Backpulver im Thermomix pürieren (20 Sek./Stufe 4; 5 Sek./Stufe 6). Weizen und Backpulver einarbeiten (2 Min./Knetstufe). Eine kleine Springform (18 cm) am Boden mit Kokosöl bestreichen, Teig hineinfüllen. Ofen auf 175 °C (Heißluft) vorheizen und 40 Min. backen, 10 Min. im ausgestellten Ofen nachbacken.

Ist an den Kanten locker und innen eher wie Brownies, kein Wunder bei dem sehr flüssigen Teig. Lecker! Ob wegen der anderen Zutaten oder der Lievito Madre weiß ich nicht.

8860. Mango-FKG Sweet, März 2016

2 x Frühstück
- 2 EL Leinsamen
- 6 EL Nackthafer
- 15 g Zitronenfleisch
- 400 g Mangofleisch (von einer Mango)
- 1 Banane, geschält (105 g netto)
- 1 Apfel (175 g)
- 20 g Walnüsse

Leinsamen mit dem Getreide flocken, auf zwei Schüsselchen verteilen. Das Obst in grobe Stücke teilen und im Hochleistungsmixer pürieren, über das Getreide geben. Walnüsse in die Mitte streuen.

8861. Marokkanischer Gemüsetopf mit Kichererbsen, März 2016

2 Portionen.

Stufe 1: Als Gemüsepfanne (24 cm, 10 Min.)

- 50 g Wasser
- 1 Zwiebel, geschält und gewürfelt (35 g netto)
- 1 Knoblauchzehe, abgezogen und in Scheiben

Stufe 2: Gemüse, Wasser und Ras-el-Hanout zu den Zwiebeln geben. Aufkochen und auf kleiner Einstellung 5 Min. dünsten oder köcheln.

- 65 g Möhren, in Scheiben
- 165 g Kartoffeln, in Scheiben geschnitten
- 1/2 gelbe Paprikaschote, ohne Kerne etc., gewürfelt (60 g netto)
- 50 g Lauchzwiebeln, in Ringe geschnitten
- 200 g Wasser
- 1 TL Ras-el-Hanout

Stufe 3: Zutaten in den Topf geben, aufkochen und 15-20 Min. kochen, bis das Gemüse weich ist.

- 1 kleiner Brokkoli (165 g), in Röschen geteilt, Strunk in Scheiben
- 4 g Essigpeperoni 7/4573
- 100 g gekochte Kichererbsen

Zum Abschmecken hinzufügen:

- 1 TL Salz
- Frisch abgeriebene Schale von ca. 1/4 Zitrone
- 2 TL Zitronensaft
- 1-2 P gem. schw. Pfeffer

Fazit: Eric hat's sehr gut geschmeckt, ich war nicht so begeistert, irgendwie war mir das alles „zu viel" durcheinander. Ich habe mich insoweit an die Anleitung gehalten, dass ich in drei Schüben die Zutaten hinzugegeben habe. Das war einerseits zeitsparend (während die Zwiebeln dünsteten, habe ich den nächsten Schub vorbereitet), andererseits auch aufwändig. Außerdem wurde das alles nur langsam gar, bedenkt man, dass die Kartoffeln ja 20 Min. insgesamt gekocht haben.

8862. Lievito-Madre-Ansatz, 2. Verlängerung, März 2016

5. Tag

- 100 g vom alten Ansatz
- 50 g Wasser
- 100 g Weizen, fein gemahlen

Die Ränder so vom Ansatz abschneiden, dass ein Würfel von 100 g übrig bleibt. Diesen Würfel erst mit der Gabel im Wasser zerdrücken, dann mit der Hand verkneten. Den Weizen einarbeiten. Zu einer Kugel formen, oben kreuzförmig einschneiden und in eine frische Pengdose geben und im Kühlschrank aufbewahren.

Foto: Man erkennt man die bereits veränderte Struktur. Den Rest von diesem Ansatz habe ich in einen kleinen Kuchen eingearbeitet.

8863. Schokosoßenverbrauchskakao Nr. 2, März 2016

Im Hochleistungsmixer, je nach Gerät, 2,5 bis 3 Min. auf höchster Stufe schlagen:

- 70 g Schokosoße, hier Schokoladensoße kalt 8852
- 2 Medjool-Datteln entsteint (34 g netto)
- 12 g frischer Ingwer
- 30 g gekochte rote Linsen
- 15 g getr. Maronen
- auf 500 ml (Markierung im Becher) mit Wasser / kochendem Wasser 1:1 auffüllen.

8864. Schokoladensoße für Eric, März 2016

Vorläufer 8826; 1 3/4 Honiggläser

- 180 g Honig
- 20 g Kakaopulver
- 80 g Carobpulver
- 1 kleine Prise Salz
- 1 TL gem. Vanille
- 125 g gekochte rote Linsen
- 300 g kochend heißes Wasser

Alle Zutaten in den kleinen Becher des Vitamix geben, das Wasser zuletzt. 2 Min. auf der Höchststufe laufen lassen.

8865. Pide mit Champ-Füllung, März 2016

2 Portionen; angeregt von „Thermomix à la Turka".

Teig:

- 35 g Standard-Pflanzenmilch 8820
- 10 g frische Bio-Hefe (1/4 Würfel)
- 1 knapper TL Honig (7 g)
- 50 g Standardstützcreme 8814
- 1 TL Apfelessig
- 150 g Weizen, fein gem.
- 1 gestr. TL Salz
- 1 geh. TL Backpulver (6 g)
- 20 g gekochte rote Linsen
- 20 g Wasser
- 10 g Cashewnussmus

Milch, Hefe, Honig, Stützcreme und Essig in den Mixtopf geben und erwärmen (2 Min./37°C/Stufe 2). Weizen mit Salz und Backpulver verrühren und in den Mixtopf geben. Linsen, Wasser und Cashewnussmus mit einem Löffelchen verrühren, auf das Mehl geben und die Masse kneten (3 Min./Knetstufe). Aus dem Mixtopf nehmen - das geht leicht, wenn man erst das Messer entfernt. Auf evtl. leicht bemehlter Fläche 4 Kugeln zu je 75 g Teiggewicht formen. Unter Gärfolie ruhen lassen. Währenddessen den Belag zubereiten.

Belag:

- 1 Zwiebel, geschält und halbiert (50 g netto)
- 95 g Paprika (rote + gelbe gemischt), in groben Streifen (netto)
- 1 Tomate (60 g)
- 115 g Champignons
- 85 g Linsensprossen
- 20 g Wasser
- 15 g Tomatenmark
- 1 TL Salz
- 1 gute Prise gem. schw. Pfeffer
- 1 geh. TL Paprikapulver edelsüß
- 1 gestr. TL getr. Thymian
- 1 EL Standardstützcreme zum Bestreichen 8814
- 1 TL Schwarzkümmelsamen
- 1-2 Frühlingszwiebeln, in Ringe geschnitten

Zwiebeln, Paprika, Tomate und Champignons in den ausgespülten Mixtopf gegen und zerkleinern (6 Sek./Stufe 4). Linsensprossen, Wasser, Tomaten, Salz, Pfeffer, Paprikapulver und Thymian zugeben und dünsten (5 Min./100 °C/Linkslauf/Stufe 1). Nochmals durchmischen (5 Sek./Stufe 2).

Ofen auf 200 °C (Heißluft) vorheizen. Teigkugeln mit Hilfe von Streumehl zu Ovalen ausrollen, die nebeneinander auf ein Backblech passen (ca. 20 x 17 cm). Auf ein Backblech (PerfectClean, Dauerbackfolie oder Backpapier) legen, in die Mitte den Belag (etwa 2 EL pro Schiffchen) geben. Einen Rand von ca. 1,5 cm freilassen. Rand nach innen klappen und an den spitzen Enden fest zusammendrücken, sodass eine Schiffchenform entsteht. In einer kleinen Schale 1 EL Stützcreme mit Schwarzkümmel verrühren und auf die Pideränder streichen. 20 Min. im vorgeheizten Backofen bei 200 °C goldbraun backen. Mit den Frühlingszwiebeln bestreuen und warm servieren.

8866. Mango mit Blaubeer-FKG, März 2016

2 x Frühstück.

- 2 EL Leinsamen
- 6 EL Nackthafer
- 30 g getr. Mango
- 10 g getr. Mangowürfel
- 25 g Cashewnüsse
- 2 cm Vanillestange
- 300 g Wasser
- 1 Banane, geschält (105 g netto)
- 1 Apfel (145 g)
- 1 Birne (200 g)
- Blaubeeren (125 g)

Leinsamen mit dem Getreide flocken, auf zwei Schüsselchen verteilen. Mango in kleinere Stücke reißen. Mit Nüssen, Vanille und Wasser im Vitamix zu einer lauwarmen Creme schlagen. Auf das Getreide gießen. Blaubeeren zur Seite legen. Banane, Apfel und Birne in grobe Stücke teilen und im Hochleistungsmixer pürieren, über das Getreide geben. Mit Blaubeeren bestreuen.

8867. Schokosoßenverbrauchskakao Nr. 3, März 2016

Im Hochleistungsmixer, je nach Gerät, 2,5 bis 3 Min. auf höchster Stufe schlagen:

- 70 g Schokosoße, hier Schokoladensoße kalt 8851
- 2 Medjool-Datteln entsteint (41 g netto)
- 8 g frischer Ingwer
- 10 g Chiasamen
- 30 g gekochte rote Linsen
- auf 500 ml (Markierung im Becher) mit Wasser / kochendem Wasser 1:1 auffüllen.

8868. Petersiliendressing mit Knofi, März 2016

Vorläufer: 8783

Im Vitamix schlagen, wird im Kühlschrank fester:

- 105 g Sonnenblumenkerne
- 35 g Cashewnüsse
- 10 g Mandeln
- 145 g Apfelessig
- 45 g kleine Knoblauchknollen, nur Enden abgeschnitten
- 20 g Petersilienstängel
- 20 g Salz
- 1 g gem. schw. Pfeffer
- 1 TL Garam Masala
- 50 g Ahornsirup
- 200 g Wasser

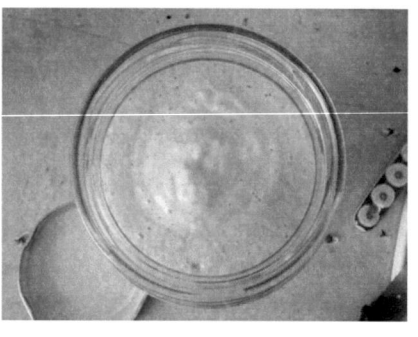

8869. Heidelbeer-Ananas-FKG, März 2016

2 Personen

- 2 EL Leinsamen
- 6 EL Nackthafer
- 15 g Zitronenfleisch
- 1 Banane, geschält (100 g netto)
- 1 Apfel (165 g)
- 240 g Ananasfleisch
- 20 g Cashewnüsse
- 125 g Blaubeeren

Leinsamen mit dem Getreide flocken, auf zwei Schüsselchen verteilen. Das Obst in grobe Stücke teilen und mit den Cashewnüssen im Hochleistungsmixer pürieren, über das Getreide geben. Mit Blaubeeren bestreuen.

8870. Süßkartoffel-Mandel-Soße mit Bandnudeln, März 2016

2 Portionen. Nach „Kürbis-Mandel-Sauce mit Vollkornnudeln" aus „Lust auf vegetarisch", Thermomix; fettfrei

Nudeln
- Wasser zum Kochen der Nudeln
- Salz
- 190 g Vollkorn-Bandnudeln

Süßkartoffel-Mandel-Soße
- 40 g Mandeln
- 1 Zwiebel, geschält (40 g netto)
- 30 g Wasser
- 200 g Süßkartoffel, in Stücken
- 60 g Tomatenmark
- 100 g Wasser
- 1 TL Majoran, getrocknet
- 1 TL Salz
- 1 Prise gem. schw. Pfeffer

Nudeln: Wasser mit Salz und Nudeln in einem entsprechend großen Topf unter gelegentlichem Rühren zum Kochen bringen, sobald das Wasser kocht, 10 Min. garen.

Soße: Mandeln im Mixtopf zerkleinern (3 Sek./Stufe 8). Zwiebel zugeben und zerkleinern (2 Sek./Stufe 5). Mit dem Spatel nach unten schieben und garen (2 Min./120 °C/Stufe 1). Süßkartoffelstücke zugeben und zerkleinern (5 Sek./Stufe 5). 100 g Wasser, Tomatenmark, Majoran, Salz und Pfeffer zugeben und garen (8 Min./90 °C/Stufe 2). Nudeln in ein Sieb abgießen und das Kochwasser auffangen. Das Sieb in den noch heißen Topf einhängen und den Deckel auflegen, so bleiben die Nudeln heiß, bis die Soße fertig ist. Vom Nudelwasser 75 g abnehmen und in den Mixtopf geben, pürieren (10 Sek./Stufe 10) und ggf. abschmecken. (Das restliche Nudelwasser abkühlen lassen und im Kühlschrank aufbewahren, lässt sich für Soßen usw. verwenden).

Nudeln in eine entsprechend große Schüssel geben, Soße darüber geben und sofort servieren.

8871. Möhren-Nusskuchen, März 2016

18-cm-Springform

- 135 g Mandeln, ungeschält
- 200 g Möhren
- 7 g Zitronensaft
- 75 g Schokoladensoße Vitamix 8856
- 1 geh. TL Kakao (6 g)
- 30 g Weizen, fein gemahlen
- 1 Prise Salz
- 1 TL Backpulver
- 100 g Standardstützcreme 8814
- 30 g gekochte rote Linsen
- 50 g Honig (oder Ahornsirup)
- 1/2 TL Vanillepulver
- Kokosöl für die Form

Mandeln mahlen (TM 10 Sek./Stufe 10) und umfüllen. Karotten mit dem Zitronensaft fein raffeln (5 Sek./Stufe 6). Die restlichen Zutaten zugeben und verrühren (2 x 5 Sek./Stufe 4; zwischendurch mit dem Spatel nach unten drücken). Ofen auf 175 °C (Heißluft) vorheizen. Eine kleine Springform am Boden mit Kokosöl einstreichen, Teig hineingeben und glatt streichen. 50 Min. bei 175 °C backen. Abkühlen lassen und mit goldenem Guss (8872) überziehen.

8872. Brokkolisuppe mit Selleriearoma (roh), März 2016

- 1 Saft-Orange, geschält (140 g netto)
- 90 g Brokkoli (Strunk und Röschen)
- 25 g Sellerie und
- 285 g Wasser im Vitamix gut mixen.

8873. Goldener Guss, März 2016

Im TM lösen (4 Min./37°C/Stufe 1), dann noch mal durchmixen (5 Sek./Stufe 5).

- 50 g Standardstützcreme 8814
- 10 g Cashewnussmus
- 50 g gekochte rote Linsen
- 2 EL Ahornsirup
- 50 g Orangeatwürze 8688

8874. Reislinsen, März 2016

2 Portionen

- 90 g Tellerlinsen
- 90 g Langkorn-Naturreis
- Wasser

TM mit Wasser füllen bis zwischen die beiden Markierungen. Linsen und Reis in den Gareinsatz geben, einhängen und garen (45 Min./Varoma/Stufe 2).

8875. Weiße Soße zum Überbacken, März 2016

Im Mixer gut mixen und eine Weile stehen lassen:

- 50 g gekochte rote Linsen
- 95 g Standardstützcreme 8814
- 50 g Salatcreme, hier Petersiliendressing mit Knofi 8868
- 50 g Standardpflanzenmilch 8820
- 10 g Sonnenblumenöl
- 1/2 TL Salz

8876. Steckrübe mit Reis, überbacken, März 2016

2 Portionen

Reislinsen 8873

Steckrübengemüse als Gemüsepfanne (20 cm, 15 Min.):

- 100 g Wasser
- 95 g geschälte, gewürfelte Zwiebeln
- 215 g gewürfelte Steckrübe
- Etwas Salz
- 1 Prise gem. schw. Pfeffer

Weiße Soße zum Überbacken 8874

Reislinsen auf die Steckrüben kippen, die Soße darüber löffeln und gleichmäßig verteilen. Mit

- 10 g Pinienkernen

bestreuen. In den auf 225 °C vorgeheizten Umluftgrill schieben und 15 Min. überbacken. In der Pfanne servieren.

8877. Die Erdlden des März, März 2016

2 x Frühstück

Abends siehe 8858

Morgens

- 2 Mandarinen, geschält (105 g netto)
- 125 g Ananasfleisch
- 1 Banane, geschält (95 g netto)
- 220 g Erdbeeren, geputzt (netto), davon 2 Stücke als Deko zur Seite gelegt
- 10 g Macadamianüsse

Obst in grobe Stücke teilen und im Hochleistungsmixer pürieren. Auf das Getreide gießen. Mit den beiden Erdbeerstücken und den Macadamianüssen dekorieren.

8878. Schokosoßenverbrauchskakao Nr. 4, März 2016

Im Vitamix 2,5 bis 3 Min. auf höchster Stufe schlagen:

- 70 g Schokosoße, hier Schokoladensoße Vitamix 8856
- 1 Medjool-Dattel entsteint (18 g netto)
- 9 g frischer Ingwer
- 10 g Chiasamen
- 30 g Standardstützcreme 8814
- auf 500 ml mit Wasser / kochendem Wasser 1:1 auffüllen.

8879. Frucht-Schokokugeln mit Datteln, März 2016

Ca. 45-50 Stück

- 90 g Kakaonibs
- 150 g Mandeln
- 2 Datteln (36 g)
- 120 g grüne Rosinen
- 115g flüssiger Honig oder Ahornsirup
- 48-50 Pinienkerne

Kakaonibs mahlen (20 Sek./Stufe 6), Nüsse hinzufügen und weiter mahlen (20 Sek./Stufe 10). Zusammen mit den Trockenfrüchten nochmals mahlen (30 Sek. Stufe 6). Süßungsmittel hinzugeben und verkneten (3 Min./Knetstufe bzw. Stufe 1-2).

Mit einem Teelöffel Stücke abstechen und zwischen den feuchten Händen zu Kugeln formen. Nebeneinander auf zwei mit Haushaltsfolie überspannte Frühstücksbrettchen setzen. In jedes Stück einen Pinienkern drücken. Eine Std. im Kühlschrank fester werden lassen, in einer geschlossenen Plastikdose aufbewahren. Dabei die einzelnen Lagen mit Pergamentpapier oder Haushaltsfolie voneinander trennen. Sehr dekorativ sind sie auch in Papier-Pralinenförmchen.

8880. Mango-Eis mit Schokosoße, März 2016

2 Portionen (wir essen das als Sonntags-Mittagessen).

- 440 g Mangofleisch, in Stücken 24 Std. tiefgekühlt
- 1 EL Ahornsirup
- 1 Banane, geschält (110 g netto)

Ahornsirup mit der frischen Banane pürieren. Gefrorene Mangostücke mit dem Stößel zur Raute einarbeiten. Lecker dazu schmeckt eine heiße Schokoladensoße wie 8864 (6 Min./65 °C/Stufe 2).

Tipp: *Beim Einfrieren darauf achten, dass Mangostücke nicht zu groß.*

8881. Orangenpudding, März 2016

2 Portionen

- 1 Orange, geschält (140 g netto)
- 140 g Standardstützcreme 8814
- 1 EL Ahornsirup (18 g)
- 1 g Flohsamenschalen (1 gestr. Eierlöffel)
- 1 große Erdbeere, ohne Grün (55 g netto)

Orange in Stücke schneiden. Im Mixer mit Stützcreme, Ahornsirup und Flohsamenschalen 30 Sek. mixen. Auf zwei Schüsselchen verteilen. Erdbeere würfeln, als Deko auf den Pudding streuen.

8882. Schokosoßenverbrauchskakao Nr. 5, März 2016

Im Vitamix 2,5 bis 3 Min. auf höchster Stufe schlagen:

- 60 g Schokosoße, hier Schokoladensoße Vitamix
- 1 Medjool-Dattel entsteint (19 g netto)
- 9 g frischer Ingwer
- 15 g Chiasamen
- auf 500 ml mit Wasser / kochendem Wasser 1:1 auffüllen.

8883. Zwiebelkuchen, März 2016

2 Portionen; für eine 18-cm-Springform

Hefeteig:

- 70 g Wasser
- 10 g frische Hefe (= 1/4 Würfel)
- 1/2 TL Honig
- 125 g Weizen, fein gemahlen
- 2 Prisen Salz
- 1 TL Öl für die Form

Belag:

- 475 g Zwiebeln, geschält (netto)
- 40 g Dinkelmehl
- 80 g Standardstützcreme 8814
- 75 g gekochte rote Linsen
- 3 EL Standard-Pflanzenmilch 8820
- 1 gestr. TL Salz
- 1 gute Prise gem. schw. Pfeffer
- 1/2 TL gem. Kümmel
- 35 g getr. Tomaten, in feine Streifen geschnitten

Teig: Wasser, Hefe und Honig in den Mixtopf geben und erwärmen (2 Min./37°C/Stufe 2). Mehl und Salz hinzugeben und kneten (2 Min./Knetstufe). Teig zu einer Kugel formen, in eine Pengdose geben und 30 Min. bei 35 °C gehen lassen. Mixtopf spülen.

Belag: Zwiebeln halbieren und im Mixtopf zerkleinern (7 Sek./Stufe 4,5). 30 g Wasser hinzufügen und dünsten (8 Min./120 °C/Stufe 2; ohne Messbecher wäre besser gewesen). Dinkel hinzugeben, mit dem Spatel umrühren und anschwitzen (2 Min./100 °C/Stufe 2; hier wäre Linkslauf empfehlenswert gewesen). Standard-Stützcreme, Linsen und Pflanzen-milch im kleinen Mixer verquirlen. Mit Salz, Pfeffer, Kümmel und Tomaten zu den Zwiebeln geben. Verrühren (10 Sek./Linkslauf/Stufe 4).

Teig mit Hilfe von Streumehl so ausrollen, dass ein Rand von 2-3 cm übersteht. Springform am Boden ganz dünn mit Öl bestreichen. Teig einlegen und den Rand noch etwas höher drücken. Zwiebelmasse hineingeben und gleichmäßig verteilen. Backofen auf 180 °C (Heißluft) vorheizen. Form einschieben und 45 Min. backen, davon die letzten 15 Min. mit einem doppelt gefalteten Stück Backpapier abdecken. 10 Min. in der Form abkühlen lassen, in Stücke schneiden und warm servieren.

Fazit: Die Füllung war sehr lecker. Der Teig leider eher zäh, keine Ahnung warum, er ist in der Form nicht mehr gegangen.

8884. Wildhefe-Ansatz, März 2016

- Schale von 1 Bio-Orange (45 g)
- 1 getr. Feige (20 g)
- 1 TL Honig
- 955 g Wasser

Alle Zutaten in eine Glaskaraffe mit Deckel geben. Der Deckel lässt einen Luftaustausch zu. Alle 12 Std. durchrühren, ca. 7-8 Tage lang.

Am letzten Morgen (siehe Foto): Ich habe die Wildhefe jetzt gesiebt, damit der Geschmack von den Orangen sich verflüchtigt. Die Feigen-stücke habe ich zurück in die Flüssigkeit gegeben.

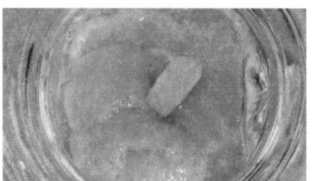 Am dritten Morgen.

8885. Lievito-Madre-Ansatz, 3. Verlängerung, März 2016

5. Tag nach der 2. Verlängerung

Da der Teig am Vorabend ziemlich unverändert aussah, habe ich ihn für 6 Std. (von 24 bis 6 Uhr) aus dem Kühlschrank genommen. Wenn er beim nächsten Mal im Kühlschrank wieder so wenig Aktivität zeigt, werde ich ihn noch früher aus dem Kühlschrank nehmen. Er riecht säuerlich-gut.

- 100 g vom alten Ansatz
- 50 g Wasser
- 100 g Weizen, fein gemahlen

Die Ränder so vom Ansatz abschneiden, dass ein Würfel von 100 g übrig bleibt. Diesen Würfel erst mit der Gabel im Wasser zerdrücken, dann mit der Hand verkneten. Den Weizen einarbeiten. Zu einer Kugel formen, oben kreuzförmig einschneiden und in eine frische Pengdose geben. Im Kühlschrank aufbewahren.

So sah der Ansatz am Vorabend aus:

So sah der Ansatz morgens, 6 Std. aus dem Kühlschrank, aus:

Hier auf den Schnitten erkennt man die Struktur:

So sah die dritte Verlängerung aus, als ich sie wieder in die Dose gab:

Den Rest von diesem Ansatz habe ich in Schokorollen eingearbeitet.

8886. Slightly Mangotic Cocoa, März 2016

Im Vitamix 2,5 bis 3 Min. auf höchster Stufe schlagen:

- 15 g Kakaonibs
- 15 g Chiasamen
- 2 Medjool-Datteln entsteint (35 g netto)
- 10 g frischer Ingwer
- 5 g getr. Mangowürfel
- 40 g Standard-Stützcreme 8814
- 140 g Standard-Pflanzenmilch 8820
- auf 500 ml mit kochendem Wasser 1:1 auffüllen.

8887. Schokogummiröllchen aus dem Varoma, März 2016

8 Muffins – Da ich recht optimistisch war, habe ich kein weiteres Trieb-mittel gegeben. Hmmm, so richtig der Hit sind die Röllchen nicht. Aber es war einen Versuch wert!

- 140 g Lievito-Madre-Rest nach der 2. Verlängerung
- 40 g Standardstützcreme 8814
- 15 g Honig
- 20 g Standard-Pflanzenmilch 8820
- 100 g Weizen, fein gemahlen
- 50 g Schokosoße, hier Standardschokoladensoße Ute 8835

Lievito Madre mit Stützcreme, Honig, Pflanzenmilch und Weizenmehl verkneten. Zu einer Kugel formen und 30 Min. stehen lassen (das war sicher zu kurz!). In zwei Stücken zu Rechtecken von ca. 20 x 20 cm ausrollen. Mit je 25 g Schokosoße bestreichen, aufrollen und in 4 Stücke schneiden. Mit der Schnittfläche nach oben in eine Sili-konmuffinform geben, etwas herunterdrücken. Die acht Muffinformen im Varoma aufstellen und garen (35 Min./Varoma/Stufe 2).

Tipp: Vorsicht beim Abheben des Deckels, das Wasser „suppt" schon mal auf den Kuchen.

8888. Butteralternative / Margarinealternative, März 2016

Vorläufer 8445

- 25 g Sonnenblumenöl
- 30 g Cashewnusscreme
- 75 g gekochte rote Linsen
- 120 g gekochte Kichererbsen
- 2 TL Apfelessig (6 g)
- 1 Prise Salz
- 2 MS Paprika edelsüß
- 75 g Kokosöl
- 75 g Standardpflanzenmilch 8820

Alle Zutaten in den TM geben und schmelzen (4 Min./40 °C/Stufe 1). Anschließend zu einer glatten Creme schlagen (15 Sek./Stufe 8; 15 Sek./Stufe 10). In Förmchen füllen; abgekühlte Förmchen im Kühlschrank aufbewahren. Lässt sich auch sehr gut einfrieren.

Tipp: Schmeckt sehr gut unter diversen Aufstrichen, ob süß oder salzig. Lässt sich auch mit Gewürzen noch in eine bestimmte Richtung „drücken". Fettgehalt: 28%.

8889. Reis mit Kichererbsengemüse, März 2016

2 Portionen. Nach einem Rezept von Agnes (7.3.2016), optimiert für TM.

- 100 g Langkornnaturreis
- Wasser für den Thermomix
- 1 Prise Salz
- 120 g Kartoffeln, unter fließendem Wasser abgebürstet, Schadstellen entfernt und in Scheiben geschnitten
- 30 g Frühlingszwiebeln, vorwiegend weiße Enden, ohne Wurzeln (netto)
- 100 g Brokkoli
- 10 g Kokosraspel
- 1/2 gestr. TL Currypulver
- 1/2 gestr. TL getr. Ingwer
- 1 gestr. TL Salz
- 200 g Kochwasser (am besten 100 g von einer anderen Mahlzeit, kalt)
- 100 g gekochte Kichererbsen

Mixtopf bis zur Mitte zwischen den Markierungen I und II mit Wasser füllen. Reis in den Garkorb geben, ein-hängen. 1 Prise Salz hinzufügen und den Deckel schließen. Kartoffeln in Stücke, Frühlingszwiebeln in Ringe schneiden, unten in den Varomaeinsatz legen, auf den Deckel setzen. Brokkoli in Röschen teilen und in den Varomaaufsatz legen. Varomadeckel auflegen und garen (42 Min./Varoma/Stufe 2). Nach 30 Min. den Brokkoli

abnehmen, nach 35 Min. den ganzen Varoma abnehmen und die restlichen Min. weiter offen (d. h. ohne Messbecher) kochen. Das Gemüse nach und nach in eine Schüssel geben, diese mit einem Teller abdecken, damit das Gemüse warm bleibt.

Kokosraspel, Curry, Ingwer, Salz und 100 g kaltes Kochwasser in einem starken Mixer 45 Sek. mixen. Garkorb aushängen, Reis in eine kleine Schüssel geben und diese ebenfalls mit einem passenden Teller zudecken. 100 g Kochwasser auffangen und mit dem Becherinhalt und den Kichererbsen in den Mixtopf geben und aufkochen (4 Min./98°C/Linkslauf/Stufe 2). Soße über das Gemüse gießen und vorsichtig unterheben.

Tipps: Ich hatte noch altes Gemüsekochwasser, das ich verbrauchen wollte und wollte schnell machen. Sonst könnte man die letzten Schritte auch alle im TM machen: Alle Soßenzutaten hineingeben, 20 Sek./Stufe 10, Kichererbsen zufügen und wie beschrieben aufkochen. – Sehr lecker und recht unkompliziert (wenn schon gekochte Kichererbsen da sind).

8890. Gurken-Tomaten-Salat aus dem TM, März 2016

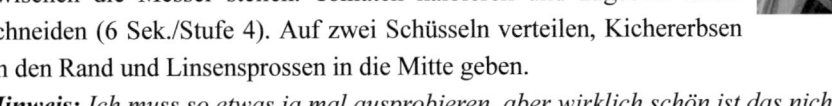

2 Portionen
- 80 g Dressing (verdünntes Petersiliendressing mit Knofi 8868)
- 1/2 Salatgurke (220 g)
- 2 Tomaten (265 g)
- 4 EL gekocht Kichererbsen
- 2 geh. EL Linsensprossen

Salatgurke längs durchschneiden und die beiden Hälften im Mixtopf zwischen die Messer stellen. Tomaten halbieren und zugeben. Klein schneiden (6 Sek./Stufe 4). Auf zwei Schüsseln verteilen, Kichererbsen an den Rand und Linsensprossen in die Mitte geben.

Hinweis: Ich muss so etwas ja mal ausprobieren, aber wirklich schön ist das nicht.

8891. Kartoffel-Zwiebel-Gemüse in Tomatensoße, März 2016

2 Portionen; sehr lecker!
Gemüsepfanne (24 cm, 16-18 Min.):
- 100 g Wasser
- 145 g Zwiebeln, geschält (netto), halbiert und in Streifen geschnitten
- 315 g Kartoffeln, unter fließendem Wasser abgebürstet, Schadstellen entfernt und in Scheiben geschnitten
- 220 g Tomaten, in Scheiben geschnitten

Soße (mixen, unter das Gemüse rühren und aufkochen):
- 40 g Standardstützcreme 8814
- 40 g gekochte rote Linsen
- 15 g Zitronenfleisch
- 20 g Tomatenmark
- 1 TL Ahornsirup (7 g)
- 1 TL Salz
- 1 TL Paprika edelsüß
- 40 g Wasser

Becher mit etwas Kochwasser nachspülen. Dies zum Gemüse geben, verrühren und aufkochen.

8892. Wilkesmannsche Formel, März 2016

Umrechnung Stand März 2016
- Fett = gekochte rote Linsen
- Eier = je Ei 60 g, davon 2/3 Stützcreme, 1/3 Apfelmus
- Backpulvermenge = verdoppeln; evtl. 10 % mehr Mehl nehmen.
- Zucker = Honig (mache ich immer identisch) oder Ahornsirup (minus 10 %)

8893. Blaue Ananas, März 2016

2 x Frühstück

- 2 EL Leinsamen
- 6 EL Nackthafer
- 10 g Zitronenfleisch
- 1 kleine Banane, geschält (75 g netto)
- 120 g Blaubeeren, frisch
- 215 g Ananasfleisch
- 1 Apfel (175 g)
- 15 g Kokosstreifen

Leinsamen mit dem Getreide flocken, auf zwei Schüsselchen verteilen. Das Obst in grobe Stücke teilen und im Hochleistungsmixer pürieren, über das Getreide geben. In die Mitte die Kokosstreifen geben.

8894. Butterkuchen ohne Butter, März 2016

18-cm-Springform; für ein Blech die dreifache Menge nehmen bzw. mit KI berechnen lassen.

Für den Teig:

- 35 g Standardpflanzenmilch 8820
- 40 g Standardstützcreme 8814
- 20 g Apfelmus aus dem Glas
- 40 g Honig
- 65 g gekochte rote Linsen
- 1 gute Prise Vanillepulver
- 10 g frische Bio-Hefe (1/4 Würfel)
- 185 g Weizen, fein gemahlen
- 1 Prise Salz

Für den Belag:

- 25 g Pflanzenmilch
- 35 g gekochte rote Linsen
- 10 g Sonnenblumenöl
- 30 g Mandelscheiben
- 20 g Ahornsirup oder dünnflüssiger Honig

Teig: Milch, Creme, Apfelmus, Honig, Linsen, Vanille und Hefe erwärmen (Mixtopf 2 Min./37°C/Stufe 2; 5 Sek./Stufe 4). Weizen mit Salz zugeben und kneten (2 Min./Knetstufe). Teig in eine Pengdose geben und 45 Min. bei 35 °C (Ober-/Unterhitze) gehen lassen. Eine 18-cm-Springform mit Backpapier überspannen. Teig mit bemehlten Händen auf dem Boden auseinanderdrücken und nochmals 20 Min. gehen lassen. In dieser Zeit den Backofen auf 180 °C vorheizen.

Belag: Pflanzenmilch, Linsen und Öl im Mixer mixen.

Mit den Fingern Vertiefungen in den Teig drücken. Den Belag auf dem Teig verteilen, mit Mandelblättchen bestreuen, Ahornsirup gleichmäßig darüber verteilen. 20 Min. bei 180 °C backen und 5 Min. im ausgestellten Backofen nachbacken. Abkühlen lassen und servieren.

Fazit: *Schmeckt lauwarm etwas merkwürdig, meint Eric. Aber kalt fand ich ihn dann prima. Eric auch*

8895. Schokoladensoße Vitamix O-behaucht, März 2016

Vorgänger: 8855

- 50 g Orangeatwürze 8688
- 140 g Honig
- 25 g Carobpulver
- 75 g Kakaopulver
- 100 g gekochte rote Linsen
- 20 g Cashewnüsse
- 300 g heißes Wasser

Im Vitamix 2-3 Min. laufen lassen, die Masse ist dann gestockt.

Tipp: *„Eigentlich" mag ich die TM-Version etwas lieber, aber der Aufwand ist so deutlich viel geringer!*

8896. Kartoffeln mit viel Gratäng, März 2016

2 Portionen

- 235 g Kartoffeln
- 600 g Wasser für den Thermomix
- 1/2 TL Sonnenblumenöl
- 150 g Standardstützcreme 8814
- 1 gestr. TL Salz
- Etwas gem. schw. Pfeffer
- 105 g Standardpflanzenmilch 8820
- 50 g gekochte rote Linsen
- 75 g Nackthafer
- 75 g Sonnenblumenkerne

Kartoffeln als Pellkartoffel garen (TM Gareinsatz: 30 Min./Varoma/ Stufe 2). Abkühlen lassen und lauwarm abpellen. Eine ofenfeste Form am Boden mit dem Öl einstreichen.

Stützcreme, Salz, Pfeffer, Milch und Linsen im Mixer zu einer glatten Creme verarbeiten. Hafer flocken, Sonnenblumenkerne hacken (z. B. Zerkleinerer) und unter die Creme rühren.

Backofen auf 200 °C (Heißluft) vorheizen. Kartoffeln in Scheiben schneiden und auf dem Boden der Form auslegen. Die Gratin-Masse darauf schichten. In den heißen Ofen schieben und 30 Min. bei 200 °C backen.

Hinweis: *Nicht wirklich Forks over Knives, aber die Vorlage von „DasKochrezept" war so voll Fett und Käse, da braucht's nicht noch wirklich Kartoffeln. Geschmacklich: sehr gut.*

8897. Ananas-Orangen-Flocken, März 2016

2 Personen

- 2 EL Leinsamen
- 6 EL Nackthafer
- 12 g Zitronenfleisch
- 1 Orange, geschält (150 g netto)
- 1 kleine Banane, geschält (80 g netto)
- 245 g Ananasfleisch, in Stücken (zwei Eckstücke für die Deko zur Seite legen)
- 1 Apfel (145 g)
- 15 g Sonnenblumenkerne

Leinsamen mit dem Getreide flocken, auf zwei Schüsselchen verteilen. Das Obst in grobe Stücke teilen und im Hochleistungsmixer pürieren, über das Getreide geben. Mit Ananasecken und Kernen dekorieren.

8898. Ananaskakao, März 2016

Im Vitamix 2,5 bis 3 Min. auf höchster Stufe schlagen:

- 15 g Kakaonibs
- 2 Medjool-Datteln entsteint (36 g netto)
- 8 g frischer Ingwer
- 20 g getr. Maronen
- 10 g getr. Ananasstücke (Schwab)
- auf 500 ml mit Wasser / kochendem Wasser 1:1 auffüllen.

8899. Schokoladenguss Nr. 3, März 2016

- 75 g Schokoladensoße für Eric 8864
- 35 g Honig
- 10 g Kakao
- 40 g Kakaobutter

Alles 6 Min./50 °C/Stufe 2 erwärmen. Gießfähig und reicht oben für einen Kuchen aus einer 26-cm-Springform.

8900. Rote-Bete-Schokoladenkuchen, März 2016

Für eine 26-cm-Springform. Nach einem Rezept aus der „Rezeptwelt"
Kuchen:

- 150 g Rote Bete
- 150 g gekochte rote Linsen
- 290 g Honig oder 250 g Ahornsirup
- 270 g Standard-Stützcreme
- 40 g Apfelmus aus dem Glas
- 2 TL Apfelessig (10 g)
- 250 g Weizen, fein gemahlen
- 45 g Kakao, schwach entölt
- 30 g Carob, Rohkost
- 1 P Weinstein-Backpulver
- 1 geh. TL Natron
- 3 TL Instant-Getreidekaffee
- 100 g Wasser
- Glasur 8899

Kuchen: Rote Bete vorschneiden, raffeln (5 Sek./Stufe 5) und umfüllen. Linsen und Süßungsmittel gut verrühren (40 Sek./Stufe 4). Creme, Essig und Apfelmus zugeben und unterrühren (1 Min./Stufe 4). Die trockenen Zutaten miteinander mischen (Carob und Backpulver ggf. sieben), mit dem Wasser in den Mixtopf einfüllen und unterziehen (45 Sek./Stufe 4). (Ofen auf 160 °C, Heißluft, vorheizen). Rote Bete unterheben (10 Sek./Stufe 4). Springform mit Backpapier überspannen, Teig darauf füllen und 1 Std. bis 1 1/4 Std. bei 160 °C backen. Glasur auf den lauwarmen Kuchen gießen.

8901. Mungbohnen mit Doppel-Kartoppel, März 2016

Etagenkochen mit dem TM; 2 Portionen.

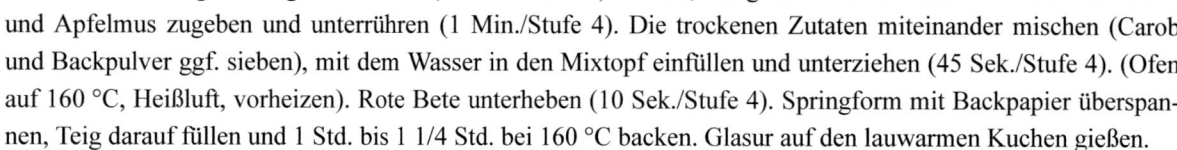

- 100 g Mungbohnen
- 700 g Wasser
- 2 Zwiebeln, geschält und geachtelt (100 g netto)
- 205 g Kartoffeln, in Scheiben geschnitten
- 150 g Süßkartoffel
- 1 Knoblauchzehe, abgezogen und geviertelt (6 g netto)

Mungbohnen in reichlich Wasser 4-5 Std. einweichen. 700 g Wasser in den Mixtopf füllen, Zwiebeln zugeben. Mungbohnen in den Garkorb schütten, Wasser abtropfen lassen und Garkorb in das Gerät einhängen. Deckel aufsetzen und garen (35 Min./Varoma/Stufe 2). Kartoffeln in Stücke schneiden, unten in den Varomaeinsatz legen. Süßkartoffel in Scheiben schneiden und mit den Knoblauchzehenstückchen auf die „obere Etage" geben. Deckel auflegen und Varomaaufsatz auf das Gerät stellen, sobald noch 30 Min. Restzeit angezeigt werden. Gemüse in eine Schüssel geben und warmhalten (z. B. großen Teller auflegen).
Soße:

- 1 gestr. TL Salz
- 1 gute Prise gem. schw. Pfeffer
- 50 g Standardstützcreme 8814

Soßenzutaten in den Mixtopf geben, 5 Sek. auf Stufe 5 pürieren.

Fazit: *Es war reichlich Soße. Für weniger, aber dickflüssiger, nimmt man statt 700 g besser 650 g Wasser.*

8902. Sechszutatenkakao, März 2016

Im Vitamix 2,5 bis 3 Min. auf höchster Stufe schlagen:

- 15 g Kakaonibs
- 1 g Flohsamenschalen
- 2 Medjool-Datteln entsteint (36 g netto)
- 10 g frischer Ingwer
- Auf 500 ml mit Wasser / kochendem Wasser 1:1 auffüllen.

8903. Mangobeeren-Flocken, März 2016

2 x Frühstück

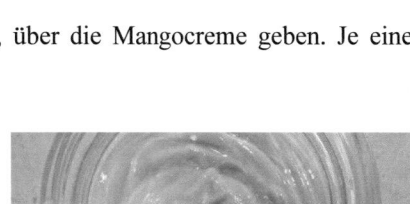

- 2 EL Leinsamen
- 6 EL Nackthafer
- 15 getr. Mangowürfel
- 30 g getr. Mango
- 25 g Cashewnüsse
- 290 g Honigwasser (d. h. Wasser aus einem fast leeren Honigglas)

Leinsamen mit dem Getreide flocken, auf zwei Schüsselchen verteilen.

Mango in kleinere Stücke reißen. Mit Nüssen, Vanille und Wasser im Vitamix zu einer lauwarmen Creme schlagen. Auf das Getreide gießen.

- 10 g Zitronenfleisch
- 1 Banane, geschält (75 g netto)
- 1 Apfel (195 g)
- 100 g tiefgekühlte Erdbeeren
- 2 Macadamianüsse

Das Obst in grobe Stücke teilen und im Hochleistungsmixer pürieren, über die Mangocreme geben. Je eine Macadamianuss in die Mitte stecken.

8904. Erdnussmus mit Cashewkick, März 2016

Im Thermomix

- 400 g Erdnüsse, gesalzen und geröstet
- 150 g Cashewnüsse, gesalzen und geröstet

Im Mixtopf zweimal 5 Min./Stufe 5 laufen lassen.

Fazit: *Schmeckt deutlich weniger nach Erdnuss und etwas süßlich.*

8905. Pichelsteiner mit Pilzen, März 2016

2 Portionen; angelehnt an „Lammtopf Pichelstein" aus dem TM-Buch „Leicht & lecker".

- 1 Zwiebel, geschält (45 g brutto, 30 g netto)
- 50 g Sellerieknolle in Stücken
- 25 g + 500 g Wasser
- 250 g Kartoffeln, in kleinen Würfeln
- 1 TL Salz
- 1 gute Prise gem. schw. Pfeffer
- 1/2 TL Kümmel
- 100 g Möhren, in Halbscheiben
- 100 g Weißkohl, in feinen Streifen
- 100 g Porree, in Ringen
- 200 g Champignons, geviertelt
- 3 gehäufte TL Tiefkühl-Petersilie

Zwiebel und Sellerie im Mixtopf zerkleinern (3 Sek./Stufe 5) und mit dem Spatel nach unten schieben. 25 g Wasser hinzugeben und dünsten (3 Min./100 °C/Linkslauf/Stufe 1).

Wasser, Kartoffeln, Pfeffer, Salz und Kümmel zugeben. Möhren und Weißkohl in den Varoma-Behälter einwiegen. Varoma-Einlegeboden einsetzen, Porree und Pilze einwiegen. Varoma verschließen und garen (20 Min./Varoma/Linkslauf/Stufe 1). Gemüse aus dem Varoma in eine Schüssel geben und mit dem Mixtopfinhalt und der Petersilie mischen. Heiß servieren.

8906. Säuerlich-süße Stützcreme, März 2016

Im Hochleistungsmixer bis zum Stocken schlagen:

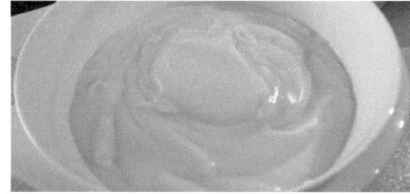

- 50 g Rundkorn-Naturreis
- 25 g Cashewnüsse
- 10 g Rosinen
- 350 g Wasser (halb Zimmertemperatur, halb kochend)

8907. Lievito-Madre-Ansatz, 4. Verlängerung, März 2016

5. Tag nach der 3. Verlängerung

Da der Teig auch dieses Mal am Vorabend ziemlich unverändert aussah, habe ich ihn für 11 Std. (Von 19 bis 8 Uhr) aus dem Kühlschrank genommen. Er riecht säuerlich-gut.

- 100 g vom alten Ansatz
- 50 g Wasser
- 100 g Weizen, fein gemahlen

Die Ränder so vom Ansatz abschneiden, dass ein Würfel von 100 g übrig bleibt. Diesen Würfel erst mit der Gabel im Wasser zerdrücken, dann mit der Hand verkneten. Den Weizen einarbeiten. Zu einer Kugel formen, oben kreuzförmig einschneiden und in eine frische Pengdose geben. Im Kühlschrank aufbewahren.

So sah der Ansatz morgens, nach 11 Std. aus dem Kühlschrank, aus (links).
An den Schnittstellen sieht man die Struktur (rechts).

Den Rest von diesem Ansatz habe ich in einen Pizzateig eingearbeitet. Ich habe ihn eingeschnitten ca. 6 Std. stehen lassen.

8908. Ananas-Erdbeer-Flöckchen, März 2016

2 x Frühstück

- 2 EL Leinsamen
- 6 EL Nackthafer
- 195 g Erdbeeren (geputzt)
- 170 g Ananasfleisch (netto)
- 2 kleine Bananen, geschält (155 g netto)
- 15 g Mandelblättchen (Rohkost)

Leinsamen mit dem Getreide flocken, auf zwei Schüsselchen verteilen. Das Obst in grobe Stücke teilen und im Hochleistungsmixer pürieren, über das Getreide geben. Mit Mandelblättchen bestreuen.

8909. Schokoröllchen-Kakao, März 2016

Die Schokoröllchen aus dem Lievito-Teig 8887 werden einfach nicht leckerer. Zwei sind noch übrig, eines kam heute in den Kakao.

Im Hochleistungsmixer, je nach Gerät, 2,5 bis 3 Min. auf höchster Stufe schlagen:

- 15 g Kakaonibs
- 2 Medjool-Datteln entsteint (34 g netto)
- 10 g frischer Ingwer
- 1 Schokoröllchen (55 g)
- auf 500 ml (Markierung im Becher) mit Wasser / kochendem Wasser 1:1 auffüllen.

8910. Kichererbsen-Tofu, März 2016

Nach einem Rezept aus meiner damaligen Facebook-Praxis-Gruppe

- 71 g Kichererbsen (1 g für Schwund eingeplant)
- 1/2 TL Salz
- 1/2 TL Kurkuma, gemahlen
- 250 g Wasser

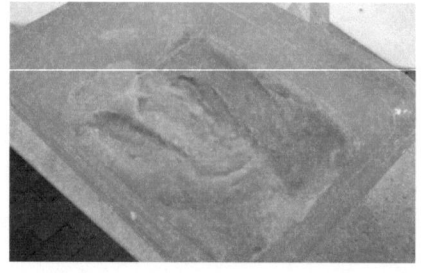

Kichererbsen im Mixer fein mahlen (30 Sek.). Mit Salz und Kurkuma mischen. Etwa ein Drittel des Wassers hinzufügen, gut durchmixen (jetzt das hochstehende Messer nehmen!). Rest Wasser hinzugeben und nochmals gut mixen.

In eine 20-cm-Pfanne geben und unter Rühren aufkochen. 5 Min. lang unter fortgesetztem Rühren köcheln lassen. In eine flache Schale geben, mit dem Spatel glatt drücken und abkühlen lassen.

Fazit: Ich fürchte, diese Gummimatte geht bei mir direkt in den Müll, das geht nicht mal in Kakao.

8911. Lievito-Pizza Cipolla Funghi, März 2016

2 Portionen

Teig:
- 140 g Lievito-Ansatzrest (aus der 3. Verlängerung)
- 50 g Wasser
- 20 g Stützcreme 8814
- 1 TL Trockenhefe (4 g)
- 125 g Weizen, fein gemahlen
- 2 Prisen Salz

Lievito, Wasser und Stützcreme mischen (TM: 2 Min./37 °C/Stufe 2). Weizen mit Salz und Trockenhefe vermischen, unterkneten (2 Min. Knetstufe). Einmal kurz mit der Hand durchkneten und in eine 600-ml-Pengdose geben. Nach 30 Min. war der Deckel so stark gewölbt, dass ich den Teig einmal zu einer Kugel gefaltet und wieder in die Dose gegeben habe.

Roter Belag:
- 10 g Tomatenmark und
- 25 g Wasser mit einem Löffel verrühren

Gemüsebelag:
- 160 g Zwiebeln (netto) (zu viel!)
- 25 g Wasser
- 100 g Champignons
- 1 Tomate (115 g)

Zwiebeln im Mixtopf zerkleinern (3 Sek./Stufe 5), mit dem Spatel herunterdrücken und garen (2 Min./100 °C/Stufe 2). Champignons in dünnere Scheiben schneiden, Tomate ebenfalls in Scheiben schneiden.

Weiße Soße:
- 60 g Standard-Pflanzenmilch 8820
- 65 g Standard-Stützcreme 8814
- 20 g gekochte rote Linsen
- 1/2 TL Salz
- 40 g Nackthafer, in Flocken

Milch, Creme und Linsen mit dem Salz gut mixen. Flocken einrühren und eine Weile quellen lassen.

Fertigstellung: Teig in Größe einer 28-cm-Pizzaform so ausrollen, dass ein Rand übersteht. Der Teig benötigt zum Ausrollen nur wenig Streumehl. Rand etwas hochdrücken und Teig 10-15 Min. gehen lassen. Mit der roten Soße bestreichen, Zwiebeln gleichmäßig verteilen. Champignon- und Tomatenscheiben auflegen. Ofen auf 250 °C (Heißluft) vorheizen. Die Soße mit einem Löffel verteilen. Pizza in den Ofen schieben und 13 Min. bei 250 °C backen.

Hinweis: Die weiße Soße war ein Versuch, aber nicht besonders erfolgreich, meine anderen Soßen schmecken besser und diese wurde auch nicht, wie ich gehofft hatte. Knusprig. Die Zwiebeln hätte ich besser kürzer gedünstet, die Hälfte hätte auch gereicht. Der Teig war gut, schön knusprig. Ich sehne mich aber eigentlich mal nach einem richtig lockeren Teig.

8912. Käsewasser 2016, März 2016

Im Vitamix (Resteverbrauch) 1 Min. mixen:
- 35 g Käsecreme 2016; 8919
- 300 g Wasser

8913. Rosinenecken, Wildhefe, März 2016

12 Stück = 1 Backblech

1. Ansatz (am Vortag, morgens)

- 100 g Weizen, fein gemahlen, verrühren mit
- 100 g Wildhefe und in einer Pengdose bis abends stehen lassen (ca. 10 Std.)

2. Ansatz (am Vortag, abends, ca. 19:00 Uhr)

- 1. Ansatz
- 45 g Weizen und
- 155 g Dinkel (ich hatte keinen Weizen mehr im Anbruch), fein gemahlen, verrühren mit
- 200 g Wildhefe und in einer Pengdose bis morgens ca. 8:00 Uhr stehen lassen.

Backtag

- 2. Ansatz
- 300 g Dinkel
- 2 gute Prisen Salz
- 1 geh. TL Trockenhefe
- 75 g cremiger Honig
- 75 g grüne Rosinen

Alle Zutaten bis auf die Rosinen in den Mixtopf des TM geben und 4 Min. kneten, in der letzten Minute die Rosinen durch die Deckelöffnung zugeben. Irgendwie aus dem Mixtopf zurren, kurz mit feuchten Händen durchkneten und in einer passenden Pengdose etwa 4-5 Std. gehen lassen, dabei ab und an den Teig herunterdrücken, wenn der Deckel der Pengdose „hochschießt".

Teig in vier Teile teilen (je ca. 300 g), vorher nicht nochmals durchkneten (das scheint mir meiner Erfahrung nach bei Wildhefe der falsche Weg). Jedes Teil zu einer runden Platte mit einem Durchmesser von ca. 10 cm auseinanderdrücken. Zweimal wie eine ganze Torte durchschneiden, sodass jede Platte 4 Ecken ergibt. Dauerbackfolie auf ein Backblech legen, die 12 Ecken auf die Folie legen, mit Gärfolie abdecken. 10 Min. gehen lassen. Anschließend den Backofen, Klimagaren, 2 Dampfstöße, auf 250 °C vorheizen, das dauert ca. 15 Min., sodass die Ecken insgesamt 25 Min. gegangen sind. Ein (anderes) Backblech ist im Ofen. Ecken möglichst rasch auf das heiße Blech setzen, Temperatur auf 200 °C drehen und 15-20 Min. backen. Einen Dampfstoß direkt nach Einschieben, den zweiten nach acht Min. geben.

Auf einem Gitterrost abkühlen lassen. Schmecken schon warm.

Hinweise: Ich habe ein wenig Trockenhefe hinzugegeben, da ich auf keinen Fall Kompaktbrötchen wollte. Ob die 4 g ausgereicht hätten für diesen Superofentrieb weiß ich nicht, könnte bei der langen Gehzeit natürlich sein. Das Kneten im TM war ein Desaster, er hat's zum Ende hin einfach nicht mehr geschafft, obwohl seine Höchstmenge Teig keinesfalls erreicht war. Maschinelles bzw. sehr ausgiebiges Kneten halte ich aber für die Wildhefe für sehr wichtig. Wie sie gegangen sind in der Schüssel – ich würde mal sagen, mit Trockenhefe alleine wäre das nicht so schön geworden.

Ich habe außerdem das „Helga-Chisti-Verfahren" angewandt, d. h. nicht nur in den ersten Ansatz kommt Wildhefe, sondern das gesamte Wasser ersetze ich durch Wildhefe. Dadurch geht auch junge Wildhefe besser und ich komme schneller durch die erste Ladung. Wobei ich auch beim Ansatz sehr schön geduldig war, bis die Blasenbildung wirklich kräftig war. Da ist der erste Ansatz mit Mehl schon ziemlich gut gegangen, die Pengdose war mehrmals kurz vor'm Plopp.

8914. Milchreis, intensiv, März 2016

- 100 g Rundkorn-Naturreis
- 15 g rote Linsen
- 330 g Wasser (Verhältnis Reis zu Wasser = 1 zu 3 und Linsen zu Wasser 1 zu 2)
- 3 cm Vanillestange
- 3 cm Zimtstange

Reis mit den restlichen Zutaten im Schnellkochtopf 10 Min. auf Stufe II kochen. Langsam abdampfen: 10 Min. Platte auf 3 (von 14), 10 Min. auf 1 (von 14) und 10 Min. geschlossen stehen lassen.

Fazit: Der Reis schmeckt irgendwie „herzhafter" und „intensiver".

8915. Nudelnester mit Gummimatte, März 2016

2 Portionen – ich habe hier die Hälfte des sogenannten Kichererbsen-Tofus untergebracht, zum Glück fiel es nicht so auf. Eric hat nicht gemeckert, das ist schon mal gut. Es war also okay, hat aber nichts zum Wohlgeschmack beigetragen.

Etagenkochen:
- 100 g Bandnudeln (in den Garkorb)
- 25 g getr. Tomaten, in feinen Streifen, und
- 1 kleine Zwiebel, abgezogen (25 g netto) und gewürfelt in den Varomaeinsatz;
- 1 Zucchini, 210 g, gewürfelt in den Einlegeboden.

Garen: 500 g Wasser in den Mixtopf, 15 Min./Varoma/Stufe 2.

Für die Creme:
- 120 g Stützcreme (Säuerlich-süße Stützcreme 8906)
- 50 g gekochte rote Linsen
- 30 g Pflanzenmilch
- 1 TL Salz
- 1-2 Prisen Pfeffer
- 1 Prise Schabziegerklee

Alle Zutaten mit dem Mixer verquirlen.

Für das Topping:
- 100 g gekochter Milchreis, hier Milchreis, intensiv
- 20 g Stützcreme 8906
- 1 Prise Salz
- 4 EL Pflanzenmilch 8820

Die Toppingzutaten mit einem Löffel verrühren.

Für die Fertigstellung:
- 100 g Gummimatte, hier Kichererbsen-Tofu, gewürfelt 8910
- 6 EL Pflanzenmilch 8820
- 1-2 TL Sonnenblumenöl für die Formen

Zwei Quicheformen (20 cm) mit dem Öl einreiben. Je zwei Häufchen Nudeln in die Formen legen und in die Mitte eine größere Kuhle drücken. Zucchini, Zwiebel, Tomaten und Gummiwürfel miteinander verrühren, auf die Nester verteilen. Die Creme darüber verteilen, in die Mitte jeweils einen Klecks Reis geben. Je 3 EL Pflanzenmilch an den Rand der Form gießen. Ofen auf 160 °C (Heißluft) vorheizen und 30 Min. bei 160 °C backen.

8916. Milchreis-Kakao, März 2016

Im Vitamix 2,5 bis 3 Min. auf höchster Stufe schlagen:
- 15 g Kakaonibs
- 10 g Chiasamen
- 2 Medjool-Datteln entsteint (35 g netto)
- 10 g frischer Ingwer
- 45 gekochter Milchreis, hier Milchreis, intensiv
- auf 500 ml mit Wasser / kochendem Wasser 1:1 auffüllen.

8917. Ananas-Eis, März 2016

2 Portionen

- 240 g tiefgekühlte Ananaswürfel, mind. 48 Std. lang gefroren
- 1 Banane, geschält (120 g)
- 15 g Ahornsirup
- 10 g Zitronensaft
- Schokoladensoße für Eric 8864 nach Wunsch und in gewünschter Menge, etwa 3 geh. EL

Banane, Ahornsirup und Zitronensaft im Vitamix pürieren (das kann man schon vor dem Essen tun). Schokoladensoße im Thermomix auf 65 °C erhitzen (5 Min./65 °C/Stufe 2). Ananas-Würfel zur Banane geben und mit dem Stößel pürieren, bis sich die Raute ergibt. Ist ein Softeis!

Auf zwei Teller verteilen und heiße Schokoladensoße daneben gießen.

8918. Gefrorene Früchtchen, März 2016

2 x Frühstück

- 2 EL Leinsamen
- 4 EL Nackthafer
- 2 EL Roggen
- 23 g Zitronenfleisch
- 1 große Banane, geschält (135 g netto)
- 2 Äpfel (260 g)
- 125 g tiefgekühlte Erdbeeren
- 25 g Cashewnüsse

Leinsamen mit dem Getreide flocken, auf zwei Schüsselchen verteilen. Das Obst in grobe Stücke teilen und im Hochleistungsmixer pürieren, über das Getreide geben. Mit den Nüssen dekorieren.

8919. Käsecreme 2016, März 2016

- 40 g Langkorn-Naturreis
- 20 g Cashewnüsse
- 20 g Sonnenblumenkerne
- 8 g (2 TL) Sonnenblumenöl
- 2 P gem. Schabziegerklee
- 1 gestr. TL Salz
- 1 Prise gem. schw. Pfeffer
- 50 g gekochte weiße Bohnen
- 260 g Wasser (140 g kalt, 120 g kochend)
- 2 TL Flohsamenschalen (5 g)

Alle Zutaten außer den Flohsamenschalen im Vitamix bis zum Stocken schlagen, erst nach einer halben Minute die Flohsamenschalen hinzugeben. Ihre Bindewirkung scheint in heißer Flüssigkeit deutlich besser zu sein. Man sollte die Flohsamenschalen erst nach dem Stocken hinzugeben, damit der Reis fein gemahlen ist.

8920. Pide experimentell, März 2016

Vorläufer: 8865

Teig:

- 10 g frische Bio-Hefe (1/4 Würfel)
- 15 g Standardstützcreme
- 60 g Wasser
- 1 Prise Salz
- 150 g Dinkel, fein gemahlen

Hefe, Stützcreme und Wasser mischen (TM: 2 Min./37°C/Stufe 2). Salz und Dinkel mischen, in den TM geben und kneten (2 Min./Knetstufe). In einer 600-ml-Pengdose bei 35 °C ca. 20 Min. gehen lassen.

Füllung:
- 30 g Wasser
- 40 g Porreegrün, in Ringen
- 1 kleine Zwiebel, abgezogen und gewürfelt (40 g netto)
- 115 g Kichererbsen-Tofu 8910
- Etwas Salz
- Etwas Pfeffer

Wasser, Porree und Zwiebel in eine 20-cm-Pfanne geben. Als Gemüsepfanne 13 Min. dünsten. Das Wasser ist dann verbraucht. Tofu würfeln, mit dem Gemüse mischen und mit etwas Salz und Pfeffer würzen.

Backofen auf 180 °C (Heißluft) vorheizen. Teig in vier Teile zu je 60 Gramm teilen. Zu einem etwas mehr als handgroßen Rechteck ausrollen. Der Teig braucht kein Streumehl. Nebeneinander auf ein Backblech (PerfectClean, oder mit Dauerbackfolie / Backpapier) legen. In die Mitte 2 Esslöffel Füllung geben, einen Rand freilassen. Rand einschlagen, an zwei gegenüberliegenden Enden zusammendrücken, so dass eine Schiffchenform entsteht.

Fertigstellung:
- 1 EL Pflanzenmilch
- 1-2 TL Sesam
- 80 g Käsecreme 2016 8918

Die Ränder der Pide mit Milch einpinseln und mit Sesam bestreuen. Die Käsecreme in Scheiben schneiden (war schwierig, da noch relativ frisch) und zwei Pide damit belegen. In den heißen Ofen schieben und 20 Min. bei 180 °C backen.

8921. Weiße-Bohnen-Tofu, März 2016

(Jedem sein eigenes Gummimättchen!), Vorläufer 8910.
- 35 g Langkorn-Naturreis
- 35 g weiße Bohnen
- 10 g Cashewnüsse
- 1/2 TL Salz
- 1 P Paprikapulver, edelsüß
- 1 TL Apfelessig
- 275 g Wasser

Reis, weiße Bohnen und Nüsse im Mixer fein mahlen (45 Sek.). Mit Salz und Paprika mischen. Etwa ein Drittel des Wassers hinzufügen, gut durchmixen (jetzt das hochstehende Messer nehmen!). Rest Wasser hinzugeben und nach Essigzugabe nochmals gut mixen.

In eine 20-cm-Pfanne geben und unter Rühren aufkochen. 5 Min. lang unter fortgesetztem Rühren köcheln lassen. In eine Schale geben, mit dem Spatel glatt drücken und abkühlen lassen.

8922. Schokomandelcreme, März 2016

Mehr als 2 Honiggläser
Im 0,9 Liter-Becher des Vitamix mixen:
- 400 g Wasser
- 200 g Honig
- 50 g Kakao
- 50 g Carob (Rohkost)
- 1 Prise Salz
- 1 gestr. TL Vanille
- 200 g Mandeln

Stößel benutzen, später drin hängen lassen und 5 Min. auf der Höchststufe. Ich weiß nicht, inwieweit man auch heißes Wasser nehmen kann, aber die Mandeln sollen ja superfein gemahlen werden. Wäre auszuprobieren. Am Stößel kann man fühlen, ob die Masse heiß genug ist.

8923. Ingwerisierte Erdbeercreme, März 2016

2 x Frühstück

Abends: siehe 8858.

Morgens

- 15 g Zitronenfleisch
- 135 g tiefgekühlte Erdbeeren
- 1 Banane, geschält (130 g netto)
- 1 Apfel (205 g)
- 4 g Ingwer, frisch und ungeschält
- 15 g getr. Maulbeeren

Obst in grobe Stücke teilen und mit dem Ingwer im Hochleistungsmixer pürieren. Auf das Getreide gießen. Mit Maulbeeren dekorieren.

8924. Honigwasserkakao, März 2016

Im Hochleistungsmixer, je nach Gerät, 2,5 bis 3 Min. auf höchster Stufe schlagen:

- 10 g Kakaonibs
- 10 g Chiasamen
- 2 Medjool-Datteln entsteint (33 g netto)
- 40 g gekochte rote Linsen
- 6 g frischer Ingwer
- Auf die Marke 250 ml mit Honigwasser bringen (Resthonig, der im Glas gelöst wurde)
- 500 ml (Markierung im Becher) mit kochendem Wasser auffüllen.

8925. All-In-One-Zucchinipfanne, März 2016

2 Portionen

Als Gemüsepfanne (24 cm Pfanne mit abnehmbarem Griff, 16 Min.):

- 100 g Wasser
- 200 g Kartoffeln, unter fließendem Wasser abgebürstet, Schadstellen entfernt und in Scheiben geschnitten
- 150 g Süßkartoffeln, in Scheiben geschnitten
- 285 g Zucchini (1 mittelgroße), in Scheiben geschnitten

Unterrühren:

- 1 gestr. TL Salz
- 2 Prisen gem. schw. Pfeffer
- 155 g Weiße-Bohnen-Tofu 8921

Wenn noch 10 Min. zu kochen sind, Umluftgrill auf 240 °C vorheizen. Oberste Schicht salzen und pfeffern, den Tofu in Scheiben auf die Oberfläche legen (deckt nicht ab). Pfanne ohne Deckel in den Ofen schieben, Griff abnehmen und 10 Min. bei 240 °C überbacken.

Tipp: Wer kein Tofu hat (das übrigens weicher ist als geplant), kann ein wenig Öl auf die Oberfläche tröpfeln oder mit Sonnenblumenkernen / Sesam bestreuen.

8926. Apfelmus on the Flock, März 2016

2 x Frühstück

- 2 EL Leinsamen
- 6 EL Nackthafer
- 10 g Zitronenfleisch
- 1 Banane, geschält (125 g netto)
- 3 Äpfel (435 g)
- 20 g Walnüsse

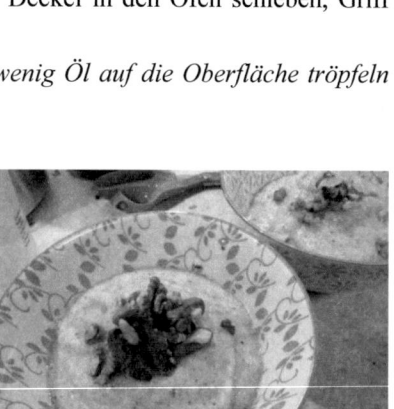

Leinsamen mit dem Getreide flocken, auf zwei Schüsselchen verteilen. Das Obst in grobe Stücke teilen und im Hochleistungsmixer pürieren, über das Getreide geben. Walnüsse in die Mitte streuen.

8927. Chia-Kakao Nr. 2, März 2016

Im Vitamix 2,5 bis 3 Min. auf höchster Stufe schlagen:

- 10 g Kakaonibs
- 20 g Chiasamen
- 2 Medjool-Datteln entsteint (30 g netto)
- 8 g frischer Ingwer
- auf 500 ml (Markierung im Becher) mit Wasser / kochendem Wasser 1:1 auffüllen.

8928. Apfelkuchen mit Knabberkruste, März 2016

Angelehnt an ein Rezept aus der Rezeptwelt: https://www.rezeptwelt.de/backen-suess-rezepte/apfelkuchen-superschnell-rez-d-ta-ges-03102014/fsdhzikr-99566-461708-cfcd2-kv32nsw5; Springform 24 cm.

Teig:

- 200 g Dinkel
- 4 Äpfel (700 g)
- 100 g gekochte rote Linsen
- 100 g Honig
- 1 gestr. TL Vanillepulver
- 80 g Standardstützcreme 8814
- 40 g Apfelmus aus dem Glas
- 1 P Weinstein-Backpulver

Creme:

- 260 g Standardstützcreme
- 55 g gekochte rote Linsen
- 45 g Honig
- 50 g Cashewnussmus
- 50 g Standardpflanzenmilch 8820
- 30 g fein gem. Rundkorn-Naturreis

Belag:

- 65 g Mandelblättchen
- 45 g Ahornsirup

Dinkel fein mahlen (TM: 1 Min./Stufe 10 oder in der Mühle). Äpfel vierteln und zerkleinern (10 Sek./Stufe 4).

Linsen, Honig, Vanille, Creme und Apfelmus mixen (10 Sek./Stufe 3). Mehl mit Backpulver mischen, zugeben und einarbeiten (30 Sek./Stufe 4). Eine Springform mit Backpapier überspannen, Teig gleichmäßig mit einem Spatel (öfter mal mit Wasser benetzen) verteilen. Apfelmasse darauf geben.

Backofen (Heißluft) auf 175 °C vorheizen. Die Creme-Zutaten ohne den Reis mixen (30 Sek./Stufe 4), dabei den Reis durch die Öffnung rieseln lassen. Auf der Apfelmasse verteilen, die Creme ist dafür gerade flüssig genug. Mit Mandelblättchen bestreuen. Ahornsirup mit einem Esslöffel auf die Oberfläche tropfen lassen. In den vorgeheizten Ofen schieben und 60 Min. backen, im ausgeschalteten Backofen 5 Min. nachbacken.

Fazit: Eine kürzere Backzeit wäre besser gewesen, demnächst bin ich mutiger.

8929. Kokos-Frucht-Schokokugeln, März 2016

Ca. 40 Stück; Vorläufer 8878

- 90 g Kakaonibs
- 150 g Kokosraspel
- 2 Datteln (38 g)
- 120 g grüne Rosinen
- 115 g flüssiger Honig oder Ahornsirup

Kakaonibs mahlen (20 Sek./Stufe 6), Raspel hinzufügen und weiter mahlen (20 Sek./Stufe 10). Zusammen mit den Trockenfrüchten nochmals mahlen (30 Sek. Stufe 6). Süßungsmittel hinzugeben und verkneten (2 Min./Knetstufe bzw. Stufe 1-2).

Mit einem Teelöffel Stücke abstechen und zwischen den Händen zu Kugeln formen, es wird Fett abgesondert, man braucht also keine feuchten Hände. Nebeneinander auf zwei Frühstücksbrettchen setzen. Eine Std. im Kühlschrank fester werden lassen, in einer geschlossenen Plastikdose aufbewahren. Dabei die einzelnen Lagen mit Pergamentpapier oder Haushaltsfolie voneinander trennen. Sehr dekorativ sind sie auch in Papier-Pralinenförmchen. Man kann sie auch in Raspeln wälzen, aber ich hatte keine mehr.

8930. Schokoerdnusscreme, März 2016

Knapp 2 Honiggläser; Vorläufer 8922

Im 0,9 Liter-Becher des Vitamix mixen:

- 375 g Wasser
- 190 g Honig
- 50 g Kakao
- 50 g Carob (Rohkost)
- 1 Prise Salz
- 1 gestr. TL Vanille
- 200 g Erdnüsse, gesalzen und geröstet

Stößel benutzen, später drin hängen lassen und 5 Min. auf der Höchststufe. Ich weiß nicht, inwieweit man auch heißes Wasser nehmen kann, aber die Erdnüsse sollen ja superfein gemahlen werden. Wäre auszuprobieren. Am Stößel kann man fühlen, ob die Masse heiß genug ist.

8931. Reis mit Keimen, März 2016

2 Portionen

- 45 g Wildreis
- 80 g Langkorn-Naturreis
- 80 g gekeimte weiße Bohnen (Keimzeit: 3 Tage)

Alle Zutaten in den TM-Garkorb geben. Mixtopf mit 1200 g Wasser füllen, Garkorb einhängen und garen (45 Min./Varoma/Stufe 2).

8932. Zwiebeln in käsiger Soße, März 2016

Als Gemüsepfanne (20 cm), 16 Min.:

- 75 g Wasser
- 300 g Zwiebeln, abgezogen und in Ringe geschnitten (netto)

Soße:

- 120 g Käsecreme, hier Käsewasser 8912
- 1 TL Salz
- 175 g Wasser
- 1 EL tiefgekühlte Petersilie

Käsecreme, Salz und Wasser (in Portionen) zu den Zwiebeln geben.
Unter Rühren aufkochen, bis sich die Creme vollständig gelöst hat. Petersilie unterrühren.

Hinweis: Bei mir gab es dazu Reis mit Keimen. Die Soße zieht sich ein bisschen wie Käse. Die Menge an Käsecreme war zu hoch, am Geschmack sollte ich auch noch drehen. Mir hat's ansonsten gut geschmeckt.

8933. Frischkorn unter Müslidecke, März 2016

2 x Frühstück

Abends

- 6 EL Vier-Korn-Getreide BuHiRoWei 8381 grob schroten & auf zwei Schüsseln verteilen. Mit insgesamt
- 160 g Wasser übergießen. Abgedeckt über Nacht (mindestens 4 Std.) bei Raumtemperatur stehen lassen.

Morgens

- 10 g Zitronenfleisch
- 1 Banane, geschält (130 g netto)
- 2 Äpfel (280 g)
- 125 g tiefgekühlte Erdbeeren
- 10 g Sonnenblumenkerne
- 10 g Walnüsse
- 15 g grüne Rosinen

Obst in grobe Stücke teilen und im Hochleistungsmixer pürieren. Auf das Getreide gießen. Mit Nüssen und Rosinen bestreuen.

8934. Kakao mit Carobhauch, März 2016

Im Hochleistungsmixer, je nach Gerät, 2,5 bis 3 Min. auf höchster Stufe schlagen:

- 10 g Kakaonibs
- 2 g Carobpulver (Rohkost)
- 20 g Chiasamen
- 2 Medjool-Datteln entsteint (39 g netto)
- 10 g frischer Ingwer
- auf 500 ml (Markierung im Becher) mit Wasser / kochendem Wasser 1:1 auffüllen.

8935. Brot mit 4-Gang-Getriebe, März 2016

Vorläufer: 8841

Stufe 1 (12 Std. vorher):

- 350 g Roggen
- 360 g Wasser
- 150 g Sauerteig

Abends schon vorbereiten:

- 150 g Dinkel
- 100 g Roggen
- 1 EL Salz (20 g)
- 150 g Sonnenblumenkerne
- 100 g Nackthafer, geflockt
- 1 EL Brotgewürz (Brecht)

Stufe 2 (Backen, bei mir am Morgen)

- 1/4 Würfel frische Hefe (10 g)
- 150 g lauwarmes Wasser
- 145 g Lievito Madre („Abfallprodukt" von einer Zwischenstufe)
- Getreidemischung vom Vorabend
- 700 g Sauerteigansatz
- 125 g Wildhefewasser
- 20 g Butter für die Form

Stufe 1: Roggen fein mahlen, mit Wasser und altem Sauerteig mischen. In einer Plastiktüte über Nacht stehen lassen. 150 g von der Stufe 1 abnehmen und in einem gut schließenden Schraubglas in den Kühlschrank stellen für das nächste Backen. *Abends:* Getreide fein mahlen, mit den restlichen Zutaten mischen und in einer gut schließenden Plastikdose verwahren.

Stufe 2: Hefe im lauwarmen Wasser auflösen, dann Lievito Madre darin verrühren. Restliche Zutaten (außer der Butter) hinzufügen und mit einem großen Löffel gründlich verrühren, bis kein Mehl mehr sichtbar ist. Eine 30-cm-Brotform, Profi-Email von Dr. Oetker, gut einfetten. Teig hineingeben, mit der nassen Hand herunterdrücken und glattstreichen. Mit einem scharfen Messer Rauten einschneiden. Form unter Gärfolie bei 35 °C im Ofen knapp 1 Std. 45 Min. bei 35 °C gehen lassen. Die Brotform ist dann ganz voll, der Teig wölbt sich leicht nach oben.

Temperatur auf 190 °C (Heißluft) hochstellen, Klimagaren (auto) einschalten und 60 Min. backen. Das Brot ein wenig zusammengesackt.

Fazit: 1 Std. 45 Min. ist die normale Gehzeit für meine Sauerteig-Hefe-Brote, wenn ich 20 g Hefe nehme. Der Effekt war mit 10 g Hefe derselbe, sodass es auf Lievito Madre und/oder Wildhefe zurückgehen muss.

8936. Saturday Special, März 2016

- Im Vitamix 2,5 bis 3 Min. auf höchster Stufe schlagen:
- 15 g Kakaonibs
- 20 g Chiasamen
- 20 g Cashewnüsse
- 3 Medjool-Datteln entsteint (48 g netto)
- 7 g frischer Ingwer
- Auf 500 ml mit Wasser / kochendem Wasser 1:1 auffüllen.

8937. Lievito-Madre-Ansatz, 5. und letzte Verlängerung, März 2016

Siehe 8907; 5. Tag nach der 4. Verlängerung; in 5 Tagen (Tag 22) soll er reif sein.

Da der Teig auch dieses Mal am Vorabend ziemlich unverändert aussah, habe ich ihn für 11 Std. (von 19 bis 8 Uhr) aus dem Kühlschrank genommen. Er riecht säuerlich-gut.

- 100 g vom alten Ansatz
- 50 g Wasser
- 100 g Dinkel, fein gemahlen

Die Ränder so vom Ansatz abschneiden, dass ein Würfel von 100 g übrig bleibt. Diesen Würfel erst mit der Gabel im Wasser zerdrücken, dann mit der Hand verkneten. Den Weizen einarbeiten. Zu einer Kugel formen, oben kreuzförmig einschneiden und in eine frische Pengdose geben. Im Kühlschrank aufbewahren.

Hinweis: *Den Rest von diesem Ansatz habe ich direkt in einem Brot mitverbacken.*

8938. Mango-Heidel-Erdbeeren-FKG, März 2016

2 x Frühstück

- 6 EL Nackthafer
- 2 EL Leinsamen
- 10 g getr. Mangowürfel
- 30 g getr. Mango
- 2 cm Vanillestange
- 20 g Cashewnüsse
- 270 g Wasser

Leinsamen mit dem Getreide flocken, auf zwei Schüsselchen verteilen.

Mango in kleinere Stücke reißen. Mit Nüssen, Vanille und Wasser im Vitamix zu einer lauwarmen Creme schlagen. Auf das Getreide gießen.

- 1 Banane, geschält (130 g netto)
- 1/2 Apfel (85 g)
- 255 g geputzte Erdbeeren
- 130 g Heidelbeeren

Das Obst in grobe Stücke teilen und ohne die Heidelbeeren im Hochleistungsmixer pürieren, über die Mangocreme geben. Die Heidelbeeren auf das Obstpüree streuen.

8939. Erfrischende Rotkohl-Rohkost, März 2016

2 Portionen

- 2 EL Wasser
- 2 EL Zitronensaft (20 g)
- 10 g Ahornsirup oder Honig
- 5 g Salz
- 1-2 Prisen Pfeffer
- 100 g Apfel (ein kleiner)
- 200 g Möhren (2 mittlere)
- 150 g Rotkohl
- 20 g Walnusskerne
- 25 g Linsensprossen
- Etwas Zitronenmelisse

Wasser, Zitronensaft, Süßungsmittel, Salz und Pfeffer in den Mixtopf geben. Apfel, Möhren und Rotkohl mit dem Messer grob zerkleinern.

Mit den Walnüssen ebenfalls in den Mixtopf geben und 5 Sek. auf Stufe 5 laufen lassen. Auf zwei Schüsseln verteilen, Linsensprossen an den Rand und Zitronenmelisse in die Mitte geben.

8940. Schokoguss schnell, März 2016

Reicht für mehr als 1 Kuchen.

- 50 g Kakaobutter
- 150 g cremige Schokosoße, z. B. Schokoerdnusscreme 8930

In einer Pfanne auf kleiner Einstellung (3 von 14, Induktion) schmelzen, mit einem Schneebesen verquirlen und mit einem Pinsel auftragen.

8941. Spinatsoße für Nudeln, März 2016

2 Portionen

Gemüsepfanne (24 cm) 15 Min.:

- 85 g Wasser
- 2 Zwiebeln, abgezogen und gewürfelt (115 g netto)
- 100 g Babyspinat, geputzt (d. h. grobe Stiele abgetrennt)
- 80 g Wasser

Spinat grob zupfen, mit 80 g Wasser in die Pfanne geben. Unter Rühren erhitzen, bis der Spinat zusammengefallen ist.

Soße:

- 50 g Weiße-Bohnen-Tofu 8921 (als Würzmittel echt lecker!)
- 25 g Cashewnussmus
- 1 TL Salz
- 1 gute Prise Pfeffer
- 60 g Wasser

Im Mixer verquirlen, unter das Gemüse rühren und eine Weile köcheln, bis die Soße die richtige Konsistenz hat. Mit Nudeln servieren.

8942. Einkorn-Zweibeer-FKG, März 2016

2 x Frühstück

- 2 EL Leinsamen
- 6 EL Einkorn
- 15 g Zitronenfleisch
- 130 g Heidelbeeren
- 1 große Banane, geschält (140 g netto)
- 2 Äpfel (250 g)
- 150 g Erdbeeren, geputzt (netto)

Leinsamen mit dem Getreide flocken, auf zwei Schüsselchen verteilen. Das Obst in grobe Stücke teilen und ohne die Erdbeeren im Hochleistungsmixer pürieren, über das Getreide geben. Erdbeeren vierteln und auf die Oberfläche streuen.

8943. Süßsauer Zucchini mit Zwiebeln, März 2016

2 Portionen

Gemüse:

- 85 g Wasser
- 2 Zwiebeln, abgezogen und in 0,5 cm breite Ringe geschnitten (netto)
- 1 Zucchini (200 g), gewürfelt
- 35 g Linsensprossen (3 Tage gekeimt)

Wasser und Zwiebeln in eine 24-cm-Pfanne geben. Als Gemüsepfanne 10 Min. dünsten. Zucchiniwürfel und Sprossen hinzufügen, weitere 10 Min. als Gemüsepfanne dünsten.

Für die Soße:

- 10 g Tamari (oder Sojasoße)
- 1 Stück Essigpeperoni (7 g) 7/4573
- 30 g Apfelessig
- 3 EL Ahornsirup oder 40 g Honig
- 1 TL Salz
- 1-2 Prisen Pfeffer
- 1 TL Paprikapulver edelsüß
- 2 x 50 g Wasser
- 10 g doppelt gemahlener Reis (erst Mühle, dann Mixer)

Tamari, Essigpeperoni, Essig, Süßungsmittel, Salz, Pfeffer, Paprika und 50 g Wasser im Mixer verquirlen. In einem zweiten Becher den Reis im Wasser verrühren. Erst die süße Soße, dann das Reiswasser unter das Gemüse rühren und aufkochen. Bis zur gewünschten Konsistenz köcheln lassen.

Tipp: *Bei mir gab es dazu eine Langkorn-Wildreis-Mischung (Varoma, 45 Min., Gareinsatz).*

8944. Ananasbrühen-FKG, März 2016

2 x Frühstück – Ananas geliert nicht so stark wie Mango, daher wurde
es nicht wie geplant.

- 30 g getr. Ananaswürfel
- 25 g Cashewnüsse
- 225 g Wasser
- 2 EL Leinsamen
- 6 EL Nackthafer
- 1/2 Apfel (75 g)
- 300 g Erdbeeren, geputzt (netto)
- 1 Banane, geschält (145 g)
- 8 Mandeln
- 2 Paranüsse

Ananas, Cashews und Wasser im Vitamix schlagen, bis es lauwarm ist. Leinsamen mit dem Getreide flocken, auf zwei Schüsselchen verteilen, Ananascreme darüber gießen. Apfel, Erdbeeren und Banane im Hochleistungsmixer pürieren, über das Getreide geben. Mit den Nüssen dekorieren.

8945. TM-Kakao Versuch 1, März 2016

Großkotzig habe ich für den Verlagsblog einen Kakao aus dem Thermo-
mix angekündigt. Ich weiß sowieso, dass der Vitamix da die bessere
Wahl ist. Aber das heutige Ergebnis kann ich auf jeden Fall vergessen,
zu körnig.

- 20 g Kakaonibs
- 10 g Mandeln
- 10 g Ingwer, frisch und ungeschält
- 25 g gekochte rote Linsen
- 15 g Chiasamen
- 2 Datteln, Medjool, entsteint (35 g netto)
- 400 g Wasser

Kakaonibs und Mandeln vormahlen (5 Sek./Stufe 10). Restliche Zutaten hinzufügen und wieder zerkleinern (10 Sek./Stufe 3; 10 Sek./Stufe 5); anschließend erhitzen (6 Min./80 °C/Stufe 5). Zum Schluss nochmals pürieren (30 Sek./Stufe 10).

8946. Zebrakuchen, März 2016

Für eine 24-cm-Springform. Nach einem Rezept aus dem Buch „Dr.
Oetker Rührkuchen von A-Z", Seite 272. Ich habe die Zutaten exakt
umgerechnet nach der „Formel" 8892, nur beim Backpulver habe ich
gezaudert und bei der Flüssigkeit. Das war ein Fehler, dachte ich zuerst.
Es spielt aber gar keine Rolle.

- 250 g gekochte rote Linsen (statt Öl)
- 200 g Standardstützcreme 8814
- 100 g Apfelmus (mit der Creme = 5 Eier)
- 250 g Honig (für den Zucker)
- 50 g Standardpflanzenmilch 8820 oder Wasser
- 375 g Weizen, fein gem.
- 1 P Weinstein-Backpulver
- 1 TL Natron (statt des „berechneten" 2. P Backpulver)
- 1 TL Vanillepulver
- 2 EL Kakao (20 g), gesiebt
- 2 EL Pflanzenmilch

Linsen, Stützcreme, Apfelmus, Honig und Milch im Mixtopf zu einer glatten Flüssigkeit verarbeiten (10 Sek./Stufe 3; 10 Sek./Stufe 5). Mehl, Backpulver, Natron und Vanille miteinander mischen, in den Mixtopf geben und verrühren (15 Sek./Stufe 5; Teig mit dem Spatel herunterdrücken; 10 Sek./Stufe 5). Bei mir wog die

Masse 1240 g (ich kenne das Leergewicht des Mixtopfs und konnte daher den Inhalt ausrechnen). 620 g umfüllen. Kakao und 2 EL Pflanzenmilch in den Mixtopf geben und nochmals rühren (10 Sek./Stufe 5).

Den Boden der Springform mit Backpapier überspannen. Ofen (Heißluft) auf 160 °C vorheizen.

Für das Zebramuster mit 2 Esslöffeln hellem Teig anfangen. In die Mitte der Springform geben. Auf den hellen Teig 2 Esslöffel von dem dunkeln Teig geben, leicht herunterdrücken. Vorgang wiederholen, bis der Teig aufgebraucht ist. Den Teig nicht allzu glatt streichen. Die Form in den vorgeheizten Backofen geben und 50 Min. bei 160 °C backen.

Die Form auf einen Kuchenrost stellen, 10 Min. so stehen lassen. Dann aus der Form lösen und auf dem Rost auskühlen lassen. Mit einem Schokoladenguss überziehen.

8947. Freies Wildhefebrot, März 2016

Am Morgen des *Vortages*, 9:45 Uhr:
- 100 g Dinkel, fein gemahlen, mischen mit
- 100 g Hefewasser; in einer Pengdose stehen lassen.

Am Abend des Vortages, 21:45 Uhr:
- Ansatz vom Morgen mit
- 150 g Dinkel, fein gemahlen, und
- 150 g Wasser verrühren; in einer Pengdose stehen lassen.

Backtag, ca. 8:15 Uhr:
- 100 g Wasser
- 8 g frische Hefe
- 30 g Dinkel (war ein Rest, könnte auch Weizen sein)
- 270 g Weizen
- 100 g Roggen
- 2 TL Salz
- 1 geh. TL Brotgewürz
- Ansatz vom Abend

Hefe im Wasser auflösen (TM: 2 Min./37°C/Stufe 2). Getreide mischen und fein mahlen, mit Salz und Brotgewürz mischen. In den Mixtopf geben und obenauf den Ansatz vom Abend gießen. 3 Min. auf der Knetstufe kneten lassen.

Während der Gehzeit zweimal falten, d. h. nicht völlig durchkneten, sondern zu einer 3 cm-hohen Platte auseinanderdrücken und wieder zu einer Kugel unter Spannung formen. Insgesamt 2 Std. 30 Min. gehen lassen. Einen kleinen Laib formen und unter Gärfolie ruhen lassen, bis der Ofen auf 250 °C vorgeheizt ist. Das Lochblech ist im Ofen, Klimagaren auf „2" gestellt. Brot auf das Blech legen, den ersten Dampfstoß direkt geben, den zweiten nach 10 Min.. 35 Min. bei 190 °C backen. Klopfprobe machen.

8948. Roter Pizza-Belag Nr. 24 (28 cm), März 2016

- 10 g Tomatenmark
- 1 Prise Salz
- 1/2 TL Paprika edelsüß
- 1 TL Apfelessig
- 1 TL Ahornsirup
- 2 TL Wasser

Mit einem Teelöffel verrühren.

8949. Erdbeereis, März 2016

2 Portionen
- 1 Banane, geschält (125 g)
- 15 g Ahornsirup
- 250 g tiefgekühlte Erdbeeren

Banane mit Ahornsirup im Vitamix pürieren. Erdbeeren hinzufügen und mit dem Stößel einarbeiten, bis sich ansatzweise die Raute zeigt.

Hinweis: Bei uns gab es heiße Schokoladensoße dazu (2 Min./65 °C/ Stufe 2).

8950. Zebrakuchen klein, März 2016

Für eine 18-cm-Springform

- 125 g gekochte rote Linsen (statt Öl)
- 100 g Standardstützcreme 8814
- 50 g Apfelmus (mit der Creme = Hälfte von 5 Eiern)
- 125 g Honig (für den Zucker)
- 60 g Standardpflanzenmilch 8820 oder Wasser
- 185 g Weizen, fein gemahlen
- 1 P Weinstein-Backpulver
- 1/2 TL Vanillepulver
- 1 EL Kakao (10 g), gesiebt
- 1 EL Pflanzenmilch
- 1 knapper EL dünnflüssiger Honig oder Ahornsirup

Linsen, Stützcreme, Apfelmus, Honig und Milch im TM-Mixtopf zu einer glatten Flüssigkeit verarbeiten (10 Sek./Stufe 3, 10 Sek./Stufe 5). Mehl, Backpulver und Vanille miteinander mischen, in den Mixtopf geben und verrühren (15 Sek./Stufe 5). Bei mir wog die Masse 660 g (ich kenne das Leergewicht des Mixtopfs und konnte daher den Inhalt ausrechnen). 300 g umfüllen. Kakao, Süßungsmittel und 1 EL Pflanzenmilch in den Mixtopf geben und nochmals rühren (10 Sek./Stufe 5).

Den Boden der Springform mit Backpapier überspannen. Ofen (Heißluft) auf 160 °C vorheizen.

Für das Zebramuster mit 2 Esslöffeln hellem Teig anfangen. In die Mitte der Springform geben. Auf den hellen Teig 2 Esslöffel von dem dunklen Teig geben. Vorgang wiederholen, bis der Teig aufgebraucht ist. Den Teig nicht glattstreichen. Die Form in den vorgeheizten Backofen geben und 45 Min. bei 160 °C backen. 5 Min. im ausgestellten Ofen nachbacken.

Die Form auf einen Kuchenrost stellen, 10 Min. so stehen lassen. Dann aus der Form lösen und auf dem Rost auskühlen lassen. Mit einem Schokoladenguss überziehen.

Hinweis: *Nach einem Rezept aus dem Buch „Dr. Oetker Rührkuchen von A-Z", Seite 272. Ich habe die Zutaten exakt umgerechnet nach der „Formel" und halbiert.*

8951. Wildhefe-Pizza, März 2016

2 Portionen

Vorabend:

- 50 g Einkorn, fein gemahlen, mit
- 50 g Wildhefe-Wasser verrühren, in einer Pengdose über Nacht stehen lassen.

Morgen:

- 50 g Einkorn, fein gemahlen, mit
- Ansatz vom Vorabend und
- 50 g Wasser verrühren, in einer Pengdose bis zum Nachmittag stehen lassen.

Nachmittag:

- 7 g Hefe
- 40 g Wasser
- 110 g Weizen, fein gemahlen
- Ansatz vom Morgen

Hefe im Wasser auflösen. Mit Weizen und Ansatz verkneten. Der Teig ist sehr weich, lässt sich auf der glatten Arbeitsfläche so gerade kneten. Bis zum Abendessen gehen lassen, einmal zwischendurch mit nassen Händen „zusammenfalten".

Rote Soße 8948

Zum Belegen:

- 2 Zwiebeln, abgezogen und in dünnen Ringen (120 g netto)

Weißer Belag:

- 115 g Käsecreme 2016; 8918
- 50 g Standardstützcreme 8814

- 30 g gekochte rote Linsen
- 30 g Kichererbsenkochwasser
- 1 TL Salz
- 10 g Zitronenfleisch
- 10 g Sonnenblumenöl
- Schabziegerklee

Im Mixer verschlagen.

Eine 28-cm-Pizzaform (PerfectClean) mit Mehl bestäuben. Teig, ungeknetet, nur leicht zusammengedrückt, in die Mitte geben und mit nassen Händen breit drücken, bis ein kleiner Rand entstanden ist. Rote Soße darauf pinseln, mit den Zwiebelringen bestreuen und die weiße Soße aufklecksen.

Ofen auf 260 °C (Ober-/Unterhitze) vorheizen, Form einschieben und 10 Min. bei 260 °C backen.

Fazit: Der Teig ist wunderbar geworden. Gut war sicher auch, dass ich nicht so viel Gemüse drauf getan habe. Das werde ich nächste Woche bestimmt nochmal probieren! Dann werde ich allerdings 11 Min. backen.

8952. Kauapfel unter Püree-FKG, März 2016

2 x Frühstück

- 2 EL Leinsamen
- 6 EL Nackthafer
- 1 Banane, geschält (125 g)
- 130 g Heidelbeeren
- 2 Äpfel, je 175 g
- 20g Cashewnüsse

Leinsamen mit dem Getreide flocken, auf zwei Schüsselchen verteilen. 1 Apfel halbieren und würfeln, auf diese Schüsseln verteilen. Banane und 1 Apfel in grobe Stücke teilen, mit den Heidelbeeren im Hochleistungsmixer pürieren, über die Apfelwürfel geben. Mit Cashewnüssen dekorieren.

8953. Zwiebel-Erdnusssoße, März 2016

2 gute Portionen

- 3 Zwiebeln, geschält und halbiert (160 g netto)
- 50 g Kichererbsenkochwasser
- 125 g Käsewasser 2016; 8912
- 1 TL Salz
- 1-2 Prisen Pfeffer
- 1 TL Paprikapulver edelsüß
- 1 EL Peperoniessig
- 75 g Apfelmus
- 35 g Erdnussmus
- 100 g gekochte rote Linsen

Zwiebeln im Mixtopf zerkleinern (3 Sek./Stufe 5), mit einem Spatel herunterschieben. Kichererbsenwasser hinzufügen und anrösten (2 Min./100 °C/Stufe 2). Käsecremewasser hinzufügen und garen (10 Min./100 °C/Stufe 2). Derweil mit einem Löffel verrühren: Salz, Pfeffer, Paprika, Essig, Apfelmus und Erdnussmus. Mit den Linsen zu den Zwiebeln geben, erhitzen (2 Min./80 °C/Stufe 2) und pürieren (30 Sek./Stufe 5). Heiß servieren.

Tipp: Bei uns gab es Ofenkartoffeln dazu.

8954. Creme di Cacao, März 2016

Im Vitamix 2,5 Min. auf höchster Stufe schlagen:

- 15 g Kakaonibs
- 15 g Chiasamen
- 3 Medjool-Datteln entsteint (56 g netto)
- 5 g frischer Ingwer
- 60 g Standardstützcreme
- auf 500 ml mit Wasser / kochendem Wasser 1:1 auffüllen.

8955. Mango süß-herb, März 2016

2 x Frühstück

- 2 EL Leinsamen
- 6 EL Nackthafer
- 10 g Zitronenfleisch
- 260 g Mangofleisch
- 1 Apfel (180 g)
- 1 Banane, geschält (130 g)
- 20 g Walnüsse

Leinsamen mit dem Getreide flocken, auf zwei Schüsselchen verteilen.

Das Obst in grobe Stücke teilen und im Hochleistungsmixer pürieren, über das Getreide geben. Mit den Walnüssen (herbe Note) bestreuen.

8956. TM-Kakao Versuch 2, März 2016

2 Portionen

- 30 g Kakaonibs
- 15 g Cashewnüsse
- 15 g Ingwer, frisch und ungeschält
- 30 g gekochte rote Linsen
- 20 g Chiasamen
- 4 Datteln, Medjool, entsteint (70 g netto)
- 600 g Wasser

Zutaten in den Mixtopf geben und mixen (3 Min./Stufe 10), anschließend erhitzen (8 Min./80 °C/Stufe 2). Auf 2 Becher verteilen.

8957. Schokosoße simpel, März 2016

Mehr als 2 Honiggläser; alt: 8930

Im 0,9 Liter-Becher des Vitamix mixen:

- 275 g Wasser
- 210 g Ahornsirup
- 50 g Kakao
- 50 g Carob (Rohkost); (Salz und Vanille vergessen)
- 20 g Cashewnüsse

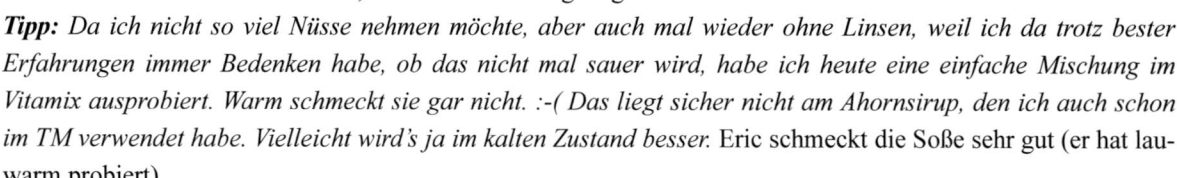

Stößel benutzen, später drin hängen lassen und 5 Min. auf der Höchststufe. Am Stößel kann man fühlen, ob die Masse heiß genug ist.

Tipp: *Da ich nicht so viel Nüsse nehmen möchte, aber auch mal wieder ohne Linsen, weil ich da trotz bester Erfahrungen immer Bedenken habe, ob das nicht mal sauer wird, habe ich heute eine einfache Mischung im Vitamix ausprobiert. Warm schmeckt sie gar nicht. :-(Das liegt sicher nicht am Ahornsirup, den ich auch schon im TM verwendet habe. Vielleicht wird's ja im kalten Zustand besser. Eric schmeckt die Soße sehr gut (er hat lauwarm probiert).*

8958. Lievito-Kräuter-Schnecken, März 2016

Für den Teig:

- 1/2 Würfel Hefe
- 135 g reifer Lievito Madre 8937
- 1/2 TL Honig
- 30 g gekochte rote Linsen
- 225 g Standardpflanzenmilch 8820
- 400 g Weizen, fein gemahlen
- 1 TL Salz

Hefe in den TM-Mixtopf krümeln, Lievito, Honig, Linsen und 200 g Milch hinzufügen, auflösen (2 Min. 30 Sek./37°C/Stufe 2). Weizen mit Salz mischen und zugeben, kneten (2 Min./Knetstufe). Mit der Hand 25 g Wasser einarbeiten. Teig zu einer Kugel unter Spannung formen, in eine Pengdose füllen und im Ofen 30 Min. bei 35 °C gehen lassen, nach 15 Min. Teig erneut zu einer Kugel formen.

Für die Füllung:

- 50 g Kräuter „grüne Soße" (fertig zusammen gekauft)
- 50 g getr. Tomaten
- 1 EL Pflanzenmilch
- 200 g gekochte weiße Bohnen
- 200 g gekochte rote Linsen
- 1 gute Prise Pfeffer
- 1 TL Salz
- Streumehl

Kräuter in den Mixtopf geben, 3 Sek./Stufe 8 zerkleinern. Umfüllen.

Tomaten mit der Pflanzenmilch zerkleinern (10 Sek./Stufe 8). Kräuter, gekochte Hülsenfrüchte, Pfeffer und Salz zugeben und verrühren (20 Sek./Stufe 3; 5 Sek./Stufe 4).

Teig halbieren (je 400 g), Füllmasse halbieren (je 280 g). Mit jeder Teighälfte wie folgt verfahren: Mit Hilfe von Streumehl zu einem Rechteck von ca. 30 x 45 cm ausrollen. Mit der Füllung bestreichen, aufrollen. Mit einem scharfen Messer die Teigrolle in ca. 2 bis 2,5 cm dicke Scheiben schneiden (ergibt 12 Stück). Teigschnecken mit der Schnittfläche nach oben auf ein Backblech (PerfectClean, oder mit Dauerbackfolie / Backpapier) legen. Mit Gärfolie abdecken und 10 Min. gehen lassen. Ofen auf 160 °C (Heißluft) vorheizen, in der Zeit ruhen die Schnecken. 20 Min. bei 160 °C backen, abkühlen lassen und servieren.

Im Rezept war 1 Würfel Hefe angegeben. Ich habe also die halbe Hefemenge durch Lievito Madre ersetzt. Gegangen ist der Teig ganz normal, ob die Madre mit im Spiel ist, weiß ich nicht. Ich kann auch wegen der Füllung nicht sagen, ob der Teig anders schmeckt. Der rohe Teig schien mir irgendwie „mürber", als ich es von normalen Hefeteigen gewohnt bin.

Tipp: *In diesem Lievito Madre-Rezept war meine Erfahrung: 100 g Mehl weniger, Flüssigkeit bleibt unverändert.*

8959. Rucola-Suppe, März 2016

2 Portionen

- 1 kleine Kartoffel, unter fließendem Wasser abgebürstet (50 g)
- 1 kleine Zwiebel, abgezogen (25-30 g netto)
- 400 g Flüssigkeit, bei mir Mischung aus Pflanzenmilch und Wasser
- 100 g gekochte weiße Bohnen
- 1 TL Salz
- 1-2 P schw. Pfeffer
- 1/4 TL gem. Kreuzkümmel
- 35 g Rucola

Kartoffel, Zwiebel und Flüssigkeit in den TM-Mixtopf geben, zerkleinern (5 Sek./Stufe 5). 10 Min. kochen (100 °C/Stufe 2). Bohnen hinzugeben, erneut aufkochen (2 Min./100 °C/Stufe 2). Abschmecken. Rucola hinzufügen und zerkleinern (20-30 Sek./Stufe 10; zwischendurch kontrollieren, dass der Rucola nicht noch zu groß, aber auch nicht zu klein ist).

8960. Einkorniges Mango-FKG, März 2016

2 x Frühstück

- 2 EL Leinsamen
- 6 EL Einkorn
- 10 g Zitronenfleisch
- 260 g Mangofleisch (2 Stück für die Deko beiseitegelegt)
- 1 Banane, geschält (130 g)
- 1 mittelgroßer Apfel (180 g)
- 10 g Cashewnüsse

Leinsamen mit dem Getreide flocken, auf zwei Schüsselchen verteilen.

Das Obst in grobe Stücke teilen und im Hochleistungsmixer pürieren, über das Getreide geben. Mit Mangostücken und Cashewnüssen dekorieren.

8961. Dreigespann-Pfanne, März 2016

2 Portionen

Als Gemüsepfanne (24 cm, 16 Min.):

- 100 g Wasser
- 165 g Kartoffeln, unter fließendem Wasser abgebürstet, Schadstellen entfernt und in Scheiben geschnitten
- 3 kleine Süßkartoffeln (255 g), in Scheiben
- 75 g Steckrübe, gewürfelt

Für die Soße:

- 30 g Apfelmark
- 50 g gekochte rote Linsen
- 3 g Essigpeperoni 7/4573
- 1 TL Salz
- 1 Prise Pfeffer
- 30 g Standardstützcreme 8821
- 45 g Wasser

Soßenzutaten verquirlen, unter das Gemüse rühren und einmal aufkochen.

8962. Frutta de Jardin, März 2016

2 x Frühstück

- 2 EL Leinsamen
- 6 EL Nackthafer
- 12 g Zitronenfleisch
- 1 Apfel (100 g)
- 1 Banane, geschält (125 g netto)
- 460 g geputzte Erdbeeren, netto (2 für Deko beiseitelegen)
- 20 g Walnüsse

Leinsamen mit dem Getreide flocken, auf zwei Schüsselchen verteilen.

Das Obst in grobe Stücke teilen und im Hochleistungsmixer pürieren, über das Getreide geben. In die Mitte je eine Erdbeere stecken, Walnüsse daneben streuen.

8963. Kokosnusskranz, März 2016

Anwenden der Wilkesmannschen Formel auf Kokoskranz
https://www.daskochrezept.de/rezepte/kokosnusskranz.
Für eine 1,2-Liter-Form.

- 250 g Weizen
- 1 P Weinstein-Backpulver
- 50 g Kokosnussraspel
- 100 g Linsen
- 170 g Standardstützcreme 8814
- 40 g Apfelmark
- 35 g Pflanzenmilch 8820
- 150 g Honig
- Kokosöl für die Form

Weizen fein mahlen, mit Backpulver und Kokosraspeln mischen. Linsen, Creme, Apfelmark, Pflanzenmilch und Honig verrühren (15 Sek./Stufe 5). Mehlgemisch hinzufügen und verrühren (20 Sek./Stufe 5). Eine Puddingform, 1,2-Liter, mit etwas Kokosöl einfetten. Teig hineingeben, geht etwas über die halbe Höhe der Form. Deckel auflegen und festdrücken. Ca. 1200 ml Wasser in den Mixtopf geben. Form in den Varoma setzen und garen (45 Min./Varoma/Stufe 2).

Deckel abnehmen, 10 Min. auf einem kalten, nassen Lappen stehen lassen. Auf einen Gitterrost stürzen.

Sobald der Kuchen kalt ist, mit Schokoguss überziehen (30 g Kakaobutter, 60 g Schokosoße).

Tipp: Wer keinen Thermomix bzw. Varoma hat, kann wie im Originalrezept backen: 45 Min. bei 160 °C Heißluft.

8964. Rucola-Erdnuss-Soße, März 2016

2 Portionen

- 100 g Wasser
- 1 Zwiebel, geschält und in Ringe geschnitten (65 g netto)
- 1 Knoblauchzehe, abgezogen und in Scheiben geschnitten (8 g netto)
- 25 g Rucola

Wasser in einer 20-cm-Pfanne zum Kochen bringen. Zwiebel und Knoblauch zugeben und 3 Min. offen dünsten. Deckel auflegen, als Gemüsepfanne 10 Min. dünsten. Rucola klein schneiden, zugeben und weitere 5 Min. dünsten.

Soße:

- 65 g Standardstützcreme 8814
- 35 g Erdnussmus (1 EL)
- 1 TL Salz
- 2 Prisen Pfeffer
- 1/4 TL Kreuzkümmel gem.
- 50 g Apfelmark
- 45 g (+ 40 g) Wasser
- 10 g Apfelessig

Zutaten im Mixer verquirlen, unter das Gemüse rühren und aufkochen. Becher mit 40 g Wasser nachspülen. Dieses Wasser ebenfalls zum Gemüse geben, verrühren und aufkochen.

Tipp: *Bei mir gab es dazu Bandnudeln aus dem Thermomix.*

8965. Erdmango, März 2016

2 x Frühstück

Abends

- 6 EL Vier-Korn-Getreide BuHiRoWei 8381 grob schroten & auf zwei Schüsseln verteilen. Mit insgesamt
- 160 g Wasser übergießen. Abgedeckt mindestens 4 Std. bei RT.

Morgens

- 40 g getr. Mango
- 25 g Cashewnüsse
- 275 g Wasser
- 2 Bananen, geschält (220 g netto)
- 365 g geputzte Erdbeeren (netto)
- 10 g Kokosraspel
- 1 TL Gojibeeren

Mango in kleinere Stücke reißen. Mit Nüssen und Wasser im Vitamix zu einer lauwarmen Creme schlagen. Auf das Getreide gießen. Bananen in grobe Stücke teilen und mit den Erdbeeren im Hochleistungsmixer pürieren, über die Mangocreme geben. Kokosraspel auf das Obstpüree streuen.

8966. TM-Kakao Pulver, März 2016

2 Portionen

- 10 g Kakaopulver, schwach entölt
- 20 g Cashewnussmus
- 1 TL Ingwerpulver (3 g)
- 1/2 TL Vanillepulver
- 1 Prise Zimt
- 20 g gekochte rote Linsen
- 40 g Ahornsirup oder dünnflüssiger Honig
- 120 g Pflanzenmilch 8820 oder: 30 g Stützcreme + 90 g Wasser
- 480 g Wasser

Zutaten in den Mixtopf geben und mixen (20 Sek./Stufe 5), anschließend erhitzen (8 Min./80 °C/Stufe 2). Auf 2 Becher verteilen.

8967. Bestreu-Alternative, März 2016

- 50 g Nackthafer, frisch geflockt
- 25 g Walnüsse
- 25 g Mandeln
- 1/2 TL Salz
- 2-3 Prisen Schabziegerklee

Alle Zutaten im Nutrition Mixer auf die gewünschte Feinheit zerkleinern. Größere Mengen macht man vielleicht besser in einem TM, da ich hier noch diverse Mandelstücke unzerkleinert herausgefischt habe.

8968. Sellerie in Kokossoße, März 2016

2 Portionen

Gemüse (Gemüsepfanne 20 cm, 16 Min.):

- 75 g Wasser
- 155 g Sellerie, gewürfelt (netto)
- 25 g Zwiebel, geschält und gewürfelt (netto)
- 3 g frischer Ingwer, hauchdünn in Scheiben und Streifen geschnitten
- 25 g grüne Rosinen

Soße:

- 25 g Kokosraspel
- 1 TL Salz
- 10 g Cashewnüsse
- 50 g Standardstützcreme 8814
- 1 geh. TL getr. Mangoschale 8675 (oder 1 P Zitronenschale)
- 150 g Wasser
- 85 g Banane, in Scheiben (netto)

Raspeln, Salz, Nüsse, Creme, Schale und Wasser mit dem Mixer zu einer glatten Creme verarbeiten. Unter das Gemüse rühren, Bananenscheiben hinzufügen und aufkochen. Auf kleiner Einstellung 3 Min. köcheln lassen.

Tipp: Bei mir gab es dazu roten Reis, 180 g Rohgewicht, gegart im TM (45 Min./Varoma/Stufe 2).

8969. Orange-coloured FKG, März 2016

2 x Frühstück

- 2 EL Leinsamen
- 4 EL Nackthafer
- 2 EL Einkorn
- 1 1/2 Bananen, geschält (165 g netto)
- 280 g Erdbeeren, geputzt (netto)
- 250 g Mangofleisch

Getreide flocken, auf zwei Schüsselchen verteilen. Eine Erdbeere für die Deko beiseitelegen. Das Obst wenn nötig in grobe Stücke teilen und mit den Erdbeeren im Hochleistungsmixer pürieren, über das Getreide geben. Erdbeere längs halbieren, in die Mitte legen. Auf einer Schüssel sind noch 4 Mandeln und 2 kleine Paranüsse.

8970. After-Eight-Kakao, März 2016

Im Hochleistungsmixer, je nach Gerät, 2,5 bis 3 Min. auf höchster Stufe schlagen (Verhältnis Minze/Ingwer sehr gut):

- 10 g Kakaonibs
- 1 TL Carob, Rohkost (4 g)
- 15 g Chiasamen
- 1 guter TL getr. Minze (knapp 1 g)
- 30 g gekochte rote Linsen
- 2 Medjool-Datteln entsteint (45 g netto)
- 7 g frischer Ingwer
- 75 g Pflanzenmilch 8820
- auf 500 ml (Markierung im Becher) mit Wasser / kochendem Wasser 1:1 auffüllen.

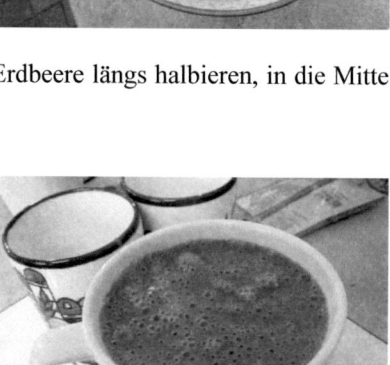

8971. Mungbohnen, eingeweicht, März 2016

- 100 g Mungbohnen
- Wasser

Mungbohnen 7-8 Std. in Wasser einweichen. In einen Topf geben und mit Wasser auf 355 g auffüllen (Zufallstreffer). Aufkochen und 30-35 Min. auf kleinster Einstellung kochen.

8972. Wildhefe, 1. Verlängerung, März 2016

- 100 g Wildhefewasser
- 2 getr. Feigen (50 g)
- 1 TL Honig (20 g)
- 850 g Wasser

In eine Karaffe geben, deren Deckel ein bisschen „Luft" zulässt. Ab und an umrühren. Ganz kleine Bläschen zeigen sich bereits abends.

Hinweis: Ich habe sie wegen starker Schaumbildung bereits nach knapp 36 Std. in den Kühlschrank gestellt.

8973. Schokoladensoße schokoladig, März 2016

1,5 Honiggläser; alt: 8956; geht nur im Vitamix, denn der TM bekommt die Kakaonibs nicht so fein.

Im 0,9 Liter-Becher des Vitamix mixen:

- 195 g Honig
- 20 g Kakaonibs
- 60 g Kakao
- 30 g Carob (Rohkost)
- 1 Prise Salz
- 1/2 TL Vanille
- 20 g Cashewnüsse
- 300 g kochend heißes Wasser

Stößel benutzen, später drin hängen lassen und 5 Min. auf der Höchststufe. Am Stößel kann man fühlen, ob die Masse heiß genug ist.

Schmeckt sehr schokoladig, ich habe nur leider beim Wasser nicht auf den Vorläufer geschaut und so zwei Dinge versäumt: es muss nicht kochend heiß sein und es hätte weniger sein sollen.

8974. Austernpilze mit Kartoffelbasis, März 2016

Gemüse (Gemüsepfanne 24 cm, 15-17 Min.):

- 100 g Wasser
- 20 g Kokosöl
- 1 Zwiebel, abgezogen und gewürfelt (80 g netto)
- 310 g Kartoffeln, Schadstellen entfernt und in Scheiben geschnitten
- 155 g Austernpilze, klein geschnitten
- 3 Tomaten, halbiert (220 g)

Soße (mixen, unter das Gemüse rühren und aufkochen):

- 10 g Zitronenfleisch
- 1 TL Salz
- 2 P Pfeffer
- 35 g gekochte rote Linsen
- 45 g Standardstützcreme 8814
- 45 g Wasser

8975. Mungkakao, März 2016

Im Vitamix 2,5 Min. auf höchster Stufe schlagen:

- 17 g Kakaonibs
- 15 g Chiasamen
- 2 Medjool-Datteln entsteint (40 g netto)
- 5 g frischer Ingwer
- 30 g gekochte Mungbohnen
- auf 500 ml mit Wasser / kochendem Wasser 1:1 auffüllen.

8976. Erdbeer-Mango-Frühstück, März 2016

2 x Frühstück

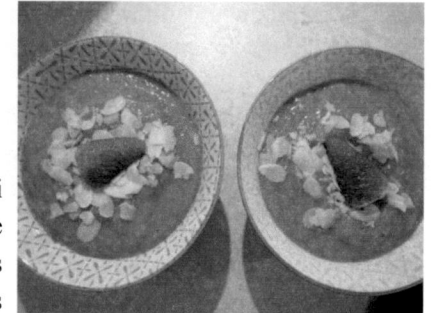

- 6 EL Nackthafer
- 1 geschälte Banane (125 g)
- 320 g geputzte Erdbeeren
- 280 g Mangofleisch
- 15 g Mandelblättchen
- 1 größere Erdbeere

Hafer im Mixtopf grob schroten (2 x 10 Sek./Stufe 8) und auf zwei Müslischüsseln verteilen. Banane grob zerteilt, Erdbeeren und in Stücke geschnittene Mango im Mixtopf zerkleinern, zuerst 10 Sek./Stufe 4. Das ist dann noch etwas grober, wie auf dem 1. Foto zu sehen ist. Wer es lieber als Püree mag, fährt fort: 5 Sek./Stufe 8. Obst auf dem Hafer verteilen, mit Mandelblättchen bestreuen. Die Erdbeere längs halbieren und jeweils in die Mitte legen.

8977. Rucoladressing mit Öl, März 2016

Vorläufer: 8868

Im Vitamix schlagen (wird im Kühlschrank fester):

- 125 g Sonnenblumenkerne
- 50 g Sonnenblumenöl
- 150 g Apfelessig
- 30 g Rucola
- 20 g Salz
- 1 g gem. schw. Pfeffer
- 7 g Gute Laune-Gewürzmischung von Sonnentor
- 50 g Honig
- 215 g Wasser (sollten sein 200)

8978. Osterkuchen Wildhefe, März 2016

Für eine 26-cm-Springform

Ansatz am **Mittag des Vortages**:

- 50 g Einkorn
- 50 g Wildhefewasser

In einer kleinen Pengschüssel verrühren, Deckel schließen und bis abends stehen lassen. Der Teig ist blasig.

Ansatz am **Abend des Vortages**:

- Ansatz vom Mittag
- 150 g Einkorn
- 150 g Wildhefewasser

In Pengschüssel verrühren, Deckel schließen, in eine Plastiktüte stellen, bis morgens stehen lassen. Deckel springt schon nach wenigen Std. ab.

Backtag

- 50 g gekochte rote Linsen
- 100 g Wasser
- 50 g Standardstützcreme 8814
- 5 g frische Hefe
- 65 g Honig
- Ansatz vom Vorabend
- 400 g Einkorn
- 85 g Weizen
- 1 TL Salz
- 1/2 TL Öl für die Form
- 50 g Kakaonibs
- 100 g Orangeat
- 1 mittelgroßer Apfel, gewürfelt (195 g)
- 85 g Mandelblättchen
- 95 g flüssiger Honig oder Ahornsirup

Linsen, Wasser, Stützcreme, Hefe und Honig vom Vorabend im Mixtopf lösen (2 Min./37°C/Stufe 2). Ansatz hinzugeben und ebenfalls lösen (1 Min./37°C/Stufe 2). Getreide mischen und mahlen, mit dem Salz vermischt in den Mixtopf geben und einkneten (3 Min./Knetstufe). Kakaonibs und Orangeat hinzufügen und nochmals kneten (1 Min./Knetstufe). Der Teig ist sehr klebrig und löst sich nur schwer aus dem Mixtopf. (50 g Wasser weniger wäre besser gewesen.). In eine passende Pengschüssel geben und im Ofen bei 30 °C gehen lassen, bis der Deckel abspringt, ich habe nicht auf die Uhr gesehen. Bei mir war der Teig in der 2-Liter-Pengschüssel bis ganz nach oben gegangen. Den Boden der Springform mit Öl einpinseln. Den Teig hineingeben und glattstreichen, dabei nicht allzu viel Druck ausüben. Die Apfelwürfel gleichmäßig auf dem Teig verteilen, mit Mandelblättchen bestreuen und den Honig bzw. Sirup mit einem Löffel auf den Blättchen verteilen.

In den kalten Ofen (Heißluft) schieben und 50 Min. bei 160 °C backen. Im ausgestellten Backofen 5 Min. nachbacken.

8979. Pizza Lievito Madre, März 2016

2 Portionen; Vorläufer mit Wildhefe 8949

14 Uhr:

- 15 g gekochte rote Linsen
- 100 g Wasser
- 36 g reife Lievito Madre
- 5 g frische Hefe
- 1/2 TL Honig (4 g)
- 1/2 TL Salz
- 150 g Weizen
- 25 g Einkorn

Linsen, Wasser, Lievito Madre, Hefe und Honig lösen (TM: 2 Min./37°C/Stufe 2). Getreide mischen, mahlen und Salz einrühren. In den Mixtopf geben und kneten (2 Min./Knetstufe). Mit der Hand kurz durchkneten, zu einer Kugel unter Spannung formen und in einer Pengschüssel 50 Min. gehen lassen. 2 x durchkneten und weiter gehen lassen bis ca. 16.30 Uhr.

Zum Belegen:

- 3 Tomaten, in Scheiben (250 g)
- 1 Knoblauchzehe, abgezogen und in Scheiben (5 g netto)
- 1 TL Pizzagewürz

Rote Soße:

- 10 g Tomatenmark
- 1 Prise Salz
- 1/2 TL Paprika edelsüß
- 1 TL Apfelessig
- 1 TL Ahornsirup
- 2 TL Wasser

Mit einem Teelöffel verrühren.

Weißer Belag 8980

Eine 28-cm-Pizzaform (PerfectClean) mit Mehl bestäuben. Teig, ungeknetet, nur leicht zusammengedrückt, in die Mitte geben und mit Hilfe von Streumehl mit den Händen breit drücken und mit einem kleinen Pizzaroller weitermachen, bis ein kleiner Rand entstanden ist. Rote Soße darauf pinseln, mit den Tomaten- und Knoblauch-scheiben belegen, mit Pizzagewürz bestreuen und die weiße Soße aufklecksen.

Ofen auf 270 °C (Ober-/Unterhitze) vorheizen, Form einschieben und 11 Min. bei 270 °C backen.

8980. Weißer Pizzabelag Nr. 34 (mit Öl), März 2016

- 100 g Standardstützcreme 8814
- 30 g gekochte rote Linsen
- 30 g Wasser
- 1 TL Salz
- 10 g Zitronenfleisch
- 20 g Sonnenblumenöl und
- 20 g Cashewnussmus im starken Mixer verschlagen.

8981. Lievito (1. Verlängerung), März 2016

Der Deckel der Pengdose war immerhin gewölbt!

- Ansatz
- 60 g Wasser
- 100 g Weizen, frisch gemahlen

Foto: So sah er von unten aus:

Ansatz mit einem Teelöffel im Wasser verrühren (sollten 50 g sein, habe mich „vergossen"). Weizen mit dem Löffel unterrühren, anschließend mit der Hand einkneten. Zu einer Kugel formen, kreuzförmig einschneiden und in einer Pengdose wieder in den Kühlschrank geben.

8982. Beereneis, März 2016

2 Portionen

- 1 Banane, geschält (140 g)
- 20 g Ahornsirup
- 20 g Standardstützcreme 8814
- 205 g tiefgekühlte Beerenmischung
- 75 g Eiswürfel

Banane mit Ahornsirup und Stützcreme im Vitamix pürieren. Beeren und Eiswürfel hinzufügen und mit dem Stößel einarbeiten, bis sich die Raute zeigt. Bei uns gab es heiße Schokoladensoße dazu (2 Min./65 °C/Stufe 2).

8983. Waldgo-Frühstück in Soft, März 2016

2 x Frühstück

- 2 EL Leinsamen
- 6 EL Nackthafer
- 15 g Zitronenfleisch
- 255 g Mangofleisch (von 1 Mango)
- 1 Banane, geschält (130 g netto)
- 200 g tiefgekühlte Waldbeeren-Mischung
- 20 g Walnusskerne

Leinsamen mit dem Getreide flocken, auf zwei Schüsselchen verteilen.

Mango und Banane in grobe Stücke teilen und mit Zitrone und Beeren im Hochleistungsmixer pürieren, über das Getreide geben. Mit den Walnüssen dekorieren.

8984. Weizen-Lievito-Brot, März 2016

Am Vorabend:

- 300 g Weizen
- 100 g (reife) Lievito Madre
- 300 g Wasser

Weizen fein mahlen, mit Lievito und Wasser verrühren. In einer Pengdose über Nacht stehen lassen. Es bildet sich ein blasiger Sauerteig.

Am Backmorgen:

- 440 g Weizen
- 210 g Wasser
- 30 g Apfelessig
- 50 g Leinsamen
- 50 g Sonnenblumenkerne
- 13 g frische Hefe (1/4 Würfel)
- 2 TL Salz
- 1 gestr. TL Honig
- Butter oder Kokosöl für die Form

40 g Weizen schroten (5 von 9, Hawos). 400 g Weizen fein mahlen und das Mehl in den Mixtopf geben. Wasser, Leinsamen, Sonnenblumenkerne, Essig, zerbröselte Hefe und Lievito-Sauerteig, Salz und Honig zugeben und kneten (3 Min./Knetstufe, evtl. Spatel zu Hilfe nehmen).

Dr. Oetker-Profi-Email-Brotbackform (30 x 12 cm Innenmaße) einfetten. 1,5 EL Weizen beiseitelegen, mit dem Rest die Form ausstreuen. Teig in die Form geben, mit Weizenschrot bestreuen. Form in eine Plastiktüte stecken und 1 Std. gehen lassen. Am Ende dieser Zeit den Backofen (Heißluft) auf 210 °C vorheizen. Form einschieben und 40 Min. bei 210 °C sowie 10 Min. bei 190 °C backen (Klimagaren mit einem manuellen Dampfstoß nach einschieben). Brot auf ein Kuchengitter geben und abkühlen lassen.

8985. Chia-Cräcker, März 2016

1,5 Backbleche

- 30 g Polenta (selbstgemacht; also fein geschroteter Mais)
- 15 g Quinoa
- 25 g Sojamehl (diese ersten drei Posten kann man ganz einfach durch fein gemahlenen Mais (1 Min./Stufe 10 im TM) ersetzen
- 100 g Kamut, fein gemahlen
- 40 g Chia-Samen
- 100 g Standard-Pflanzenmilch
- 50 g gekochte rote Linsen
- 1 TL Salz
- 1/4 TL Pfeffer
- 1 TL Paprika edelsüß
- Streumehl

Polenta und Quinoa fein mahlen (30 Sek./Stufe 10). Kamut, Chiasamen, Milch, Linsen, Salz, Pfeffer und Paprika zugeben. Zu einem weichen Teig mischen (1 Min./37°C/Stufe 4). Mit einem Spatel aus dem Mixtopf nehmen, zu einer Kugel formen und in einer Pengschüssel 1 Std. im Kühlschrank ruhen lassen.

Wenn etwa die Hälfte des Teigs verarbeitet ist, Ofen (Heißluft) auf 210 °C vorheizen.

Etwa immer ein Viertel des Teigs ausrollen: ein nasses Tuch auf die Arbeitsfläche legen, darauf eine glatte Unterlage zum Ausrollen. Teig mit Hilfe von Streumehl ca. 1 mm dick ausrollen. Mit dem Stipproller über den Teig fahren. In Streifen und Stücke schneiden, ich habe das mit der Schere gemacht. Auf zwei Backbleche verteilen und 10 Min. bei 210 °C backen. Auf einem Gitterrost auskühlen lassen.

8986. Mungkapern, März 2016

Die Idee war, aus Mungbohnen etwas Kapernartiges zu gestalten. Ob es letztendlich ein brauchbares Resultat gibt, weiß ich jetzt noch nicht.

- 25 g Mungbohnen
- 50 g Apfelessig
- 1/2 TL Salz
- 30 g Wasser

Mungbohnen gut 24 Std. bei Raumtemperatur im Essig einweichen. Salz und Wasser unterrühren, in den Kühlschrank stellen.

Fazit: Nach ca. 14 Tagen schmecken sie roh gut, aber gekocht verlieren sie jeden Eigengeschmack - zumindest, wenn man sie länger mitkocht.

8987. Mungkakao Nr. 2, März 2016

Im Vitamix 3 Min auf höchster Stufe schlagen:

- 10 g Kakaonibs
- 15 g Chiasamen
- 3 Medjool-Datteln entsteint (45 g netto)
- 8 g frischer Ingwer
- 40 g gekochte Mungbohnen
- Auf 500 ml mit Wasser / kochendem Wasser 1:1 auffüllen.

Tipp: Mungbohnen schlucken Süße!

8988. Wuppertaler Tortilla, März 2016

2 Portionen

- 30 g getr. Tomaten
- 130 g Wasser
- 1 Zwiebel, abgezogen und in Ringen (65 g netto)
- 205 g Kartoffeln, in Scheiben geschnitten
- 1 EL gehackte, tiefgekühlte Petersilie
- 80 g Linsensprossen
- 70 g gekochte Mungbohnen

Tomaten einige Std. im Wasser einweichen. 100 g Abtropfwasser in eine ofenfeste 20-cm-Pfanne geben. Zwiebeln, in Streifen geschnittene, abgetropfte Tomaten und Kartoffelscheiben in die Pfanne geben. Deckel auflegen, auf höchster Einstellung zum Kochen bringen, bis Dampf unter dem Deckel austritt. Auf kleinste Einstellung drehen und 10 Min. dünsten, ohne den Deckel abzuheben. Petersilie, Linsensprossen und Mungbohnen zugeben. Backofen auf 200 °C (Heißluft) vorheizen.

- 105 g Standardstützcreme 8814
- 60 g gekochte rote Linsen
- 90 g Standardpflanzenmilch 8820
- 1 Prise Kurkuma
- 1 gute Prise Pfeffer
- 20 g Kichererbsenmehl
- 35 g Bestreu-Alternative 8967

Creme, Linsen, Milch und Gewürze im Mixer zu einer glatten Creme schlagen. Kichererbsenmehl hinzufügen und nochmals durchmixen. Auf das Gemüse gießen und alles vorsichtig vermengen. Mit der Bestreu-Alternative bestreuen. 30 Min. bei 200 °C backen.

8989. Waldbeeren-Frühstück, März 2016

2 x Frühstück

- 2 EL Leinsamen
- 4 EL Nackthafer
- 2 EL Einkorn
- 15 g Zitronenfleisch
- 2 Banane, geschält (200 g netto)
- 1 Apfel (190 g)
- 200 g tiefgekühlte Waldbeeren-Mischung
- 25 g Cashewnüsse

Leinsamen mit dem Getreide flocken, auf zwei Schüsselchen verteilen. Bananen und Apfel in grobe Stücke teilen und mit Zitrone und Beeren im Hochleistungsmixer pürieren, über das Getreide geben. Mit den Nüssen dekorieren.

8990. Mandelblättchen auf Erdbeerbettchen, März 2016

2 x Frühstück

Abends: siehe 8965

Morgens:

- 10 g Zitronenfleisch
- 1 Apfel (110 g)
- 2 kleinere Bananen, geschält (185 g netto)
- 190 g geputzte Erdbeeren (netto)
- 15 g Mandelblättchen
- Einige getr. Gojibeeren

Obst in grobe Stücke teilen und im Hochleistungsmixer pürieren. Auf das Getreide gießen. Mit Mandelblättchen bestreuen, in die Mitte ein paar Gojibeeren legen.

8991. Steckrüben-Tomaten-Gemüse, März 2016

2 Portionen

Als Gemüsepfanne (24 cm) 15 Min. dünsten:

- 40 g Wasser
- 1 Zwiebel, abgezogen und gewürfelt (65 g netto)
- 3 Tomaten, in 6 Teile geschnitten (265 g)
- 105 g Steckrübe, in Streifen geschnitten

Soße (mixen, unter das Gemüse rühren und aufkochen):

- 1 TL Salz
- 1/4 TL Pfeffer
- 1/2 gestr. TL Ras-el-Hanout
- 20 g Cashewnüsse
- 50 g gekochte rote Linsen
- 15 g Sonnenblumenöl
- 50 g Wasser

Einige Min. köcheln lassen.

Hinweis: *Dieses Gemüse lebt von der Würze, dem Ras-el-Hanout. Wir fanden es beide sehr lecker! Dazu gab es Ofenkartoffeln.*

8992. Saftiger Schokoladenkuchen mini, März 2016

Nach einem Rezept aus der Beilage zu Dr. Oetker-Mini-Förmchen, Seite 10; eine Kastenform 20 x 11 cm.

- 120 g gekochte rote Linsen
- 200 g Standardstützcreme 8814
- 160 g Honig
- 60 g Apfelmus
- 2 EL Standardpflanzenmilch 8820
- 160 g Weizen
- 1 geh. TL Natron
- 1/4 TL gem. Vanille
- 1 Prise Salz
- 1 P Weinstein-Backpulver
- 15 g Kakaopulver
- 15 g Carobpulver
- 75 g Nackthafer
- Kokosöl zum Fetten der Form

Linsen, Stützcreme, Honig, Apfelmus und Milch in den Mixtopf des TM geben. Weizen fein mahlen. Natron, Vanille und Salz zugeben. Backpulver, Kakao und Carob hinzusieben. Nackthafer in der Mühle fein mahlen und mit dem Mixer nochmals 30 Sek., flaches Messer, mahlen. Alle trockenen Zutaten mit einem Löffel verrühren. Den Mixtopf zum Mischen der Flüssigkeiten betätigen (15 Sek./Stufe 3; 10 Sek./Stufe 4). Mehlmischung zugeben und einarbeiten, dabei unbedingt den Spatel zu Hilfe nehmen (20 Sek./Stufe 5).

Form mit Kokosöl einfetten, Teig einfüllen. Locker mit Haushaltsfolie bedecken. Form in den Varomaeinsatz geben, 1200 g Wasser in den Mixtopf füllen. Deckel schließen, Varoma aufsetzen und garen (65 Min./Varoma/Stufe 2). Nach dem Backen den Kuchen 10 Min. in der Form stehen lassen, lösen, auf ein Kuchengitter stürzen und erkalten lassen.

8993. Steckrüben-Erdbeer-Suppe, März 2016

Im Vitamix verquirlen:

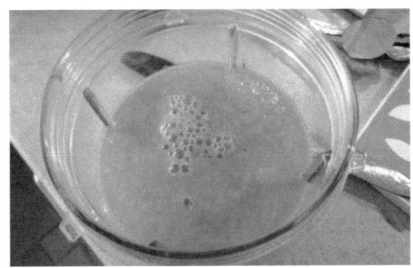

- 90 g Steckrübe
- 100 g Erdbeeren (netto)
- 60 g Möhre
- 10 g Cashewnüsse
- 290 g Wasser

8994. Gemüsemix oriental, März 2016

2 Portionen

Gemüsepfanne (24 cm, 17 Min.):

- 20 g Kokosöl
- 85 g Wasser
- 1 Zwiebel, abgezogen und gewürfelt (45 g netto)
- 175 g Kartoffeln, unter fließendem Wasser abgebürstet, Schadstellen entfernt und in Scheiben geschnitten
- 80 g Steckrübe, gewürfelt
- 100 g Süßkartoffel, gewürfelt
- 65 g Sellerie, gewürfelt
- 75 g Möhre, in Streifen

Soße (mixen, unter das Gemüse rühren und aufkochen):

- 60 g gekochte rote Linsen
- 1 TL Salz
- 2 P Pfeffer
- 1/4 TL Kreuzkümmel
- 1 gestr. TL getr. Minze
- 50 g Wasser

8995. Zum Beißen-FKG, März 2016

- 1 EL Leinsamen
- 1 EL Nackthafer
- 1 EL Nacktgerste
- 170 g geputzte Erdbeeren
- 1 Banane, geschält (95 g)
- 15 g Sonnenblumenkerne

Leinsamen mit dem Getreide flocken, auf zwei Schüsselchen verteilen. Das Obst mit der Hand klein schneiden, über das Getreide geben. Mit Sonnenblumenkernen bestreuen.

8996. Mungkakao Nr. 3, reichhaltig, März 2016

Im Hochleistungsmixer, je nach Gerät, 2,5 bis 3 Min. auf höchster Stufe schlagen:

- 10 g Kakaonibs
- 15 g Chiasamen
- 20 g Cashewnüsse
- 2 Medjool-Datteln entsteint (42 g netto)
- 7 g frischer Ingwer
- 25 g gekochte Mungbohnen
- auf 500 ml (Markierung im Becher) mit Wasser / kochendem Wasser 1:1 auffüllen.

8997. Auberginen in Senfsoße, März 2016

Als Gemüsepfanne (20 cm; 12 Min.):

- 55 g Wasser
- 1 Aubergine (250 g), ohne Stiel, gewürfelt

Soße (mixen, unter das Gemüse rühren und aufkochen):

- 75 g Standardstützcreme 8814
- 1 TL Salz
- 10 g Senf
- 20 g Apfelmark
- 40 g (+ 30 g) Wasser. Mit
- Harissa (Pulver) abschmecken.

Becher mit 30 g Wasser nachspülen. Dieses Wasser ebenfalls zum Gemüse geben, verrühren und aufkochen.

Tipp: Bei mir gab es Basmati-Reis dazu.

8998. Erdnussmus mit Cashewkick 2, März 2016

Im Thermomix

- 400 g Erdnüsse, gesalzen und geröstet
- 150 g Cashewnüsse

Im Mixtopf zweimal 5 Min./Stufe 5 laufen lassen. Schmeckt mir noch besser als mit gesalzenen / gerösteten Cashewnüssen.

8999. Allein-zu-Haus-FKG, April 2016

- 1 EL Leinsamen
- 3 EL Nackthafer
- 1 Banane, geschält (105 g netto)
- 133 g Waldbeeren
- 15 g Cashewnüsse

Leinsamen mit dem Getreide flocken. Banane in Scheiben schneiden und mit den Waldbeeren über das Getreide geben. Mit Cashewnüssen bestreuen.

9000. Jasminreis, April 2016

2 Portionen

- 180 g Jasmin-Vollkornreis
- 1200 g Wasser

Reis in den Gareinsatz geben, Wasser in den Mixtopf. Gareinsatz einhängen, garen (40 Min./Varoma/Stufe 2).

Hinweis: Dieser Jasminreis ist fast wie weißer Reis, den ich ja immer noch am liebsten mag. Ich werde demnächst mal versuchen, ihn im normalen Topf zu kochen, genau nach Anweisung, denn ein bisschen trockener kann er dann mal für mich auch sein. Außerdem würde ich eine kleine Prise Salz hinzugeben.

9001. Süßkartoffeln für Reis, April 2016

2 Portionen

Als Gemüsepfanne (20 cm, 15 Min.):

- 45 g Wasser
- 1 Zwiebel, abgezogen und gewürfelt (45 g netto)
- 1 Knoblauchzehe, abgezogen und in dünnen Scheiben (5 g netto)
- 250 g Süßkartoffel (ohne Enden gewogen), in nicht zu dicken Stücken

Soße (mixen, unter das Gemüse rühren):

- 5 g Zitronenfleisch
- 1 TL Salz
- 2 Prisen Pfeffer
- 1/4 TL Ras-el-Hanout
- 20 g Erdnussmus, hier Erdnussmus mit Cashewkick 2
- 30 g Wasser (zum Nachspülen)

Becher mit 30 g Wasser nachspülen. Dieses Wasser ebenfalls zum Gemüse geben, verrühren und aufkochen.

Tipp: Wir hatten Jasminreis dazu.

9002. Schlichter Soßenkakao, April 2016

Im Vitamix 2,5-3 Min. auf höchster Stufe schlagen:

- 5 g Kakaonibs
- 35 g Schokosoße Macadamia Touch 9003
- 15 g Chiasamen
- 2 Medjool-Datteln entsteint (39 g netto)
- 8 g frischer Ingwer
- auf 500 ml mit Wasser / kochendem Wasser 1:1 auffüllen.

9003. Mango-Pango-FKG, April 2016

2 Portionen

- 2 EL Leinsamen
- 6 EL Nackthafer
- 40 g getr. Mango
- 25 g Macadamianüsse
- 290 g Wasser
- 1 Banane, geschält (95 g netto)
- 1 Mango, geschält und vom Kern geschnitten (290 g netto)
- 1/2 Apfel (80 g)
- 10 g Zitronenfleisch

Leinsamen mit dem Getreide flocken, auf zwei Schüsselchen verteilen. Getrocknete Mango in kleinere Stücke reißen. Mit Nüssen und Wasser im Vitamix zu einer lauwarmen Creme schlagen. Auf das Getreide gießen.

Banane, frische Mango (80 g beiseitelegen) und Apfel in grobe Stücke teilen und mit dem Zitronenfleisch im Hochleistungsmixer pürieren, über die Mangocreme geben. Die restlichen Mangostücke in 6 Stücke teilen und je drei auf eine Creme legen.

9004. Schokosoße Macadamia Touch, April 2016

Etwa 1,5 Honiggläser; Vorläufer: 8930

Im 0,9 Liter-Becher des Vitamix mixen:

- 275 g heißes Wasser
- 200 g Ahornsirup
- 40 g Kakao
- 50 g Carob (Rohkost); (Salz und Vanille vergessen)
- 15 g Kakaonibs
- 20 g Macadamianüsse

Stößel benutzen, später drin hängen lassen und 5 Min. auf der Höchststufe. Am Stößel kann man fühlen, ob die Masse heiß genug ist.

Hinweis: *Irgendwie schmeckt die Soße komisch für mich, keine Ahnung, wieso.*

9005. Macadamia-Frucht-Schokokugeln, April 2016

Ca. 40 Stück; Vorläufer 8929

- 90 g Kakaonibs
- 150 g Macadamianüsse
- 2 Datteln (31 g)
- 120 g grüne Rosinen
- 115 g flüssiger Honig oder Ahornsirup

Kakaonibs mahlen (20 Sek./Stufe 6), Nüsse hinzufügen und weiter mahlen (20 Sek./Stufe 10). Zusammen mit den Trockenfrüchten nochmals mahlen (30 Sek. Stufe 6). Süßungsmittel hinzugeben und verkneten (2 Min./Knetstufe bzw. Stufe 1-2).

Mit einem Teelöffel Stücke abstechen und zwischen den Händen zu Kugeln formen. Nebeneinander auf zwei mit Haushaltsfolie bedeckte Frühstücksbrettchen setzen. Eine Std. im Kühlschrank fester werden lassen, in einer geschlossenen Plastikdose aufbewahren. Dabei die einzelnen Lagen mit Pergamentpapier oder Haushaltsfolie voneinander trennen. Sehr dekorativ sind sie auch in Papier-Pralinenförmchen. Man kann sie auch in Raspeln wälzen, aber ich hatte keine mehr.

Hinweise: *So solle es sein. Ich habe aber aus Versehen das Süßungsmittel früher zugegeben, sodass der erste Absatz lautet:*

„Kakaonibs mahlen (20 Sek./Stufe 6), Nüsse hinzufügen und weiter mahlen (20 Sek./Stufe 10). Zusammen mit den Trockenfrüchten und dem Süßungsmittel nochmals mahlen (30 Sek. Stufe 6). Verkneten (1 Min./Knetstufe bzw. Stufe 1-2)."

Liegt es daran? Die Kugeln werden nicht so fest wie sonst und die Trockenfrüchte sind nicht komplett zerkleinert. Aber sehr lecker!

9006. Wuppertaler Bierstangen, April 2016

Ergibt 12 kurze Stangen (ein Backblech). Nach einem Rezept von Erika Richter (Seminarleiterin in Lahnstein), „Bayerische Bierstangen". Das Richter-Rezept enthält Butter und Ei und natürlich keine Lievito Madre.

- 40 g Lievito Madre
- 125 g Wasser
- 125 g Kamut
- 125 g Weizen
- 30 g Standardstützcreme
- 1 TL Natron
- 1 TL Salz
- Etwas Wasser
- Streumehl
- Ca. 1-2 EL Sesam ungeschält
- Ca. 1-2 EL Chiasamen

Lievito Madre im Wasser auflösen (2 Min./37°C/Stufe 2). Kamut und Weizen fein mahlen, zugeben und kneten (2 Min. 30 Sek./Knetstufe). Zu einer Kugel formen und in einer Pengschüssel 4 Std. ruhen lassen.

Stützcreme, Natron und Salz in den Mixtopf geben. Die Teigkugel zerpflückt in Stücke zugeben und kneten (3 Min./Knetstufe). In sechs Teile teilen, mit Hilfe von Streumehl zu Stangen von ca. 35 cm ausrollen. In der Mitte durchschneiden, so dass sich 12 kürzere Stangen ergeben. 1 EL Sesam auf eine Unterlage geben, eine Stange in die Hand nehmen und mit Wasser einsprühen und im Sesam rollen. Auf ein Backblech legen. Die anderen Stangen ebenso bearbeiten, nach 6 Stangen in Chiasamen rollen.

Ofen (Heißluft) auf 205 °C vorheizen und 10 Min. bei 205 °C backen. Ich habe nach Anleitung 17 (sollten 20 sein, zum Glück vorher nachgesehen) Min. gebacken, das war eindeutig zu lang, schade. Werde ich bestimmt noch mal mit der korrekten Zeit und etwas mehr Salz wiederholen.

Hinweis: *Leider sind sie am nächsten Tag zäh.*

9007. Lievito (2. Verlängerung), April 2016

- 100 g aus der Mitte des alten Ansatzes
- 60 g Wasser
- 100 g Weizen, frisch gemahlen

Ansatz in das Wasser bröckeln (siehe Foto rechts) und mit einem Teelöffel verrühren. Weizen mit dem Löffel unterrühren, anschließend mit der Hand einkneten. Zu einer Kugel formen, kreuzförmig einschneiden und in einer Pengdose wieder in den Kühlschrank geben.

9008. Aprilerdbeeren-FKG, April 2016

2 x Frühstück

- 2 EL Leinsamen
- 6 EL Nackthafer
- 20 g Zitronenfleisch
- 405 g Erdbeeren, geputzt + 2 Stück als Deko
- 2 Bananen, geschält (215 g netto)
- 125 g Blaubeeren

Leinsamen mit dem Getreide flocken, auf zwei Schüsselchen verteilen. Erdbeeren mit grob zerteilten Bananen im Hochleistungsmixer pürieren, über das Getreide geben. Mit Blaubeeren und den längs durchgeschnittenen beiden Deko-Erdbeeren garnieren.

9009. Bärlauch-Essig, April 2016

- 35 g frischer Bärlauch, gewaschen
- 280 g Apfelessig

Bärlauch trockenschleudern, klein schneiden. In einem Honigglas mit Essig auffüllen. Im Kühlschrank lange haltbar.

9010. Milchkakao Variante 2, April 2016

Im Hochleistungsmixer, je nach Gerät, 2,5 bis 3 Min. auf höchster Stufe schlagen:

- 10 g Kakaonibs
- 15 g Chiasamen
- 2 Medjool-Datteln entsteint (42 g netto)
- 8 g frischer Ingwer
- 330 g Standardpflanzenmilch 8820
- auf 500 ml (Markierung im Becher) mit Wasser auffüllen.

9011. Weizen-Wildhefe-Brot, April 2016

Vorläufer mit Lievito: 8984

Am **Vortag**, mittags:

- 100 g Weizen fein mahlen, mit der
- 100 g Wildhefe verrühren. In einer Pengschüssel bis abends ca. 22 Uhr stehen lassen.

Am Vortag, abends (ca. 22 Uhr)

- 250 g Weizen fein mahlen, mit dem
- 250 g Wasser verrühren. In einer Pengschüssel bis morgens ca. 9 Uhr stehen lassen.

Am **Backmorgen**:

- 200 g Wasser
- 1 gestr. TL Honig
- 10 g frische Hefe (1/4 Würfel)
- 400 g Weizen
- 50 g Leinsamen
- 50 g Sonnenblumenkerne
- 30 g Apfelessig
- 2 TL Salz
- Butter oder Kokosöl für die Form

Frische Hefe mit dem Honig in 200 g Wasser lösen (2 Min./37°C/Stufe 2). 400 g Weizen fein mahlen und das Mehl in den Mixtopf geben. Leinsamen, Sonnenblumenkerne, Essig, Salz und Ansatz vom Vortag zugeben und kneten (3 Min./Knetstufe, evtl. Spatel zu Hilfe nehmen).

Dr. Oetker-Profi-Email-Brotbackform (30 x 12 cm Innenmaße) einfetten. Teig in die Form füllen, Form in eine Plastiktüte stecken und den Teig 1 Std. gehen lassen. Da ich dann außer Haus musste, konnte ich das Backen an sich nicht ganz identisch wiederholen. Form in den kalten Ofen schieben, programmieren auf: Dampfstoß automatisch, 200 °C und 50 Min.

Brot auf ein Kuchengitter geben und abkühlen lassen.

9012. Frühstücksmuffins mit karamellisierten Walnüssen, April 2012

20 Stück; beschrieben für TM, geht sicher auch anders.

- 65 g Walnüsse
- 50 g Honig
- 90 g gekochte rote Linsen
- 70 g Honig
- 100 g Ahornsirup
- 80 g Standardstützcreme 8814
- 2 Bananen, geschält (245 g netto)
- 100 g Standardpflanzenmilch 8820
- 300 g Weizen
- 20 g Leinsamen
- 130 g Nackthafer, frisch geflockt
- 1 Päckchen Weinsteinbackpulver
- 2 TL Natron
- 1 TL Zimt

Walnüsse hacken (je 10 Sek./Stufe 3 und 4). Mit 50 g Honig in eine kleine Pfanne geben und auf kleiner Einstellung zerlassen. Wenn der Teig fast fertig ist, die Walnussstücke unter Rühren auf einer höheren Stufe karamellisieren.

Linsen, 70 g Honig, Ahornsirup, Stützcreme, vor-zerkleinerte Bananen und Pflanzenmilch pürieren (je 10 Sek. Stufe 3/Stufe 4/Stufe 5). Weizen und Leinsamen mischen, fein mahlen. Mit Flocken, Backpulver (gesiebt), Natron und Zimt mischen. Mehlmischung in den Mixtopf geben und gründlich mixen (30 Sek./Stufe 5), dabei den Spatel nutzen, weil sich über dem Messer eine Luftblase bildet und der Teig nicht mehr gerührt wird. Sobald die Walnüsse leicht gebräunt sind, zugeben und nochmals unterziehen (10 Sek./Linkslauf/Stufe 5).

20 Muffinförmchen aus Silikon bereitstellen. Ich habe sie auf ein Lochblech gestellt. Je einen Esslöffel Teig in die Förmchen geben. Während des Füllvorgangs den Ofen auf 175 °C (Heißluft) vorheizen. Blech einschieben und 15 Min. bei 175 °C backen, im ausgestellten Ofen 5 Min. nachbacken.

Die fertigen Muffins auf ein Kuchengitter stellen. Sobald sie lauwarm sind, aus der Form nehmen und ganz abkühlen lassen.

9013. Weißer Pizzabelag Nr. 35 (mit Öl), April 2016
Vorläufer: 9891

- 80 g Standardstützcreme 8814
- 35 g gekochte rote Linsen
- 30 g Wasser
- 1 TL Salz
- 10 g Zitronenfleisch
- 10 g Apfelmark (Glas)
- 20 g Sonnenblumenöl
- 20 g Cashewnussmus

Im kleinen Mixbecher mit dem hochstehenden Messer verquirlen. Öl und Nussmus werde ich das nächste Mal halbieren, so viel bringt das anscheinend nicht.

9014. AprilApfelErdbeeren-FKG, April 2016
2 x Frühstück

- 2 EL Leinsamen
- 6 EL Nackthafer
- 15 g Zitronenfleisch
- 390 g Erdbeeren, geputzt (netto)
- 1 Banane, geschält (125 g netto)
- 1 Apfel (185 g)
- 15 g getr. Maulbeeren

Leinsamen mit dem Getreide flocken, auf zwei Schüsselchen verteilen. Erdbeeren mit grob zerteilten Bananen und Apfel im Hochleistungsmixer pürieren, über das Getreide geben. Mit Maulbeeren garnieren.

9015. Himbeer-Fisch, April 2016
2 x Frühstück

- 2 EL Leinsamen
- 6 EL Nackthafer
- 10 g Zitronenfleisch
- 130 g Himbeeren
- 1 Banane, geschält (120 g)
- 280 g Mangofleisch (ca. 2 x 40 g Scheiben für die Deko)
- 4 Mandeln
- 2 getr. Gojibeeren

Leinsamen mit dem Getreide flocken, auf zwei Schüsselchen verteilen. Obst in grobe Stücke teilen, Vitamix pürieren, über das Getreide geben. Die beiden Mangoscheiben in Streifen schneiden und auf das Obst legen. An ein Ende zwei Mandeln als Schwanz, oben auf das andere Ende je eine Gojibeere als Auge legen.

9016. Kamutpizza Lievito Madre, April 2016

Vorläufer: 8979

Teig:

- 15 g gekochte rote Linsen
- 85 g Wasser
- 105 g reife Lievito Madre
- 1/2 TL Salz
- 125 g Kamut

Linsen, Wasser, Lievito Madre und Salz lösen (TM: 2 Min./37°C/Stufe 2, Linkslauf). Getreide mahlen, in den Mixtopf geben und kneten (2 Min./Knetstufe). Mit der Hand kurz durchkneten, zu einer Kugel unter Spannung formen und in einer Pengschüssel von 14.45 Uhr bis 16.30 Uhr (= 1 3/4 Std.) gehen lassen.

Rote Soße:

- 10 g Tomatenmark
- 1 Prise Salz
- 1/2 TL Paprika edelsüß
- 1 TL Apfelessig
- 1 TL Ahornsirup
- 4 TL Wasser

Roter Belag:

- 2 Tomaten, in dünnen Scheiben (140 g)
- 50 g tiefgekühlter Mais
- 1 TL Pizzagewürz

Weißer Belag: 9012

Eine 28-cm-Pizzaform (PerfectClean) mit Mehl bestäuben. Teig, ungeknetet, nur leicht zusammengedrückt, in die Mitte geben und mit Hilfe von Streumehl mit den Händen breit drücken und mit einem kleinen Pizzaroller weitermachen, bis ein kleiner Rand entstanden ist. Rote Soße darauf pinseln, mit den Tomatenscheiben und Mais belegen, mit Pizzagewürz bestreuen und die weiße Soße aufklecksen.

Ofen auf 280 °C (Ober-/Unterhitze) vorheizen, Form einschieben und 13 Min. bei 280 °C backen.

9017. Süßkartoffel-Bärlauch-Soße, April 2016

Gemüsepfanne:

- 1 kleine Zwiebel, abgezogen und in Halbringen (30 g netto)
- 140 g Süßkartoffel, in dünne kleinere Stücke geschnitten
- 10 g Bärlauch, gewaschen

Zutaten ohne den Bärlauch in der angegebenen Reihenfolge in eine 20-cm-Pfanne geben. Deckel auflegen, auf höchster Einstellung zum Kochen bringen, bis Dampf unter dem Deckel austritt. Auf kleinste Einstellung drehen und 15 Min. dünsten, ohne den Deckel abzuheben. Bärlauch klein schneiden unter unterziehen.

Soße (mixen, unter das Gemüse rühren und aufkochen):

- 50 g gekochte rote Linsen
- 50 g Standardstützcreme 8812
- 10 g Sonnenblumenöl
- 20 g Apfelmark
- 50 g Wasser
- 1 TL Salz
- 5 g Essigpeperoni 7/4573
- 10 g Peperoniessig

Bei mir gab es dazu Nudeln.

9018. Mandelmilch relativ schnell, April 2016

- 100 g Stützcreme fixiflotti 9020
- 350 g heißes Wasser

1 Min. im Vitamix auf der Höchststufe laufen lassen.

9019. Flohiger Maronenkakao, April 2016

Im Hochleistungsmixer, je nach Gerät, 4,5 bis 7 Min. auf höchster Stufe schlagen:

- 15 g Kakaonibs
- 20 g getr. Maronen
- 2 Medjool-Datteln entsteint (35 g netto)
- 5 g frischer Ingwer
- 375 g Honigwasser (Honigglas ausgespült)

9020. Bärlauch-Butteralternative, April 2016

Vorläufer 8888

- 25 g Sonnenblumenöl
- 30 g Cashewnusscreme
- 100 g gekochte rote Linsen
- 100 g gekochte Kichererbsen
- 2 TL Apfelessig (6 g)
- 2 Prisen Salz
- 2 MS Paprika edelsüß
- 2 MS Harissapulver
- 95 g Kokosöl
- 100 g Standardstützcreme 8814
- 40 g Bärlauch
- •

Alle Zutaten ohne den Bärlauch in den TM geben und schmelzen (4 Min./40 °C/Stufe 1). Bärlauch mit der Schere grob vorschneiden und zum Rest geben. Zu einer glatten Creme schlagen (15 Sek./Stufe 8; 15 Sek./Stufe 10). In Förmchen füllen; abgekühlte Förmchen im Kühlschrank aufbewahren. Die Butteralternative lässt sich auch sehr gut einfrieren.

***Info:** Fettgehalt: 27 %.*

9021. Stützcreme fixiflotti, April 2016

Im Hochleistungsmixer bis zum Stocken schlagen:

- 50 g Rundkorn-Naturreis
- 25 g Mandeln
- 1 gestr. Eierlöffel Flohsamenschalen (1 g)
- 350 g Wasser (halb Zimmertemperatur, halb kochend)

Wir wollten heute gerne schwarzen Tee mit Milch trinken, ich hatte aber keine Pflanzenmilch mehr. Aber auch keine gekochten roten Linsen! Cashews übrigens auch nicht. :-) Also habe ich Mandeln und Flohsamenschalen genommen, es hat prima funktioniert.

9022. Himbeersoße zu Spargel, April 2016

2 Portionen

- 50 g Standardstützcreme 8814
- 50 g gekochte rote Linsen
- 50 g Himbeeren
- 1 gestr. TL Salz
- 1-2 Prisen Pfeffer
- (100 g heiße Kochflüssigkeit)

Die Soßenzutaten erst einmal ohne zusätzliche Flüssigkeit mit dem Mixer, hohes Messer, mixen. Kochflüssigkeit hinzugeben, durchmixen.

Alternativ kann man statt Kochflüssigkeit Wasser oder Pflanzenmilch nehmen, mixen und in einer kleinen Pfanne vorsichtig erhitzen.

9023. Spargelsuppe grün und roh, April 2016

Im Vitamix gut mixen:

- 1 Orange, geschält (125 g netto)
- 80 g grüner Spargel
- 45 g Pastinake
- 270 g Wasser

9024. Grüner Etagenspargel, April 2016

2 Portionen

* 1000 g Wasser
* 1 Prise Salz
* 120 g Vollkorn-Jasminreis
* 175 g Kartoffeln, in ca. 1 cm dicken Scheiben
* 165 g grüner Spargel, die Enden abgeschnitten, jede Stange in drei Teile geteilt

Wasser und Salz in den Mixtopf geben, Reis in den Gareinsatz geben, Gareinsatz einhängen. Mixtopf in das Basisgerät setzen, Deckel montieren. Kartoffeln im Varoma-Aufsatz verteilen, Varomadeckel auflegen und auf den Topf setzen, garen (38 Min./Varoma/Stufe 2). Nach 10 Min. den Varoma-Aufsatz öffnen, den Boden mit dem Spargel einsetzen und wieder schließen.

Für die Soße:

* 50 g Standardstützcreme 8814
* 50 g gekochte rote Linsen
* 50 g Himbeeren
* 1 gestr. TL Salz
* 1-2 Prisen Pfeffer
* (100 g Kochflüssigkeit)

Die Soßenzutaten erst einmal ohne zusätzliche Flüssigkeit mit dem Mixer, hohes Messer, mixen.

Varoma-Aufsatz abnehmen. Reis in eine große Schüssel stürzen, Kartoffeln und Spargelstücke hinzufügen. Kochflüssigkeit zur vorbereiteten Soße geben, nochmals durchmixen und getrennt servieren.

Tipp: Himbeersoße 9022 passt hervorragend dazu!

9025. Apfelbeeren mit Bananen, April 2016

2 x Frühstück

* 6 EL Nackthafer
* 15 g Zitronenfleisch
* 85 g Himbeeren, frisch
* 2 Bananen, geschält (215 g netto)
* 2 Äpfel (255 g)
* 12 g Mandelblättchen
* 2 Prisen Kakaonibs

Getreide flocken, auf zwei Schüsselchen verteilen. Das Obst in grobe Stücke teilen und mit den Heidelbeeren im Hochleistungsmixer pürieren, über das Getreide geben. Mandelblättchen in die Mitte streuen, darauf ein paar Kakaonibs.

9026. Zitronen-Muffins, April 2016

Nach einem Rezept aus der Anleitung für die Mini-Gugelhupfformen; ca. 10 gemischte Muffinförmchen; Anwendung der Wilkesmannschen Formel

Abgeriebene Schale von zwei Zitronen

* 100 g Standardstützcreme 8814
* 100 g gekochte rote Linsen
* 40 g Apfelmark
* 1/2 TL gem. Vanille
* 75 g Wasser
* 115 g Honig
* 1 Prise Salz
* 125 g Weizen
* 1 P Weinstein-Backpulver

Ein wenig habe ich der Rezeptvorlage misstraut: 100 g Wasser und 100 g Mehl? Ich habe Wasser um 25 g reduziert und Mehl 25 g mehr genommen. Scheint mir gut gewesen zu sein.

Zitronenschale, Creme, Linsen, Apfelmark, Vanille, Wasser, Honig und Salz im Mixtopf zu einer glatten Creme schlagen (30 Sek./Stufe 3; 15 Sek./Stufe 4). Weizen fein mahlen, mit Backpulver (gesiebt) mischen. In den Mixtopf geben und vorsichtig unterziehen (10 Sek./Stufe 5/Linkslauf).

In Gugelhupf-mini-Silikonförmchen oder Muffinförmchen füllen. Ich habe eine Hälfte im Varoma gegart, die andere im Backofen gebacken. Varoma: 35 Min./Varoma/Stufe 2; Backofen: Vorheizen auf 180 °C (Heißluft), 15 Min. backen bei 180 °C; 5 Min. im ausgeschalteten Ofen nachbacken.

Zitronenguss zubereiten. Muffins nebeneinander auf Frühstücksbrettchen stellen. Mit dem Guss überziehen und in den Kühlschrank stellen. Nach 15 Min. eine zweite Schicht auftragen und im Kühlschrank den Guss fest werden lassen. Der Guss könnte fester sein.

Tipp: *Beide Variationen sind unterschiedlich, aber ich kann nicht sagen, welche mir besser schmeckt. Eric ist eindeutig für die Varoma-Version.*

9027. Schokoladensoße Haselnuss, April 2016

1,5 Honiggläser; Vorlage: 8973; geht nur im Vitamix; der TM bekommt die Kakaonibs nicht so fein.

Im 0,9 Liter-Becher des Vitamix mixen:

- 190 g Honig
- 20 g Kakaonibs
- 55 g Kakao
- 35 g Carob (Rohkost)
- 1 Prise Salz
- 1/2 TL Vanille
- 50 g Haselnüsse
- 300 g kochend heißes Wasser

Stößel benutzen, später drin hängen lassen und 5 Min. auf der Höchststufe bzw. bis sich das Geräusch ändert. Ist nicht ganz so deutlich wie bei der Stützcreme, aber ich höre es mittlerweile.

9028. Kakao Surprise, April 2016

Im Vitamix bis zur gewünschten Temperatur laufen lassen:
- 30 g Schokoladensoße (bei mir Schokoladensoße Haselnuss, 9027)
- 270 g Standardpflanzenmilch 8820

Hinweis: *Die Überraschung dabei ist, dass dieser Kakao schwer lecker ist. :-) Ich dachte, er wäre vielleicht wässrig. Nee, sehr schön, auch nicht zu süß.*

9029. Zitronenguss, April 2016

Reicht für 12 Gugelhupfmuffins; könnte ich mir auch als Konfekt lecker vorstellen.
- 30 g Kakaobutter
- 30 g Honig
- 15 g Zitronensaft (1/2 Zitrone)
- 30 g Standardstützcreme 8814

In einer 20-cm-Keramikpfanne auf kleiner Einstellung erwärmen, bis die Kakaobutter geschmolzen ist. Immer wieder mit einem Schneebesen durchrühren.

9030. Wenig-Spargel-Gemüsepfanne, April 2016

2 Portionen

Gemüsepfanne (24 cm, 17 Min.):

- 100 g Wasser (hier: Reiskochwasser aus dem Thermomix)
- 1 Zwiebel, abgezogen und gewürfelt (45 g netto)
- 185 g Kartoffeln, unter fließendem Wasser abgebürstet, Schadstellen entfernt und in Scheiben geschnitten
- 40 g grüner Spargel, in Stücke geschnitten
- 85 g Möhren, im Rollschnitt klein geschnitten
- 85 g Pastinaken, im Rollschnitt klein geschnitten

Zur Fertigstellung:

- 100 g gekochte Kichererbsen
- 15 g Kokosöl
- 15 g Zitronensaft
- 1 gestr. TL Salz
- 1-2 Prisen gem. Kreuzkümmel

Kichererbsen, Öl, Saft, Salz und Kreuzkümmel in die Pfanne geben und rühren, bis das Öl völlig gelöst ist.

9031. Mango klein, Himbeer mein-FKG, April 2016

2 x Frühstück

- 2 EL Leinsamen
- 6 EL Nackthafer
- 135 g Himbeeren
- Mangofleisch einer kleineren Mango (195 g)
- 1 Banane, geschält (105 g netto)
- 1 Apfel (175 g)
- 30 g Cashewnüsse

Leinsamen mit dem Getreide flocken, auf zwei Schüsselchen verteilen.

Das Obst in grobe Stücke teilen und im Hochleistungsmixer pürieren, über das Getreide geben. Mit den Cashewnüssen dekorieren.

9032. Ananaskakao 2, April 2016

Im Vitamix 2,5 Min. auf höchster Stufe schlagen:

- 10 g Kakaonibs
- 40 g getr. Ananaswürfel
- 20 g gekochte rote Linsen
- 7 g frischer Ingwer
- 400 g Honigwasser (Wasser in leergekratztem Honigglas)

9033. 400 g-Lievito Madrebrot für M. mit Kamut, April 2016

Stufe 1 (12 Std. vorher):

- 325 g Weizen
- 325 g Wasser
- 150 g Lievito Madre

Abends schon vorbereiten:

- 100 g Roggen
- 150 g Kamut
- 100 g Dinkel
- 1 EL Salz
- 50 g Sesam ungeschält
- 25 g Leinsamen

Stufe 2 (Backen, bei mir am Morgen)

- 10 g frische Hefe (1/4 Würfel)
- 150 g lauwarmes Wasser
- Getreidemischung vom Vorabend
- 125 g Wasser (hier: Reiskochwasser aus dem Thermomix)
- 2 EL Apfelessig (20 g)
- Etwa 800 g Lievito-Madre-Ansatz (s.o.)
- 20 g Butter für die Form

Foto von M. :-)

Stufe 1: Lievito im Wasser auflösen. Weizen fein mahlen, mit Lievito-Wasser mischen. In Pengdose über Nacht stehen lassen. **Abends:** Getreide fein mahlen, mit den restlichen Zutaten mischen und in einer gut schließenden Plastikdose verwahren.

Stufe 2: Alle Zutaten (außer der Butter) mit einem großen Löffel gründlich verrühren, bis kein Mehl mehr sichtbar ist. Eine 30-cm-Brotform, Profi-Email von Dr. Oetker, gut einfetten. Teig hineingeben, mit der nassen Hand herunterdrücken und glatt streichen. Mit einem scharfen Messer dreimal schräg einschneiden. Form in eine Plastiktüte stecken und 2 Std. bei 35 °C (Ober-/Unterhitze) gehen lassen.

55 Min. bei 190 °C / Klimagaren (Auto) backen und 5 Min. im ausgestellten Ofen nachbacken.

9034. Lievito (3. Verlängerung), April 2016

- 100 g aus der Mitte des alten Ansatzes
- 60 g Wasser
- 100 g Weizen, frisch gemahlen

Ansatz in das Wasser bröckeln und mit einem Teelöffel verrühren. Weizen mit dem Löffel unterrühren, anschließend mit der Hand einkneten. Zu einer Kugel formen, kreuzförmig einschneiden und in einer Pengdose wieder in den Kühlschrank geben.

9035. Matrose Blaubär, April 2016

2 x Frühstück

- 40 g getr. Mango
- 30 g Cashewnüsse
- 300 g Wasser
- 2 EL Leinsamen
- 6 EL Nackthafer
- 15 g Zitronenfleisch
- 130 g Blaubeeren
- 1 Banane, geschält (= 110 g netto)
- 1 Apfel (205 g)
- 16 Haselnüsse

Mango in kleinere Stücke reißen. Mit den Cashewnüssen ca. 40 Min. im Wasser einweichen. Leinsamen mit dem Getreide flocken, auf zwei Schüsselchen verteilen. Eingeweichte Mango und Cashews mit dem Einweichwasser im Vitamix zu einer lauwarmen Creme schlagen. Auf das Getreidegießen. Das Obst in grobe Stücke teilen und im Hochleistungsmixer pürieren, über das Getreide geben. Mit je 8 Haselnüssen am Rand dekorieren.

9036. Beerendialog-FKG, April 2016

2 x Frühstück

- 2 EL Leinsamen
- 6 EL Nackthafer
- 130 g Blaubeeren
- 485 g Erdbeeren, geputzt
- 1 Banane, geschält (105 g)
- 15 g getr. Maulbeeren

Leinsamen mit dem Getreide flocken, auf zwei Schüsselchen verteilen. Das Obst in grobe Stücke teilen und im Hochleistungsmixer pürieren, über das Getreide geben. Mit Maulbeeren dekorieren.

9037. 400 g-Sauerteigbrot für A., März 2016

Vorläufer: 10/7260

Stufe 1 (12 Stunden vorher):

- 400 g Roggen
- 430 g Wasser
- 150 g Sauerteig

Abends schon vorbereiten:

- 100 g Roggen
- 250 g Dinkel
- 1 EL Salz
- 50 g Chiasamen

Stufe 2 (Backen, bei mir am Morgen)

- 10 g frische Hefe
- 150 g lauwarmes Wasser
- Getreidemischung vom Vorabend
- 165 g Wildhefe-Wasser
- Etwa 800 g Sauerteigansatz (s.o.)
- 20 g Butter für die Form

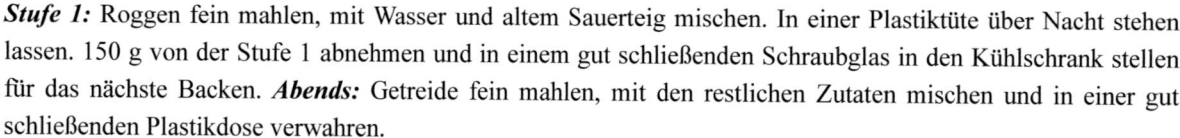

Stufe 1: Roggen fein mahlen, mit Wasser und altem Sauerteig mischen. In einer Plastiktüte über Nacht stehen lassen. 150 g von der Stufe 1 abnehmen und in einem gut schließenden Schraubglas in den Kühlschrank stellen für das nächste Backen. **Abends:** Getreide fein mahlen, mit den restlichen Zutaten mischen und in einer gut schließenden Plastikdose verwahren.

Stufe 2: Alle Zutaten (außer der Butter) mit einem großen Löffel gründlich verrühren, bis kein Mehl mehr sichtbar ist. Eine 30-cm-Brotform, Profi-Email von Dr. Oetker, gut einfetten. Teig hineingeben, mit der nassen Hand herunterdrücken und glatt streichen. Mit einem scharfen Messer dreimal schräg einschneiden. Form in eine Plastikdose stecken und 2 Std. gehen lassen. Ofen auf 250 °C (Heißluft) vorheizen, 55 Min. bei 190 °C backen.

Hinweis: *Leider habe ich versehentlich 1 TL zu viel Salz hinzugefügt. Das Brot hätte auch noch 5 Min. vertragen können.*

9038. Rucolapilze, April 2016

2 Portionen.

- 10 g Kokosöl
- 290 g Wasser
- 125 g rote Linsen
- 215 g Champignons
- 30 g Rucola
- 20 g Pinienkerne (oder Sonnenblumenkerne)
- 1 gestr. TL Salz
- 2 Prisen Pfeffer
- 40 g Orangensaft (frisch ausgepresst)

Kokosöl, Wasser, Linsen, Champignons und gewaschenen, klein geschnittenen Rucola als Gemüsepfanne (24 cm) 15 Min. dünsten. In der Zwischenzeit die Pinienkerne in einer trockenen Pfanne unter gelegentlichem Rühren bräunen (Stufe 6 von 14). Mit Salz, Pfeffer und Saft mischen, noch ein paar Min. durchziehen lassen. Auf dem Teller mit den Pinienkernen bestreuen.

9039. Rucolachampions, April 2016

- 10 g Kokosöl
- 40 g Wasser
- 1 Zwiebel, abgezogen und gewürfelt (40 g)
- 20 g Walnüsse
- 120 g Champignons, in Scheiben
- 10 g Rucola, kleiner geschnitten
- 1 EL Erdnussmus (ca. 30 g)
- 1/2 TL Harissa (Pulver von Reishunger)
- 1 gestr. TL Salz

Öl, Wasser, Zwiebel, Nüsse und Gemüse in der angegebenen Reihenfolge in eine 24-cm-Pfanne geben. Als Gemüsepfanne 15 Min dünsten. Nussmus, Harissa und Salz unterrühren.

Hinweis: Bei mir gab es dazu „Pink Rice", den ich mal geschenkt bekommen habe.

9040. Erdiger Schlaftrunk, April 2016

Im Vitamix 4 Min.:
- 140 g Standardstützcreme 8814
- 2 Datteln (36 g netto)
- 35 g Erdnussmus

9041. Getränkte Gerste, April 2016

2 x Frühstück
- 6 EL Nacktgerste
- 2 EL Leinsamen
- 1/2 Orange, geschält (85 g)
- 100 g Wasser
- 225 g Erdbeeren, geputzt
- 1 Apfel (180 g)
- 1 Banane, geschält (120 g)
- 25 g Schokoladensoße Haselnuss 9027
- 8 Mandeln
- 2 Paranüsse

Gerste und Leinsamen flocken, auf zwei Schüsselchen verteilen. Orange mit Wasser mixen, über die Gerste gießen. Erdbeeren, Apfel- und Bananenstücke pürieren, auf die Schüsseln verteilen. Schokoklecks in die Mitte geben, Nüsse als Deko verwenden.

9042. Fast-Puddingkakao, April 2016

Im Vitamix 3 Min. auf höchster Stufe schlagen:
- 20 g Kakaonibs
- 15 g Chiasamen
- 2 Medjool-Datteln entsteint (37 g netto)
- 5 g frischer Ingwer
- 200 g Standardpflanzenmilch 8820
- 170 g Standardstützcreme 8814
- 10-20 g Wasser

9043. Blaubeerkuchen, April 2016

Eine Springform 26 cm
- 60 g Weizen
- 140 g Dinkel
- 2 TL Weinstein-Backpulver
- 200 g Honig (finde ich zu viel)
- 140 g gekochte rote Linsen
- 180 g Standardstützcreme 8814
- 60 g Apfelmark
- 50 g Kokosraspel
- 1 geh. TL Instant-Getreidekaffeepulver (hätte mehr sein können)
- 130 g Blaubeeren

Weizen und Dinkel fein mahlen (z. B. im TM 1 Min./Stufe 10, danach umfüllen) und mit dem Backpulver mischen. Honig, Linsen, Creme, Mark, Raspeln und Instant-Getreidekaffeepulver in den Mixtopf geben und vermischen (30 Sek./Stufe 3, 30/Sek. Stufe 4). Mehlmischung hinzufügen und einarbeiten (20 Sek./Stufe 5). Blaubeeren unterziehen (10 Sek./Linkslauf/Stufe 4). Springform am Boden mit Backpapier überziehen. Teig darauf glatt streichen. Backofen (Heißluft) auf 160 °C vorheizen, Kuchen einschieben und 35 Min. bei 160 °C backen. 5 Min. im ausgestellten Ofen nachbacken.

9044. Blaubeer-Törtchen, April 2016

16 Stück

Für den Teig

- 115 g gekochte rote Linsen
- 150 g Honig
- 170 g Standardstützcreme 8814
- 60 g Apfelmark
- 1/2 TL gem. Vanille
- 175 g Dinkel, fein gemahlen
- 50 g Rundkorn-Naturreis, 2 x gem. (also fein)
- 2 TL Weinstein-Backpulver

Fur den Belag

- 250-260 g Heidelbeeren
- 60 g gekochte rote Linsen
- 190 g Dinkel, fein gemahlen (geplant war 80!)
- 60 g Honig
- 1/2 TL gem. Zimt

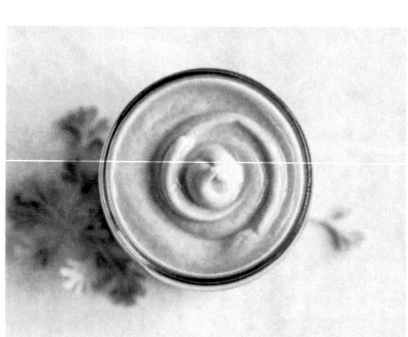

Linsen, Honig, Creme, Mark und Vanille zu einer Flüssigkeit verarbeiten (30 Sek./Stufe 3; 30 Sek./Stufe 4). Die festen Zutaten miteinander mischen, zur Linsencreme geben und einarbeiten (20 Sek./Stufe 5). Jeweils 2 TL in Muffinförmchen geben, Heidelbeeren gleichmäßig verteilen.

Linsen, Dinkel, Honig und Zimt mit dem Handrührgerät zu Streuseln kneten und auf den Heidelbeeren verteilen. Da ich mehr Mehl genommen habe, als geplant, hatte ich Streusel über, mit denen ich einfach ein Muffinförmchen gefüllt habe.

Ofen auf 160 °C vorheizen, 30 Min. backen und 5 Min. im ausgestellten Ofen nachbacken.

Hinweis: *Erster Streuselversuch; da geht die Formel nicht konsequent. Außerdem habe ich den Fehler gemacht, ein hohes Gefäß zu nehmen, dadurch war es unten „zu trocken". Ich bleibe am Streuselball!*

9045. Rucoladressing ohne Öl, April 2016

Vorläufer: 8977

Im Vitamix schlagen:

- 140 g Sonnenblumenkerne
- 150 g Apfelessig
- 40 g Rucola
- 25 g Salz
- 1 g gem. schw. Pfeffer
- 20 g Tamari
- 55 g grüne Rosinen
- 205 g Wasser
- 17 g Knoblauch, ungeschält

Wird im Kühlschrank fester.

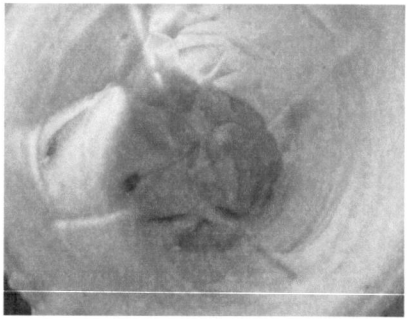

9046. Sauerrahm-Alternative, April 2016

- 70 g Standardstützcreme
- 45 g gekochte rote Linsen
- 2 TL Apfelessig (6 g)
- einige Tropfen Ahornsirup (1 g)

Mit dem kleinen Mixer, hochstehendes Messer, mixen. Es empfiehlt sich die doppelte Menge, das ist schon sehr wenig. Noch größere Mengen sind für den Vitamix o. Ä. geeignet.

Meine Bücher

Ratgeber
- Spiele mit ChatGPT und Bard: Zeitvertreib mit künstlicher Intelligenz. Norderstedt (BoD) 2023.
- Wie erkenne ich KI-generierte Texte? – Ein Ratgeber. Norderstedt (BoD) 2023.
- Rette dein Seelenheil mit ChatGPT: Ein Ratgeber. Norderstedt (BoD) 2023.

Belletristik
- Torge ist verschwunden: Lost Places und Urban Vanishing (mit Janina Schmiedel). Norderstedt (BoD) 2024.
- Iphorismen II: Nachfolger der Iphorismen. Norderstedt (BoD) 2024.
- Iphorismen: Kritische Ausgabe unter Mitwirkung der Professoren Ptaček, Bardeloni und Sibingskin. Norderstedt (BoD) 2024.
- Zitatezirkus: Erkenne den Fake. 2. Bd. der Reihe Textcollagen. Norderstedt (BoD) 2023.
- Wilkesmann von A bis Z – Ein Leben in 26 Buchstaben. Norderstedt (BoD) 2023.
- Freundschaft als Installation. Norderstedt (BoD) 2023.
- Fantastisches Tagebuch. (mit Janina Schmiedel). Norderstedt (BoD) 2023.
- Kriminalalphabet. Norderstedt (BoD) 2023.
- Bernadette K. – Das Leben einer Königin. 1. Bd. Der Reihe Textcollagen. Norderstedt (BoD) 2023.
- Die Iden des Jumi: Ein archäologischer Bestseller. Norderstedt (BoD) 2023.
- Gedanken zum Gedenken: Gedenk-, Aktions- und Feiertage. Norderstedt (BoD) 2023.
- Wer steckt hinter Spam? Ein Roman. Norderstedt (BoD) 2023.
- Chimären: Was Menschen bisher nicht wussten. Norderstedt (BoD) 2023.
- Seite 22, Zeile 22 (mit Janina Schmiedel.) Norderstedt (BoD) 2022.
- Märchen von heute: 61 wundersame Geschichten. Norderstedt (BoD) 2022.
- Präpositionen. Norderstedt (BoD) 2022.
- Eine Hand greift die andere. Norderstedt (BoD) 2022.
- Iphorismische Short Stories. Norderstedt (BoD) 2022.
- Iphorismen. Norderstedt (BoD) 2021.
- OneBBO's Castle lädt ein. Schau uns über die Schulter. Norderstedt (BoD) 2007.

Ernährung
- Am besten vegetarisch mit der Thermo-Küchenmaschine. Potsdam (Dort-Hagenhausen) 2016.
- Hartz IV in aller Munde. Norderstedt (BoD) 2013.
- Indisch inspiriert. München (Dort-Hagenhausen) 2013.
- Jetzt wird gesnackt! Norderstedt (BoD) 2013.
- Immer öfter vegetarisch. München (Dort-Hagenhausen) 2012.
- Rohkost statt Fasten Teil 2: Rezepte für ein Rohkostjahr. Norderstedt (BoD) 2011.
- Mein Kollege kocht Vollwert. Norderstedt (BoD) 2010.
- Schokolade. Norderstedt (BoD) 2010.
- Gemüse in aller Munde. Norderstedt (BoD) 2009.
- Hartz IV in aller Munde. Norderstedt (BoD) 2009.
- Schrot statt Schrott. Norderstedt (BoD) 2008.
- Vollwert? Gold wert! Norderstedt (BoD) 2008.
- Brötchen statt Brot. Norderstedt (BoD) 2007.
- Konfekt statt Sünde. Norderstedt (BoD) 2007.
- Rohkost statt Fasten. Norderstedt (BoD) 2007.

Reihe: Meine Rezeptebibliothek:

- Band 1: 1998 bis März 2006, Rezepte 1-769. Norderstedt (BoD) 2024
- Band 2: März 2006 bis April 2007, Rezepte 770-1503. Norderstedt (BoD) 2024
- Band 3: April bis November 2007, Rezepte 1504-2163. Norderstedt (BoD) 2024.
- Band 4: November 2007 bis September 2008, Rezepte 2164-2913. Norderstedt (BoD) 2024.
- Band 5: September 2008 bis August 2009, Rezepte 2914-3676. Norderstedt (BoD) 2024.
- Band 6: August 2009 bis Dezember 2010, Rezepte 3677-4404. Norderstedt (BoD) 2024.
- Band 7: Januar 2011 bis Dezember 2012, Rezepte 4405-5290. Norderstedt (BoD) 2024.
- Band 8: Dezember 2012 bis Juni 2014, Rezepte 5291-6142. Norderstedt (BoD) 2024.
- Band 9: Juni 2014 bis April 2015, Rezepte 6143-7914. Norderstedt (BoD) 2024.
- Band 10: April bis Oktober 2015, Rezepte 7915-8018. Norderstedt (BoD) 2024.

Stichwortverzeichnis